El español:
la teoría y la práctica

Marjorie A. Bourne

James B. Silman

Josephine Sobrino

University of Houston

El español: la teoría y la práctica

SECOND EDITION

HOLT, RINEHART AND WINSTON

New York · Toronto · London

Text design by Ruth Riley.
Illustration Credits: see page xli.
Drawings on pages 184-187 by Ric Estrada.

Acknowledgments for the use of certain reading selections appear within
the text after each selection.

"La lengua de res de Orula" has been translated from "The Beef Tongue
of Orula." By permission from *Ride with the Sun*, edited by Harold Courlander, copyright © 1955, McGraw-Hill Book Company.

Library of Congress Cataloging in Publication Data

Bourne, Marjorie A.
    El español: la teoría y la práctica.

    Includes index.
    1. Spanish language—Grammar—1950-   I. Silman,
James B., 1919- joint author.   II. Sobrino, Josephine,
joint author.   III. Title.
PC4112.B6 1978   468.2'4'21   77-14951
ISBN 0-03-022421-7

Printed in the United States of America
8901   039   987654321

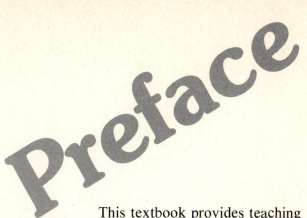
Preface

This textbook provides teaching material for two complete semesters of intermediate college Spanish.

The first semester: Lessons 1-12

The two preliminary chapters and the first twelve lessons are designed for use in the first semester. Review chapters follow the sixth and twelfth lessons.

The preliminary chapters include review of selected grammar topics and exercises essential for a practical, basic use of the Spanish language. Lessons 1 through 12 present additional key grammatical constructions. Down-to-earth explanations and examples are included; and the highly personalized exercises give the students practice with vocabulary and structures that can be used in everyday experience. The idea is to provide the students with linguistic material with which they can express their own views, thus giving them the satisfaction of immediately using what they have learned. In order to reinforce this personalized language skill, the lessons include various types of drills and exercises, some of which require independent, original responses. A topic for writing original compositions is also suggested in each lesson.

In addition, there is a separate workbook containing appropriate exercises for extra practice and homework for each lesson in the textbook. These exercises are also useful for realistic communication in Spanish.

In each of the first twelve lessons, there are two textual selections for reading, vocabulary expansion, and discussion. One of the selections is contemporary in content and tone, while the other is a legend or historical account. In some lessons, the two selections are related and reinforce each other. New vocabulary, difficult expressions, and grammar points not yet covered are glossed in the margin.

The second semester: Lessons 13-24
The second half of the book, namely Lessons 13 through 24, includes a review chapter after Lesson 18 and another after Lesson 24. In this half, there is a decreased emphasis on grammar and a greater emphasis on reading, discussion, and writing. The reading selections are contemporary and are followed by questions and exercises that put the knowledge gained in the reading to practical use. In addition, selected grammatical notes with related exercises are provided.

The workbook lessons parallel the material presented in the textbook, and furnish supplementary oral and written exercises. There are also numerous exercises that review material covered in Lessons 1-12.

Workbook and Tapes
In addition to the workbook, a tape program is available for oral practice. Oral exercises from the workbook have been recorded.

Table of Contents

x

We would like to express our appreciation for their valuable contributions in the preparation of this book to the editorial staff of Holt, Rinehart and Winston, and to Catalina León, Guadalupe Quintanilla, María Welch, Ann Silman, and Nana Silman.

M. A. B.
J. B. S.
J. S.

El español:
la teoría y la práctica

Lección Preliminar 1

> Un buen repaso sirve al principio
> para comenzar el curso con camino limpio.
>
> *A good review serves at the start*
> *to begin the course with a clear chart.*

Subject pronouns

Subject pronouns are often omitted in Spanish unless desired for emphasis or needed for clarity. The forms are as follows:

yo   *I*
tú   *you* (familiar form used with close friends or members of one's own family)
usted   *you* (formal form; abbreviated as **Ud.** or **Vd.**)
él   *he*
ella   *she*
nosotros, -as   *we*
vosotros, -as   *you* (familiar plural form; in Spanish America normally replaced by **ustedes**)
ustedes   *you* (formal plural form; also used in Spanish America as familiar plural form. Abbreviated as **Uds.** or **Vds.**)
ellos   *they* (masculine)
ellas   *they* (feminine)

EJERCICIO

Conteste Ud. las preguntas usando los pronombres sujetos de los verbos.

MODELOS: ¿Vive Juan en San Antonio?
Sí, **él** vive en San Antonio.

¿Trabaja Ud. mucho?
Sí, **yo** trabajo mucho.

1. ¿Asiste Jorge a esa clase? 2. ¿Estudian mucho Pedro y Carlos? 3. ¿Trabaja Catalina en la tienda? 4. ¿Cantan bien los jóvenes? 5. ¿Bailan las mexicanas? 6. ¿Estudia Ud. mucho? 7. ¿Trabajan Uds. toda la noche? 8. ¿Estudias tú en la biblioteca? 9. ¿Escriben bien Teresa y Anita? 10. ¿Comen Uds. mucho?

Del dicho al hecho hay mucho trecho.

It's sooner said than done.

Pronouns used as objects of prepositions

1. The pronouns used as objects of prepositions (**de, por, para, en, a,** and so on) are the same forms as the subject pronouns, except for the first and second person singular forms. The forms are as follows:

mí	*me*	**nosotros, -as**	*us*
ti	*you* (familiar)	**vosotros, -as**	*you* (familiar)
usted	*you* (formal)	**ustedes**	*you* (formal)
él	*him*	**ellos**	*them* (masculine)
ella	*her*	**ellas**	*them* (feminine)

2. **Sí** is a prepositional pronoun used reflexively with the following meanings: *himself, herself, itself, yourself* (formal), *themselves,* and *yourselves* (formal).

Él lo hace para sí.   He is doing it for *himself.*

3. There are some special forms with the preposition **con** as follows.

conmigo   *with me*
contigo   *with you* (familiar)
consigo   *with him, with her, with you* (formal singular and plural), *with them* (only used reflexively)

Yo lo llevé **conmigo.**   I took it *with me*.

Tú lo llevaste **contigo.**   You took it *with you*.

Él lo llevó **consigo.**   He took it *with him*.

4. Subject pronouns are used with the following prepositions.

como   *as, like*
excepto   *except*
incluso   *including*
menos   *except*
salvo   *except*
según   *according to*

Entre **tú** y **yo** podemos hacerlo.   Between *you* and *me* we can do it.

EJERCICIO

Dé Ud. el pronombre apropiado.

MODELOS: ¿Vas al teatro con Tomás?
        Sí, siempre voy con_____.
        Sí, siempre voy con **él.**

        ¿Va Tomás al teatro con Ud?
        Sí, él siempre va _____.
        Sí, él siempre va **conmigo.**

1. ¿Van Uds. al teatro con Elena?
   Sí, siempre vamos con _ella_.
2. ¿Va María al teatro contigo?
   Sí, ella va _conmigo_.
3. ¿Vas a la conferencia?
   No, todos van menos _mí_.
4. ¿Vive Clara cerca de ti?
   Sí, Clara vive cerca de _mí_.
5. ¿Escribe Margarita los ejercicios por ustedes?
   Sí, ella escribe los ejercicios por _nosotros_.
6. ¿Están ellos delante de usted?
   Sí, ellos están delante de _mí_.
7. ¿Compran los libros para ustedes?
   Sí, ellos compran los libros para _nosotros_.
8. ¿Vas conmigo?
   Sí, voy _contigo_.
9. ¿Van Uds. con Juana y Teresa?
   Sí, siempre vamos con _ellas_.
10. ¿Va ella con Ud?
    Sí, ella va _conmigo_.

Poco a poco se llega lejos.

Little by little one goes a long way.

Direct object pronouns

1. The direct object pronouns are as follows:

SINGULAR		PLURAL	
me	*me*	**nos**	*us*
te	*you* (familiar)	**os**	*you* (familiar)
le, lo	*him, you* (formal, m.)	**los**	*them* (m.)
lo	*it* (m.)	**los**	*you* (formal, m.)
la	*her, you* (formal, f.)	**las**	*them* (f.)
la	*it* (f.)	**las**	*you* (formal, f.)

2. The form **le** is used as the direct object for *him* and *you* (formal) in Spain. The **lo** form is most common in Latin America.

3. Direct object pronouns generally precede conjugated verb forms.

Yo **la** veo.	I see *her*.
Ella **nos** ve.	She sees *us*.

4. They are attached to the verb in affirmative (direct) commands.

  Hága**lo** Ud. ahora.   Do *it* now.

5. They precede the verb in negative direct commands.

  No **lo** haga Ud. ahora.   Don't do *it* now.

6. When a conjugated verb precedes an infinitive or a present participle, direct object pronouns may precede the conjugated verb or follow and be attached to the infinitive or present participle.

  Voy a comprar**lo**.   I am going to buy *it*.
  Lo voy a comprar.

  Ella está leyéndo**lo**.   She is reading *it*.
  Ella **lo** está leyendo.

EJERCICIO

Dé Ud. el pronombre apropiado.

MODELO: ¿Conoces a Elena?
         No _*la*_ conozco.
         No **la** conozco.

1. ¿Tienes el dinero?
   No _*lo*_ tengo.

2. ¿Ve Ud. las plumas?
   No _*las*_ veo.

3. ¿Quieren Uds. ver la película?
   No _*la*_ queremos ver.
   No queremos ver _*la*_.

4. ¿Conocen ellos a Enrique?
   No _*lo*_ conocen.

5. ¿Están estudiando la lección?
   No _*la*_ estamos estudiando.
   No estamos estudiando _*la*_.

Eso reanima.

That's encouraging.

Indirect object pronouns

1. The indirect object pronouns are as follows.

me	*(to, for) me*	**nos**	*(to, for) us*
te	*(to, for) you* (familiar)	**os**	*(to, for) you* (familiar plural)
le	*(to, for) him, her, it, you* (formal)	**les**	*(to, for) them, you* (formal plural)

2. The positioning of indirect object pronouns is generally the same as for direct object pronouns. However, when a direct and an indirect object pronoun occur in the same sentence or clause, then the indirect precedes the direct.

Ella **me** da un regalo **a mí**.   She is giving *me* a gift.

Ella **me lo** da.   She gives *it* to *me*.

3. If there are two object pronouns in the third person, the indirect object pronoun becomes **se**.

Yo **se lo** doy **a él**.   I am giving *it to him*.

Yo **se lo** doy **a ellos**.   I am giving *it to them*.

4. Note that the clarification of **se** is accomplished by using the prepositional phrases **a él** and **a ellos**.

EJERCICIOS

A. *Dé Ud. el pronombre apropiado.*

MODELO: ¿Das el café *a Rosa*?
Sí, _____ doy el café.
Sí, **le** doy el café.

1. ¿Manda Ud. el dinero *a sus amigos*?
Sí, *les* mando el dinero.

2. ¿Dan ellos los regalos *a José*?
Sí, ellos *le* dan los regalos.

3. ¿Traen Uds. los refrescos *a Carolina* y *a Jorge*?
Sí, *nos* traemos los refrescos.

4. ¿Escribe Ud. la carta *a Miguel*?
Sí, yo *le* escribo la carta.

5. ¿Das el cuaderno *a Esteban*?
Sí, yo *le* doy el cuaderno.

B. *Dé Ud. los pronombres apropiados.*

MODELO: ¿Das *el café a Rosa?*

Sí, _se lo_ doy.

Sí, **se lo** doy.

1. ¿Manda Ud. *el dinero a sus amigos?*
   Sí, _se_ _lo_ mando.
2. ¿Dan ellos *los regalos a José?*
   Sí, ellos _se_ _los_ dan.
3. ¿Traen Uds. *los refrescos a Carolina y a Juana?*
   Sí, _se_ _los_ traemos.
4. ¿Escribe Ud. *la carta a Miguel?*
   Sí, yo _se_ _la_ escribo.
5. ¿Traen Uds. *los refrescos a Carolina y a Jorge?*
   Sí, _los lo_ traemos.

Eso lo ve hasta un ciego.

Even a blind man can see that.

Reflexive pronouns

1. The reflexive pronouns are as follows:

   me *myself*   **nos** *ourselves*
   te *yourself* (familiar)   **os** *yourselves* (familiar)
   se *himself, herself, itself, yourself*   **se** *themselves, yourselves*

2. They refer to the same person as the subject. The positioning of reflexive pronouns is the same as for direct and indirect object pronouns.

Yo **me** baño.	I am bathing. (I am bathing *myself*.)
Él **se** baña.	He is bathing. (He is bathing *himself*.)
No **te** bañes ahora.	Don't bathe now. (Don't bathe *yourself* now.)
Báñate más tarde.	Bathe later. (Bathe *yourself* later.)
Vamos a sentarnos allí.	We are going to sit there.

Reciprocal pronouns

1. The plural reflexive pronouns **se, nos,** and **os** are occasionally used to express a mutual or reciprocal action.

Nos escribimos todas las semanas.	We write *to each other* every week.
Ellos **se** ven.	They see *each other*.

2. The second example above may express a reflexive action—*They see themselves.* In such ambiguous cases, the expressions **uno a otro, unos a otros, el uno al otro,** and so on, are used to indicate a reciprocal action.

Ellos **se ven uno a otro.** (dos personas)   They see *each other*.
Ellos **se** ven **unos a otros.** (más de dos personas)

EJERCICIO

Conteste Ud. según los modelos.

MODELOS: ¿Te despiertas temprano?
 Sí, **me despierto** temprano.

 ¿Se acuestan Uds. tarde?
 Sí, **nos acostamos** tarde.

1. ¿Te acuestas temprano? 2. ¿Se levantan Uds. tarde? 3. ¿Te lavas las manos? 4. ¿Se despierta Ud. temprano? 5. ¿Se sientan Uds. aquí? 6. ¿Te bañas cada mañana? 7. ¿Se acuesta Ud. temprano? 8. ¿Se lavan Uds. las manos antes de comer? 9. ¿Se escriben Uds. a menudo? 10. ¿Nos saludamos uno a otro?

A summary of personal pronouns

SUBJECT	OBJECT OF PREPOSITION	DIRECT OBJECT	INDIRECT OBJECT	REFLEXIVE
yo	mí	me	me	me
tú	ti	te	te	te
usted	usted	le, lo (*m.*) la (*f.*)	le	se
él	él	le, lo	le	se
ella	ella	la	le	se
nosotros, -as	nosotros, -as	nos	nos	nos
vosotros, -as	vosotros, -as	os	os	os
ustedes	ustedes	los (*m.*) las (*f.*)	les	se
ellos	ellos	los	les	se
ellas	ellas	las	les	se

Él que no se aventura no pasa la mar.

Nothing ventured, nothing gained.

The *gustar* construction

In the Spanish **gustar** construction, the object of the verb in the English equivalent (*to like*) becomes the subject of the verb. The subject of the verb in the English sentence becomes an indirect object in the Spanish.

	SUBJECT	VERB	OBJECT
ENGLISH	I	like	the car.

	INDIRECT OBJECT	VERB	SUBJECT
SPANISH	Me	gusta	el carro.

	SUBJECT	VERB	OBJECT
ENGLISH	I	like	the cars.

	INDIRECT OBJECT	VERB	SUBJECT
SPANISH	Me	gustan	los carros.

	SUBJECT	VERB	OBJECT
ENGLISH	We	like	to dance.

	INDIRECT OBJECT	VERB	SUBJECT
SPANISH	Nos	gusta	bailar.

	SUBJECT	VERB	OBJECT
ENGLISH	They	like	to dance and sing.

	INDIRECT OBJECT	VERB	SUBJECT
SPANISH	Les	gusta	bailar y cantar.

Notice that two infinitives take a singular form of the verb.

EJERCICIO

Dé Ud. la forma apropiada de **gustar**.

MODELO: ¿Te gusta este libro?
Me _____ más esos libros.
Me **gustan** más esos libros.

1. ¿Qué le gusta a Ud. para el desayuno?
   Me *gustan* pan tostado y café.

2. ¿A Mercedes le gusta la fruta?
   Sí, especialmente le *gustan* las manzanas.

3. ¿Te gusta el perro?
   Sí, me _gustan_ todos los animales.

4. ¿Les gusta a Uds. el almuerzo?
   No nos _gustan_ las papas fritas.

5. ¿Le gusta a Ud. cantar?
   No, pero me _gusta_ bailar.

6. ¿Te gusta jugar al tenis?
   Sí, y también me _gusta_ nadar y esquiar.

7. ¿Qué les gusta a Uds. para la cena?
   Nos _gusta_ un buen bistec.

8. ¿Le gusta a Ud. mi sombrero?
   Sí, me _gustan_ el sombrero y los zapatos.

9. ¿A ellos les gusta tu carro?
   Sí, les _gusta_ mi carro nuevo.

10. ¿A tu mamá le gusta la alfombra?
    Sí, le _gustan_ la alfombra y la silla.

El fin corona la obra.

It's the finish that counts.

Lección Preliminar 2

The definite article

The definite article (**el, la, los, las**) is used: *a ,an, the*

1. to translate *the*.

2. with geographical names, as follows:

    a. with compound geographical names.

      los Estados Unidos   la América del Norte

    b. with modified geographical names.

      la España antigua

    c. with the names of certain countries and cities.

la Argentina	el Ecuador	el Japón	el Perú
el Brasil	la Florida	el Paraguay	El Salvador
el Canadá	la Habana	La Paz	el Uruguay

(Nowadays it is common to omit the definite article with these countries; however, it is always used with La Paz and El Salvador.)

3. with the names of languages, except after the prepositions **de** and **en**, and when immediately following the verb **hablar**.

Yo puedo leer **el francés.**　　　　　I can read *French*.
El español es muy interesante.　　　*Spanish* is very interesting.
No hablo **ruso**.　　　　　　　　　I don't speak *Russian*.
Escriba Ud. **en inglés**.　　　　　　Write *in English*.
¿Dónde está mi libro **de alemán**?　　Where is my *German* book?

a. When a modifier intervenes after the verb **hablar** or when the name of the language in a **de** or **en** phrase is modified, the definite article *is* used.

Él habla muy bien **el italiano**.　　　He speaks *Italian* very well.
Cervantes escribía **en el español**　　Cervantes wrote in *seventeenth-century*
　del siglo XVII.　　　　　　　　　　*Spanish*.

b. The article is also frequently omitted after the verbs **estudiar** and **aprender**.

Ella quiere aprender **portugués**.　　She wants to learn *Portuguese*.

> A buen entendedor pocas palabras.
>
> *A word to the wise is sufficient.*

Lección Preliminar 2　　　　　　　　　　　　　　　　　　　　　**13**

4. with abstract nouns.

Él luchó por **la libertad.**   He fought for *liberty*.

5. with subject nouns referring to a general class of people, things or places.

Los discos son muy caros.   *Records* are very expensive.
Los niños son muy traviesos.   *Children* are very mischievous.

6. with titles when talking about a person.

El señor López es mi profesor.   *Mr. López* is my teacher.

a. The article is omitted with titles in direct address.

¿Cómo está Ud., **Srta. Gómez?**   How are you, *Miss Gómez?*

b. The definite article is always omitted with **don, doña, fray, sor** and **santo.**

Don Juan es un personaje muy interesante.   *Don Juan* is a very interesting character.

7. with days of the week and seasons, and with other time expressions when modified.

La primavera es mi estación favorita.   *Spring* is my favorite season.
Los viernes voy de compras.   *On Fridays* I go shopping.
Pasé **el año pasado** en Francia.   I spent *last year* in France.

NOTE: the article is not used with days of the week after the verb **ser.**

Hoy es **lunes.**   Today is *Monday*.

8. with a modified given name.

La pobre María está enferma.   *Poor Mary* is ill.

9. with an infinitive used in place of an English gerund, especially when it is the subject of the sentence.

El esquiar es un deporte peligroso.   *Skiing* is a dangerous sport.

10. in place of the possessive adjective with parts of the body and articles of clothing, unless the possessive adjective is necessary for emphasis or clarification.

Ella se ha cortado **el pelo.**   She has cut *her hair*.
Póngase Ud. **el sombrero.**   Put on *your hat*.
Tengo **mis guantes;** no tengo los de Ud.   I have *my gloves*; I don't have yours.

11. before **de** or **que** to form a compound relative pronoun.

Quiero **el que** tiene Juan.   I want *the one that* John has.
Ella no quiere este vestido; quiere **el de lana.**   She doesn't want this dress; she wants *the woolen one*.

12. in place of the indefinite article to indicate weight, measure, and the like.

La mantequilla cuesta ochenta centavos **la libra.**	Butter costs eighty cents *a pound*.
El médico cobra diez dólares **la visita.**	The doctor charges ten dollars *a visit*.
Estas flores cuestan dos dólares **la docena.**	These flowers cost two dollars *a dozen*.

13. with a noun modified by a possessive **de** phrase.

El sombrero de María es bonito, pero prefiero **el de Juana.**	*Mary's hat* is pretty, but I prefer *Jane's*.

14. with a possessive pronoun, except that after the verb **ser** the article is normally not used unless desired for emphasis.

Ella tiene su boleto, pero he perdido **el mío.**	She has her ticket, but I have lost *mine*.
Este coche es **nuestro.**	This car is *ours*.

The indefinite article

The indefinite article (**un, una**) is omitted:

1. before **ciento** (cien), **mil, cierto, otro, medio;** after **tal** meaning *such a* and after **qué** meaning *what a*.

ciento diez caballos	*a hundred and ten* horses
cien libros	*a hundred* books
cierta persona	*a certain* person
otro día	*another* day
media docena	*a half dozen*
Nunca he visto **tal** muchacho.	I have never seen *such a* boy.
¡**Qué** partido tan (más) emocionante!	*What an* exciting game!

2. after **ser** with an unmodified noun indicating rank, profession, nationality, religion, or political affiliation.

Ella es **cubana.**	She is *a Cuban*.
El señor Pérez es **republicano.**	Mr. Perez is *a Republican*.
BUT: El es **un buen profesor.**	He is *a good teacher*.

3. after the prepositions **sin** and **con** unless it is needed to indicate number.

Él salió **sin sombrero.**	He went out *without a hat*.
Él andaba **con una muleta.**	He used to walk *with one crutch*.

EJERCICIOS

A. *Complete Ud. cada oración con un artículo definido si es necesario.*

1. Ellos dicen que van a _____ Argentina.
2. Muchas personas quieren venir a _____ Estados Unidos.
3. Prefieren ver _____ España moderna.
4. _____ español y _____ francés son idiomas europeos.
5. ¿Por qué no hablan _____ español allí?
6. El libro fue escrito en _____ alemán.
7. Buscan un libro de _____ italiano.
8. La muchacha escribe muy bien _____ inglés.
9. Lo hacen por _____ amistad.
10. A él no le gustan _____ animales.
11. Ayer conocimos a _____ señorita Maldonado.
12. ¿Adónde va Ud., _____ señor Flores?
13. La semana pasada vimos a _____ don Pedro.
14. Lo hice _____ año pasado.
15. Mañana es _____ martes.
16. _____ infeliz Juan llegó tarde.
17. _____ nadar siempre me ha gustado mucho.
18. Ponte _____ zapatos.
19. Pagamos un dólar _____ docena.
20. _____ vestido de María costó mucho.

B. *Complete Ud. cada oración con un artículo indefinido si es necesario.*

1. Fui a la tienda para comprar _____ bolsa y _____ vestido.
2. Mi hermano es _____ ingeniero.
3. _____ vez vinieron a vernos.
4. Necesito hablar con _____ cierta persona.
5. No te vayas sin _____ impermeable.
6. Voy a comprar _____ docena de manzanas.
7. Él va a comprar _____ media docena.
8. Yo sé que él es _____ buen médico.
9. Debes comprar por lo menos _____ cien lápices.
10. Parece que hay _____ mil personas aquí.
11. No lo hagas _____ otra vez.
12. Nunca pienso hacer tal _____ cosa.
13. ¡Qué _____ día tan hermoso!
14. No puedo hacerlo sin _____ ayudante por lo menos o tal vez dos o tres.
15. Ella es _____ española, pero su hijo es _____ americano.

Word Stress

1. Spanish words that end in any consonant except **-n** or **-s** are stressed on the last syllable. For example:

   profe**sor**, amis**tad**, re**loj**, capi**tal**

2. Spanish words that end in a vowel or in either **-n** or **-s** are stressed on the next-to-last syllable. For example:

   casa, **ma**no, **nu**be, **an**das, **an**dan, ca**mi**nan

3. Words that have a written accent mark are stressed on the syllable that has the accent mark. Examples:

   posi**ción**, cor**tés**, **ú**til, ro**mán**tico

The plural of nouns

The plural of nouns is formed in the following ways:

1. Add **-s** to nouns ending in an unstressed vowel or a diphthong, and to nouns of more than one syllable that end in a stressed **-é**.

la casa	las casas
el indio	los indios
el café	los cafés

   a. The following one-syllable words that end in **-e**, also add **-s** for the plural.

el pie	los pies
el té	los tés

   b. The following words that end in a stressed **-á** add **-s** in the plural.

el papá	los papás
la mamá	las mamás
el sofá	los sofás

2. Add **-es** to nouns ending in a consonant. When a noun ends with the consonant **-z**, the **-z** is changed to **-c** in the plural.

la universidad	las universidades
la flor	las flores
la cruz	las cruces
una vez	dos veces

3. Some nouns have the same form for the singular and the plural.

a. Nouns with an unstressed final syllable ending in **-s**.

el miércoles	los miércoles
el lunes	los lunes
el paraguas	los paraguas
la crisis	las crisis

b. Surnames

el señor García	los señores García
el señor Martínez	los señores Martínez
la señorita González	las señoritas González

4. The plural of a noun usually maintains the stress on the same syllable as in the singular.

el **lá**piz	los **lá**pices
el ca**tá**logo	los ca**tá**logos

a. The following words do not maintain the stress on the same syllable as in the singular.

el ca**rác**ter	los carac**te**res
el **ré**gimen	los re**gí**menes

b. Nouns with a stressed final syllable ending in **-n** have a written accent mark in the singular but lose it in the plural.

la can**ción**	las can**cio**nes
el a**vión**	los a**vio**nes
la reac**ción**	las reac**cio**nes

c. Some nouns have no written accent mark in the singular but have one in the plural.

la **ima**gen	las i**má**genes
el **jo**ven	los **jó**venes

EJERCICIOS

A. *Conteste Ud. con oraciones completas.*

1. ¿Cuál es el plural de: *el cuadro*?   2. ¿Cómo se dice el plural de: *el pie*?   3. ¿Cuál es el plural de: *el viernes*?   4. ¿Cómo se dice el plural de: *el pez*?   5. ¿Cuál es el plural de: *la canción*?   6. ¿Cómo se dice el plural de: *el domingo*?   7. ¿Cómo se dice el plural de: *la clase*?   8. ¿Cuál es el plural de: *el señor Longoria*?   9. ¿Cuál es el plural de: *la universidad*?   10. ¿Cómo se dice el plural de: *el sofá*?

B. *Dé Ud. el plural apropiado.*

MODELO: ¿Es verdad que hay una *biblioteca* en esta universidad?
Hay varias _____ en esta universidad.
Hay varias **bibliotecas** en esta universidad.

1. ¿Hay una *catedral* en aquella ciudad? Hay dos _____ en aquella ciudad.

2. ¿Necesitas un *lápiz*? Necesito dos _____.

3. ¿Tiene tu hermano un *sofá*? Tiene tres _____.

4. ¿Tienen ellos un *carro*? Tienen dos _____.

5. ¿Es él un *indio*? Sí, muchos _____ viven en este país.

6. ¿Hay una *cruz* en la iglesia? Hay varias _____ en la iglesia.

Más vale paso que dure y no que apresure.

Slow but sure.

Possessive adjectives

1. The simple forms of the possessive adjectives are as follows:

mi	*my*	**nuestro, -a,**	*our*
tu	*your* (fam.)	**vuestro, -a**	*your* (fam.)
su	*his, her, your* (formal)	**su**	*their, your* (formal)

2. These forms are the most commonly used. They precede the noun they modify and agree with it in number. The first and second persons plural not only agree in number, but also in gender.

mi amigo	mis amigos
tu bolsa	tus bolsas
su lápiz	sus lápices
nuestra carta	nuestras cartas
vuestro carro	vuestros carros
su pluma	sus plumas

EJERCICIO

Dé Ud. el adjetivo posesivo apropiado.

MODELOS: ¿Es *tu* carro?
           Sí, es **mi** carro.

           ¿Son los libros *de ella*?
           Sí, son **sus** libros.

           ¿Son las camisas *de Uds.*?
           Sí, son **nuestras** camisas.

1. ¿Es *tu* pluma? 2. ¿Son los zapatos *de él*? 3. ¿Son los cuadernos *de Uds.*? 4. ¿Es el sombrero *de Ud.*? 5. ¿Son las flores *de ellas*? 6. ¿Son *tus* blusas? 7. ¿Es el carro *de Ud.*? 8. ¿Es la casa *de Uds.*? 9. ¿Son las cartas *de él*? 10. ¿Son los lápices *de ellos*?

Él que siembra, recoge.

As you sow, so shall you reap.

Possessive adjectives (emphatic forms)

1. The emphatic forms of possessive adjectives are as follows.

mío, -a	*mine* (sometimes *my*)	**nuestro, -a**	*ours*
tuyo, -a	*yours*	**vuestro, -a**	*yours*
suyo, -a	*his, hers, yours*	**suyo, -a**	*theirs, yours*

2. These adjectives follow the noun they modify and agree in number and gender with the noun.

Él es un amigo **mío**.	He is a friend of *mine*.
Buenos días, amiga **mía**.	Good morning, *my* friend.
Ellas son unas primas **nuestras**.	They are cousins of *ours*.
Éste es un libro **suyo**.	This is a book of *his*.
Es el libro **mío**.	It is *my* book.
Son las cartas **mías**.	They are *my* letters.

EJERCICIO

Dé Ud. el adjetivo posesivo apropiado.

MODELOS: ¿Es amiga *tuya*?
Sí, es amiga **mía**.

¿Es un tío *de él*?
Sí, es un tío **suyo**.

¿Son parientes *de Uds.*?
Sí, son parientes **nuestros**.

1. ¿Es prima *tuya*? 2. ¿Son tías *de ella*? 3. ¿Son amigos *de Uds.*? 4. ¿Es él pariente *de Ud.*? 5. ¿Son hermanas *de ellos*? 6. ¿Son lápices *tuyos*? 7. ¿Es amiga *de Ud.*? 8. ¿Es el carro *de él*? 9. ¿Son plumas *tuyas*? 10. ¿Es un anillo *de ella*?

La práctica hace al maestro.
Practice makes perfect.

Possessive pronouns

Possessive pronouns are formed with their respective articles to show number and gender. They are used as subjects and objects of verbs.

el mío, la mía, los míos, las mías *mine*
el tuyo, la tuya, los tuyos, las tuyas *yours* (fam.)
el suyo, la suya, los suyos, las suyas *his, hers, yours* (formal)
el nuestro, la nuestra, los nuestros, las nuestras *ours*
el vuestro, la vuestra, los vuestros, las vuestras *yours* (fam.)
el suyo, la suya, los suyos, las suyas *theirs, yours* (formal)

¿Tienes tu pluma?   Do you have your pen?
Sí, tengo **la mía**.   Yes, I have *mine*.
¿Tiene ella nuestros lápices?   Does she have our pencils?
Sí, ella tiene **los nuestros**. Yes, she has *ours*.

Notice that the possessive pronoun in each case has the number and gender of the thing possessed. Usually after a form of the verb **ser**, the definite article is omitted.

¿Es tu libro? Sí, es **mío**.   Is it your book? Yes, it is *mine*.

EJERCICIO

Dé Ud. el pronombre posesivo apropiado.

MODELOS: ¿Tiene Ud. su bolsa?
Sí tengo **la mía**.

¿Tienen Uds. su carro?
Sí, tenemos **el nuestro**.

¿Es el traje de él?
Sí, es **suyo**.

1. ¿Tiene Ud. sus camisas? 2. ¿Tienen Uds. su cuadro? 3. ¿Tienes tus zapatos? 4. ¿Es la blusa de ella? 5. ¿Tiene Ud. su cuaderno? 6. ¿Es la carta de él? 7. ¿Tienes tu lápiz? 8. ¿Tiene Ud. su anillo? 9. ¿Tienen Uds. sus plumas? 10. ¿Son los pañuelos de ellas?

Demonstrative adjectives

1. Demonstrative adjectives are formed as follows:

este, esta *this*		**estos, estas** *these*	
ese, esa *that*		**esos, esas** *those*	
aquel, aquella *that*		**aquellos, aquellas** *those*	

2. These adjectives are placed before the noun they modify and agree with it in number and gender. **Este, esta, estos,** and **estas** are used as in English. **Ese, esa, esos,** and **esas** are normally used to refer to persons or things near to or closely associated with the person spoken to; with regard to time they refer to the recent past. **Aquel, aquella, aquellos,** and **aquellas** are normally used to refer to persons or things far from or not closely associated with either the speaker or person spoken to. With regard to time, they refer to the remote past.

Esta silla (cerca de mí) es cómoda.	*This* chair (near me) is comfortable.
Esa silla (cerca de Ud.) no es cómoda.	*That* chair (near you) is not comfortable.
Aquella iglesia allá a lo lejos es magnífica.	*That* church over there in the distance is magnificent.
Hacía buen tiempo **ese** día la semana pasada.	The weather was good *that* day last week.
Hacía mal tiempo **aquel** día el año pasado cuando fuimos al partido de fútbol.	The weather was bad *that* day last year when we went to the football game.

EJERCICIO

Dé Ud. un adjetivo demostrativo apropiado.

MODELOS: ¿Quieres esta camisa que tengo yo?
Sí, prefiero _esa_ camisa.
Sí, **esa** camisa.

¿Ve Ud. el nuevo edificio allá a los lejos?
Sí, _____ edificio es muy grande.
Sí, **aquel** edificio es muy grande.

1. ¿Quieres este libro que tengo yo?
Sí, prefiero _ese_ libro.

2. ¿Ve Ud. la biblioteca allá a lo lejos?
Sí, _aquel_ biblioteca es muy grande.

3. ¿Quiere Ud. estas manzanas que tenemos?
Sí, prefiero _esas_ manzanas.

4. ¿Ven Uds. los carros allá a lo lejos?
Sí _aquellos_ carros están muy lejos de aquí.

5. ¿Ves la catedral allá a lo lejos?
Sí, _aquella_ catedral es magnífica.

6. ¿Quieren Uds. estos plátanos que tengo yo?
Sí, preferimos _esos_ plátanos.

7. ¿Quieres esta caja que tengo yo?
Sí, prefiero _esa_ caja.

8. ¿Ves este lápiz que tengo yo?
Sí, prefiero _ese_ lápiz.

9. ¿Quiere Ud. el cuaderno que tiene ella?
Sí, prefiero _ese_ cuaderno.

10. ¿Quieren Uds. la revista que tengo yo?
Sí, preferimos _esa_ revista.

Demonstrative pronouns

1. The demonstrative pronouns have the same forms as the demonstrative adjectives except that the pronouns have written accent marks, with the exception of the neuter pronouns **esto, eso,** and **aquello**. They are formed as follows.

éste, ésta *this* (one)	**éstos, éstas** *these*
ése, ésa *that* (one)	**ésos, ésas** *those*
aquél, aquélla *that* (one)	**aquéllos, aquéllas** *those*

2. They agree in number and gender with the person or thing referred to. They can be used as subjects and objects of verbs. The difference in use between **ése, ésa, ésos, ésas** and **aquél, aquélla, aquéllos, aquéllas** is the same as in the case of the demonstrative adjectives.

3. The neuter demonstrative pronouns are as follows:

   esto *this*   **eso** *that*   **aquello** *that*

   They are used to refer to something that has not been identified as to gender, or to refer to an action, a phrase, a clause, etc., for which there is no gender.

¿Qué es **esto**?	What is *this*?
Ella dice que viene mañana pero yo no creo **eso**.	She says that she is coming tomorrow, but I don't believe *that*.

EJERCICIOS

A. *Dé Ud. un pronombre demostrativo apropiado.*

MODELOS: ¿Es tuyo ese libro?
Sí, _ése_ es mío.
Sí, **ése** es mío.
¿Es de Uds. esta casa?
Sí, _____ es nuestra.
Sí, **ésta** es nuestra.

1. ¿Es tuya esa carta?
   Sí, _ésta_ es mía.

2. ¿Es de Uds. este carro?
   Sí, _éste_ es nuestro.

3. ¿Es de ella esta blusa?
   Sí, _ésta_ es suya.

4. ¿Son de Ud. aquellos zapatos?
   Sí, _aquéllos_ son míos.

5. ¿Son tuyas esas plumas?
   Sí, _ésas_ son mías.

B. *Dé Ud. un pronombre demostrativo neutro apropiado.*

MODELOS: ¿Cree Ud. lo que ella dice?
No creo *eso*.
No creo **eso.**

¿Qué tienes en la mano?
No sé lo que es _____.
No sé lo que es **esto.**

1. ¿Cree Ud. lo que él está haciendo?
   No puedo creer *eso*.

2. ¿Qué llevas en el bolsillo?
   No sé lo que es *esto*.

3. ¿Saben Uds. lo que ella piensa hacer?
   Sí, pero no podemos creer *eso*.

4. ¿Lees lo que ellos escriben?
   Sí, pero no creo *eso*.

> Eso no se hace así nomás.
>
> *It's not as easy as it looks.*

Interrogative pronouns

1. **¿Qué?** is used:

   a. to express *what?* when asking for a definition or identification.

¿Qué es esto?	*What* is this?
¿Qué es una bruja?	*What* is a witch?
¿Qué es su sobrino? Es ingeniero.	*What* is your nephew? He is an engineer.

   b. to translate *what?* as object of a verb or a preposition.

¿Qué hizo él?	*What* did he do?
¿De qué habló Ud.?	*What* did you talk *about?* (*About what . . .*)

2. **¿Cuál(-es)?** is used to express *which?, which one(-s)?* It is also used instead of **¿qué?** with the verb **ser** when asking for a choice among several possibilities. Tengo café y té. **¿Cuál** prefiere Ud.? I have coffee and tea. *Which (one) do you prefer?*

¿Cuáles son tus nietos?	*Which (ones) are your grandchildren?*
¿Cuál es la fecha?	*What is the date?*
¿Cuál es la capital de España?	*What is the capital of Spain?*

3. **¿Quién(-es)?** is used to refer to people:

   a. for identification.

¿Quién es él?	*Who* is he?

   b. with **de** to translate *whose? (of whom?)*. (Do not confuse this with the relative possessive **cuyo** *whose*. **Ella es la muchacha cuyo hermano vino a verla.** *She is the girl whose brother came to see her*.)

¿De quién es ese automóvil?	*Whose* automobile is that?
¿De quiénes son estos sacos?	*Whose* coats are these?

   NOTE: **¿quién(-es)?** is also used as the object of other prepositions:

¿A quién vio Ud. anoche?	*Whom* did you see last night?
¿Con quién fuiste?	*With whom* did you go?

4. **¿Cuánto(-a)?** and **¿Cuántos(-as)?** agree with the noun they refer to in gender and number.

Dices que no tienes bastante dinero. **¿Cuánto** necesitas?	You say that you haven't enough money. *How much* do you need?
Nos hace falta carne. **¿Cuánta** compro?	We need meat. *How much* shall I buy?
Voy a comprar unos sobres. **¿Cuántos** hay en la caja?	I'm going to buy some envelopes. *How many* are there in the box?
Ud. puede usar mis sillas para la fiesta. **¿Cuántas** necesita?	You may use my chairs for the party. *How many* do you need?

EJERCICIOS

A. *Complete Ud. cada oración con **¿qué?** o **¿cuál(-es)?***

   1. ¿_____ son las máquinas que deseas?
   2. ¿_____ es el señor Martínez? ¿Es abogado?
   3. ¿_____ es una pesadilla?
   4. ¿_____ de los dos prefiere Ud.?
   5. ¿_____ compraron ellos ayer?

B. *Complete Ud. cada oración con el equivalente español de la palabra inglesa entre paréntesis.*

   1. ¿_____ (Whom) vio Carlos?
   2. ¿_____ (Whose) es esa chaqueta?
   3. ¿_____ (With whom) fue ella al baile?
   4. ¿_____ (Who) es aquel hombre?
   5. Necesito dos revistas. ¿_____ (How many) hay en la caja?
   6. Me hace falta dinero. ¿_____ (How much) tiene tu hermano?

1
Un idioma divino y a la vez humano

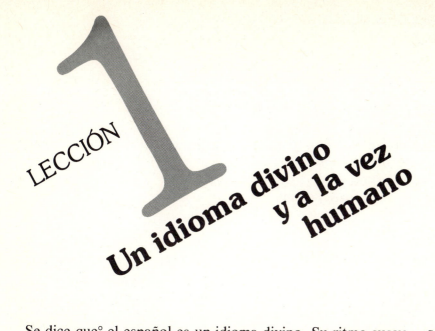

Se dice que° el español es un idioma divino. Su ritmo suave, melodioso como el canto de ángeles, lo confirma. Pero además es un idioma humano. Los muchos hispanoparlantes° de tantos países del mundo son prueba° de esto. Así, el español no sólo refleja la belleza del cielo sino que también muestra su utilidad como un idioma predilecto° aquí en la tierra.

Se . . . It is said that

Spanish-speaking people
proof

favorite

El que aprende el español puede comunicarse con un gran número de habitantes del mundo en que vive. Cada año que pasa,° hay un gran aumento de población° en los países latinoamericanos. Por consiguiente,° el número de hispanoparlantes también está aumentando en grandes proporciones. Nadie sabe hasta qué cifra° va a crecer en el futuro. Lo que sí se sabe° es que el español ha sido, es y siempre va a ser uno de los idiomas más importantes de nuestro mundo. Es el idioma de la mayoría de los países de las Américas. Sin duda vale la pena° estudiarlo y aprenderlo bien. Además, si una persona conoce a un hispanoparlante, también puede aprender algo acerca de una cultura muy interesante.

Cada . . . *With each passing year/* aumento . . . *increase in population*

Por . . . *As a result*

number

Lo . . . *What is, indeed, known*

vale . . . *it is worthwhile*

CUESTIONARIO

1. ¿Por qué estudia Ud. el español?   2. ¿Le gusta a Ud. el español? ¿Por qué?   3. ¿Habla Ud. bien el español? ¿Cómo explica Ud. esto?   4. ¿Escribe Ud. bien el español? ¿Cómo explica Ud. esto?   5. ¿Lee Ud. bien el español? ¿Cómo explica Ud. esto?   6. ¿Recibe Ud. buenas notas en español? ¿Cómo explica Ud. esto?   7. ¿Cree Ud. que el español es un idioma divino? ¿Por qué?   8. ¿Cree Ud. que el español es un idioma útil? ¿Por qué?   9. ¿Cree Ud. que el español es un idioma musical? ¿Por qué?   10. ¿Ha viajado Ud. en un país extranjero donde se habla español?   11. ¿Conoce Ud. a un hispanoparlante?

ESPAÑA: LA COSTA BLANCA

Gramática

The present indicative *(presente)*

The uses of the present indicative in Spanish parallel those of the present indicative in English with the following exceptions:

1. to express what is occurring (= English present progressive).

   ¿Qué haces?   What *are you doing*?
   Estudio para un examen.   *I'm studying* for an exam.

2. in some idioms which relate to the past.

   Acabo de volver.   *I have just* returned.
   Por poco me caigo.   *I almost fell.*

3. to express the immediate future.

   a. to indicate intent.

   Mañana vamos al teatro.   Tomorrow *we are going* to the theater.

   b. to ask approval or consent.

   ¿Leo este libro?   *Shall I read* this book?

   c. to express possibility.

   Si **vienes** a mi oficina, yo te lo **explico.** If *you will come* to my office, *I shall
   (will) explain* it to you.

4. with the verb **hacer** + a time expression + **que** to indicate a period of time.

   ¿Cuánto tiempo hace que trabajas aquí? How long *have you been working* here?
   Hace ocho años **que trabajo** aquí.   *I have been working here for* eight years.

The present tense of regular verbs

tomar	comer	vivir
tomo	como	vivo
tomas	comes	vives
toma	come	vive
tomamos	comemos	vivimos
tomáis	coméis	vivís
toman	comen	viven

EJERCICIOS

A. *Conteste Ud. según los modelos.*

MODELOS: ¿Terminas pronto?
Sí, termino pronto.

¿Terminan Uds. pronto?
Sí, terminamos pronto.

1. ¿Aprendes mucho? 2. ¿Viven Uds. allí? 3. ¿Vende Ud. el carro? 4. ¿Compras el vestido? 5. ¿Trabajan Uds. mucho? 6. ¿Comes mucha carne? 7. ¿Escribe Ud. los ejercicios? 8. ¿Beben Uds. café? 9. ¿Hablas español? 10. ¿Acaba Ud. de volver?

B. *Conteste Ud. en español con oraciones completas.*

1. ¿Qué idioma estudia Ud. en esta clase? 2. ¿Asiste Ud. a clase todos los días? 3. ¿Come Ud. aquí en la universidad? 4. ¿A qué hora llega Ud. a la clase de español? 5. ¿Escribe Ud. ejercicios en español? 6. ¿Lee Ud. en español? 7. ¿Habla Ud. en español? 8. ¿Aprende Ud. el español?

The present tense of stem-changing verbs

CLASS I (**-ar** and **-er** verbs)

o > ue		e > ie	
contar	**volver**	**pensar**	**entender**
cuento	vuelvo	pienso	entiendo
cuentas	vuelves	piensas	entiendes
cuenta	vuelve	piensa	entiende
contamos	volvemos	pensamos	entendemos
contáis	volvéis	pensáis	entendéis
cuentan	vuelven	piensan	entienden

CLASS II (**-ir** verbs)		CLASS III (**-ir** verbs)
o > ue	e > ie	e > i
dormir	**sentir**	**pedir**
duermo	siento	pido
duermes	sientes	pides
duerme	siente	pide
dormimos	sentimos	pedimos
dormís	sentís	pedís
duermen	sienten	piden

See Appendix F for other verbs of this type; also for verbs that have other irregularities in the present.

EJERCICIOS

A. *Conteste Ud. según el modelo.*

MODELO: Él vuelve temprano, ¿y Uds.?
   Nosotros volvemos temprano también.

1. Ella lo niega, ¿y tú? 2. Nosotros lo entendemos, ¿y Ud.? 3. Este vestido cuesta mucho, ¿y aquél? 4. Yo almuerzo temprano, ¿y Uds.? 5. Él duerme mucho, ¿y ellas? 6. Yo lo siento, ¿y ella? 7. Ellos piden más dinero, ¿y tú? 8. Ella prefiere este vestido, ¿y Uds.? 9. Ellos cuentan el dinero, ¿y él? 10. Yo vuelvo temprano, ¿y tú? 11. Él encuentra muchas cosas interesantes, ¿y Uds.?

B. *Conteste Ud. con oraciones completas.*

1. ¿A qué hora se acuesta Ud.? 2. ¿A qué hora se despierta Ud.? 3. ¿Cuenta Ud. su dinero frecuentemente? 4. ¿Duerme Ud. mucho? 5. ¿Prefiere Ud. café o té? 6. ¿Pide Ud. ayuda? 7. ¿Vuelve Ud. a casa después de la clase? 8. ¿A qué hora almuerza Ud.?

The present progressive *(presente del progresivo)*

The present progressive is used in Spanish as it is in English to stress what is going on at the present time (an action in progress). It is formed with the verb **estar** in the present tense plus a present participle (Spanish **gerundio**).

1. **Estar** is conjugated as follows in the present tense:

   estar

estoy	estamos
estás	estáis
está	están

2. To form the present participle, **-ando** is added to the stem of **-ar** verbs and **-iendo** is added to the stem of **-er** and **-ir** verbs.

   tomar tom**ando**   comer com**iendo**   vivir viv**iendo**
          Ella **está** com**iendo**.   She *is eating*.

3. Verbs whose stem ends in a vowel have **y** instead of **i** in the ending.

   leer leyendo   oír oyendo

4. The verbs **ir** and **venir** are rarely used in the present progressive. The simple present tense is used.

   Voy mañana.   I *am going* tomorrow.
   Él **viene** el viernes.   He *is coming* on Friday.

Recall that the simple present rather than the present progressive is used to express the future.

EJERCICIOS

A. *Dé Ud. el presente progresivo.*

MODELOS: ¿Estudia él?
Sí, él está estudiando.

¿Estudias?
Sí, estoy estudiando.

1. ¿Escriben ellos? 2. ¿Bebe la niña leche? 3. ¿Trabaja ella en la tienda? 4. ¿Duermen los niños? 5. ¿Pide ella café? 6. ¿Estudian Uds.? 7. ¿Escribes los ejercicios? 8. ¿Come Ud. la manzana? 9. ¿Lee ella el libro? 10. ¿Vive él con ellos?

B. *Conteste Ud. con oraciones completas.*

1. ¿Está asistiendo a la clase de español? 2. ¿Está hablando español? 3. ¿Está aprendiendo el español? 4. ¿Está escuchando el español?

Formation of the perfect tenses

The perfect tenses are formed with the verb **haber** plus a past participle.

1. **Haber** is conjugated as follows in the present tense:

haber

he	hemos
has	habéis
ha	han

2. Past participles of regular **-ar** verbs end in **-ado**, and those of **-er** and **-ir** verbs end in **-ido**.

tomar   tom**ado**   comer   com**ido**   vivir   viv**ido**

3. Some verbs have irregular past participles:

abrir (*to open*) **abierto**
cubrir (*to cover*) **cubierto**
decir (*to say, to tell*) **dicho**
escribir (*to write*) **escrito**
hacer (*to do, to make*) **hecho**
morir (*to die*) **muerto**
poner (*to put*) **puesto**
romper (*to break, to tear*) **roto**
satisfacer (*to satisfy*) **satisfecho**
ver (*to see*) **visto**
volver (*to return*) **vuelto**

The present perfect (*pretérito perfecto*)

tomar	comer	vivir
he tomado	he comido	he vivido
has tomado	has comido	has vivido
ha tomado	ha comido	ha vivido
hemos tomado	hemos comido	hemos vivido
habéis tomado	habéis comido	habéis vivido
han tomado	han comido	han vivido

The present perfect tense is used as in English.

1. to describe an action or state in the recent or immediate past that is viewed as being related to the present.

Él me **ha llamado** dos veces hoy.   He *has called* me twice today.
Ellos ya **han comido**.   They *have eaten* already.

2. to replace the simple past tense (preterit), especially after a present tense in the preceding clause.

Ella sabe que yo **he comprado** un carro.   She knows that I *bought* a car.

The perfect infinitive (*infinitivo perfecto*)

The perfect form of the infinitive is the infinitive **haber** plus a past participle.

tomar	comer	vivir
haber tomado	haber comido	haber vivido

Yo no recuerdo **haber visto** esa película.   I don't remember *having seen* that movie.

EJERCICIOS

A. *Dé Ud. el pretérito perfecto* (the present perfect).

MODELO: ¿Te llama tu amiga hoy?
Mi amiga ya me _____
Mi amiga ya me **ha llamado**.

1. ¿Hace Ud. buenos pasteles?
Sí, yo _____ buenos pasteles.

2. ¿Escribe él novelas?
Sí, él _____ muchas novelas buenas.

3. ¿Ven Uds. las pinturas de Goya?
   Sí, nosotros _____ sus pinturas.

4. ¿Hablas mucho con Elena?
   Sí, yo _____ mucho con ella.

5. ¿Come Carolina mucha fruta?
   Sí, ella _____ mucha fruta.

6. ¿Vive José en San Antonio?
   Sí, él _____ allí muchos años.

7. ¿Bebe leche la niña?
   Sí, ya la _____ ella.

8. ¿Trabajan Uds. mucho?
   Nosotros _____ demasiado.

9. ¿Vuelven ellas mañana?
   Ellas ya _____.

10. ¿Abres la ventana?
    Yo ya la _____.

B. *Conteste Ud. con oraciones completas.*

1. ¿Ha leído Ud. la lección?   2. ¿Ha comprendido Ud. la lección?   3. ¿Ha venido un amigo con Ud. a la clase?   4. ¿Han ido unas amigas con Ud. a la biblioteca?

The verbs *ser* and *estar*

The verbs **ser** and **estar** both mean "to be," but each has different uses. **Ser** has to do with the essence of a person, place, or thing, while **estar** indicates state, condition, or location.

1. **Ser** is conjugated as follows in the present tense:

ser	
soy	somos
eres	sois
es	son

2. **Ser** is used as follows:

   a. to express time of day.

Son las diez.	*It is* ten o'clock.
Ya **es** tarde.	*It is* already late.

   b. to indicate possession.

Los guantes **son** de María.	The gloves *are* Mary's.

c. to denote origin.

Soy de Tejas.	*I am* from Texas.
Su vestido **es** de París.	Her dress *is* from Paris.

d. to indicate the material of which something is made.

Se blusa **es** de seda.	Her blouse *is* silk.

e. with all predicate nouns and pronouns.

Ellos **son** estudiantes.	They *are* students.
¿**Es** él?	*Is it* he?

f. to express nationality, religion, political affiliation, rank, profession, and so on.

Mi amigo **es** alemán.	My friend *is* German.
Ella **es** católica.	She *is* Catholic.
El señor Flores **es** demócrata.	Mr. Flores *is* a Democrat.
Su hermano **es** ingeniero.	His brother *is* an engineer.

g. with predicate adjectives that express basic, inherent qualities.

—to describe a physical characteristic.

José **es** alto.	Joseph *is* tall.
Elena **es** rubia.	Helen *is* blonde.
Su hermano **es** pequeño.	Her brother *is* small.

—to describe a personality trait.

Josefina **es** muy amable.	Josephine *is* very nice.

—to describe a mental trait.

Ese abogado **es** muy astuto.	That lawyer *is* very astute.

—with certain adjectives to denote age, economic condition, worth, or price.

Mi abuelo **es** viejo.	My grandfather *is* old.
Su padre **es** rico.	His father *is* rich.
Este traje **es** caro.	This suit *is* expensive.
La casa **es** nueva.	The house *is* new.

h. with other complements that identify.

Aquí **es** donde trabajo.	Here *is* where I work.
Eso **es** lo que él quiere hacer.	That *is* what he wants to do.

i. in impersonal expressions.

Es necesario.	*It is* necessary.

j. with the past participle to form the passive voice.

Él **es elegido** todos los años.	He *is elected* every year.
Él **ha sido elegido** este año.	He *has been elected* this year.

2. **Estar** is used as follows:

   a. to indicate location or position of a person, place or thing.

Estamos en la sala de clase.	*We are* in the classroom
¿Dónde **está** tu hermana?	Where *is* your sister?

   b. with the past participle used as an adjective.

El libro **está** abierto a la página diez.	The book *is* open to page ten.
La puerta **está** cerrada.	The door *is* closed.

   c. with the present participle to form the progressive tenses.

Él siempre **está** estudiando.	He *is* always studying.

   d. with certain adjectives that describe a non-inherent state or condition.

El niño **está** enfermo.	The child *is* sick.
Luisa **está** pálida hoy.	Louise *is* pale today.
Él **está** muy alegre ahora.	He *is* very happy now.

NOTE: **Ser** is the only one of these two verbs that links nouns to nouns. Regardless of apparent logic as to temporary versus permanent, *ser* is always used to fulfill this function.

Juan **es** presidente del club.	John *is* president of the club.
Yo **fui** presidente un año también.	I *was* president one year also.

3. Adjectives can be used with both **ser** and **estar**, but there is a change in meaning according to which verb is used.

   a. **bueno** and **malo**

Él **está** bueno ahora.	He *is* well now.
Él **es** bueno.	He *is* good (a good person).
Enrique **está** malo.	Henry *is* sick.
Enrique **es** malo.	Henry *is* bad (a bad person).

   b. **vivo**

El hombre herido **está** vivo.	The wounded man *is* alive.
Ese hombre **es** muy vivo.	That man *is* very lively.

   c. **listo**

Carlota **está** lista.	Charlotte *is* ready.
Carlota **es** lista.	Charlotte *is* clever.

   d. **verde**

No vamos a comer el plátano porque está verde.	We are not going to eat the banana because it *is* green (unripe).
La lechuga **es** verde.	Lettuce *is* green.

EJERCICIOS

A. *Dé Ud. la forma apropiada del presente de* **ser** *o* **estar**.

MODELOS: Me gusta este coche. _____ de Diego.
Me gusta este coche. **Es** de Diego.

Enrique no viene hoy. Él _____ enfermo.
Enrique no viene hoy. Él **está** enfermo.

1. Ellos viven en Los Ángeles. No _____ allí ahora.
2. Yo conozco bien al señor Limón. Él _____ carpintero y _____ un buen trabajador.
3. El libro es muy caro. _____ bien escrito.
4. Los niños se han acostado. _____ muy tarde.
5. Tomasito está llorando. Su gato _____ muerto.
6. ¿Quieres comprar estas naranjas? No, porque _____ verdes.
7. Él es un hombre honrado. Él _____ elegido todos los años.
8. Ella me ayuda. Ella _____ una buena estudiante.
9. Él quiere hablar contigo. Él _____ muy triste.
10. Rosa está cantando. Ella _____ muy alegre.
11. ¿Dónde está José? Él _____ estudiando.
12. Jorge es muy amable. Él _____ muy simpático.
13. ¿Ves a Manuel? Sí, él _____ muy alto ¿verdad?
14. ¿Cómo es Marta? Ella _____ muy inteligente.

B. *Conteste Ud. con oraciones completas.*

1. ¿Está Ud. alegre? ¿Por qué? 2. ¿Es Ud. morena (moreno) o rubia (rubio)?
3. ¿Está Ud. triste? ¿Por qué? 4. ¿Es Ud. amable o descortés?
5. ¿Son simpáticos sus amigos? 6. ¿Están contentas sus amigas?

The verbs *saber* and *conocer*

Both **saber** and **conocer** mean "to know." **Saber** has to do with knowledge (facts) or mental activity, while **conocer** denotes acquaintance or familiarity with someone or something.

1. The uses of **conocer** are illustrated by the following examples.

Conozco muy bien a su tío.	I *know* your uncle very well.
Él **conoce** la América Central.	He *knows* Central America.
No **conocemos** muy bien el camino.	We don't *know* the road very well.
¿**Conoce** Ud. un buen hotel?	Do you *know* (of) a good hotel?
Él **conoce** todas las obras de Blasco Ibáñez.	He *knows* all the works of Blasco Ibáñez.
Quiere **conocer** a tu familia.	He wants *to meet* your family.

2. The uses of **saber** are seen in the following examples.

Yo **sé** lo que él va a hacer.	I *know* what he is going to do.
Ella **sabe** dos idiomas.	She *knows* two languages.
Él **sabe** mucho acerca de los deportes.	He *knows* a lot about sports.
Ella **sabe** coser.	She *knows how* to sew.
Me alegro **saber** que ella está aquí.	I am pleased to *know* that she is here.
Él siempre **sabe** tus intenciones de antemano.	He always *knows* your intentions beforehand.

EJERCICIOS

A. *Dé Ud. la forma apropiada del presente de* **saber** *o* **conocer**.

MODELOS: No _____ a Patricia.
No **conozco** a Patricia.

¿Qué _____ tú de eso?
¿Qué **sabes** tú de eso.

1. Yo no _____ si él puede hacerlo.

2. Nosotros no _____ Chicago, pero _____ que hay varias universidades allí.

3. Ella no quiere manejar de noche porque no _____ bien el camino.

4. Vamos a Sevilla. ¿_____ tú un buen hotel en esa ciudad?

5. Él tiene que comer en la cafetería porque no _____ cocinar.

B. *Conteste Ud. con oraciones completas.*

1. ¿Sabe Ud. bailar bien? 2. ¿Conoce Ud. a un buen guitarrista? 3. Cuántos idiomas sabe Ud.? 4. ¿Cuántos idiomas saben sus padres?

C. *Escriba Ud. en español.*

1. How is your friend Miguel? He's well; he has just returned from San Francisco. 2. It has been a very long trip, and he is very tired. 3. His family is from Puerto Rico, but Miguel has been living here for many years. 4. He is studying in the university. You know, that Miguel is very smart. 5. I don't know him well, but I do know that he has been elected president of his class. 6. Yes, some friends of his are going to have a party. Can you come? 7. Of course. I want to express my congratulations to him. 8. Good. You are going to meet some nice people (persons) there.

D. *Escriba Ud. una composición breve describiendo algún lugar o a alguna persona que Ud. conoce.*

El idioma de los dioses

Al visitar° las ciudades y aldeas° de España, el viajero encuentra muchas cosas interesantes. Hay calles estrechas, em-
pedradas y tortuosas.° También hay casas blancas que tienen
balcones y ventanas con rejas.° Cuando un extranjero° escucha el hablar° rítmico de los españoles, especialmente el de
los aldeanos,° a veces piensa —¡Qué idioma tan melodioso y
al mismo tiempo tan grave!°

Al . . . *upon*
visiting/villages
estrechas . . . *narrow,*
rocky and winding
iron grills/foreigner
speech
villagers
serious

SEVILLA

LAS CADENAS

Se dice que el español es el idioma de los dioses. ¿Por qué se dice eso? El origen de esta declaración es la siguiente leyenda.° *legend*

Un día al principio° del mundo los dioses se reúnen° en el Monte Olimpo para tener un concilio.° Siempre al reunirse, los dioses hablan de sus tareas y de las cosas que han creado. Por ejemplo, uno ha creado el agua, otro los peces, y otros los árboles y las rocas. Hércules y Vulcano han dado un golpe° en el yunque° y de allí han nacido el sol y las estrellas. *al . . . in the beginning/se . . . get together/council* — *blow* — *anvil*

En el concilio de que se habla, hay un dios muy pequeño y callado.° Sin embargo, por fin se atreve a° hablar y dice —Yo también he hecho algo. En el extremo° de Europa he plantado un hermoso jardín y lo he llamado ≪El Jardín de las Hespérides≫. *quiet/se . . . he dares to* — *tip, extreme end*

A los dioses les gustan los jardines y al oír esto, aplauden y empiezan a ofrecer al dios pequeño muchas cosas para su paraíso en la tierra. La diosa Juno le ofrece un cielo azul como un zafir° para su Edén. Mercurio esconde toda clase de minerales en la tierra. Marte° asegura que los habitantes van a tener honor y ser muy valerosos. Minerva afirma que todas las mujeres van a ser heroínas. Venus dice que también van a ser hermosas y Cupido indica que van a ser románticas. *sapphire* — *Mars*

Luego Júpiter, el rey de los dioses, habla con voz grave y dice —y el idioma de tu paraíso va a ser el idioma de los dioses.

Y así es.° Desde el día del concilio en el Monte Olimpo se habla en España un idioma rico, melodioso, sonoro y muy fácil de aprender. Por eso se dice que el español es el idioma de los dioses. ¿Qué cree Ud.? *Y . . . And thus it is.*

CUESTIONARIO

1. ¿Ha visto Ud. una aldea española? 2. ¿Cómo hablan los aldeanos en España? (*Según la leyenda:*) 3. ¿Por qué se reúnen los dioses? 4. ¿Qué hacen los dioses cuando se reúnen? 5. ¿Quién es el jefe de los dioses? 6. ¿Qué ha hecho el dios pequeño? 7. ¿Por qué aplauden los dioses y ofrecen cosas para el paraíso? 8. ¿Por qué se dice que el español es el idioma de los dioses? 9. ¿Le gusta a Ud. la leyenda? ¿Por qué? 10. ¿Cree Ud. que el español es el idioma de los dioses? ¿Por qué?

LECCIÓN 2

El gobierno español

La subida° al trono de España de Juan Carlos I, después de la larga dictadura° de Francisco Franco, es un ejemplo más de los muchos cambios que se han hecho° en el gobierno de España a través de los siglos.° Los cambios del gobierno español han sido abruptos a veces y, a la larga,° cíclicos. Desde los tiempos más antiguos° en la historia de la Península Ibérica la gente ha estado sometida° a una gran variedad de sistemas gubernamentales.°

ascension
dictatorship
se . . . have been made
a . . . through the centuries
a . . . in the long run
ancient
subjected
sistemas . . . systems of government

REPRESENTANTES DEL GOBIERNO ESPAÑOL VISITAN NUEVA YORK

Como se sabe,° hubo varias colonizaciones en la península antes de la llegada de los romanos. Los fenicios° establecieron colonias en España alrededor del año 1100 a.C.° Después llegaron los griegos° y más tarde vinieron los cartagineses° de África.

El dominio romano en la península empezó por el año 210 a.C. Los romanos hablaban latín, que es la lengua materna° del español moderno. En su fondo,° el español es el latín impuesto° por los colonizadores romanos. El imperio romano en España tuvo fin con la invasión de los godos° alrededor del año 400 d.C.° La larga dominación árabe comenzó unos tres siglos más tarde con la invasión musulmana° en 711.

Los godos y los árabes contribuyeron muchas palabras al español moderno. Por ejemplo, en la lengua germánica de los godos había muchas palabras asociadas con la vida militar que pasaron después al español: guerra, yelmo, sable, mariscal, tregua,° etcétera. Del árabe el español tomó términos militares como atalaya° y adarga,° además de palabras para cosas naturales como arroz,° alfalfa y aceituna,° y muchas otras voces° que reflejaban otros aspectos de la cultura árabe: alcalde, almacén, aduana, albañil y alcoba.°

Cuando las tropas de los Reyes Católicos, Fernando e Isabel, tomaron Granada en 1492, el último reino árabe de importancia desapareció. Con esa victoria nació la España moderna y una larga tradición de gobierno monárquico.

A principios del siglo XIX, las tropas de Napoleón invadieron España. José Bonaparte, el hermano de Napoleón, subió al trono, empezando así un breve período de influencia francesa. A pesar de° eso los españoles mantuvieron cierta autonomía mediante° las Cortes establecidas en Cádiz, que estaban a cargo del° poder legislativo.

La derrota° de los franceses se llevó a cabo° en corto plazo° y los españoles volvieron a aceptar la monarquía, que duró hasta la revolución de 1868. Después hubo un gobierno provisional seguido por una república que duró menos de dos años.

Con la disolución de la República, España volvió a encontrarse° bajo una monarquía hasta que Primo de Rivera estableció una dictadura militar durante el reinado de Alfonso XIII. El rey tuvo que expatriarse° y, con la Constitución de 1932, una República fue establecida por segunda vez.

Como . . . *As is known*
Phoenicians
B.C.
Greeks
Carthaginians

lengua . . . *mother tongue/ essence*
imposed
Goths
A.D.
Moslem

guerra . . . *war, helmet, saber, marshal, truce*
watchtower/leather shield
rice/olive
words
alcalde . . . *mayor, warehouse, customs (custom-house), mason and bedroom*

A . . . *In spite of*
by means of
a . . . *charged with the*
defeat/se . . . was carried out
en . . . *in a short time*

volvió . . . *again found itself*
to go into exile

En 1936 estalló° la guerra civil en España. Duró hasta 1939, cuando el General Francicso Franco derrotó las fuerzas republicanas. De allí sucedió la larga dictadura de Franco hasta su muerte en 1975. A la muerte del dictador, Juan Carlos I subió al trono como monarca.

La historia de España revela que los españoles han estado sometidos a una gran variedad de sistemas gubernamentales pero que el sistema monárquico es el que ha perdurado° más durante los siglos.

estalló — broke out

develope — lasted

CUESTIONARIO

1. ¿Cuáles fueron los tres grupos colonizadores antes de la llegada de los romanos? 2. ¿Cuál es la lengua materna del español moderno? 3. ¿Qué reinado siguió al dominio romano en la península? 4. ¿Qué contribuyeron los godos a la lengua española? 5. ¿Qué contribuyeron los árabes a la lengua española? 6. ¿Cuál es la importancia de la caída de Granada? 7. ¿Cuál fue el resultado de la revolución de 1868? 8. ¿Cuál fue el efecto de la Constitución de 1932? 9. ¿Cuál fue el resultado de la guerra civil de 1936 hasta 1939? 10. ¿Qué sistema de gobierno tiene España ahora? 11. ¿Qué piensa Ud. del proceso gubernamental de España a través de su historia?

terminos militares

ESCULTURA
ROMANA

Gramática

The past tenses, indicative mood

There are two tenses which express the past in Spanish. One is the preterit tense and the other is the imperfect tense. The preterit tense is primarily a narrative tense. It summarizes a past action or state that is limited in time. The imperfect tense is a descriptive tense and is used when time limitations are not considered important.

The preterit tense (*pretérito indefinido*)

1. Regular verbs are conjugated in the preterit tense as follows:

tomar	comer	vivir
tomé	comí	viví
tomaste	comiste	viviste
tomó	comió	vivió
tomamos	comimos	vivimos
tomasteis	comisteis	vivisteis
tomaron	comieron	vivieron

2. The conjugation of class II and class III stem-changing verbs in the preterit tense (class I verbs have no stem change in the preterit):

CLASS II VERBS		CLASS III VERBS
dormir	**sentir**	**pedir**
dormí	sentí	pedí
dormiste	sentiste	pediste
durmió	sintió	pidió
dormimos	sentimos	pedimos
dormisteis	sentisteis	pedisteis
durmieron	sintieron	pidieron

See Appendix F for other verbs of this type and for verbs that have other irregularities in the preterit tense.

3. The preterit tense is generally used as follows:

    a. to relate a completed action in the past.

Ella **lavó** el vestido.	She *washed* the dress.
Vendí mi casa.	I *sold* my house.
Ellos **escribieron** los ejercicios.	They *wrote* the exercises.

b. to indicate an action or state of some duration in the past in which the time span is clearly limited within the sentence.

La guerra **duró** cinco años.	The war *lasted* (for) five years.
Carlos **vivió** en México por dos años.	Charles *lived* in Mexico for two years.
Ellos **trabajaron** por una hora.	They *worked* (for) one hour.

c. with the verb **hace** plus an expression of time to express the English idea of *ago*.

Él vino aquí **hace** un año.	He came here a year *ago*.
Hace una hora **que** ella llegó.	She arrived an hour *ago*.

Notice that when **hace** + *time expression* comes first in the sentence, **que** precedes the following clause.

EJERCICIOS

A. *Conteste Ud. según el modelo.*

MODELO: Yo vi a Juana ayer, ¿y Uds.?
    Nosotros la vimos también.

1. Tú pediste ayuda, ¿y ellos? 2. Comimos pan ayer, ¿y tú? 3. Ella mandó tarjetas, ¿y Ud.? 4. Nosotros servimos café, ¿y ella? 5. Yo escribí los ejercicios, ¿y Uds.? 6. Ellas lavaron los vestidos, ¿y Elena? 7. Ricardo compró zapatos, ¿y tú? 8. Lo sentimos mucho, ¿y ellas? 9. Ud. bebió leche, ¿y la niña? 10. Yo repetí la frase, ¿y Manuel? *Repitió*

B. *Exprese Ud. en español.*

1. How long (How much time) did you study? I studied for three hours. 2. Where did she work? She worked in California for two years. 3. What did he eat? I don't know, but I think that he ate tacos. 4. Did she write the exercises? Yes, she wrote them yesterday. 5. Did they serve refreshments? Yes, they served them an hour ago.

C. *Conteste Ud. con oraciones completas.*

1. ¿Estudió Ud. esta lección antes de venir a clase? 2. ¿Aprendió Ud. las formas del tiempo pretérito indefinido? 3. ¿A qué hora llegó Ud. a la clase? 4. ¿Leyó Ud. la lectura de esta lección? 5. ¿Escribió Ud. los ejercicios de esta lección? 6. ¿Comió Ud. antes de venir a clase? 7. ¿Qué va a hacer Ud. después de la clase?

Verbs with special meanings in the preterit

The following verbs may have a special meaning when used in the preterit tense: **conocer, poder, querer, no querer, saber,** and **tener**.

Conocí a su prima en la fiesta.	I *met* your cousin at the party.
No **pudimos** hallar un buen hotel.	We did not *succeed* in finding a good hotel.
Ellos **quisieron** resolver el problema.	They *tried* to solve the problem.
Él **no quiso** salir.	He *refused* to leave.
Ella **supo** que llegué tarde.	She *found out* that I arrived late.
Esta mañana **tuve** una carta de mi hermana.	This morning I *received* a letter from my sister.

EJERCICIO

Exprese Ud. en español.

1. Do you know her? Yes, I met her yesterday.   2. Did you find the book? No, we did not succeed in finding it.   3. Did she write the sentences in Spanish? She tried to write them.   4. Did he give the pen to you? He refused to give it to me.   5. Did they sell the car? Yes, we found out that they sold it.   6. Did she receive a letter? Yes, she received a letter from her mother.

The imperfect tense (*pretérito imperfecto*)

1. The conjugation of regular verbs in the imperfect tense:

tomar	comer	vivir
tomaba	comía	vivía
tomabas	comías	vivías
tomaba	comía	vivía
tomábamos	comíamos	vivíamos
tomabais	comíais	vivíais
tomaban	comían	vivían

2. The following are the only three verbs conjugated irregularly in the imperfect tense.

ir	ser	ver
iba	era	veía
ibas	eras	veías
iba	era	veía
íbamos	éramos	veíamos
ibais	erais	veíais
iban	eran	veían

3. The imperfect tense is used as follows:

    a. to express a customary or habitual action or state in the past.

        Yo **vivía** en California.   I *used to live* in California.
        Ellos **iban** a la escuela por la mañana.   They *went* to school in the morning.

    b. to describe a progressive action in the past.

        Ella **estudiaba** su lección.   She *was studying* her lesson.

    c. to describe an action or state in the past where there is no expressed duration of time, or where time limitations are not considered to be important.

        Él **asistía** a la Universidad de Madrid.   He *attended* the University of Madrid.
        Ella **pensaba** en él.   She *was thinking* about him.
        Él **estaba** muy contento.   He *was* very happy.

    d. to describe characteristics or conditions in the past.

        Ellos **eran** muy amables.   They *were* very nice.
        Era una noche oscura.   It *was* a dark night.

    e. to express time of day in the past.

        Eran las seis.   It *was* six o'clock.
        Era tarde.   It *was* late.

    f. to express desire, emotion, or mental processes in the past.

        José **quería** bailar.   Joe *wanted* to dance.
        El niño **lloraba.**   The child *was crying*.
        Josefina **sabía** la lección.   Josephine *knew* the lesson.
        Ellos **pensaban** volver.   They *were planning* to return.

4. With the verb **hacía** + *expression of time* + **que** to indicate the duration of an action or state in the past.

        Hacía dos horas **que** Juana estudiaba.   Jane *had been studying for* an hour.
        Hacía una hora **que** esperábamos.   *We had been waiting for* an hour.

5. In the expression **acabar de** plus an infinitive to express *had just* in the past.

        Yo **acababa de** regresar.   I *had just returned*.

EJERCICIOS

A. *Conteste Ud. con oraciones completas.*

    1. ¿Estudiaba Ud. esta lección antes de venir a clase? 2. ¿Aprendió Ud. las formas del tiempo pretérito imperfecto? 3. ¿Vivía Ud. en otra ciudad antes de vivir en ésta? 4. Asistía Ud. a otra universidad antes de asistir a ésta?

B. *Conteste Ud. según el modelo.*

MODELO: ¿Leía Ud. la lección?
     Sí, yo la leía.

1. ¿Cantaba Ud. la canción? 2. ¿Comían Uds. el pan? 3. ¿Escribías los ejercicios? 4. ¿Bebía Ud. el café? 5. ¿Estudiabas la lección? 6. ¿Escuchaban Uds. la música? 7. ¿Vendía Ud. las flores? 8. ¿Aprendían Uds. el vocabulario? 9. ¿Repetías las frases? 10. ¿Servía Ud. la comida?

The preterit and the imperfect used together

Sometimes the imperfect tense and the preterit tense are used in the same sentence. The imperfect tense describes a state or an action in progress while the preterit indicates an interruptive action or one that occurs while the other is in progress.

Carlos **veía** la televisión cuando ellos *llegaron*.	Charles *was watching* television when they *arrived*.
Elena **estaba** sentada en el sofá cuando Pablo **entró** en el cuarto.	Helen *was* seated on the sofa when Paul *entered* the room.

EJERCICIOS

A. *Dé Ud. la forma apropiada del verbo en el imperfecto o en el pretérito.*

MODELO: (Ser) tarde cuando él (volver).
     Era tarde cuando él **volvió.**

1. (Llover) cuando yo (despertarse) esta mañana. 2. ¿(Leer) tú la revista cuando yo te (llamar)? 3. Manual (beber) el café cuando nosotros lo (ver). 4. (Ser) las cinco cuando Pedro (salir). 5. Los muchachos (jugar) al béisbol cuando su mamá los (llamar). 6. ¿(Saber) tú la lección? Sí, yo la (estudiar) por una hora. 7. ¿(Encontrar) Ud. el libro? Sí, lo (hallar) en mi escritorio. 8. ¿(Ver) Uds. a Carmen? Sí, nosotros la (ver) cuando ella (venir) por la acera. 9. ¿(Escuchar) tú la música anoche? Sí, yo la (escuchar) cuando Alfredo (llegar). 10. ¿(Pensar) ellos volver? No, ellos (decidir) quedarse en Las Cruces.

B. *Conteste Ud. con oraciones completas.*

1. ¿Qué hora era cuando Ud. se acostó anoche? 2. ¿Qué hora era cuando Ud. se levantó esta mañana? 3. ¿Qué hora era cuando Ud. llegó a clase? 4. ¿Escuchaba Ud. cuando hablaron los otros estudiantes?

The past progressive tenses

The usage of the past progressive tenses falls within the limits of the usages of the preterit and imperfect tenses. They are formed and used as follows:

1. The imperfect progressive (**imperfecto progresivo**) is formed with the imperfect tense of **estar** plus the present participle (Spanish **gerundio**).

estaba comiendo	estábamos comiendo
estabas comiendo	estabais comiendo
estaba comiendo	estaban comiendo

Nosotros **estábamos comiendo.**	We *were eating*.

2. The preterit progressive (**pretérito progresivo**) is formed with the preterit tense of **estar** plus the present participle (Spanish **gerundio).**

estuve hablando	estuvimos hablando
estuviste hablando	estuvisteis hablando
estuvo hablando	estuvieron hablando

Carolina **estuvo hablando** por una hora.	Caroline *was talking* for an hour.

EJERCICIO

Dé Ud. el imperfecto progresivo o el pretérito progresivo.

MODELOS: Esteban (estar) cantando.
            Esteban **estaba** cantando.

            Esteban (estar) cantando por cinco minutos.
            Esteban **estuvo** cantando por cinco minutos.

1. Nosotros (estar) bailando. 2. Los jugadores (estar) ensayando. 3. Rosa (estar) estudiando por una hora. 4. Yo (estar) escribiendo una composición. 5. Los estudiantes (estar) leyendo. 6. Miguel y yo (estar) trabajando todo el día. 7. Teresa y Anita (estar) cantando. 8. Enrique (estar) leyendo el periódico.

The pluperfect tense

The pluperfect (**pluscuamperfecto**) is formed with the imperfect tense of **haber** plus the past participle.

tomar	comer	vivir
había tomado	había comido	había vivido
habías tomado	habías comido	habías vivido
había tomado	había comido	había vivido
habíamos tomado	habíamos comido	habíamos vivido
habíais tomado	habíais comido	habíais vivido
habían tomado	habían comido	habían vivido

Jorge **había estudiado** la lección.	George *had studied* the lesson.

EJERCICIO

Conteste Ud. con el pluscuamperfecto.

MODELO: ¿Vio Ud. a mi primo?
　　　No, él ya (irse).
　　　No, él ya se había ido.

1. ¿Por qué fue tan difícil el examen? Porque yo no (estudiar). 2. ¿Encontró Ud. la revista? Sí, Pepe la (poner) en el escritorio. 3. ¿Era ella amiga de Pedro? No, Pedro me dijo que él nunca la (ver). 4. ¿Por qué fueron Uds. a ese parque? Porque nosotros nunca (ir) allí antes. 5. ¿Leíste la novela anoche? No, yo la (leer) hace una semana.

The preterit perfect tense

The preterit perfect (**pretérito anterior**) is formed with the preterit tense of **haber** plus the past participle. It has limited use in Spanish (generally as a literary form) after conjunctions of time such as **después de que** (*after*), **tan pronto como** (*as soon as*), and **cuando** (*when*).

Después de que él **hubo hablado**, nosotros lo　　After he *had spoken*, we congratulated him.
　felicitamos.

The simple past tense is often used as a substitute for the preterit perfect.

Después de que él **habló**, nosotros lo　　　　After he *spoke*, we congratulated him.
　felicitamos.

EJERCICIOS

A. *Exprese Ud. en español.*

1. Did she leave? Yes, as soon as she had finished, she left. 2. Did they understand the exercises? Yes, as soon as they had written the exercises, they understood them. 3. Why didn't you go to the play, Alfred? I had already seen it, John. I saw it three years ago when I was in San Francisco. 4. Apparently, you liked it. Yes, at least it amused me. 5. I have never seen it. I wanted to go last night, but I found out that the tickets were very expensive. 6. I thought that you were going with your friends and that they were going to buy the tickets. 7. No, they couldn't do that. When prices were cheap, we used to do such things. 8. Yes, I remember.

B. *Escriba Ud. una composición describiendo algo que Ud. hizo en el pasado.*

El dios Júpiter y el gobierno español

Los españoles están acostumbrados a echar la culpa de todo° a su gobierno. Si hay una inundación° o una sequía,° no cabe duda° de que el gobierno tiene la culpa. Si el sistema de enseñanza° no es adecuado, si hay demasiados profesores, si las cosechas° no son buenas, o si hay abundancias de mendigos,° el gobierno es culpable° de eso también.

     Desde que nace,° el español oye que su gobierno es malo. Esta opinión, como otras, es generalmente aceptada, y tiene su origen en una bonita leyenda.

     Se cuenta° que hace muchos años Júpiter invitó a todas las naciones del mundo a un congreso en el Monte Olimpo. Cada nación podía mandar a un representante para pedir algo muy especial para su país. Júpiter iba a oír todas las peticiones y concederlas,° o no, según su parecer.°

     Por fin llegaron los representantes de todos los países y cada uno pidió algo. Alemania deseaba el mejor ejército° del mundo, y Júpiter se lo concedió. Francia quería ser reina de la moda.° Inglaterra pidió un puerto° en todos los mares del mundo. Algunas de las peticiones eran realmente extrañas: un país quería tener sol a medianoche.

     Júpiter empezaba a aburrirse° con tantas peticiones cuando vio a una hermosa joven que se estaba acercando a su trono. Vestía° una mantilla blanca y agitaba un abanico.° Ella era la representante de España y había esperado el último turno para hacer su petición.

     Inmediatamente Júpiter olvidó su aburrimiento y galantemente preguntó —¿Qué quieres, simpática dama?

echar . . . blaming everything
flood/drought
there is no doubt
education
harvests/beggars
es . . . is to blame
Desde . . . From the time he is born

Se . . . It is told

grant them/según . . . according to his own view
army

reina . . . the queen of fashion/port

to get bored

She wore/agitaba . . . was waving a fan

Lección 2   **51**

Ella le dijo que en España, para ser felices, deseaban un cielo siempre azul y sereno; no necesitaban edificios y ciudades grandes porque los españoles preferían aldeas y pueblos chicos° con calles llenas de casas blancas y limpias con techos de tejas° rojas. —Además, —le dijo a Júpiter —Si no podemos tener el perfume de las flores y el canto de los pájaros, vamos a estar tristes.

<small>small</small>
<small>tiles</small>

Júpiter escuchaba fascinado. Y la bella representante de España siguió hablando —Nuestros hombres deben ser valientes y nobles. Nuestras mujeres deben ser las más hermosas del mundo. Nuestra tierra debe ser rica en minerales, frutas y flores. Sobre todo, nuestro país debe distinguirse° por su alegría, su hermosura y su riqueza.

distinguish itself

Después de escuchar la petición, Júpiter le concedió todo a la bella española y ella se alejó° contentísima. Pero pronto se acordó de una cosa importante que no había pedido. No había recordado pedirle al rey Júpiter un buen gobierno para España. Rápidamente volvió al salón para hacer esa última petición.

se . . . withdrew, left

Sin embargo, al oír la petición, Júpiter le dijo en voz muy triste —¡Cuánto lo siento!° Ya le he concedido demasiado a tu nación. Todas las cosas que me has pedido, te las he dado. Pero no puedo conceder lo que me pides ahora. Tu nación nunca va a tener un buen gobierno.

¡Cuánto . . . How sorry I am!

CUESTIONARIO

1. ¿Qué oye el español desde que nace? 2. ¿A quiénes invitó Júpiter al congreso? 3. ¿Qué concedió Júpiter a Alemania? 4. ¿Qué quería ser Francia? 5. ¿Qué pidió Inglaterra? 6. ¿Por qué se aburría Júpiter? 7. ¿Por qué olvidó Júpiter su aburrimiento? 8. ¿Cómo era la representante de España? 9. La primera vez, ¿qué pidió la española? 10. ¿Qué concedió Júpiter a la bella española? 11. ¿Por qué volvió la española al salón de Júpiter? 12. ¿Qué dijo Júpiter de la última petición? 13. ¿Qué piensa Ud. del gobierno de España? 14. ¿Qué piensa Ud. del gobierno de su país?

LECCIÓN 3

Los cubanos

Cuba es una isla muy cerca del estado de la Florida de los Estados Unidos. Por lo tanto° no es extraño que haya° tantos cubanos en la Florida especialmente desde 1959 cuando Fidel Castro se apoderó° del gobierno de Cuba.

      Pero no es solamente en la Florida donde se encuentran muchos cubanos que diariamente° hacen una gran contribución a las comunidades donde viven. También se han establecido en el noreste y en las regiones costeras° del Golfo de México. Los cubanos han contribuido profesional y técnicamente y a la vez° han ofrecido elementos de su cultura y carácter a la sociedad norteamericana. Aunque se han mostrado capaces de asimilarse eficazmente° a una cultura muy distinta de la suya en fondo° y forma, al mismo tiempo han mantenido sus costumbres como una parte básica e importante de su vida. Parece que el espíritu del gran patriota cubano, José Martí, todavía vive en cada uno de estos cubanos. Han demostrado que su cultura es algo muy perdurable,° y sobre todo que es suya. Representa algo con que el individuo puede identificarse con merecido orgullo.°

      Los cubanos que en los últimos años han llegado a los Estados Unidos no son los primeros refugiados° cubanos. También José Martí vino a los Estados Unidos como refugiado a fines del siglo XIX. Aquí llegó a conocer° muy bien a los norteamericanos, tal vez mejor que ningún otro escritor hispanoamericano de su época. Durante algún tiempo fue pro-

Por . . . Therefore/there are

se . . . took control

daily

coastal

a . . . at the same time

effectively
essence

lasting

merecido . . . deserved pride

refugees

llegó . . . he came to know

fesor de español en Nueva York. Publicó° una revista para
niños, *La edad de oro,* y un periódico, *Patria,* además de
servir como corresponsal° del *New York Herald.* Volvió a
Cuba y murió en el campo de batalla° luchando° por la libertad
de su patria.

    El gran talento literario de José Martí se ve reflejado°
en los siguiente poemas hermosos y sentimentales.

He published

correspondent

campo . . . *battlefield/struggling,
fighting*

se . . . *is reflected*

De *Versos Sencillos*

José Martí

I

Yo soy un hombre sincero
De donde crece° la palma,
Y antes de morirme quiero
Echar mis versos del alma.°

grows

soul

Yo vengo de todas partes
Y hacia todas partes voy:
Arte soy entre las artes,
En los montes, monte soy.

Yo sé los nombres extraños
De las yerbas° y las flores,
Y de mortales engaños,°
Y de sublimes dolores.

grasses

mortales . . . *mortal
deceptions*

Yo he visto en la noche oscura
Llover sobre mi cabeza
Los rayos de lumbre° pura
De la divina belleza.

light

. . .

Yo he visto al águila herida°
Volar al azul sereno,
Y morir en su guarida°
La víbora° del veneno.°

águila . . . *wounded eagle*

den

viper/poison

Yo sé bien que cuando el mundo,
Cede, lívido, al descanso°
Sobre el silencio profundo
Murmura el arroyo manso.°

Yo he puesto la mano osada,°
De horror y júbilo° yerta,°
Sobre la estrella apagada
Que cayó frente a mi puerta.

Oculto° en mi pecho bravo°
La pena° que me lo hiere:°
El hijo de un pueblo esclavo
Vive por él, calla y muere.

. . .

Cede . . . *Yields, pale,*
to rest

arroyo . . . *quiet stream*

daring
joy/numb

*I hide/*pecho *. . .fierce*
breast
suffering/wounds

JOSÉ MARTÍ

XXIII

Yo quiero salir del mundo
Por la puerta natural:
En un carro de hojas verdes
A morir me han de llevar.°   A . . . *They must carry me to die.*

No me pongan en lo oscuro
A morir como un traidor:°   *traitor*
¡Yo soy bueno, y como bueno
Moriré de cara al sol!°   de . . . *with my face to the sun*

XXXIV

¡Penas! ¿Quién osa° decir   *dares*
Que tengo yo penas? Luego,
Después del rayo,° y del fuego,   *lightning*
Tendré tiempo de sufrir.

Yo sé de un pesar° profundo   *grief*
Entre las penas sin nombres:
¡La esclavitud de los hombres
Es la gran pena del mundo!

Hay montes, y hay que subir
Los montes altos; ¡después
Veremos, alma, quién es
Quien te me ha puesto al morir!

Reproducido de *Obras completas* XVI (La Habana: Editorial Nacional De Cuba, 1964), pág. 63, 65, 98,112.

CUESTIONARIO

1. ¿Por qué hay tantos cubanos en la Florida? 2. ¿Qué han contribuido los cubanos a la vida norteamericana? 3. ¿Qué han mostrado los cubanos con respecto a su cultura? 4. ¿Quién era José Martí? 5. ¿Cuándo llegó José Martí a los Estados Unidos? 6. ¿Qué hizo José Martí mientras estuvo en Nueva York? 7. ¿Cómo murió José Martí? (*Con respecto a los poemas de Martí:*) 8. ¿Cómo es el poeta? 9. ¿De dónde viene el poeta y adónde va? 10. ¿Qué sabe el poeta? 11. ¿Qué ha visto él? 12. ¿Qué oculta en su pecho? 13. ¿Cómo morirá el poeta? 14. ¿Cuándo tendrá tiempo de sufrir? 15. ¿Le gusta a Ud. este poema? ¿Por qué?

Gramática

The future tense (*futuro*)

1. The future tense of verbs is normally formed in Spanish by adding the following endings to the infinitive: **-é, -ás, -á, -emos, -éis, -án.**

tomar	**comer**	**vivir**
tomaré	comeré	viviré
tomarás	comerás	vivirás
tomará	comerá	vivirá
tomaremos	comeremos	viviremos
tomaréis	comeréis	viviréis
tomarán	comerán	vivirán

2. The future tense of the following verbs is formed by adding the above endings to irregular stems, rather than to the infinitive.

caber	cabré, cabrás, cabrá, cabremos, cabréis, cabrán
decir	diré, dirás, dirá, diremos, diréis, dirán
haber	habré, habrás, habrá, habremos, habréis, habrán
hacer	haré, harás, hará, haremos, haréis, harán
poder	podré, podrás, podrá, podremos, podréis, podrán
poner	pondré, pondrás, pondrá, pondremos, pondréis, pondrán
querer	querré, querrás, querrá, querremos, querréis, querrán
saber	sabré, sabrás, sabrá, sabremos, sabréis, sabrán
salir	saldré, saldrás, saldrá, saldremos, saldréis, saldrán
tener	tendré, tendrás, tendrá, tendremos, tendréis, tendrán
valer	valdré, valdrás, valdrá, valdremos, valdréis, valdrán
venir	vendré, vendrás, vendrá, vendremos, vendréis, vendrán

3. The future tense is generally used in Spanish as it is used in English.

Ellos **llegarán** pronto.	They *will arrive* soon
Él **irá** con ellas.	He *will go* with them.

4. The future tense is also used in Spanish to indicate conjecture or probability in the present.

¿Quién **será** ella?	I wonder who she is.
¿Dónde **estará** Luis?	Where can Louis be?
Luis **estará** en su cuarto.	Louis is probably in his room.
	(Louis must be in his room.)

5. The future may also be formed by using the present tense of the verb **ir** + **a** + the infinitive. (This corresponds to the English *to be going to* + infinitive.)

Voy a estudiar después de ir al cine.	*I'm going to study* after going to the movies.

Lección 3

EJERCICIOS

A. *Conteste Ud.*

MODELOS: ¿Lo vas a comer?
Lo comeré más tarde.

¿Me lo van a dar Uds.?
Se lo daremos más tarde.

Lo terminaré   Se lo prestaremos   Se los escribiré más tarde

1. ¿Lo vas a terminar? 2. ¿Me lo van a prestar Uds.? 3. ¿Los va a escribir Ud.? 4. ¿Se lo va a decir ella? 5. ¿La van a poner allí ellos? 6. ¿Te lo va a vender él? 7. ¿Lo vas a hacer? 8. ¿Me las van a mandar Uds.? 9. ¿Lo va a leer Miguel? 10. ¿La va a estudiar Ud.?

Se la pondrán   Lo haré   Se la mandarán   Lo leerá   La estudiaré

B. *Exprese Ud. en español usando el tiempo futuro.*

Dónde estarán ellos   Dónde estará mi libro   Que será eso   ella será

1. I wonder where they are. 2. Where can my book be? 3. I wonder what that is. 4. She is probably a good student. 5. They probably know the answer. 6. He must be in that room.

C. *Conteste Ud. en español con oraciones completas.*

1. ¿Vendrá Ud. a clase mañana? 2. ¿Estudiará Ud. mañana? 3. ¿Qué hará Ud. después de la clase? 4. ¿Qué comerá Ud. mañana?

The future progressive

The future progressive tense is formed in Spanish with the future tense of **estar** plus the present participle (Spanish **gerundio**).

trabajar	comer	escribir
estaré trabajando	estaré comiendo	estaré escribiendo
estarás trabajando	estarás comiendo	estarás escribiendo
estará trabajando	estará comiendo	estará escribiendo
estaremos trabajando	estaremos comiendo	estaremos escribiendo
estaréis trabajando	estaréis comiendo	estaréis escribiendo
estarán trabajando	estarán comiendo	estarán escribiendo

The future progressive tense is used in Spanish as it is in English.

Él **estará estudiando** todo el día.   He *will be studying* all day.

EJERCICIO

Exprese Ud. en español.

1. Will you read the novel? Yes, I will be reading it all afternoon. 2. Will they work tomorrow? Yes, they will be working all day. 3. Will they travel this summer? Yes, they will be traveling a lot. 4. Will she serve refreshments? Yes, she will be serving them at five o'clock.

The future perfect

The future perfect tense is formed in Spanish with the future tense of **haber** plus the past participle.

tomar	comer	vivir
habré tomado	habré comido	habré vivido
habrás tomado	habrás comido	habrás vivido
habrá tomado	habrá comido	habrá vivido
habremos tomado	habremos comido	habremos vivido
habréis tomado	habréis comido	habréis vivido
habrán tomado	habrán comido	habrán vivido

1. The future perfect tense is used in Spanish as it is in English.

   Para mañana ella **habrá estudiado** toda la lección.

   By tomorrow she *will have studied* all the lesson.

2. The future perfect tense is also used to express conjecture or probability in the present about the past.

   ¿Adónde **habrá ido** Rosa?

   I wonder where Rose has gone.

EJERCICIO

Exprese Ud. en español.

1. Has she returned? No, but by twelve o'clock she will have returned. 2. Have they written the exercises? They will have written all the exercises by four o'clock. 3. Has Margaret seen him? She has probably seen him already. 4. Did Paul write this message? Yes, he wrote it. I wonder why Paul has done that. 5. Have you read this chapter? No, I have not read it. However, by next week, I will have studied the entire chapter.

The conditional tense (*condicional o potencial*)

1. The conditional tense is normally formed in Spanish by adding the following endings to the infinitive: -ía, ías, -ía, -íamos, -íais, -ían.

prestar	vender	servir
prestaría	vendería	serviría
prestarías	venderías	servirías
prestaría	vendería	serviría
prestaríamos	venderíamos	serviríamos
prestaríais	venderíais	serviríais
prestarían	venderían	servirían

2. The verbs that have irregular stems in the future tense also have them in the conditional tense.

caber cabría, cabrías, cabría, cabríamos, cabríais, cabrían
decir diría, dirías, diría, diríamos, diríais, dirían
haber habría, habrías, habría, habríamos, habríais, habrían
hacer haría, harías, haría, haríamos, haríais, harían
poder podría, podrías, podría, podríamos, podríais, podrían
querer querría, querrías, querría, querríamos, querríais, querrían
saber sabría, sabrías, sabría, sabríamos, sabríais, sabrían
salir saldría, saldrías, saldría, saldríamos, saldríais, saldrían
tener tendría, tendrías, tendría, tendríamos, tendríais, tendrían
valer valdría, valdrías, valdría, valdríamos, valdríais, valdrían

3. The conditional tense is generally used in Spanish as in English. It translates English *would* to refer to a hypothetical state or action.

Dijimos que se lo **venderíamos** a él.   We said that we *would sell* it to him.

4. The conditional tense is also used to express conjecture or probability in the past.

¿Adónde **iría** él?   I wonder where he went.
Serían extranjeros.   They were probably strangers.

EJERCICIOS

A. *Conteste Ud.*

MODELOS: ¿Me lo traerá Ud.?
    Le dije que se lo traería.
    ¿Los mandará ella?
    Ella dijo que los mandaría.

Le dije que se la vendería

Ellas dijeron que la comerían

1. ¿Me la venderá Ud.? 2. ¿La comerán ellas? 3. ¿Los escribirán Uds.? 4. ¿Lo harás? 5. ¿Los pondrá él en el carro? 6. ¿Lo beberá ella? 7. ¿Lo pintarán Uds.? 8. ¿Lo aprenderá Ud.? 9. ¿Las repetirán ellos? 10. ¿Se lo dirás?

B. *Conteste Ud. con oraciones completas.*

1. ¿Dijo Ud. que estudiaría mucho? 2. ¿Dijo Ud. que vendría a clase mañana? 3. ¿Les dijo el profesor (la profesora) que habría un examen mañana?

C. *Exprese Ud. en español.*

1. Did you hear a noise? Yes, I wonder what it was. 2. When did he arrive? I am
not sure. I wonder when he arrived. 3. Did you see Helen? No, I did not see her. I
wonder where she went. 4. Did you know them? No, I wonder who they were.

The conditional progressive

The conditional progressive tense is conjugated in Spanish with the conditional tense of **estar**
plus the present participle.

trabajar	comer	escribir
estaría trabajando	estaría comiendo	estaría escribiendo
estarías trabajando	estarías comiendo	estarías escribiendo
estaría trabajando	estaría comiendo	estaría escribiendo
estaríamos trabajando	estaríamos comiendo	estaríamos escribiendo
estaríais trabajando	estaríais comiendo	estaríais escribiendo
estarían trabajando	estarían comiendo	estarían escribiendo

The conditional progressive tense is used in Spanish as in English.

Te dije que **estaría trabajando** todo el día.   I told you that I *would be working* all day.

EJERCICIO

Exprese Ud. en español.

1. Will you be reading the lesson? I said that I would be reading it all afternoon. 2. Will he be writing the exercises? He said that he would be writing them
soon. 3. Will they be singing the song? They said that they would be singing it
tonight. 4. Will she be sewing the dress? She said that she would be sewing it.

The conditional perfect

The conditional perfect tense is conjugated in Spanish with the conditional tense of **haber** plus the past participle.

habría estudiado	habría comido	habría servido
habrías estudiado	habrías comido	habrías servido
habría estudiado	habría comido	habría servido
habríamos estudiado	habríamos comido	habríamos servido
habríais estudiado	habríais comido	habríais servido
habrían estudiado	habrían comido	habrían servido

1. The conditional perfect tense is used in Spanish as in English.

Él me dijo que se lo **habría dado** a ella.   He told me that he *would have given* it to her.

2. The conditional perfect tense is also used in Spanish for conjecture and probability in the past.

¿Adónde **habrían ido** ellas?   Where *could they have gone*?

EJERCICIOS

A. *Exprese Ud. en español.*

1. What did she tell you (pl.)? She told us that she would have sung the song. 2. Do you know where Carl is? No, I wonder where he could have gone. 3. Would they have brought the refreshments? I think so. They said that they would have done it. 4. Would you have sent me the magazine? I said that I would have given it to you.

B. *Escriba Ud. en español.*

1. Rose and Helen will be here tomorrow. 2. They said that they would arrive at ten o'clock. 3. We will have a nice time. 4. We haven't seen them for a long time. 5. They used to live here. 6. Now they live in Arizona. 7. I suppose they have changed a lot. 8. They were very young when they lived here. 9. Richard and Caroline told us that they would come also. 10. They used to know Rose and Helen. 11. I will call Caroline and tell her that Rose and Helen will arrive at ten o'clock.

C. *Escriba Ud. una composición describiendo algo que Ud. hará en el futuro.*

La lengua de res de Orula
Una leyenda cubana

En tiempos muy antiguos, el gran dios Obatalá tenía como ayudante otro dios que se llamaba Orula. Un día Obatalá decidió nombrar a un dios para reinar° sobre toda la tierra, y pensó inmediatamente en su ayudante Orula. Sin embargo, Obatalá vacilaba° porque no sabía si el joven Orula tendría bastante experiencia para una tarea tan importante. Así es que Obatalá decidió poner a prueba la sabiduría° de Orula. Le pidió a Orula que viniera a verlo,° y le mandó preparar la mejor comida posible.

      Orula fue al mercado y miró todo lo que había allí. Por fin compró una lengua de res° y regresó a casa. La guisó° con mucho cuidado usando toda clase de yerbas° y especias.° Cuando la lengua ya estaba para servirse° se la llevó a Obatalá y éste la probó.° Dijo que nunca había probado una comida tan rica. Al terminarla, le felicitó a Orula y le preguntó —Dime, Orula, ¿por qué escogiste la lengua de res de todas las carnes disponibles° en el mercado?

      Entonces Orula le contestó —Gran Obatalá, la lengua es una cosa muy importante. Con una lengua se puede alabar y felicitar° a los que obran bien. Se puede contar noticias buenas e influir en las personas. Aun se puede ascender° a una persona preferida a una posición muy alta— añadió° con una sonrisa.

      Obatalá le respondió —Todo lo que dices es verdad— mientras pensaba —este Orula de veras es muy sabio.

      A pesr de eso, Obatalá decidió ponerle otra prueba a Orula° y le dijo, —Me has preparado la mejor comida posible. Ahora quiero que me prepares la peor comida posible.

rule

hesitated

poner . . . to test the
    wisdom
que . . . to come see him

lengua . . . beef
    tongue/cooked
herbs/spices
para . . . ready to be
    served
éste . . . the latter tasted it

available

se . . . one can praise and
    congratulate
promote
he added

ponerle . . . to put Orula
    to another test

CUBA

Orula fue de nuevo° al mercado. Después de mirar todo lo que había allí, volvió a comprar° una lengua de res. La llevó a casa y la preparó con especias y yerbas, y cuando estaba para servirse se la llevó a Obatalá.

Obatalá quedó asombrado.° Comentó —Primero me trajiste este plato y dijiste que representaba la mejor comida posible. Ahora me traes otra lengua de res y la ofreces como la peor comida posible. ¿Cómo se puede explicar esto?

Orula le contestó —Gran Obatalá, la lengua es una cosa muy importante. Con una lengua se puede difamar a una persona y hasta° destruir su reputación. Se le puede persuadir con el fin de perjudicarle,° y con una sola palabra es posible quitarle sus medios de subsistencia.° Con una lengua se puede traicionar° a un país entero y hacer esclavos° de su gente.

Al oír esto Obatalá le dijo a Orula —Todo lo que dices es verdad. De veras eres un sabio aunque° eres joven.

Así es que le nombró a Orula par reinar en toda la tierra.

fue . . . *went again*
volvió . . . *he again bought*

quedó . . . *was astonished*

even
con . . . *with the object of doing him harm*
sus . . . *his means of subsistence*
se . . . *one can betray/slaves*
even though

Traducido de *Ride with the Sun*, por H. Courlander. Copyright 1955. McGraw-Hill Book Company, New York.

CUESTIONARIO

1. ¿Quién era Obatalá?   2. ¿Quién era Orula?   3. ¿Qué decidió hacer Obatalá?   4. ¿En quién pensó?   5. ¿Por qué vacilaba Obatalá?   6. ¿Cómo pensaba poner a prueba a Orula?   7. ¿Por qué fue Orula al mercado?   8. ¿Qué compró Orula en el mercado?   9. ¿Cómo explicó Orula la primera comida que llevó a Obatalá?   10. ¿Cómo explicó Orula la segunda comida que llevó a Obatalá?   11. ¿Cuál es la moraleja de la leyenda?

LECCIÓN 4

Los méxicoamericanos

Los méxicoamericanos no sólo representan un gran número de los habitantes del suroeste de los Estados Unidos sino que también representan una gran cultura que sigue floreciendo° con un espíritu eterno. Lo interesante° es que los méxicoamericanos se han mostrado capaces de adoptar y asimilar las costumbres de los Estados Unidos sin perder su propia cultura, idioma y tradiciones.

  Es evidente que en todos los lugares donde habitan personas de descendencia mexicana late° el espíritu de una gran cultura. El idioma español es el eslabón° principal que une° a los méxicoamericanos con sus tradiciones. Es la esencia que los mantiene en contacto con su herencia° hispánica y mexicana. Además, el idioma les permite sostener° una estrecha° relación de los unos con los otros como una sola entidad, y les ofrece la oportunidad de expresar una realidad muy propia.°

  Lo significativo es que los méxicoamericanos que viven en los Estados Unidos no han perdido su identificación con su cultura. Al contrario, hoy en día° esta identificación está aumentándose.° Este hecho se ve en el empleo por parte° de muchos méxicoamericanos de la palabra ≪chicano≫ para referirse a sí mismos° con orgullo.° También se ve en el creciente° interés por° los estudios méxicoamericanos y por los

Sigue . . . *continues to flourish*

Lo . . . *The interesting thing*

lives (lit., *throbs*)

link ESLABÓN

joins

heritage

les . . . *permits them to sustain/close*

muy . . . *very much their own*

hoy . . . *nowadays*

is increasing/por . . . *on the part*

a . . . *to themselves/pride*

increasing/*in*

65

programas bilingües, en el desarrollo° de los centros culturales *development*
en las diferentes comunidades, y en el reconocimiento° por *recognition*
parte de la sociedad norteamericana de las contribuciones culturales y artísticas de los méxicoamericanos.

CUESTIONARIO

1. ¿Qué representan los méxicoamericanos en los Estados Unidos?   2. ¿Qué han mostrado
los méxicoamericanos?   3. ¿Qué representa el idioma español para los méxicoamericanos?   4. ¿Qué les permite sostener el idioma? ¿Qué les ofrece el idioma?   5. ¿Han
perdido los méxicoamericanos su identificación con su cultura?   6. ¿Qué está pasando hoy
en día?   7. ¿Para qué emplean la palabra ≪chicano≫ muchos méxicoamericanos?
8. ¿Qué otros factores demuestran su identificación con su cultura?   9. ¿Cuál es su opinión
de un idioma como elemento unificador?

Gramática

Direct commands: formal singular

1. Direct commands in Spanish have four possibilities depending upon the form of *you* that is used. For formal singular (**Ud.**) commands, present subjunctive verb forms are used. The verb form for **-ar** verbs ends in **-e**, and for **-er** and **-ir** verbs it ends in **-a**. For most verbs, the stem is that of the first person singular (**yo**) form of the present indicative. The most important exceptions are **dé Ud.** (from **dar**), **esté Ud.** (from **estar**), **vaya Ud.** (from **ir**), and **sea Ud.** (from **ser**).

trabajar:	**Trabaje** Ud. conmigo.	*Work* with me.
	No trabaje Ud. con él.	*Don't work* with him.
vender:	**Venda** Ud. el cuaderno.	*Sell* the notebook.
	No venda Ud. el libro.	*Don't sell* the book.
escribir:	**Escriba** Ud. estos ejercicios.	*Write* these exercises.
	No escriba Ud. aquéllos.	*Don't write* those.
hacer:	**Hágalo** Ud. ahora.	*Do* it now.
	No lo haga Ud. más tarde.	*Don't do* it later.
decir:	**Dígaselo** Ud. a ella.	*Tell* it to her.
	No me lo diga Ud.	*Don't tell* it to me.
irse:	**Váyase** Ud.	*Go* away.
	No se vaya Ud.	*Don't go* away.
sentarse:	**Siéntese** Ud. aquí por favor.	*Sit down* here please.
	No se siente Ud. allí por favor.	*Don't sit* there please.

2. Note that in affirmative commands object pronouns and reflexive pronouns are attached to the verb form and a written accent is added on the original stressed syllable. In negative commands, object pronouns precede the verb form.

EJERCICIO

Dé Ud. la forma apropiada del infinitivo, según los modelos.

MODELOS: (estudiarla) _____ Ud. ahora.
        Estúdiela Ud. ahora.

       (estudiarla) No _____ Ud. más tarde.
       No la **estudie** Ud. más tarde.

    1. (escribirla) *Escríbala* _____ Ud. hoy.

    2. (escribirla) No *la escriba* _____ Ud. mañana.

    3. (venderlas) *véndalas* _____ Ud. el sábado.

4. (venderlas) No *las venda* _____ Ud. el viernes.

5. (hacerlo) _____ Ud. pronto.

6. (hacerlo) No *haga* _____ Ud. tan despacio.

7. (traérmelo) _____ Ud.

8. (traérmelo) No _____ Ud.

9. (decírselo) _____ Ud.

10. (decírselo) No _____ Ud.

11. (prestárselo) _____ Ud.

12. (prestárselo) No _____ Ud.

13. (dármelo) _____ Ud.

14. (dármelo) No _____ Ud.

15. (sentarse) _____ Ud. aquí.

16. (sentarse) No _____ Ud. allí.

Formal plural commands

For formal plural (**Uds.**) commands, present subjunctive verb forms are used. In the Americas the **Uds.** command is used instead of the **vosotros** form as a familiar plural command with close friends and members of the family. The verb form for **-ar** verbs ends in **-en**, and for **-er** and **-ir** verbs it ends in **-an**. For most verbs the stem is that of the first person singular (**yo**) form of the present indicative.

trabajar:	**Trabajen** Uds. con nosotros.	*Work* with us.
	No trabajen Uds. con ellos.	*Don't work* with them.
vender:	**Vendan** Uds. la casa.	*Sell* the house.
	No vendan Uds. la casa.	*Don't sell* the house.
escribir:	**Escriban** Uds. estos ejercicios.	*Write* these exercises.
	No escriban Uds. esos ejercicios.	*Don't write* those exercises.
hacer:	**Háganlo** Uds. ahora.	*Do* it now.
	No lo hagan Uds. más tarde.	*Don't do* it later.
decir:	**Díganselo** Uds. a ella.	*Tell* it to her.
	No se lo digan Uds. a ella.	*Don't tell* it to her.
irse:	**Váyanse** Uds.	*Go* away.
	No se vayan Uds.	*Don't go* away.

EJERCICIO

Dé Ud. la forma apropiada del infinitivo, según los modelos.

MODELOS: (escribírsela) _____ Uds.
Escríbansela Uds.

(escribírsela) No _____ Uds.
No se la **escriban** Uds.

1. (firmarlo) *fírmenlo* Uds.
2. (firmarlo) No *lo firmen* Uds.
3. (beberlo) *Bébanlo* Uds.
4. (beberlo) No *lo beban* Uds.
5. (servírselo) *sírvanselo* Uds. *se lo sirvan*
6. (servírselo) No _____ Uds.
7. (repetirlo) _____ Uds. *Repítanlo*
8. (repetirlo) No _____ Uds. *lo repitan*
9. (hacerlo) *háganlo* Uds.
10. (hacerlo) No *lo hagan* Uds.
11. (decírselo) *díganselo* Uds.
12. (decírselo) No *se lo digan* Uds.
13. (sentarse) _____ Uds. aquí. *Siéntense*
14. (sentarse) No _____ Uds. allí. *se sienten*
15. (vestirse) *vístase* Ud. pronto.
16. (vestirse) No *se vista* Ud. tan despacio.

Familiar singular commands

1. Familiar singular (**tú**) commands are used with close friends and members of the family. The verb form for regular verbs in affirmative commands is generally the same form as the third person singular of the present tense indicative mood.

   Habla (tú) más despacio.   *Speak* more slowly.
   Aprende (tú) esta lección.   *Learn* this lesson.
   Escribe (tú) la carta ahora.   *Write* the letter now.

2. Present subjunctive forms are used in negative commands. The verb form for **-ar** verbs ends in **-es**, and for **-er** and **-ir** verbs it ends in **-as**.

   No hables (tú) tan rápidamente.   *Don't speak* so rapidly.
   No aprendas (tú) esa lección.   *Don't learn* that lesson.
   No escribas (tú) la carta ahora. *Don't write* the letter now.

3. Some verbs have irregular familiar singular command forms.

	AFFIRMATIVE	NEGATIVE
decir	**dí** (tú)	**no digas** (tú)
hacer	**haz** (tú)	**no hagas** (tú)
poner	**pon** (tú)	**no pongas** (tú)
salir	**sal** (tú)	**no salgas** (tú)
tener	**ten** (tú)	**no tengas** (tú)
venir	**ven** (tú)	**no vengas** (tú)
ir	**ve** (tú)	**no vayas** (tú)
irse	**vete** (tú)	**no te vayas** (tú)
ser	**sé** (tú)	**no seas** (tú)

EJERCICIO

Dé Ud. la forma apropiada del infinitivo, según los modelos.

MODELOS: (beberlo) _____ (tú).
        Bébelo (tú).
        (beberlo) No _____ (tú).
        No lo bebas (tú).

1. (hacerlo) Hácelo (tú).
2. (hacerlo) No lo hagas (tú). *hazlo tú*
3. (aprenderla) Apréndela (tú).
4. (aprenderla) No la (tú). *aprendas*
5. (irse) Vete (tú).
6. (irse) No te vayas (tú).
7. (ponerlo) Ponlo (tú).
8. (ponerlo) No lo pongas (tú).
9. (decírmelo) _____ (tú). *dímelo*
10. (decírmelo) No me lo (tú). *digas*
11. (salir) Sal (tú) pronto.
12. (salir) No salgas (tú) todavía.
13. (vestirse) vístete (tú) pronto.
14. (vestirse) No te vistas (tú) tan despacio.
15. (divertirse) diviértete (tú).
16. (divertirse) No te diviertas (tú) tanto.

70   Lección 4

Familiar plural commands

1. Familiar plural commands are not generally used in the Americas because the **ustedes** form is preferred for both familiar and formal use. In affirmative commands the verb form is obtained by dropping the final **-r** of the infinitive and adding a **-d**.

venir:	**Venid** (vosotros) con nosotros.	*Come* with us.
vender:	**Vendedla** (vosotros) por favor.	*Sell* it please.
acabar:	**Acabad** (vosotros) pronto, por favor.	*Finish* quickly, please.

2. With the exception of the verb **irse**, in affirmative commands with reflexive pronouns the **-d** is dropped before attaching the reflexive pronoun.

sentarse:	**Sentaos** (vosotros) aquí.	*Sit* here.
vestirse:	**Vestíos** (vosotros) pronto.	*Dress* quickly.
ponerse:	**Poneos** (vosotros) el sombrero.	*Put* on your hats.

3. However, **irse** keeps the **-d** in the affirmative command.

Idos (vosotros) con ella.	*Go* with her.

4. Present subjunctive forms are used in negative familiar plural commands. The ending **-éis** is used for **-ar** verbs, and the ending **-áis** is used for **-er** and **-ir** verbs.

No firméis (vosotros) ese contrato.	*Don't sign* that contract.
No la **vendáis** (vosotros).	*Don't sell* it.
No escribáis (vosotros) tanto.	*Don't write* so much.

EJERCICIO

Dé Ud. la forma apropiada del infinitivo, según los modelos.

MODELOS: (estudiarla) _____ (vosotros) ahora.
        Estudiadla (vosotros) ahora.

        (estudiarla) No _____ (vosotros) más tarde.
        No la estudiéis más tarde.

        (venir) _____ (vosotros) con ella.
        Venid (vosotros) con ella.

        (venir) No _____ (vosotros) con él.
        No vengáis (vosotros) con él.

1. (cantar) _____ (vosotros) más, por favor.
2. (cantar) No _____ (vosotros) esa canción, por favor.
3. (escribirlos) _____ (vosotros) hoy.
4. (escribirlos) No _escribáis_ (vosotros) mañana.
5. (sentarse) _Sentaos_ (vosotros) en ese sofá.
6. (sentarse) No _os_ _____ (vosotros) aquí. _os sentéis_
7. (comer) _____ (vosotros) éstos.
8. (comer) No _____ (vosotros) ésos.
9. (irse) _idos_ (vosotros) a las cinco.
10. (irse) No _os vayáis_ (vosotros) a las cuatro.

Summary of command forms

REGULAR VERBS

Ud.	(hablar)	hable	no hable
	(comer)	coma	no coma
	(escribir)	escriba	no escriba
Uds.	(hablar)	hablen	no hablen
	(comer)	coman	no coman
	(escribir)	escriban	no escriban
Tú	(hablar)	habla	no hables
	(comer)	come	no comas
	(escribir)	escribe	no escribas
vosotros	(hablar)	hablad	no habléis
	(comer)	comed	no comáis
	(escribir)	escribid	no escribáis

COMMANDS WITH PRONOUNS ATTACHED

Ud.	(hablarle)	háblele	no le hable
	(sentarse)	siéntese	no se siente
	(arrepentirse)	arrepiéntase	no se arrepienta
	(pedírselo)	pídaselo	no se lo pida
Uds.	(hablarle)	háblenle	no le hablen
	(sentarse)	siéntense	no se sienten
	(arrepentirse)	arrepiéntanse	no se arrepientan
	(pedírselo)	pídanselo	no se lo pidan
Tú	(hablarle)	háblale	no le hables
	(sentarse)	siéntate	no te sientes
	(arrepentirse)	arrepiéntete	no te arrepientas
	(pedírselo)	pídeselo	no se lo pidas
	(ponerlo)	ponlo	no lo pongas
	(hacerlo)	hazlo	no lo hagas
vosotros	(hablarle)	habladle	no le habléis
	(sentarse)	sentaos	no os sentéis
	(arrepentirse)	arrepentíos	no os arrepentáis
	(pedírselo)	pedídselo	no se lo pidáis
	(irse)	idos	no os vayáis

EJERCICIOS

A. *Exprese Ud. en español.*

[handwritten: Come tú   No comas mas tarde   Véndalo   No lo vendas]

1. Eat now (*tú*). Don't eat later (*tú*).   2. Sell it now (*Ud.*). Don't sell it later (*Ud*).   3. Write these (*Uds.*). Don't write those (*Uds.*).   4. Sign this contract (*vosotros*). Don't sign that one (*vosotros*).   5. Give it to her (*Ud.*). Don't give it to him (*Ud.*).   6. Give it to me (*tú*). Don't give it to them (*tú*).   7. Sit down here please (*Uds.*). Don't sit there please (*Uds.*).   8. Come here now (*tú*). Don't come later *[handwritten: Ven aquí]* (*tú*).   9. Study it today (*Uds.*). Don't study it tomorrow (*Uds.*).   10. Put them here (*tú*). Don't put them there (*tú*).   11. Speak slowly please (*Ud.*). Don't speak rapidly (*Ud.*).   12. Don't go away yet (*tú*). Go away later (*tú*).

B. *Escríbale Ud. una nota a un amigo (una amiga) dándole instrucciones sobre lo que debe hacer hoy.*

LA MISIÓN CONCEPCIÓN EN TEJAS

Lección 4

Sequía

Guadalupe Quintanilla

Se cuenta que allá por la región de las milpas,° las naranjas y los palmares,° en uno de aquellos años se vino una tremenda sequía.° Las milpas inclinaban sus rubios mechones,° los naranjos° perdían los azahares° y las palmas extendían amarillentos° brazos como pidiendo gotitas° de agua.

      Los habitantes de la región ya no sabían qué hacer. Ya habían discutido el problema varios sábados durante la acostumbrada reunión en la casa de José López. Ya habían rezado° colectiva e individualmente, hasta había° algunos que secreta muy secretamente habían renegado° por la falta de la necesaria lluvia.

      Sólo la fe profunda del pueblo lo mantenía en pie.° La cosa era muy seria y por eso durante la acostumbrada reunión decidieron ir a San Juan para traer a la Virgen en una peregrinación.° ¡Ésa era la respuesta! ¡Seguro que llovería!°

      Se nombró la comitiva° para ir a pedir la Virgen al Señor Cura Vargas.° A las seis de la mañana del domingo partieron los encargados° llenos de entusiasmo y fe.

      Al llegar a San Juan fueron directamente a hablar con el Señor Cura.

      —Buenos días Señor Cura.

      —Buenos° les dé Dios hijos, ¿qué se les ofrece?

      —Pues verá usted que allá por el pueblo, pues nos estamos muriendo de sed.° Los animales enflaquecen,° las milpas se mueren y todo como que se acaba.° Venimos pues con la molestia de que nos preste° la Virgencita para llevarla en peregrinación de seguro que así llueve.°

      —Miren hijos, quisiera° de veras ayudarles, pero no puedo prestarles la Virgen. No puede quedarse° la iglesia sin ella. Pero . . . si quieren les presto el Niño.°

---

small cornfields
palm trees
drought/tassels (lit., locks)
orange trees/blossoms
yellowing/little drops

prayed
hasta . . . *there were even*
renounced their faith

en . . . *functioning (lit., standing)*

pilgrimage/it would rain
committee
a . . . *to ask Father Vargas for the Virgin representatives*

Buenos días

thirst/are getting thin
como . . . *seems to be coming to an end*
lend
de . . . *then it will surely rain*
I would like
remain

(a statue of) the Christ Child

74

Lección 4

—No padrecito, de veras, la queremos a ella.

—Pero miren hijos, no se puede, ¿cómo dejamos la iglesia vacía?° Miren, llévense al Niño y si no llueve pues entonces les presto la Virgen, ¿bueno?

empty

—Bueno . . . pues peor es nada.°

pues . . . it's better than nothing

—¡Hijos!

—Perdone Señor Cura, pero pues . . . la queríamos a ella. Pues ni modo,° nos llevamos al Niño.

Pues . . . Well, there's no way

. . . Y la comitiva regresó con el Niño al pueblecito y al siguiente día se efectuó° la peregrinación. Pusieron al Niño en un tablado° con flores y lo pasearon por° las calles del pueblo por las milpas y los naranjos. Los peregrinos prendieron velas,° cantaron y rezaron con fervor y, ¡milagro!° empezó a llover.

se . . . was held
platform/lo . . . walked him through

candles/miracle

Al siguiente día los miembros de la comitiva asignada llevaron al Niño a San Juan, y contaron al Señor Cura que ya llovía. Y pasaron los días . . . y no dejaba de° llover. Llovía a cántaros° y las milpas se ahogaban,° las gruesas gotas de lluvia tumbaban° los tiernos azahares y el lodazal° era tremendo; y un buen día, cuál no sería la sorpresa° del Señor Cura al ver de nuevo en la iglesia a los miembros de la comitiva.

no . . . it didn't stop
buckets/se . . . were drowned
knocked down/quagmire
cuál . . . imagine the surprise

—Buenos días hijos.

—Buenos le dé la Virgen Señor Cura porque ahora sí venimos por ella.

Pero hijos, ya les digo que no es posible dejar la iglesia vacía. Además ya tuvieron° la peregrinación, ya llovió ¿que no?

you made

—No . . . pues sí . . . si no queremos entretener° a la Virgen en peregrinación, se la traemos luego,° lueguito. ¡Si sólo queremos que vaya a ver las tarugadas° que hizo su Hijo!

delay
right away
mischief

La autora es Directora de Estudios Méxicoamericanos en la Universidad de Houston, Houston, Texas.

CUESTIONARIO

1. ¿Qué se cuenta allá por la región de las milpas? 2. ¿Cómo eran las milpas? 3. ¿Cómo eran los naranjos? 4. ¿Cómo eran las palmas? 5. ¿Qué habían hecho los habitantes de la región? 6. ¿Por qué decidieron ir a San Juan? 7. ¿Por qué se nombró la comitiva? 8. Al llegar a San Juan, ¿qué hizo la comitiva? 9. ¿Qué hizo el Señor Cura? 10. ¿Con qué regresó la comitiva? 11. ¿Qué hicieron los peregrinos? 12. ¿Cuál fue el milagro? 13. ¿Por qué volvió la comitiva a hablar con el Señor Cura?

El Reloj°

Guadalupe
Quintanilla

El autobús iba repleto.° No cabía° ya ni un alfiler.° Me dolían
los pies, las piernas y toditito° el cuerpo. El día había sido
duro. Me entretenía° mirando a mi alrededor.° Ojos, ojos por
todos lados, cuerpos sudorosos,° gente cansada al final del
día. Todos gente trabajadora como yo. Menos aquél° de los
ojos negros que me miraba de vez en cuando tratando de
sonreír.° ¡Ladino!° todos los de esa raza, pensé, lo son:
ladinos, flojos° y mentirosos° ¡ah! y además rateros.° ¡Claro si
lo he oído muchas veces! —¡Esquina!°— la mujer gorda que

full/fit/pin
whole, entire
Me . . . *I amused*
myself/a . . . around me
sweaty
Menos . . . *Except that*
one
smile/Sly one
lazy/liars/pickpockets
Corner

había pedido la parada° trataba de llegar a la puerta. Parecía   *stop*
un globo flotante en un mar de gente. Por fin se bajó la mujer
gorda y el autobús siguió su marcha lenta por las calles de la
ciudad. Faltaba poco para llegar a mi esquina, tres paradas
más. De pronto ojos negros gritó ≪¡esquina!≫ ¡Qué bueno!
No me gusta ni estar cerca de gente como él. ¡Todos son
iguales flojos y rateros! Ojos negros pasó muy cerca arrem-
pujándose° contra las olas° de gente. Cuando pasó cerca de mí   *shoving/waves*
traté de que ni me rozara.° Sin embargo, sentí un tirón.° ¡Mi   *brush against/jerk*
reloj! Me toqué la bolsa° donde acostumbraba traer mi reloj de   *pocket*
leontina.° ¡Nada! ¡Nada de cadena,° nada de reloj! Para en-   *watch and chain/chain*
tonces ojos negros descendía del camión. ¡Ratero! —¡Es-
quina!— grité y salí tan rápido como me fue posible detrás de
aquel ladrón° que caminaba rápidamente.   *thief*

      Lo seguí, lo seguí hasta una callejuela° oscura, metí la   *alley*
mano a la bolsa de mi saco° simulando° traer una pistola y le   *jacket/pretending to*
dije —¡el reloj o la vida!— Ojos negros me miraba con
sorpresa. ¡Ladrón! Sí, lo supe siempre, ¡ladrón! Mientras buscaba el reloj, lo observé. ¡Bien vestido y limpio! ¡Qué raro!,°   *strange*
todo robado con seguridad. Ojos negros me dio la cadena y el
reloj y corrí. Corrí hasta llegar a mi casa, me detuve° unos   *me . . . I stopped*
momentos en la puerta para calmar mi agitación. No quería
atemorizar° a mi madre con la cual vivía. Por fin entré.   *to frighten*
≪Buenas hijo, la cena está lista.≫ ≪Buenas madre, sólo
voy a lavarme.≫ Si supiera,° pensé, si supiera que acabo de   *Si . . . If she only knew*
vérmelas° con un ladrón.   *acabo . . . I just had it out*

      Entré al chorro° de agua; mientras me lavaba, llegó la   *spurt*
voz de mi madre. ≪Hijo esta mañana olvidaste tu reloj. Está
sobre tu escritorio.≫ Levanté la cara, vi la reflección en el
espejo° que me gritaba, ¡ladrón!   *mirror*

CUESTIONARIO

1. ¿Cómo estaba el autobús? 2. ¿Cómo se entretenía el autor del cuento? 3. ¿Cómo era la gente en el autobús? 4. ¿Qué hacía el de los ojos negros? 5. ¿Qué parecía la mujer gorda? 6. ¿Qué pidió la mujer gorda? 7. ¿Qué hizo la mujer gorda después? 8. ¿Qué hizo el de los ojos negros? 9. ¿Por qué corrió el autor del cuento detrás del hombre de los ojos negros? 10. ¿Qué le dio ojos negros al autor del cuento? ¿Por qué? 11. ¿Por qué se detuvo el autor en la puerta de su casa? 12. Mientras se lavaba el autor, ¿qué le dijo su madre? 13. ¿Qué gritaba la reflección de su cara? ¿Por qué?

LECCIÓN 5

Los puertorriqueños

Para un puertorriqueño su amor por su patria consiste en varias cosas: los colores variados del paisaje,° el cambio de las estaciones,° el olor de la tierra mojada° por la lluvia, el ruido del agua cuando corre por sus arroyos,° el romper de las olas° al llegar a su costa, las frutas, las flores, los valles y las veredas.°

    Pero más aún, la patria es la gente misma, su carácter y su alma, sus costumbres,° sus canciones, su folklore y su manera de convivir.°

    Aunque Puerto Rico es una pequeña isla, de unas 35 millas° de ancho° por 105 millas de largo, era un verdadero paraíso para los indios que vivían allí antes de la llegada de los conquistadores. Al ver a los nativos prósperos y contentos en su tierra de abundancia, los españoles también creyeron haber encontrado° un paraíso. Cuando Juan Ponce de León fundó la colonia de Caparra en 1508, había unos 80.000 indios en la isla. Sin embargo,° para el año 1515, las enfermedades epidémicas habían reducido la población indígena a una cifra de cerca de 4.000. A causa de° la falta° de trabajadores, muchas haciendas fueron abandonadas. Sin embargo, algunos colonos° se quedaron y se dedicaron principalmente a la cría de ganado.°

landscape
seasons/dampened
*streams/el . . . the
breaking of the waves*

paths

customs
living together

miles/wide

*creyeron . . . thought they
had found*
Nevertheless

A . . . Because of/lack

colonists
cría . . . cattle raising

78

Para el siglo XVIII, Puerto Rico había alcanzado° *achieved*
cierta prosperidad con el cultivo de la caña de azúcar.° La   caña . . . *sugar cane*
mayoría de los trabajadores en las centrales azucareras° eran   centrales . . . *sugar mills*
esclavos traídos de África.

Entre los años 1800 y 1825 llegaron gran número de
inmigrantes de Europa. Muchos venían de España, especialmente de Galicia, Asturias y las Islas Baleares. Al llegar   ?
las tropas de los Estados Unidos a la isla en 1898, cuando
estalló° la guerra Hispano-Americana, había una población en   *broke out*
la isla de cerca de 900.000 personas.

Políticamente, al ser una comunidad independiente en
asociación con los Estados Unidos, Puerto Rico goza de° una   goza . . . *enjoys*
situación única. La influencia de los puertorriqueños y sus
contribuciones culturales y artísticas a la sociedad americana
se ven por todas partes. Hay una gran cantidad de literatura
que habla de las experiencias de los puertorriqueños en los
Estados Unidos. El doble papel° que hace el puertorri-   *role*
queño—americano a la vez que° representante de Puerto   a . . . *in addition to*
Rico—le da una individualidad muy especial dentro de la
sociedad americana.

CUESTIONARIO

1. ¿Cómo es el paisaje de Puerto Rico para un puertorriqueño? 2. ¿Cómo era la isla de
Puerto Rico antes de la llegada de los españoles? 3. ¿Cuántos indios vivían en Puerto Rico
cuando Juan Ponce de León fundó la colonia de Caparra? 4. ¿Por qué fue reducida la
población indígena? 5. ¿Por qué fueron abandonadas muchas haciendas? 6. ¿A qué se
dedicaron algunos colonos? 7. Hacia el siglo XVIII, ¿cómo alcanzó Puerto Rico cierta
prosperidad? 8. ¿Quiénes hacían la mayoría del trabajo? 9. ¿De dónde llegaron muchos
inmigrantes en el siglo XIX? 10. ¿Cuántos habitantes había en 1898? 11. ¿Por qué se
puede decir que políticamente los puertorriqueños gozan de una situación única?

Gramática

The subjunctive mood

In this lesson you will begin a detailed study of the subjunctive mood in Spanish. You have already used subjunctive forms for direct commands (both affirmative and negative) involving the subjects **usted** and **ustedes**. You have also used subjunctive forms in negative direct commands involving the subjects **tú** and **vosotros**.

The subjunctive mood is basically used to make statements of command, and to indicate emotion, uncertainty, doubt, indefiniteness, and conditional expressions in certain situations. You will study these various uses in this and succeeding lessons.

The present subjunctive

For most verbs the present subjunctive is formed by adding certain endings to the stem of the first person singular of the present indicative.

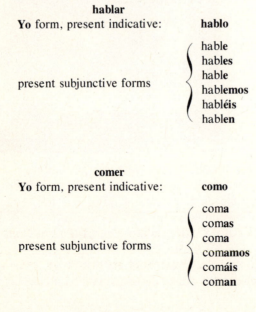

	hablar
Yo form, present indicative:	**hablo**
present subjunctive forms	hable hables hable hablemos habléis hablen

	comer
Yo form, present indicative:	**como**
present subjunctive forms	coma comas coma comamos comáis coman

vivir

Yo form, present indicative: **vivo**

present subjunctive forms
{
viva
vivas
viva
vivamos
viváis
vivan
}

hacer

Yo form, present indicative: **hago**

present subjunctive forms
{
haga
hagas
haga
hagamos
hagáis
hagan
}

Indirect commands

The third person (singular or plural) present subjunctive form of the verb introduced by **que** may be used to express an indirect command.

Que **cante** Rosa.   Let Rose *sing*.
Que los **escriban** los estudiantes.   Let the students *write* them.

Notice that the object pronoun **los** precedes the verb form **escriban**.

Que **lo haga** Miguel.   Let Mike *do it*.

EJERCICIO

Conteste Ud. según los modelos.

MODELOS: ¿Lo va a hacer Elisa?
       Sí, que lo haga Elisa.
       ¿Van a sentarse ellos?
       Sí, que se sienten ellos.

1. ¿Va a estudiar Luis? 2. ¿Van a cantar ellas? 3. ¿Lo va a traer Juana? 4. ¿Van a comerla los niños? 5. ¿Va a escribir Benito el recado? 6. ¿Lo va a poner Pepe en el estante? 7. ¿Van a hacerlo esos hombres? 8. ¿La va a preparar Josefina? 9. ¿Se lo van a decir ellos?

Nosotros commands

The present subjunctive mood may be used to express first person plural commands as an alternate to using **vamos a** plus an infinitive. The following examples contrast this usage.

Estudiemos ahora.	*Let's study* now.
Vamos a estudiar ahora.	*Let's study* now.
Terminémoslo pronto.	*Let's finish* it quickly.
Vamos a terminarlo pronto.	*Let's finish* it quickly.
Sentémonos.	*Let's sit down*.
Vamos a sentarnos.	*Let's sit down*.
Démoselo a ella.	*Let's give* it to her.
Vamos a dárselo a ella.	*Let's give* it to her.

Note that the final **-s** of the **nosotros** command is omitted before the pronouns **nos** and **se**.

EJERCICIO

Conteste Ud.

MODELOS: ¿Vamos a hacerlo?
   Sí, hagámoslo.

   ¿Vamos a estudiar?
   Sí, estudiemos.

1. ¿Vamos a venderlo? 2. ¿Vamos a bailar? 3. ¿Vamos a abrirla? 4. ¿Vamos a leerlo? 5. ¿Vamos a comprarlos? 6. ¿Vamos a nadar? 7. ¿Vamos a dárselo a ellos? 8. ¿Vamos a ponerlos aquí? 9. ¿Vamos a escuchar la música? 10. ¿Vamos a ver esa película?

The subjunctive with *ojalá*

Another use of the subjunctive mood is with the expression **ojalá (que)**, which may have various translations in English.

Ojalá que ella me **llame**.	I hope she *calls* me.
	I hope she *will call* me.
	If only she *will call* me.
Ojalá que él **venga** a vernos.	I hope he *comes* to see us.
	I hope he *will come* to see us.
	If only he *will come* to see us.
Ojalá que José me lo **dé**.	I hope Joe *gives* it to me.
	I hope Joe *will give* it to me.
	If only Joe *will give* it to me.

EJERCICIOS

A. *Exprese Ud. en español con* **ojalá.**

(handwritten) Ojalá que ella me lo envíe   *(handwritten) Ojalá que él los traiga*   *(handwritten) ojalá que estén felices*

1. I hope she will send it to me.   2. If only he will bring them.   3. I hope they are happy.   4. If only they will help us.   5. I hope Isabel has the book.

B. *Conteste Ud.*

MODELO: ¿Viene tu amiga?
   Ojalá que venga.

1. ¿Estudian los estudiantes?   2. ¿Escribe Jorge la composición?   3. ¿Come Luis el pan?   4. ¿Se divierte Pablo?   5. ¿Tienen ellas los cuadernos?   6. ¿Bebe Alfredo el café?   7. ¿Come Luis el pan?   8. ¿Duerme bien la niña?   9. ¿Lo traen ellos?   10. ¿Venden ellos la casa?

The present progressive subjunctive

The present progressive tense in the subjunctive mood is formed with the present subjunctive of the verb **estar** plus the present participle (Spanish **gerundio**.)

Ojalá que Luisa **esté descansando**.   I hope Louise *is resting*.
Ojalá que ellos **estén comiendo**.   I hope they *are eating*.

EJERCICIO

Conteste Ud.

MODELO: ¿Estudia Manuel?
   Ojalá que esté estudiando.

(handwritten) Ojalá que esté escribiendo   *(handwritten) ojala que esté vendiendo*

1. ¿Bailan ellas?   2. ¿Los escribe Carolina?   3. ¿Juegan los niños?   4. ¿Vende ella las flores?   5. ¿Escucha Jorge?   6. ¿Lee Miguel el poema?   7. ¿Aprende ella la lección?   8. ¿Sirven ellas la comida?   9. ¿Repite Alfonso las frases?   10. ¿Ayuda Enrique a su amigo?

The present perfect subjunctive

The present perfect tense in the subjunctive mood is formed with the present subjunctive of the verb **haber** plus the past participle.

jugar	comer	vivir
haya jugado	haya comido	haya vivido
hayas jugado	hayas comido	hayas vivido
haya jugado	haya comido	haya vivido
hayamos jugado	hayamos comido	hayamos vivido
hayáis jugado	hayáis comido	hayáis vivido
hayan jugado	hayan comido	hayan vivido

Ojalá que ellos **hayan** llegado.   I hope they have *arrived*.
Ojalá que tú **hayas leído** esa novela.   I hope you *have read* that novel.

EJERCICIO

Conteste Ud.

MODELO: ¿Ya terminó Pablo?
      Ojalá que haya terminado.

1. ¿Ya descansó Miguel? 2. ¿Ya lo mandaron ellas? 3. ¿Ya los vendió Carlos? 4. ¿Ya se lo dio Rosa? 5. ¿Ya se divirtieron ellos? 6. ¿Ya la acabó Ricardo? 7. ¿Ya los escribieron los alumnos? 8. ¿Ya lo puso él en la mesa? 9. ¿Ya lo hicieron tus amigos? 10. ¿Ya la vio Esteban?

The subjunctive with *tal vez, quizá(s),* and *acaso*

The present subjunctive, the present progressive subjunctive, and the present perfect subjunctive may be used with **tal vez, quizá, quizás,** and **acaso** to express doubt.

Tal vez ella **prepare** la comida.   Perhaps she *will prepare* the meal.
Quizá él **esté durmiendo.**   Perhaps he *is sleeping*.
Quizás ellos lo **hayan visto.**   Perhaps they *have seen* it.
Acaso él ya **haya terminado.**   Perhaps he *has* already *finished*.

EJERCICIOS

A. *Conteste Ud.*

MODELOS: ¿Va Enrique con ellos?
Tal vez vaya.

¿Escriben ellas los ejercicios?
Tal vez los escriban.

1. ¿Estudian ellas ahora?   2. ¿Viene Luisa mañana?   3. ¿Tienen ellos tus lápices?   4. ¿Aprende Jorge el poema?   5. ¿Venden ellas los vestidos?   6. ¿Escribe Josefina la lección?   7. ¿Vuelven Luis y Miguel?   8. ¿Se divierten los jóvenes?   9. ¿Se despierta Elisa?   10. ¿Lo recuerdan sus vecinos?

B. *Exprese Ud. en español.*
1. Did they study the lesson? I hope they have studied it.   2. Will the students write the exercises? I hope they write them.   3. Does Fred want to help us? Yes, let him do it.   4. Is Helen going to bring the gift? Yes, let her bring it.   5. Shall we give the hat to her? Yes, let's give it to her.   6. Shall we listen to the music? Yes, let's listen to it.   7. Are those ladies going to prepare the meal? Yes, let them prepare it.   8. Is Paul having a good time? I hope he is having a good time.   9. Have they seen that movie? I hope they have seen it.   10. Are they studying the lesson? I don't know. Perhaps they are studying it. I hope they are writing all of the exercises.

C. *Escriba Ud. una composición describiendo algo que le gustaría a Ud. hacer y que tal vez algún día lo haga Ud.*

Iviahoca—mujer borincana

Varios siglos antes del descubrimiento° de América llegaron
los indios araucos a la isla de Puerto Rico. Iviahoca era la
esposa de uno de estos nobles indígenas° que murió en una
guerra. La costumbre entre los indios era que al morir un
cacique° se enterraba° viva a su esposa con él. Pero los sacer-
dotes° y curanderos° araucos prohibieron que Iviahoca se sacrificara.° Ellos querían que ella cuidara° de su hijito, Ocoro,
para que él llegara a ser° un gran guerrero como su difunto°
padre y que siempre estuviera° listo para defender su tribu.

    Iviahoca llevó a su hijo a las montañas hasta que él
llegó a la edad de guerrero. Cuando la madre lo entregó° al jefe
de los indios, éste le dio a Ocoro el puesto° de honor a su lado.
Pero en una batalla que tuvieron los indios con un capitán
español en el siglo XVI, murió el jefe indígena y Ocoro fue
hecho prisionero.

    Empezó una resistencia indígena en la isla y el capitán
español necesitaba mandar° un mensaje a sus soldados.
Acababa de sellar° la carta en que pedía a sus tropas que se
reunieran° con él en seguida,° cuando oyó el llanto° de una
indígena anciana. Era Iviahoca, que había venido al campamento español porque se había enterado° del encar-
celamiento° de su hijo. Ella le ofreció al capitán su vida y su
propia libertad por la de Ocoro. Él vio la oportunidad de mandar la carta a sus tropas. Le dijo a Iviahoca ≪Si logras en-
tregar° esta carta a mis tropas, tu hijo será puesto° en
libertad.≫

    Iviahoca tomó la carta y, a pesar de° sus años, empezó
a correr como una liebre.° Algunos soldados la siguieron para

discovery

natives

chief/se . . . *was buried*
priests/*witch doctors*
se . . . *be sacrificed*/*take care of*
llegara . . . *would become*/*dead*
would be

turned over

place

to send
Acababa . . . *He had just sealed*
que . . . *to join him*/en . . . *immediately*/*sobbing*

found out

imprisonment

Si . . . *If you manage to deliver*/será . . . *will be set*

a . . . *in spite of*

hare

ver si la carta llegaba a su destino. Pero ella corría como una flecha° y los soldados la perdieron de vista.° Le echaron° un perro que la alcanzó° y la detuvo. Iviahoca creía que el perro era un diablo que había tomado la forma de un animal para hacerle daño.° Se cayó de rodillas y le suplicó° al perro que no le hiciera mal.° Y como si comprendiera° lo que ella le decía, el perro no le hizo nada.

Ya tarde ese mismo día, Iviahoca volvió con un mensaje que anunciaba que las tropas venían a reunirse con las del capitán español.

El capitán mandó llamar a Ocoro° a donde estaba su madre. Le contó al hijo lo que le había prometido a la madre—libertad para él y prisión en su lugar para ella.

Pero Ocoro inmediatamente le contestó al capitán que no podía aceptar la propuesta.° ≪No puedo ver que se esclavice a esta anciana° que es una amorosa madre—yo prefiero la muerte que aceptar.≫

El capitán quedó admirado y mandó que libertaran° a la madre y al hijo.

Iviahoca lloró y besó las manos del capitán. Entonces ella y Ocoro corrieron rumbo a° la montaña. Los españoles no volvieron a verlos pero el amor de madre e hijo quedó grabado° desde ese día en el corazón de todos los que lo vieron. Y ese cuento todavía se oye repetido por las madres y abuelitas de Puerto Rico.

arrow / sight/sent after (lit., threw)
caught up with

para . . . to harm her/Se . . . She fell on her knees and begged no . . . not to hurt her/como . . . as if he understood

mando . . . had Ocoro called

offer

que . . . that this old lady be enslaved

que . . . that they free

rumbo . . . towards

engraved

CUESTIONARIO

1. ¿Quién era Iviahoca? 2. ¿Cuál era la costumbre entre los indios al morir un cacique? 3. ¿Por qué prohibieron que se sacrificara Iviahoca? 4. ¿Por qué fue Iviahoca a las montañas? 5. ¿Qué honor recibió Ocoro? 6. ¿Qué pasó cuando los indígenas pelearon con el capitán español? 7. ¿Qué ofreció hacer Iviahoca? 8. ¿Qué ofreció hacer el capitán español? 9. ¿Por qué no quiso aceptar Ocoro lo que había prometido Iviahoca? 10. ¿Qué mandó hacer el capitán español? ¿Por qué? 11. ¿Adónde fueron Iviahoca y Ocoro?

A Puerto Rico
Ausencia

*José
Gautier Benítez*

Puerto Rico, patria° mía,   *fatherland*
la de blancos almenares,°   *fortifications*
la de los verdes palmares,°   *palm groves*
la de extensa bahía.°   *bay*

¡Qué hermosa estás en las brumas°   *mists*
del mar que tu playa azota,°   *lashes*
como una blanca gaviota°   *seagull*
dormida entre las espumas!°   *foam*

En vano, patria, sin calma,
muy lejos de ti, suspiro:°   *I sigh*
yo siempre, siempre te miro
con los ojos de mi alma,

En vano me trajo Dios
a un suelo extraño° y distante;   *suelo . . . strange land*
en vano está el mar de Atlante
interpuesto entre los dos;

En vano se alzan los montes
con su manto de neblinas;°   *manto . . . shroud of mists*
en vano pardas colinas°   *pardas . . . dark hills*
me cierran los horizontes;

Con un cariño° profundo   *affection*
en ti la mirada fijo:
¡para el amor de tu hijo
no hay distancias en el mundo!

SAN JUAN

Y brotas° a mi deseo   *you spring forth*
como espléndido miraje,
ornada con el ropaje°   *ornada . . . ornamented*
del amor con que te veo.   *with the clothing*

Te miro, sí, placentera,°   *pleasant*
de la Isla separada,
como una barquilla° anclada° *little boat/anchored*
muy cerca de la ribera.°   *shore*

Do° el viento sobre las olas° *Do = Donde/waves*
te lleva en son lastimero,°   *doleful*
del errante marinero°   *errante . . . wandering*
las sentidas barcarolas;°   *sailor*
                              sentidas . . . heartfelt
                                  sea-songs

Y céfiros voladores°   *céfiros . . . blowing winds*
que bajan de tus montañas,
los murmullos° de tus cañas, *murmurs*
los perfumes de tus flores.

El mar te guarda, te encierra° *te . . . holds (encloses) you*
en un círculo anchuroso,°   *wide*
y es que el mar está celoso° *jealous*
del cariño de la tierra.

Y yo, patria, que te quiero,
yo que por tu amor deliro,°   *am delirious*
que lejos de ti suspiro,°   *sigh*
que lejos de ti me muero.

Tengo celos° del que mira   *Tengo . . . I am jealous*
tus alboradas° serenas,   *dawns*
del que pisa° tus arenas,°   *treads/sands*
del que tu aliento° respira. *air (lit., breath)*

Tú das vida a la doncella°   *maiden*
que inspira mi frenesí,°   *excitement*
a ella la quiero por ti,
y a ti te quiero por ella.

Ella es la perla brillante,
en tus entrañas° formada,   *insides, core*
tú, la concha nacarada°   *concha . . . shell covered*
que guarda la perla amante.   *with mother of pearl*

Es paloma, que en la loma°   *small hill*
lanza su arrullo° sentido,   *lanza . . . sends forth its*
y tú, patria, eres el nido°   *cooing*
donde duerme la paloma.°   *nest*
                              dove

Si yo te vi indiferente,
si mi amor no te decía
¡ay! patria, ¡yo no sabía
lo que es el llorar ausente!

Mas° hoy que te ven mis ojos   *But*
de tu mar entre las brumas,
como una ciudad de espumas
forjada° por mis antojos;°   *forged/fancies*

Hoy que ya sé lo que vales,°   *lo . . . how much you are*
hija del sol y del viento,   *worth*
que helarse° mi sangre siento   *freeze*
con las brisas invernales,°   *wintry*

Hoy diera,° en la tierra hispana,   *I would give*
el oro que el mundo encierra,
por un puñado° de tierra,   *handful*
de mi tierra borincana.°   *of Puerto Rico*

José Gautier Benítez, 1851–1880.

CUESTIONARIO

1. Según el poeta, ¿cómo es Puerto Rico?   2. ¿Le gusta a Ud. este poema? ¿Por qué?   3. ¿Le gusta a Ud. recitar? Aprenda Ud. de memoria los cuatro versos del poema que le gustan más. En clase Ud. tendrá ocasión de recitarlos.

LECCIÓN 6
La Virgen de Guadalupe, Patrona de América

La villa de Guadalupe es sin duda uno de los lugares de mayor fama religiosa de la república mexicana. Antes de la llegada de Cortés, en el cerro° de Tepeyac, cerca de Guadalupe, se encontraba un templo dedicado a la diosa Tonantzin. Esta diosa era considerada como la madre de los dioses adorados por los aztecas. Todos los años venían numerosos indios peregrinos° a presentarle sus ofrendas° a la diosa y a ofrecerle sacrificios.

      Pasaron los años y llegaron los españoles a México. Conquistaron a los habitantes y les trajeron una nueva religión. Entre estos habitantes había un indígena de Cuautitlán a quien los españoles habían puesto el nombre de Juan Diego. Un día, muy de madrugada,° Juan Diego decidió salir en busca de los templos religiosos de sus antepasados.° Llegó al cerro de Tepeyac cuando amanecía° y oyó un suave canto de pajarillos. Levantando la vista para admirarlos, vio una nube blanca y resplandeciente° en medio de un hermoso arco iris.° Quedó absorto° con lo que sus ojos divisaban.° De repente, oyó una delicada voz que lo llamaba por su nombre y le pedía que se acercara.°

hill

in pilgrimage
offerings

muy . . . very early in the morning
ancestors
cuando . . . at daybreak
radiant, bright/ arco . . . rainbow
entranced/perceived

que . . . to approach

91

El indio fue hacia donde le llamaba la voz. Subió el cerro a toda prisa.° Cuando llegó a la cumbre,° vio a una hermosísima Señora. Su ropaje brillaba tanto que los peñascos° y los nopales° que la rodeaban relucían° como finas piedras preciosas.

La Señora le preguntó a Juan Diego adónde iba. Él contestó que iba a la casa de su dios a rezar. Pero ella lo detuvo, pidiéndole que fuera a ver al Obispo de su pueblo para decirle que ella deseaba que se edificara un templo° en lo alto° del cerro de Tepeyac. El templo serviría, según ella, ≪para en él mostrar todo mi amor, compasión, auxilio° y defensa a los moradores° de tu tierra, porque yo soy la Madre del Verdadero Dios≫.

Juan Diego se despidió de ella prometiéndole cumplir con su mandato.° Fue a ver al Obispo y éste le oyó con cariño pero juzgó° que todo era una ilusión. En verdad no creyó a Juan Diego. Sin embargo, le dijo que estudiaría el asunto.°

Juan Diego volvió al cerro de Tepeyac para contarle a la Señora el poco éxito° que había tenido. Ella insistió en que el indio volviera al Obispo para decirle que era verdad lo que él le contaba° y que la Madre del Verdadero Dios le mandaba el mensaje.

El Obispo volvió a escuchar las palabras de Juan Diego y esta vez le dijo que si pudiera traerle una prueba,° tal vez lo creyera.

Pero Juan Diego no pudo regresar al cerro porque recibió noticias de que un tío suyo se encontraba enfermo de muerte° y que tenía que buscar un sacerdote para llevarle los Santos Sacramentos.° Cuando iba Juan Diego en busca del sacerdote, la Señora del Tepeyac le salió al encuentro.° Juan Diego le contó lo que había pasado. Entonces la Señora le dijo que no temiera° por su tío porque éste ya estaba sano.°

Juan Diego creyó lo que le decía la Señora y le rogó que le diera° la prueba que el Obispo pedía. La Señora mandó

a . . . as quickly as possible/top, summit

crags/prickly pears/glittered

se . . . a temple be built/en . . . on top

aid
residents

cumplir . . . to carry out her command

he judged

subject, matter

success

was telling

proof

deathly ill

Santos . . . Last Rites

le . . . went out to meet him

que . . . not to be afraid/ healthy

le rogó . . . begged her to give him

a Juan Diego a la cumbre del cerro de Tepeyac a cortar unas rosas que encontraría allí, y pidió que se las trajera a ella en su tilma.° — *cloak*

Como hijo obediente, Juan Diego subió hasta la cima° del cerro, casi seguro de que no hallaría° ninguna rosa. Pero imagínese su sorpresa cuando, al llegar al punto más alto del cerro, vio un hermoso rosal° lleno de flores frescas y perfumadas. Cortó cuantas pudo° y las bajó en su tilma hasta donde la Señora lo esperaba. — *top* / *no . . . he would not find* / *rose bush* / *cuantas . . . as many as he could*

Ella las tomó en sus manos como para bendecirlas° y después las puso otra vez en la tilma de Juan Diego. Entonces le dijo que se las llevara al Obispo para que por esta señal° le hiciera el templo. — *como . . . as if to bless them* / *sign*

Así lo hizo Juan Diego. Fue a la casa del Obispo, y cuando éste° salió a recibirlo, Juan Diego le explicó que traía la señal que le había pedido. — *the latter*

Dejó caer° la tilma para mostrarle las rosas. Entonces se descubrió que en la tilma había aparecido una imagen de la Señora. Admirado del prodigio,° el Obispo llevó la tilma con la imagen milagrosa a su capilla° y la veneró como objeto divino. — *Dejó . . . He dropped* / *Admirado . . . Astonished at the marvel* / *chapel*

Al día siguiente Juan Diego fue a visitar a su tío al que encontró completamente aliviado.° El tío le contó a Juan Diego que una Señora hermosísima le había visitado y le había dicho que ella «quería que se le hiciese un templo° en el lugar donde Juan Diego la había visto y que su imagen se llamase Santa María de Guadalupe». — *cured* / *que . . . that a temple be built for her*

En muy poco tiempo el lugar y la fama del milagro se dieron a conocer° por todo el país y el Obispo mandó edificar° el templo en el cerro de Tepeyac. — *se . . . became known/to be built*

CUESTIONARIO

1. ¿Por qué es famosa la villa de Guadalupe? 2. ¿Qué se encontraba en el cerro de Tepeyac antes de la llegada de Cortés? 3. ¿Por qué venían los indios al cerro de Tepeyac? 4. ¿Qué decidió hacer Juan Diego? 5. ¿Por qué quedó absorto Juan Diego? 6. ¿Qué oyó Juan Diego? 7. ¿Adónde subió Juan Diego? ¿Por qué? 8. ¿Qué vio Juan Diego allí? 9. ¿Qué deseaba la Señora? ¿Por qué? 10. ¿Cuál era la opinión del Obispo? ¿Por qué? 11. ¿Adónde volvió Juan Diego? 12. ¿Qué pidió el Obispo al escuchar a Juan Diego la segunda vez? 13. ¿Qué pidió Juan Diego a la Señora? 14. ¿Por qué subió Juan Diego hasta la cima del cerro? 15. ¿Qué hizo Juan Diego al llegar a la cima? 16. ¿Por qué volvió Juan Diego a la casa del Obispo? 17. ¿Qué mandó hacer el Obispo?

Gramática

The subjunctive mood in noun clauses

The subjunctive mood is used in subordinate noun clauses after verbs of desire, hope, and emotion, provided that the subject of the verb in the main clause is different from the subject in the subordinate noun clause.

Yo **quiero** que tú **leas** esta novela.　　　I *want* you to *read* this novel.

The main clause in Spanish is: **Yo quiero**.
The subordinate noun clause is: **que tú leas esta novela.**
The verb in the main clause is a verb of desire: **quiero**.
The subject in the main clause is: **yo**.
The subject in the subordinate noun clause is: **tú**.
The verb in the subordinate noun clause is in the subjunctive mood: **leas**.

Ellas **desean** que Elena se lo **mande** a él.　　They *desire* that Helen *send* it to him.
Juana **espera** que Carlos **vaya** con ella.　　Jane *hopes* that Carl *will go* with her.
Él **se alegra** de que Uds. **estén** satisfechos.　　He *is happy* that you *are* satisfied.
Nosotros **tenemos miedo** de que José y　　We are *afraid* that Joe and Steve
　　Esteban no **vuelvan.**　　　　　　　　　*will* not *return*.

Note that the Spanish present subjunctive may translate either an English present tense verb or a future tense verb.

Espero que Pedro **venga.**　　　　I hope Pete *is coming*.
Espero que Pedro **venga.**　　　　I hope Pete *will come*.

Sequence of tenses

When the verb in the main clause is in either a present tense or a future tense, then the verb in the subordinate clause (when a subjunctive is required) will either be in the present subjunctive, the present progressive subjunctive, or the present perfect subjunctive, whichever is appropriate.

Esperamos que ella lo **termine.**　　　　We hope she *finishes* it.
Esperamos que ella lo **esté terminando.**　　We hope she *is finishing* it.
Esperamos que ella lo **haya terminado.**　　We hope she *has finished* it.
Él ha querido que tú lo **veas.**　　　　He has wanted you to *see* it.
Ella está esperando que Ud. se lo **dé.**　　She is hoping that you *will give* it to her.
Siento que Pepe **haya estado** enfermo.　　I am sorry Joe *has been* sick.

EJERCICIOS

A. *Dé Ud. la forma apropiada del infinitivo.*

MODELO: (cantar) Ella quiere que tú _____.
                   Ella quiere que tú **cantes**.

1. (estar) Me alegro de que ella ___*esté*___ satisfecha.
2. (ver) Queremos que Uds. lo ___*vean*___.
3. (hacer) Él desea que yo lo ___*haga*___.
4. (venir) Pablo y Gustavo esperan que Ud. ___*venga*___.
5. (estudiar) La profesora quiere que los estudiantes _____ *estudien*
6. (estar descansando) Espero que Elisa *esté descansada* _____
7. (haber visto) Ella espera que tú lo *haya*s *visto* _____
8. (haber estado) Sentimos que Isabel *haya estado* _____ enferma.
9. (estar escribiendo) El profesor se alegra de que Uds. _____ los ejercicios. *estén escribiendo*
10. (volver) ¿Quieres que yo *vuelva* contigo?

B. *Conteste Ud. con oraciones completas.*

Sí yo quiero que alguien me ayuda con esta lección   *yo espero que alguien me hable en esp.*

1. ¿Quiere Ud. que alguien lo (la) ayude con esta lección? 2. ¿Espera Ud. que alguien le hable en español? 3. ¿Se alegra Ud. de que alguien le haya hablado en español? 4. ¿Tiene Ud. miedo de que nadie le explique la lección?

Me alegro de que alguien me haya hablado

Sí

The past (imperfect) subjunctive

Sometimes it is necessary to use a past tense (imperfect) subjunctive form in Spanish.

1. There are two sets of endings for the imperfect subjunctive. The set that is more generally used in the Americas is formed by attaching the following endings to the stem of the third person plural preterit tense: **-ra, -ras, -ra, -́ramos, -rais, -ran.**

	hablar	**saber**	**dormir**
3RD PERSON PLURAL PRETERIT	**hablar**on	**supier**on	**durmier**on
IMPERFECT SUBJUNCTIVE	hablar**a**	supier**a**	durmier**a**
	hablar**as**	supier**as**	durmier**as**
	hablar**a**	supier**a**	durmier**a**
	hablá**ramos**	supié**ramos**	durmié**ramos**
	hablar**ais**	supier**ais**	durmier**ais**
	hablar**an**	supier**an**	durmier**an**

2. The other set, which is more generally used in Spain than in the Americas, is formed by attaching the following endings to the stem of the third person plural preterit tense: **-se, -ses, -se, -semos, -seis, -sen.**

	hablar	**saber**	**dormir**
3RD PERSON PLURAL PRETERIT	**hablaron**	**supieron**	**durmieron**
IMPERFECT SUBJUNCTIVE	hablase	supiese	durmiese
	hablases	supieses	durmieses
	hablase	supiese	durmiese
	hablásemos	supiésemos	durmiésemos
	hablaseis	supieseis	durmieseis
	hablasen	supiesen	durmiesen

3. One use of the imperfect subjunctive is to express desire (or wish) in independent clauses introduced by **si.**

Si **volvieran** ellos pronto.	If only they *would return* soon.
Si eso **fuera** posible.	If only that *were* possible.
Si yo **supiera** tocar la guitarra.	If only I *knew how* to play the guitar.

EJERCICIO

Exprese Ud. en español.

1. Do you know her? No, if only she were a friend of mine.   2. Do you want the picture? Yes, if only he would give it to us.   3. Do you want to know it? Yes, if only they would tell it to me.   4. Does he like them? Yes, if only Carmen would sell them to him.   5. Can you dance well? No, if only I knew how to dance like Elenita.

The imperfect subjunctive with *querer, deber,* and *poder*

The imperfect subjunctive -ra form may be used with the verbs **querer, deber,** and **poder** to show courtesy.

Yo **quisiera** ayudarlo.	I *would like* to help him.
Nosotros **debiéramos** dártelo.	We *ought to* give it to you.
¿**Pudieras** ir conmigo?	*Could* you go with me?

EJERCICIO

Exprese Ud. en español. [handwritten: ¿Vendrá ella mañana si, Ella quisiera verte]

1. Will she come tomorrow? Yes, she would like to see you. 2. Shall I write to her? Yes, you ought to write to her. 3. Do you like the shirts? Yes, could you send them to me? 4. Does Henry want to visit the museum? Yes, he would like to go with you.

The imperfect subjunctive in noun clauses

The imperfect subjunctive is used in a subordinate noun clause requiring the subjunctive when the verb in the main clause is in either a past tense or a conditional tense.

Ella **quería** que yo se lo **vendiera** a ella.	She *wanted* me to *sell* it to her.
Esperábamos que Pablo **volviera**.	We *hoped* that Paul *would return*.
Yo **sentía** que tú **estuvieras** enfermo.	I *was sorry* that you *were* sick.
Ella no **querría** que Ud. **hiciera** eso.	She *would not want* you to *do* that.

EJERCICIOS

A. *Dé Ud. la forma apropiada del infinitivo.*

MODELO: (dar) El quería que yo se lo _____.
El quería que yo se lo **diera**.

1. (vender)   Ella esperaba que tú se lo _vendieras_.
2. (estar)   Sentíamos que Rosa _estuviera_ enferma.
3. (volver)   Isabel quería que Luis _volviera_ con ella.
4. (irse)   Yo no quería que ellos _se fueran_.
5. (dormir)   Los padres esperaban que los niños _durmieran_.
6. (acostarse)   La mamá quería que su hija _se acostara_.
7. (estar)   Temíamos que Jorge _estuviera_ enojado.
8. (hacer)   Yo estaba sorprendido que Uds. lo _hicieran_.
9. (tener)   Juana sentía que su amiga _tuviera_ que irse.
10. (venir)   La profesora quería que los estudiantes _vinieran_ temprano.
11. (comer)   Manuel no quería que sus amigos _comieran_ tanto.
12. (escribir)   Elena esperaba que su novio le _escribiera_ una carta.
13. (llamar)   Juanita quería que Ud. la _llamara_.
14. (divertirse)   Esperábamos que nuestros amigos _se divirtieran_.
15. (servir)   Yo quería que tú _sirvieras_ el café.
16. (ayudar)   Elisa querría que Uds. nos _ayudaramos_.

B. *Conteste Ud. con oraciones completas.*

1. ¿Esperaba Ud. que alguien lo (la) ayudara con esta lección?   2. ¿Temía Ud. que nadie le hablara en español?   3. ¿Estaba sorprendido (sorprendida) Ud. que los estudiantes supieran hablar español?   4. ¿Querría Ud. que alguien viniera a clase con Ud.?

The pluperfect subjunctive (had)

The pluperfect subjunctive is formed with the imperfect subjunctive of **haber** plus the past participle.

hablar	comer	vivir
hubiera hablado	hubiera comido	hubiera vivido
hubieras hablado	hubieras comido	hubieras vivido
hubiera hablado	hubiera comido	hubiera vivido
hubiéramos hablado	hubiéramos comido	hubiéramos vivido
hubierais hablado	hubierais comido	hubierais vivido
hubieran hablado	hubieran comido	hubieran vivido
or	*or*	*or*
hubiese hablado	hubiese comido	hubiese vivido
hubieses hablado	hubieses comido	hubieses vivido
hubiese hablado	hubiese comido	hubiese vivido
hubiésemos hablado	hubiésemos comido	hubiésemos vivido
hubieseis hablado	hubieseis comido	hubieseis vivido
hubiesen hablado	hubiesen comido	hubiesen vivido

Nos alegrábamos de que nuestra amiga **hubiera llegado**.	We were happy that our friend *had arrived*.
Miguel temía que su hermano **se hubiera lastimado**.	Mike was afraid that his brother *had hurt himself*.
Me dolía que Jorge **hubiera hecho** tal cosa.	It grieved me that George *had done* such a thing.
Nos extrañó que Anita no los **hubiera visto**.	It surprised us that Anita *had not seen* them.
No le gustó a Enrique que ellos **hubieran ganado**.	Henry was not pleased that they *had won*.

EJERCICIOS

A. *Dé Ud. la forma apropiada del infinitivo.*

MODELO: (hacer) Yo estaba sorprendido que Norma lo _hubiera hecho_.
Yo estaba sorprendido que Norma lo **hubiera hecho**.

1. (volver)   Carlos se alegraba de que sus amigos _hubieran vuelto_ tan pronto.
2. (escribir)   Teresa estaba sorprendida que su amiga _hubiera escrito_ tal cosa.

98   **Lección 6**

3. (lastimarse) Temíamos que el joven _hubiera lastimado_.

4. (ver) Me extrañó que Elenita no te _hubiera visto_.

5. (llegar) No le gustó a Federico que Inés y Carolina _hubieran llegado_ tan tarde.

6. (comer) Les sorprendió a Rosa y a Irene que Uds. lo _____ todo. _hubieran comido_

7. (hacer) Ella lamentaba que tú lo _hubieras hecho_.

8. (estar) Sentíamos que Esteban _hubiera estado_ enfermo.

9. (acabar) Yo me alegraba de que Catalina _hubiera acabado_.

10. (divertirse) Carmen sentía que sus amigas no _se_ _hubieran divertido_.

B. *Exprese Ud. en español.*

1. I want you to visit me. 2. I hope that you do it soon. 3. I regret (it grieves me) that I have not seen you recently. 4. George told me that you had been sick. 5. He was glad that you were feeling better. 6. Your friend Rose hopes you will visit her also. 7. She wants me to tell you that. 8. I know that she hopes you will at least call her. 9. She told me that she was afraid you would not do it. 10. Please come to see me. 11. If you can't come, then please call me on the phone.

Quiero que me visite. Espero que Ud. lo haga pronto. Lamento que no te haya visto recientemente.

C. *Escriba Ud. una composición describiendo algo que Ud. quiere que alguien haga para Ud.*

La importancia contemporánea de la tradición guadalupana en México

Al ver las largas filas de creyentes° que llegan a la Basílica de la Virgen de Guadalupe, es evidente que la milagrosa aparición de la Virgen en el siglo XVI todavía ejerce mucha influencia en México. ¿Cómo es que un suceso° tan lejano° sigue siendo de tanta importancia en la vida de los mexicanos? ¿Por qué hay tantas imágenes de esa Virgen morena° en todos los tamaños° y por todos los lugares? La respuesta se halla tal vez no solamente en la historia sino también en el culto° religioso.

      Se sabe que al llegar Cortés y su ejército a México destruyeron los ídolos y los templos de los indios y emprendieron° su conversión al cristianismo. El resultado fue que los indígenas quedaron con un gran vacío° religioso. Pero para ellos era imposible olvidar por completo la religión y las creencias de muchos siglos. Al mismo tiempo les era difícil asimilar una religión nueva.

      Aquí conviene recordar el significado de la aparición de la Señora para los indios de México. Juan Diego era indio, y la Señora le había llamado «hijo mío» y le había pedido que se levantara un templo, en el mismo sitio del antiguo templo de Tonantzin, de donde ella pudiera amar° a sus indios. Por esta razón, la Virgen de Guadalupe es la más querida "Virgencita" del indígena mexicano. Así, la milagrosa aparición de la Virgen llenó el vacío religioso de los indios y sirvió como eslabón° que los mantuvo en contacto con su pasado. También sirvió para sostenerlos y confortarlos en las nuevas circunstancias en que se encontraban.

believers

event/far-off

dark-complexioned
sizes
belief, practice

undertook
void, emptiness

de . . . from whence she could love

link

Estas milagrosas apariciones acontecieron° del nueve
al doce de diciembre del año 1531. Es decir, diez años después
de la conquista del imperio de Moctezuma por Hernán Cortés.
Desde esa fecha la historia de las apariciones tuvo una influencia tremenda. Ricos y pobres, españoles e indios rindieron homenaje° y mandaron donativos° al santuario con-
struido en honor de la Virgen. También desde el principio
hubo procesiones y representaciones teatrales en su honor.

     Mucho se ha discutido sobre el origen y el significado
del nombre ≪Guadalupe≫. El el siglo XVI, un virrey° que
vivía en México escribió a su monarca español, Felipe II,
diciéndole que en una ermita° primitiva, construida en el cerro
de Tepeyac, se había puesto el nombre° de Nuestra Señora de
Guadalupe a una imagen que se parecía mucho a la Guadalupe

took place

*rindieron . . . paid
homage/gifts*

viceroy

hermitage
*se . . . They had given the
name*

de España. Sin embargo, otros aseguran que esto no fue el origen del nombre. Dicen que el nombre es mexicano porque en tiempos de los aztecas el lugar se llamaba Quatlalapan, y por transformaciones de pronunciación llegó a ser primero Guadalapan y finalmente Guadalupe, un nombre que los españoles ya conocían de su propio idioma.

Lo cierto es que la historia y tradición de la Guadalupe mexicana es sumamente° interesante y lleva en sí° mucha significación para los mexicanos. Ha sido un elemento unificador y, especialmente en el caso de los indios, ha servido para liberarlos algo de las consecuencias de la conquista.

extremely/lleva . . . has within itself

CUESTIONARIO

1. Al llegar los españoles a México, ¿qué hicieron con los ídolos y templos de los indios? 2. ¿En qué situación se encontraban los indios con respecto a su religión? 3. ¿Cuándo acontecieron las milagrosas apariciones? 4. ¿Qué fue el impacto de las milagrosas apariciones? 5. ¿Por qué se dice que el nombre Guadalupe es mexicano? 6. ¿Cree Ud. que la historia de la Guadalupe mexicana es unificadora para los indios de México? ¿Por qué? 7. ¿Cree Ud. que la historia de la Guadalupe mexicana es libertadora para los indios de México? ¿Por qué?

Repaso Oral 1

A. *Conteste Ud. con oraciones completas.*

Casas   flores

1. ¿Cómo se forma el plural de la palabra *casa*? ¿Por qué?   2. ¿Cómo se forma el plural de la palabra *flor*? ¿Por qué?   3. ¿Cómo se dice el plural de: *el jueves, el sábado*?   4. ¿Cómo se dice el plural de *el señor Castro, la señorita Hernández*?   5. ¿Cómo se dice el plural de: *el lápiz, la cruz*?   6. ¿Cómo se dice el plural de: *el carácter, el régimen*?   7. ¿Cómo se dice el plural de: *el joven, la imagen*?

CÁCERES

B. *Conteste Ud. las preguntas con una oración completa.*

1. ¿Bebe Ud. café? ¿Por qué? 2. ¿Se acuesta Ud. temprano? ¿Por qué? 3. ¿Dónde vive Ud.? ¿Cuánto tiempo ha vivido Ud. allí? 4. ¿Vendrá Ud. a la clase de español mañana? ¿Por qué? 5. ¿A qué hora almuerza Ud.? ¿Por qué? 6. ¿Tiene Ud. muchos amigos en esta clase? 7. ¿Está Ud. contento(-a) hoy? ¿Por qué? 8. ¿Cuánto tiempo hace que estudia Ud. el español? 9. ¿Es Ud. alta (alto)? 10. ¿Asistía Ud. a otra universidad el año pasado? 11. ¿Quiere Ud. que la profesora (el profesor) le haga preguntas a Ud.? 12. ¿Le gusta a Ud. bailar? 13. ¿Les gusta a sus amigos ir a los juegos de fútbol? 14. ¿Estaba escuchando Ud. cuando la profesora (el profesor) le hizo a Ud. esta pregunta? 15. ¿A qué hora llegó Ud. a esta clase? 16. ¿Comerá Ud. después de esta clase? 17. ¿Estará estudiando Ud. esta noche? ¿Por qué? 18. ¿Dijo la profesora (el profesor) que ella (él) haría muchas preguntas? 19. ¿Espera Ud. que sus amigos la (lo) ayuden con esta lección? 20. ¿Se alegra Ud. de que la profesora (el profesor) le haya hecho esta pregunta? 21. ¿Tenía miedo Ud. de que la profesora (el profesor) le hiciera una pregunta a Ud.? 22. ¿Estaba sorprendida (sorprendido) Ud. que algunos estudiantes hubieran contestado bien a las preguntas?

C. *Conteste Ud. según los modelos.*

MODELOS: ¿Te gusta este sombrero?
No, me gustan más aquéllos.

¿Le gustó a Ud. esta blusa?
No, me gustaron más aquéllas.

1. ¿Te gusta esta pluma? 2. ¿Le gustó a Ud. este cuadro? 3. ¿Les gusta a Uds. esta alfombra? 4. ¿Le gustó a Ud. este reloj? 5. ¿Te gustó este anillo? 6. ¿Les gusta a Uds. esta pulsera? 7. ¿Le gustará a ella este vestido? 8. ¿Les gustaría a ellas este carro? 9. ¿Te ha gustado esta fiesta? 10. ¿Le gusta a Luis esta corbata?

D. *Conteste Ud.*

MODELOS: ¿Vive Rosa con Ud.?
Sí, ella vive conmigo.

¿Baila Enrique con tu hermana?
Sí, él baila con ella.

1. ¿Trabaja Pablo con Ud.? 2. ¿Juegan ellos con Uds.? 3. ¿Estudia Elena contigo? 4. ¿Baila Jorge con Teresa? 5. ¿Canta María con sus amigas? 6. ¿Ensaya Esteban con los otros jugadores? 7. ¿Vuelven sus amigos con Arturo? 8. ¿Viajan ellas con Juana?

E. *Conteste Ud.*

MODELOS: ¿Trajiste tu libro?
Sí, traje mi libro.

¿Vendieron Uds. sus libros?
Sí, vendimos nuestros libros.

1. ¿Acabaste tu tarea? 2. ¿Pintaron Uds. sus cuadros? 3. ¿Entregó Ud. sus ejer-

cicios? 4. ¿Escribiste tus cartas? 5. ¿Comieron Uds. sus manzanas? 6. ¿Vendió José su carro? 7. ¿Bebió Ud. su café? 8. ¿Vendieron ellos su casa?

F. *Conteste Ud.*

MODELOS: ¿Entregaste tu composición a la profesora?
Sí le entregué la mía.

¿Entregaron Uds. sus composiciones al profesor?
Sí le entregamos las nuestras.

¿Te dio Carolina tu libro?
Sí, me dio el mío.

1. ¿Mandaste tu recado a Carlos? 2. ¿Te devolvió Inés tu blusa? 3. ¿Le diste a Carmen su dinero? 4. ¿Te entregaron ellos tu maleta? 5. ¿Te dio Pancho su camisa? 6. ¿Te mandó ella tus zapatos? 7. ¿Entregó Jorge su tarea a la profesora? 8. ¿Vendiste tu casa a los señores García? 9. ¿Te dieron ellas tus medias? 10. ¿Te mandaron ellas tus libros?

G. *Conteste Ud.*

MODELOS: ¿Diste el libro a Rosa?
Sí, se lo dí.

¿Le dio Rosa el libro a Ud.?
Sí, me lo dio.

1. ¿Dio Ud. la carta a Miguel? 2. ¿Le dieron a Ud. la maleta? 3. ¿Te entregó Esteban el dinero? 4. ¿Les dio Tomás los cuadros a Uds.? 5. ¿Te mandaron las revistas? 6. ¿Dio Ud. el recado a Carmen? 7. ¿Dieron Uds. la pulsera a Elenita? 8. ¿Le mandó Rafael el anillo a ella? 9. ¿Les mandaste las manzanas a ellos? 10. ¿Les mandaron a Uds. el carro?

Repaso Escrito 1

Traduzca Ud. las preguntas; después contéstelas en español.

1. How long have you been studying Spanish? I have been studying Spanish for (*here insert whatever time is appropriate*). 2. Do you like to write the exercises in Spanish? 3. Have you seen a movie recently? 4. Will you attend this university next year? 5. Do you hope that your friends will attend this university? 6. Do you like to speak Spanish? 7. Do you like parties? 8. Do you want your friends to speak Spanish to you? 9. Do you hope someone will speak Spanish to you? 10. Did you want the teacher to ask you a question in Spanish? 11. Were you surprised that the teacher had asked so many questions in Spanish? 12. Are you happy that you have finished these exercises?

LECCIÓN 7

Se dice del indio del Mayab

Antonio
Mediz Bolio

Sin que nadie se las haya dicho, el indio sabe muchas cosas.
El indio lee con sus ojos tristes lo que escriben las estrellas°   *stars*
que pasan volando, lo que está escondido° en el agua muerta   *hidden*
del fondo de las grutas,° lo que está grabado sobre el polvo°   *caves/dust*
húmedo de la sabana° en el dibujo de la pezuña° del ciervo°   *plain/hoof/stag*
fugitivo.

    El oído del indio escucha lo que dicen los pájaros
sabios cuando se apaga° el sol, y oye hablar a los árboles en el   *se . . . sets*
silencio de la noche, y a las piedras doradas° por la luz del   *gilded*
amanecer.°   *dawn*

    Nadie le ha enseñado a ver ni a oír ni a entender estas
cosas misteriosas y grandes, pero él sabe. Sabe, y no dice
nada.

    El indio habla solamente con las sombras°. . . .   *shadows*
    Si tú puedes alguna vez mirar largamente° al fondo de   *at length*
sus ojos, verás como allí hay escondida una chispa° que es   *spark*
como un precioso lucero° y que arde° hacia adentro de la   *brightness/burns*
sombra. Esa luz le alumbra° y le enseña los caminos. Pero   *illuminates*
nadie, ni él mismo, sabe quién la encendió.°   *ignited*
    Envuelto° en su triste obscuridad va por todas partes,   *Wrapped*
y ve. Ve lo que todo el mundo puede ver, y algo más. No se lo
preguntes, porque no ha de decírtelo. . . .

106

El indio del Mayab sabe que antes que él, mucho antes que él, otros hombres poblaron° su tierra y la hicieron bella y poderosa.° *populated* *powerful*

Eran hombres santos, llenos de sabiduría.° Cada uno de ellos había conocido a los dioses. *wisdom*

No vinieron de ninguno de los rumbos° de la tierra ni del mar. Aquí fueron, porque aquí los hizo Aquél cuyo nombre se dice suspirando.° *places (lit., directions)* *sighing*

Eran hombres hermosos y valientes y daban amor y misericordia.° El Señor Zammá, El Padre de Todos, estaba entre ellos; su mano, obradora° de las maravillas del mundo, se levantaba en alto para conducirlos° y mandarlos. *mercy* *maker* *lead them*

Y los curaba de los males de su cuerpo, y les daba calor del sol para encender sus espíritus, que así estaban siempre en la claridad del cielo.

Ellos hicieron los templos altos y resplandecientes° en
que los hombres de cerca y de lejos vienen a adorar al que° no
tiene nombre y está arriba.

Ellos edificaron° con piedras santas las Ciudades Antiguas en que los dioses habitaron con los hombres. Ellos
hicieron a Itzmal, a Muútul, a T'-hó y a Chichén-Itzá, y alrededor de ellas a trescientas siete ciudades.

Yaax-Chilam y Palenque eran nombradas° aquéllas en
que moraron° los poderosos sabios del Sur. Uxmal, la que
estaba hecha, pero no se veía, era la ciudad de los espíritus
que viven en el aire y en la tierra.

Un día, esta grande ciudad de Uxmal se levantó visible
a los ojos de los hombres y fue maravillosa y soberbia;° pero
desde ese día cambiaron los tiempos del Mayab. Y esto se
cuenta cuando es conveniente.°

La primera ciudad de todas las ciudades fue Itzmal, la
de los templos en que no había dioses labrados° en oro, ni en
madera,° ni en piedra, ni en barro,° porque en esos días el
corazón de los hombres estaba limpio° de iniquidad,° y ellos
veían a los dioses dentro de sí mismos y en su derredor,° y no
les era preciso° representarlos con imágenes.

La última de las ciudades fue Maní . . . ¡Maní! . . . El
indio llora cuando dice este nombre, que quiere decir que todo
pasó.

Cómo fue Maní y cómo hubo de acabar° es una rela-
ción° triste que sólo se dice cuando es preciso. El que sabe del
Mayab ya ha llorado sus lágrimas, sabe cómo fue.

Aquellos hombres sabios de los tiempos antiguos, eran
puros y dulces a Aquél que está amorosamente en todas
partes, escribieron todas las verdades en grandes libros, que
eran la vida de quienes lo poseyeron° y de todos los que estaban cerca. Cuando los hombres ya no merecieron° poseer los
Libros de los padres, ni había quien en ellos supiese° leer, los
Libros desaparecieron y no se sabe en dónde están.

Pero las Verdades no han desaparecido y están en el
pecho° de los que han sabido ser puros todavía.

Alguna vez tú, forastero,° oirás a un anciano que dice
cosas sencillas que no entiendes y cosas bellas que se te an-
tojarán° locuras° o desvaríos.° Ese anciano es en el Mayab un
varón° justo y un alma antigua tiene, que está hablando de la
Verdad.

resplendent

al . . . the one who

erected

called
dwelled

splendid, proud

appropriate

made, wrought
wood/clay
clean/wickedness
surroundings
necessary

come to an end
story

possessed
deserved
knew how to

breast, heart
outsider, stranger

will seem/crazy
* things/ravings*
man

Por eso, extranjero, cuando estés en el Mayab, presta° *lend* atención a los ancianos y a los niños. Estos son los que están fuera de la contaminación. En ellos vuelve a vivir el espíritu de nuestros padres, que oyeron hablar a los dioses y los contemplaron entre ellos.

El Mayab ha tenido dos vidas. La que fue antes de Maní y la que es después del Maní. El que sabe del Mayab comprende esto.

Reproducido de *Acción Indigenista*, Boletín del Instituto Nacional Indigenista (México D.F., noviembre 1974).

CUESTIONARIO

1. ¿Qué lee el indio con sus ojos tristes?   2. ¿Qué escucha el oído del indio?   3. ¿Qué hay escondido al fondo de los ojos del indio?   4. ¿Cómo eran los hombres que poblaron las tierras antes que el indio del Mayab?   5. ¿Qué hacía el Señor Zammá?   6. ¿Cuál fue la primera ciudad de todas las ciudades?   7. ¿Cuál fue la última ciudad?   8. Aunque desaparecieron los libros, ¿por qué no han desaparecido las Verdades?   9. ¿Quiénes están fuera de la contaminación?   10. ¿Cuáles son las dos vidas del Mayab?

TEMPLO DEL SOL: PALENQUE

Gramática

The subjunctive with impersonal expressions

1. The subjunctive mood is used in subordinate noun clauses after impersonal expressions indicating doubt, necessity, desire, emotion, possibility, probability, and the like, provided that there is a different subject in the subordinate noun clause.

Es dudoso que Pablo lo **tenga.**	*It is doubtful* that Paul *has* it.
Era necesario que ella lo **trajera.**	*It was necessary* for her to *bring* it. (that she *bring* it)
No es necesario que tú **vayas.**	*It is not necessary* for you *to go.*
Es de desear que Uds. **terminen** pronto.	*It is to be desired (it is desirable)* that you *finish* quickly.
Es una lástima que Luis **haya perdido** el saco.	*It's a shame* that Louis *has lost* his coat.
Es posible que él te lo **dé.**	*It's possible* he *will give* it to you.
Es probable que ellos ya lo **hayan vendido.**	*It is probable* that they *have* already *sold* it.
Puede ser que él ya **haya vuelto.**	*It may be* that he *has* already *returned.*

2. **No es dudoso** is followed by the indicative mood.

No es dudoso que él **volverá** pronto.	*It is not doubtful* that he *will return* soon.

EJERCICIOS

A. *Conteste Ud. las preguntas.*

MODELO: ¿Lo va a hacer José?
Es necesario que _____.
Es necesario que **lo haga.**

1. ¿Lo van a traer ellos?
   Es posible que *lo traigan*

2. ¿Los van a vender ellos?
   Es dudoso que *los vendan*

3. ¿La va a estudiar Jorge?
   Es de desear que *la estudie*

4. ¿Lo van a vender ellas?
   Es una lástima que *lo vendan*.

5. ¿Los vas a comprar?
   Es probable que *los compre*

6. ¿Lo van a terminar Uds.?
   Es dudoso que *lo terminamos*

7. ¿Va a cantar ella?
   Es importante que *cante*.

8. ¿La van a comprar ellos?
   Es sorprendente que *la compren*

9. ¿Va a volver Miguel?
   Es de esperar que _vuelva_.

10. ¿Te va a ayudar Alfredo?
    Es sorprendente que me _ayude_.

11. ¿Se lo van a dar ellos?
    Puede ser que se lo _den_.

12. ¿Se los va a mandar ella?
    Es preferible que se los _manden_.

13. ¿Van a jugar ellos?
    No es dudoso que _jueguen_.

14. ¿Los vas a escribir?
    No es necesario que los _escriban_.

B. *Conteste Ud. con oraciones completas.*

1. ¿Es necesario que Ud. estudie la lección?   2. ¿Es posible que Ud. compre más libros?   3. ¿Puede ser que Ud. vaya al cine?   4. ¿Es importante que Ud. coma bien?

Subjunctive vs. indicative with impersonal expressions

Some impersonal expressions are followed by the indicative mood when they are in the affirmative and the subjunctive mood when they are in the negative.

Es verdad que Juan los **tiene.**	*It is true* that John *has* them.
No es verdad que Juan los **tenga.**	*It is not true* that John *has* them.
Es evidente que ella **está** triste.	*It is evident* that she *is* sad.
No es evidente que ella **esté** triste.	*It is not evident* that she *is* sad.
Es claro que él no **quiere** venir.	*It is clear* that he doesn't *want* to come.
No es claro que ellos lo **hagan.**	*It is not clear* that they *will do* it.
Es cierto que María **cantará.**	*It is certain* that Mary *will sing.*
No es cierto que María **baile.**	*It is not certain* that Mary *will dance.*

EJERCICIO

Dé Ud. la forma apropiada del infinitivo.

MODELOS: (estar)   Es evidente que ellas _____ satisfechas.
         Es evidente que ellas **están** satisfechas.

         (estar)   Es sorprendente que ellas _____ satisfechas.
         Es sorprendente que ellas **estén** satisfechas.

1. (vender)   Es verdad que ella los _vende_.
2. (comprar)   No es cierto que ella los _compre_.
3. (pintar)   Es cierto que él lo _pintará_.
4. (pedir)   Es dudoso que Rosa te lo _pida_.
5. (pedir)   No es dudoso que ella me lo _pide_.
6. (sentarse)   Me extrañará que ellas _se sienten_ allí.
7. (volver)   Es evidente que Luis no _vuelve_ con nosotros.
8. (pagar)   Es posible que él te lo _pague_.
9. (dar)   No es necesario que tú me lo _des_.
10. (devolver)   Es necesario que Uds. se lo _devuelvan_.

The subjunctive after verbs of commanding

1. The subjunctive mood is also used in subordinate noun clauses after verbs of ordering, commanding, permission, and prohibition, provided that the subject in the main verb is different from the subject in the subordinate noun clause.

    Él nos **mandó** que **volviéramos**.   He *ordered* us to *return*.

2. An infinitive may be used after these types of verbs as an alternate to the noun clause and the subjunctive mood.

    Él nos **mandó volver**.   He *ordered* us *to return*.

3. Here are some other examples:

NOUN CLAUSE WITH SUBJUNCTIVE:

    Ella me **pidió** que lo **hiciera**.   She *asked* me to *do* it.

INFINITIVE AS AN ALTERNATE:

    Ella me **pidió hacer**lo.   She *asked* me *to do* it.

NOUN CLAUSE WITH SUBJUNCTIVE:

    Mándele que lo **haga**.   *Order him* to *do* it.

INFINITIVE AS AN ALTERNATE:

    Mándele hacerlo.   *Order him* to *do* it.

NOUN CLAUSE WITH SUBJUNCTIVE:

    Ella le **permitió** a él que **entrara**.   She *permitted* him to *enter*.

INFINITIVE AS AN ALTERNATE:

    Ella le **permitió** a él **entrar**.   She *permitted* him to *enter*.

NOUN CLAUSE WITH SUBJUNCTIVE:

    Jorge les **prohibió** que **fumaran**.   George *prohibited* them from *smoking*.

INFINITIVE AS AN ALTERNATE:

    Jorge les **prohibió fumar**.   George *prohibited* them from *smoking*.

4. Notice the use of the indirect object pronouns with these verbs. The indirect object pronoun refers to the subject of the second clause or to the infinitive.

Les pedí a ellos que volvieran pronto.	I asked *them* to return quickly.
Les pedí a ellos volver pronto.	I asked *them* to return quickly.
Permí**tales** Ud. que entren.	Let *them* enter.
Permí**tales** Ud. entrar.	Let *them* enter.
Nos prohiben que fumemos.	They prohibit *us* from smoking.
Nos prohiben fumar.	They prohibit *us* from smoking.
Me impidieron que entrara.	They prevented *me* from entering.
Me impidieron entrar.	They prevented *me* from entering.

EJERCICIOS

A. *Sustituya Ud. una cláusula sustantiva* (noun clause) *en lugar del infinitivo.*

MODELO: Nos rogaron *volver.*
>   **Nos rogaron que volviéramos.**

1. Le ordenaron *salir* en seguida.   2. Me hicieron *sentarme.*   3. Nos prohiben *cantar.*   4. No les deja *dármelo.*   5. Permítale *venderlos.*   6. Hágales *trabajar.*   7. Nadie me mandó *hacerlo.*   8. Le piden *jugar* con ellos.   9. Nos impidió *salir.*   10. No me dejaron *verla.*

B. *Contese Ud. con oraciones completas.*

1. ¿Le permiten a Ud. que asista a la clase de español?   2. ¿Le prohiben a Ud. sentarse en la biblioteca?

Other verbs requiring the subjunctive

1. Here are some examples of other verbs that require the subjunctive mood in subordinate noun clauses provided that the subject in the main clause is different from the subject in the subordinate noun clause.

El médico le **aconseja** que **coma** menos.	The doctor *advises* him to *eat* less.
Sugiero que tú se lo **des** a él.	I *suggest* that you *give* it to him.
Ella **prefiere** que Jaime **vaya** con ella.	She *prefers* that James *go* with her.
Ellos **consienten** en que Uds. lo **vean.**	They *consent* to your *seeing* it.
Yo **insisto** en que Ud. **cante.**	I *insist* that you *sing.*
Pedro **necesita** que Uds. lo **ayuden.**	Pete *needs* you to *help* him.

2. The verbs **decir** and **escribir** require the subjunctive mood in a subordinate noun clause with a different subject from the main clause provided that they are used in a commanding or ordering manner with regard to the second subject.

Su papá le **escribió** que **volviera** a casa lo más pronto posible.	His father *wrote* him to *return* home as soon as possible.
Él me **dijo** que se lo **diera.**	He *told* me to *give* it to him.
Dígales que **vengan** pronto.	*Tell* them to *come* quickly.
Escríbele que me la **mande.**	*Write* her to *send* it to me.

3. However, when **decir** and **escribir** are used to express a fact or make a statement, then the verb in a subordinate noun clause is in the indicative mood.

Él nos **dijo** que tú se lo **diste.**	He *told* us that you *gave* it to him.
Yo le **escribiré** que Ud. **va** a visitarla.	I *will write* her that you *are going* to visit her.

EJERCICIOS

A. *Dé Ud. la forma apropiada del infinitivo.*

MODELO: (ir) Ella prefiere que tú _____.
Ella prefiere que tú **vayas**.

(comprar) Él insistió en que yo lo _____.
Él insistió en que yo lo **comprara**.

1. (llegar) La profesora les aconseja a los estudiantes que *lleguen* temprano.
2. (volver) Elenita prefiere que Pablo *vuelva* con ella.
3. (vender) Sugerí que tú lo *vendieras*.
4. (pagar) El comerciante insiste en que Eduardo *pague* la cuenta.
5. (sentarse) El gerente consiente en que Uds. *se sienten* allí.
6. (traer) Necesito que tú me lo *traigas*.
7. (dar) Dígales que se lo *den*.
8. (mandar) Escríbele que te los *mande*.
9. (escribir) Ella nos aconsejó que lo *escribiera*.
10. (comprar) Ellos sugieren que él no lo *compre*.
11. (estar) Le voy a escribir que tú ya *esta* aquí.
12. (poder) Él te va a decir que él no *puede* hacerlo.

B. *Escriba Ud. una composición de la siguiente manera: (pida Ud. a alguien que ordene a otra persona que haga ciertas cosas).*

C. *Exprese Ud. en español.*

1. Is it necessary for Jane to tell it to him? Yes, they ordered her to do it. 2. Did you want her to talk to him? No, I preferred that Rose go to see him. 3. Did you suggest that Rose see him? Yes, but they did not let her leave. 4. Well, I insist that they permit her to tell it to him. 5. I will tell them that you want Rose to advise him. 6. Very well. Tell them to let her go see him.

La jarana yucateca

La península de Yucatán es el país legendario del indio maya. Es una tierra de tradición profunda y emocionante que expresa su carácter con júbilo en su danza típica, la jarana. Esta danza es la vigorosa expresión de un pueblo que ha asimilado varios elementos musicales de España: la intranquila vibración de la música mora,° la ligereza° de los aires andaluces,° el ritmo excitado de la jota aragonesa° y la alegría fugitiva del zapateado gitano.° La jarana también conserva los recuerdos de sus influencias históricas y del espíritu orgulloso de su origen en Yucatán. Este espíritu resulta de la mezcla de lo español y lo maya.

      Hay una leyenda que cuenta el origen de la jarana. Se dice que antes de la Conquista había una princesa que se enamoró de° un guerrero maya. Su tribu lo admiraba y lo respetaba por sus hazañas° valientes de guerrero pero sus enemigos lo temían. El guerrero era solicitado en las fiestas por las más bellas mujeres porque bailaba divinamente. Pero la enamorada princesa se veía tristísima porque el guerrero nunca se fijaba en ella.° Ella enflaquecía° día tras día porque el guerrero no le hacía caso.° Al fin murió pero antes de exhalar su último suspiro, les pidió a sus dioses un favor. Les rogó que le concedieran el poder de vengarse en todos los hombres° por los desdenes° que había sufrido del guerrero maya.

      Desde entonces hay muchos jóvenes que al cruzar las selvas por las noches, oyen la voz de una mujer que los llama. Si atienden° la llamada, ven a una hermosa doncella vestida de blanco. Semioculta° tras una ceiba les hace señas de que se acerquen.° Con una rama de espinas ella peina su hermosa cabellera° negra, que cae sobre sus hombros.° Los hombres quedan fascinados con la hermosura de esa mujer y no tienen

Moorish/lightness

Andalusian/Aragonese

zapateado . . . Gypsy
  heel-tapping dance

se . . . fell in love with

deeds

nunca . . . never noticed
  her/got thinner
no . . . didn't pay
  attention to her
de . . . of avenging herself
  against all men
disdain

they give heed to

Half-hidden
les . . . she signals them to
  come nearer
hair/shoulders

fuerzas para retirarse. Se acercan anhelantes° a la princesa. *longingly*
Ésta entonces se convierte en una horrible serpiente que tiene
la cola terminada en dos puntas duras y filosas.° Las mete en *sharp*
las fosas de la nariz° de los hombres y así los ahoga.° *las . . . the
nostrils/suffocates*

Los mayas creen que la jarana los libra de la venganza
de la yucateca. Por consiguiente aprenden a bailar la jarana y
así se escapan del poder que la princesa tiene sobre los
hombres.

CUESTIONARIO

1. ¿Quiénes eran los indígenas de la península de Yucatán?   2. ¿Cómo es la tradición de la
península de Yucatán?   3. ¿Cómo se expresa el carácter de Yucatán?   4. ¿De dónde viene
el espíritu orgulloso de la jarana?   5. ¿Qué efecto tuvieron las hazañas del guerrero maya
para sus enemigos?   6. ¿Por qué querían al guerrero las bellas mujeres?   7. ¿Por qué se
puso triste la princesa?   8. ¿Qué pidió la princesa antes de morir?   9. ¿Qué peligro hay
para los jóvenes en la selvas?   10. ¿Por qué les gusta a los jóvenes bailar la jarana?

LECCIÓN 8 Bolívar

José Martí

Cuentan que un viajero llegó un día a Caracas al anochecer,° y sin sacudirse° el polvo del camino, no preguntó dónde se comía ni se dormía sino cómo se iba adonde estaba la estatua de Bolívar. Y cuentan que el viajero, solo con los árboles altos y olorosos° de la plaza, lloraba frente a la estatua, que parecía que se movía, como un padre cuando se le acerca° un hijo. El viajero hizo bien, porque todos los americanos deben querer a Bolívar como a un padre. A Bolívar, y a todos los que pelearon° como él porque° la América fuese del° hombre americano. A todos: al héroe famoso, y al último soldado, que es un héroe desconocido.° Hasta hermosos de cuerpo se vuelven los hombres que pelean por ver libre a su patria. . . .

     Bolívar era pequeño de cuerpo. Los ojos le relampagueaban,° y las palabras se le salían de los labios. Parecía como si estuviera esperando siempre la hora de montar a caballo. Era su país, su país oprimido,° que le pesaba° en el corazón, y no le dejaba vivir en paz. La América entera estaba como despertando. Un hombre solo no vale nunca más que un pueblo entero; pero hay hombres que no se cansan, cuando su pueblo se cansa, y que se deciden a la guerra antes que los pueblos, porque no tienen que consultar a nadie más que a sí mismos,° y los pueblos tienen muchos hombres, y no pueden consultarse tan pronto. Ése fue el mérito de Bolívar, que no se cansó de pelear por la libertad de Venezuela, cuando parecía que Venezuela se cansaba. Lo habían derrotado° los españoles: lo habían echado° del país. Él se fue a una isla, a ver su tierra de cerca, a pensar en su tierra.

al . . . *at nightfall*
sin . . . *without shaking off*

aromatic
comes near

fought/so that/
fuese . . . *would belong to*
unknown

flashed

oppressed/weighed

consultar . . . *to consult anyone but themselves*

defeated
thrown out

SIMÓN
BOLÍVAR

Un negro generoso lo ayudó cuando ya no lo quería
ayudar nadie. Volvió un día a pelear, con trescientos héroes,
con los trescientos libertadores. Libertó a Venezuela. Libertó
a la Nueva Granada.° Libertó al Ecuador. Libertó al Perú.   *presently, Colombia*
Fundó una nación nueva, la nación de Bolivia. Ganó batallas
sublimes con soldados descalzos y medio desnudos.° Todo se   descalzos . . . *barefoot*
estremecía° y se llenaba de luz a su alrededor. Los generales   *and half-naked*
                                                                    se . . . *trembled*

peleaban a su lado con valor sobrenatural. Era un ejército de jóvenes. Jamás se peleó tanto, ni se peleó mejor, en el mundo por la libertad. Bolívar no defendió con tanto fuego el derecho de los hombres a gobernarse por sí mismos, como el derecho de América a ser libre. Los envidiosos° exageraron sus defec- *envious* tos. Bolívar murió de pesar del corazón,° más que de mal del *de . . . of a heavy heart* cuerpo, en la casa de un español en Santa Marta. Murió pobre, y dejó una familia de pueblos.

Reproducido de ≪Tres héroes≫, *La edad de oro,* en *Obras Completas* XVIII (La Habana: Editorial Nacional de Cuba, 1964), págs. 304-306.

CUESTIONARIO

1. ¿Qué buscaba el viajero?   2. ¿Por qué lloraba el viajero?   3. ¿Cómo se vuelven los que pelean por ver libre a su patria?   4. ¿Cómo era Bolívar?   5. ¿Qué le pesaba a Bolívar en el corazón?   6. ¿Cómo estaba América entonces?   7. ¿Cuál fue el gran mérito de Bolívar?   8. ¿Adónde se fue Bolívar? ¿Por qué?   9. ¿Por qué volvió Bolívar?   10. ¿Qué defendió Bolívar?

Gramática

Subjunctive vs. indicative after expressions of doubt

1. The subjunctive mood is used in subordinate noun clauses after affirmative expressions of doubt, provided that there is a different subject in the main clause from the one in the subordinate noun clause.

Ellas **dudan** que Jorge **venga**.	They *doubt* that George *is coming* (*will come*).
Yo **dudo** que Elena **haya llegado**.	I *doubt* that Helen *has arrived*.
José **dudaba** que Rosa **viniera**.	Joe *doubted* that Rose *would come*.
Nosotros **dudábamos** que Anita **hubiera acabado**.	We *doubted* that Anita *had finished*.
Tengo duda que él **pueda** hacerlo.	I *doubt* that he *can* do it.

2. The indicative mood is used after negative expressions of doubt.

Ellas **no dudan** que Jorge **viene** (**vendrá**).	They *don't doubt* that George *is coming* (*will come*).
Yo **no dudo** que Elena **ha llegado**.	I *don't doubt* that Helen *has arrived*.
José **no dudaba** que Rosa **vendría**.	Joe *didn't doubt* that Rose *would come*.
Nosotros **no dudábamos** que Anita **había acabado**.	We *didn't doubt* that Anita *had finished*.
No tengo duda que él **puede** hacerlo.	I *don't doubt* that he *can* do it.

EJERCICIOS

A. *Dé Ud. la forma apropiada del infinitivo.*

MODELOS: (escribir) Dudo que él los *escriba*.
Dudo que él los **escriba**.

(haber visto) Ellas dudan que tú lo _____.
Ellas dudan que tú lo **hayas visto**.

(volver) No dudo que ella _____.
No dudo que ella **vuelve**.

1. (comprar) Ella duda que Manuel lo *compre*.
2. (comer) Tengo duda que Federico lo *coma*.
3. (haber vuelto) Carolina duda que Esteban *haya vuelto*.
4. (hacer) Dudábamos que ellas lo *hicieran*.
5. (haber hecho) Benito dudaba que tú lo *hubieras hecho*.
6. (traer) Ellos tenían duda que Uds. lo *trajeran*.
7. (estar) José no duda que Elisa *esta* enferma.
8. (vender) Ellos dudaban que Uds. la *vendieran*.
9. (haber devuelto) Él no dudaba que Elenita lo *había devuelto*.
10. (haber leído) Yo no dudo que Pepe lo *había leído*.

B. *Conteste Ud. con oraciones completas.*

1. ¿Duda Ud. que sus amigos aprendan el español? 2. ¿Duda Ud. que los estudiantes hayan estudiado?

Subjunctive vs. indicative after expressions of denial

1. The subjunctive mood is used in subordinate noun clauses after affirmative expressions of denial, provided that there is a different subject in the main clause from the one in the subordinate noun clause.

Pablo **niega** que Enrique **esté** enojado.	Paul *denies* that Henry *is* angry.
Ellos **niegan** que Carmen **haya estado** aquí.	They *deny* that Carmen *has been* here.
Eloísa **negó** que Susana **estuviera** enferma.	Eloise *denied* that Susan *was* sick.
Víctor y Raúl **negaron** que Margarita **hubiera estado** en la biblioteca.	Victor and Roy *denied* that Margaret *had been* in the library.
Es de negar que él nos **haya ayudado.**	*It is to be denied* that he *has helped* us.

2. The indicative mood is used in subordinate noun clauses after negative expressions of denial.

Pablo **no niega** que Enrique **está** enojado.	Paul *does not deny* that Henry *is* angry.
Ellos **no niegan** que Carmen **ha estado** aquí.	They *do not deny* that Carmen *has been* here.
Eloísa **no negó** que Susana **estuvo** aquí.	Eloise *did not deny* that Susan *was* here.
Víctor y Raúl **no negaron** que Margarita **había estado** en la biblioteca.	Victor and Roy *did not deny* that Margaret *had been* in the library.
No es de negar que él nos **ha ayudado.**	*It is not to be denied* that he *has helped* us.

EJERCICIOS

A. *Dé Ud. la forma apropiada del infinitivo.*

MODELOS: (estar) Ella niega que Juan _esté_ alegre.
Ella niega que Juan **esté** alegre.

(estar) Ella no niega que Juan _está_ triste.
Ella no niega que Juan **está** triste.

1. (tener) Sus amigos niegan que ella _tenga_ la bolsa.
2. (ir) Miguel no negó que Luis _fue_ con él.
3. (haber comido) Susana niega que ellas ya _hayan_ .
4. (haber escrito) Yo no negué que Alfredo los _había escrito_ .
5. (volver) Ellos negaron que Josefina _volviera_ con ellos.
6. (haber pintado) Irene niega que Elenita _haya pintado_ el cuarto.
8. (planchar) Irene no niega que Elenita _plancha_ la ropa.
9. (estar barriendo) Rosa negó que Susana _esté barriendo_ el piso.
10. (entender) Él no niega que tú _entiendes_ esto.

Lección 8   121

B. *Conteste Ud. con oraciones completas.*

1. ¿Niega Ud. que el español sea fácil de aprender?   2. ¿Niega Ud. que los estudiantes estudien mucho?

Subjunctive vs. indicative with *creer* and *pensar*

1. When **creer** and **pensar** are used negatively in a main clause, they are followed by the subjunctive mood in a subordinate noun clause, provided that the latter has a subject that is different from the main clause.

Él **no cree** que tú **vuelvas.**	He *does not think* you *will return.*
Ellas **no piensan** que eso **sea** importante.	They *do not think* that *is* important.
Yo **no pensaba** que tú lo **hicieras.**	I *didn't believe* you *would do it.*

2. However, when **creer** and **pensar** are used affirmatively they are followed by the indicative mood.

Él **cree** que tú **volverás.**	He *believes* that you *will return.*
Ellas **piensan** que eso **es** importante.	They *think* that *is* important.
Él **creía** que tú **volverías.**	He *thought* you *would return.*

3. When **creer** and **pensar** are used interrogatively they may be followed by the subjunctive if the one who asks the question wishes to indicate that there is doubt in his or her own mind. If the questioner does not wish to indicate doubt, then the indicative mood may be used.

Yo dudo que él venga. ¿**Cree** Ud. que él **venga**?	I doubt that he will come. *Do you think* he *will come*?
Yo no dudo que él vendrá. ¿**No cree** Ud. que él **vendrá**?	I don't doubt that he will come. Don't you think he *will come*?

EJERCICIOS

A. *Dé Ud. la forma apropiada del infinitivo.*

MODELOS: (ser)   No creemos que eso _sea_ la verdad.
No creemos que eso **sea** la verdad.

(ser)   Yo creo que eso _es_ la verdad.
Yo creo que eso **es** la verdad.

(venir)   ¿Cree Ud. que ella _venga_? (Lo dudo.)
¿Cree Ud. que ella **venga**?

(venir)   ¿No cree Ud. que ella _vendrá_ (No lo dudo.)
¿No cree Ud. que ella **vendrá**?

1. (ser) Ella no cree que eso _sea_ fácil.
2. (ser) Manuel cree que eso _es_ fácil.
3. (mandar) José y Roberto no piensan que Ud. se lo _manden_
4. (traer) ¿Cree Ud. que Luis lo _traiga_? (Tengo duda.)
5. (beber) ¿No cree Ud. que Esteban lo _bebe_? (No tengo duda.)
6. (haber llegado) Ellos no creen que Isidoro _haya llegado_
7. (haber acabado) No pensábamos que Uds. _hubieran acabado_
8. (vivir) Yo creo que ella _vive_ en El Paso.
9. (compra) No creemos que él lo _compre_
10. (vender) Jorge no creía que tú se lo _vendieras_
11. (comer) Ellos no creen que Uds. lo _coman_
12. (dormir) Ella no piensa que Ud. _duerma_ demasiado.

B. *Conteste Ud. con oraciones completas.*

1.¿Cree Ud. que sus amigos aprendan el español? 2. ¿No piensa Ud. que las películas de hoy día son buenas?

C. *Exprese Ud. en español.*

1. I doubt that Fred has your wallet. Do you think that he has it? No, I don't believe that he has it. However, Mary thinks that he has it. 2. Why did Teresa deny that Rose and Luisa had spoken to her? Perhaps she is angry. 3. Do you deny that this is your hat? No, I do not deny that it is mine. 4. Do they doubt that she is cleaning the apartment? Yes, but I do not doubt that she is doing it. 5. George denies that Mike has been here today. What do you think? I don't think Mike has arrived yet. 6. Did Ben write the sentences in Spanish? I think that he has already written them. 7. Does she want this picture? Caroline doubts that she will like it. 8. What do you want her to bring? It doesn't matter. We doubt that she will bring us the magazines. 9. Will she deny that they are her friends? I hope she doesn't deny it. 10. Do you doubt that she is satisfied? No, it is evident that she is happy.

D. *Escriba Ud. una composición acerca de algo que Ud. cree que es muy importante.*

It doesn't matter
No Importa

El Mampulorio

En las grandes cuidades de Hispanoamérica la tradición es, apenas,° un recuerdo en el tiempo. Solamente es una visión lejana del pasado que se evoca con cierta nostalgia. Pero cuando nos enfrentamos° con el folklore de los países hispanos, sabemos que en los pequeños pueblos lo exótico y lo extravagante del progreso no ha penetrado. En efecto° las tradiciones no han perdido su vigencia° ni su espontaneidad. Estas tradiciones siguen siendo una fiel remembranza llena de emoción.

     Veamos la tradición del Mampulorio. En el pueblo de Barlovento, en los altos de Venezuela, murió un pequeño de una fiebre° de los trópicos. Como el pueblo acostumbraba cuando un pequeño fallecía,° no había ni tristeza, ni dolor, ni llanto. Dios sabía por qué había llamado a este pequeño a Su lado. No había tampoco la aflicción de un velorio.° Pero, en cambio,° había el divertido Mampulorio o el baile del Niño Muerto.

     Todo el mundo sabía que cuando moría un niño que había recibido el bautismo,° ese niño iría directamente al cielo. Allí lo recibirían los querubines y los serafines,° y le harían un nuevo miembro de la corte angelical. El Mampulorio representaba la corte de los angeles recibiendo al niño. Los ángeles bailaban alrededor de la cama donde estaba tendido el pequeño difunto,° y todo era alegría.

     Pero si el niño muriera sin recibir el agua bautismal, no iría al cielo, sino al limbo. El niño no formaría parte de la corte angelical. Entonces el baile se componía de ángeles enmascarados° que acompañaban a la Virgen María. Este baile representaba el único privilegio acordado° a los pequeños que iban al limbo. Este privilegio era la visita de María todos los

barely

nos . . . we come face to face

En . . . In fact
force

fever

died

wake
en . . . on the other hand

baptism
los querubines . . . the cherubims and seraphims

estaba . . . the small dead one was lying

masked
granted

sábados. Los que bailaban lo hacían al compás de tambores° y flautas,° y todo era alegría.

drums
flutes

Aunque han pasado muchos años, esta tradición se conserva y su significado todavía permanece° hasta nuestros días.

persists

CUESTIONARIO

1. ¿Cómo es la tradición en las grandes ciudades de Hispanoamérica? 2. ¿Qué se evoca del pasado? 3. ¿Qué se sabe de la tradición en los pequeños pueblos? 4. ¿Dónde está Barlovento? 5. ¿Qué causó la muerte del pequeño de Barlovento? 6. Cuando un niño moría, ¿había tristeza o alegría? 7. ¿Adónde iría un niño bautizado? 8. ¿Adónde iría un niño que no había sido bautizado? 9. ¿Qué representa el mampulorio? 10. ¿Qué privilegio tienen los niños que van al limbo? 11. ¿Qué piensa Ud. de la tradición del Mampulorio?

Lección 8

LECCIÓN 9

El Tunkul o tambor sagrado de los antiguos mayas

Alfonso Villa Rojas

En los tiempos antiguos, cuando aún no llegaban los blancos, existía entre los mayas un instrumento altamente° sagrado al que daban el nombre de *Tunkul*. Se componía de un tronco hueco,° de madera dura, con unas hendiduras° en forma de H̲ en la parte superior; por lo general, era de 70 a 80 centímentros de largo por unos 30 de diámetro. Se tocaba con baquetas o palos° cubiertos de hule° en uno de sus extremos. Su sonido podía alcanzar° hasta 8 kilómetros de distancia cuando el viento era favorable. El fraile° Diego de Landa que fue de los primeros en llegar a la península de Yucatán, dejó escrito° que era ≪ . . . de sonido pesado° y triste; táñenlo° con un palo larguillo, puesto al cabo° cierta leche de un árbol≫ (resina del hule). Este tambor lo empleaban en sus fiestas y ceremonias religiosas, por lo que formaba parte de la parafernalia sacra de los templos. Se le consideraba como el más gustado instrumento de los dioses. De hecho,° el historiador Núñez de la Vega nos dice que los indios tzeltales de Teopisca, Chiapas, poseían uno al que adoraban como representación del dios Votan.

       Todavía en nuestros días existen algunos de esos tambores y se les sigue considerando° como instrumentos sagrados. Así, entre los tzotziles de Zinacantan (Chiapas), se

extremely

Se . . . It was made of a hollow tree-trunk/slits

baquetas . . . drumsticks or sticks/rubber

reach

friar

dejó . . . wrote

heavy/they play it

puesto . . . with, placed on the end

De . . . In fact

se . . . they continue to be considered

126

Lección 9   127

conserva uno al que se da el nombre de *Ten-Ten,* se le guarda en una pequeña capilla° en el remoto paraje° de Elambó y sólo se le lleva a la cabecera° o centro ceremonial con ocasión de la fiesta de San Sebastián que tiene lugar en enero. Para los nativos de ese lugar, parece que tal tambor tiene alguna relación con la llegada del «sol que se levanta», o sea, con el retorno del sol hacia el cenit° después de haber alcanzado su máxima declinación° hacia fines° de diciembre. Entre los chontales de Tabasco (otro grupo mayance°) el autor de estas líneas encontró en el templo de Guaytalpa otro *Tunkul* que se toca para anunciar la proximidad de la fiesta patronal. En Yucatán todavía se conserva uno que otro° de esos *Tunkules* en pueblos remotos de la parte oriental.° El más importante y grande que allí existe es el que se guarda en la parte del coro° de la iglesia de Maní; como se sabe, este lugar fue la última capital del reino de los XIU.°

chapel/place

"capital," regional seat of government

zenith

su . . . its lowest point/ hacia . . . toward the end/Mayan

uno . . . a few

eastern

choir

an ancient Indian tribe

Por supuesto que° este tipo de tambor fue usado también con igual veneración por los pueblos nahuas° de la parte central de México. Entre ellos se dio el nombre de *Teponaztle* y todavía hoy se conservan algunos en capillas bien custodiadas.° Como simple ejemplo de esto es de mencionarse° el que se conserva en el pueblo de Villa Juárez (antes Xicotepec), del distrito de Huauchinango, en la Sierra de Puebla. Allí, en el sector conocido como Barrio Guerrero, un anciano lo mantiene en su casa, dentro de una caja de madera. Parece que se trata de un *Teponaztle* prehispánico y tiene la apariencia de un mono acurrucado,° con el rostro vuelto hacia la derecha.° Se le toca al llegar la fiesta de San Juan que, como se sabe, es el día en que se desborda° la temporada° de lluvias.

Por . . . Of course

Nahuatl

t, 'en care of/ es . . . should be mentioned

mono . . . curled-up monkey

rostro . . . face turned to the right

se . . . begins/season

Reproducido de *Acción Indigenista,* Boletín del Instituto Nacional Indigenista (México D.F., noviembre 1974).

CUESTIONARIO

1. ¿De qué se componía el *Tunkul?* 2. ¿Cómo se tocaba el *Tunkul?* 3. ¿Quién era el fraile Diego de Landa? 4. ¿Cuándo se empleaba el *Tunkul?* 5. ¿Qué dice Núñez de la Vega de los indios tzeltales? 6. ¿Dónde se guarda el *Ten-Ten?* ¿Por qué? 7. Para los nativos ¿qué relación tiene el *Tunkul* con el sol? 8. ¿Para qué se toca el *Tunkel* de Guaytalpa? 9. ¿Dónde se guarda el más grande *Tunkul?* 10. Entre los nahuas, ¿cómo nombraban al *Tunkul?* 11. ¿Cuándo se toca el tambor del Barrio Guerrero de Puebla?

Gramática

Gender of adjectives

1. Adjectives ending in **-o** are masculine. The **-o** is changed to **-a** to form the feminine.

malo	mala	*bad*
bueno	buena	*good*

   Some adjectives drop the final **-o** when they immediately precede a masculine singular noun.

un buen muchacho	*a good boy*
un mal camino	*a bad road*
el primer día	*the first day*
el tercer mes	*the third month*
algún día	*some day*
ningún dinero	*no money*

2. Adjectives ending in **-án, -ín, -ón,** and **-or** are masculine. An **a** is added to form the feminine.

trabajador	trabajadora	*hard-working*
burló	burlona	*mocking*

   Note: **mejor, peor, mayor, menor, exterior, interior, inferior,** and **superior** do not change.

la fuente interior	*the interior fountain*	el patio interior	*the interior patio*

3. Adjectives ending in **-e** or a consonant other than **n** or **r** do not change in the feminine.

azul	*blue*		cortés	*polite*
capaz	*capable*		verde	*green*
un hombre capaz	*a capable man*		una mujer capaz	*a capable woman*

   EXCEPTIONS: Adjectives indicating nationality or origin add an **a** to the final consonant for the feminine form.

inglés	inglesa	*English*
andaluz	andaluza	*Andalusian*

4. Some adjectives ending in **-a** are invariable.

optimista	*optimistic*
idealista	*idealistic*
cosmopolita	*cosmopolitan*
Él es optimista. Ella es optimista.	*He is optimistic. She is optimistic.*

Agreement of adjectives

1. Adjectives agree in gender and number with the noun they modify.

el muchacho alto	*the tall boy*
la muchacha rubia	*the blond girl*
los árboles y arbustos verdes	*the green trees and bushes*

2. If an adjective modifies two nouns of different gender, the masculine plural form is used when the adjective follows the nouns.

las flores y los árboles hermosos	*the beautiful flowers and trees*
la silla y el escritorio viejos	*the old chair and desk*

   However, when the adjective precedes the nouns it takes the gender of the first one.

¿Cuántas sillas y escritorios hay?	*How many chairs and desks are there?*

3. If a plural noun is modified by adjectives that each refer to only one thing or being, the adjectives appear in the singular.

los embajadores francés y español	*the French and Spanish ambassadors*

4. **Grande** becomes **gran** when it precedes singular nouns.

un gran hombre	*a great man*
una gran actriz	*a great actress*

Position of adjectives

1. An adjective precedes the noun it modifies when it is:

   a. an adjective expressing number or quantity.

tres banderas	*three flags*
muchos papeles	*many papers*
¿cuántas horas?	*how many hours?*
algunas naciones	*some nations*

   b. an unemphatic possessive adjective.

nuestro país	*our country*

   c. a demonstrative adjective.

estos niños	*these children*

   d. a predicate adjective in a question.

¿Es alto Juan?	*Is John tall?*

   e. a descriptive adjective referring to an inherent characteristic.

la blanca nieve	*the white snow*
la Santa Biblia	*the Holy Bible*

2. An adjective follows the noun it modifies when it is:

a. a descriptive adjective used to set off or distinguish a person, place, or thing from others of the same class.

un abogado inteligente	*an intelligent lawyer*
el vestido rojo	*the red dress*

b. a past participle used as an adjective.

la puerta abierta	*the open door*

c. an adjective modified by an adverb.

un libro muy interesante	*a very interesting book*

NOTE: Descriptive adjectives that can precede the noun do so even when they are modified by an adverb.

un muy buen alumno	*a very good student*

3. Some adjectives may either precede or follow the noun without changing in meaning.

un buen niño	un niño bueno	*a good boy*
un mal niño	un niño malo	*a bad boy*
la pequeña niña	la niña pequeña	*the small girl*
las bonitas flores	las flores bonitas	*the pretty flowers*
el feo cuadro	el cuadro feo	*the ugly painting*
el primer capítulo	el capítulo primero	*the first chapter*
la segunda lección	la lección segunda	*the second lesson*

4. Other adjectives may either precede or follow the noun but there is a change in meaning, depending on their position in relation to the noun they modify.

un hombre **grande**	a *big* man
un **gran** hombre	a *great* man
un alumno **pobre**	a *poor (not rich)* student
un **pobre** alumno	a *poor (unfortunate)* student
el **mismo** médico	the *same* doctor
el médico **mismo**	the doctor *himself*
un anuncio **cierto**	a *true* announcement
cierto anuncio	a *certain* announcement
la **pura** verdad	the *sheer* truth
el agua **pura**	the *pure* water

5. Adjectives joined by **y** that modify the same noun follow the noun.

una lengua difícil y hermosa	*a difficult and beautiful language*

If two adjectives modify the same noun, the one bearing the closest relationship to it may precede the noun.

una excelente ópera italiana	*an excellent Italian opera*

6. **Santo** becomes **San** before a masculine name.

San Juan   *Saint John*
San Francisco   *Saint Francis*

Exception: **Santo** is not shortened before names beginning with **Do** or **To**.

Santo Domingo   *Saint Dominic*
Santo Tomás   *Saint Thomas*

7. **Ciento** becomes **cien** when it precedes a noun or a number larger than one hundred.

cien dólares   *one hundred dollars*
cien mil   *one hundred thousand*
BUT: ciento treinta y dos   *one hundred and thirty-two*

Compounds of **ciento** agree in gender and number with the noun modified.

Hay quinientas novelas en la biblioteca.   *There are five hundred novels in the library.*

EJERCICIOS

A. *Complete las frases con la forma apropiada.*

1. Nuestro amigo es muy (trabajador, trabajadora). 2. Ella es muy (hablador, habladora). 3. Sé que él es (inglés, inglesa). 4. Sé que ella es (alemán, alemana). 5. Quiero comprarte unos zapatos y unas medias (buenos, buenas). 6. ¿Por qué compraron (tantos, tantas) plumas y lápices? 7. Sabemos que volverán (algún, alguno) día. 8. Siéntate en el (tercer, tercero) asiento. 9. Ya ha escrito el (primer, primero) libro. 10. Éste es un (mal, malo) día. 11. No quiero hacerlo de (ningún, ninguna) manera. 12. Ella es una (buen, buena) muchacha y él es un (buen, bueno) muchacho. 13. Cervantes fue un (gran, grande) autor. 14. Emilia Pardo Bazán fue una (gran, grande) escritora también. 15. No voy a pagar más de (cien, ciento) dólares. 16. Hay mucho escrito acerca de (San, Santo) Juan y (San, Santo) Tomás.

B. *Escriba Ud. en español.*

1. That boy is not pessimistic; on the other hand he has not always been optimistic. 2. Why do you say that he is a hypocrite? 3. I know that she is idealistic. They say that he is idealistic also. 4. That girl is hard-working, but her brother is not hard-working. 5. She is Andalusian but he is not Andalusian. 6. We spent one hundred dollars. 7. They spent one hundred and twenty dollars. 8. This building cost one hundred thousand dollars.

Subjunctive vs. indicative in adjective clauses

The indicative mood is used in subordinate adjective clauses that modify definite antecedents. The subjunctive mood is used in adjective clauses that modify indefinite or negative antecedents.

1. Definite antecedent: indicative mood *WORD Phrase clause) Referred To by A PRONOMBRE*

      Elenita compró una revista que **es** interesante.

      Elenita bought a magazine that *is* interesting.

(The antecedent *magazine* is a definite item that Elenita bought.)

2. Indefinite antecedent: subjunctive mood

      Rosa busca una revista que **sea** interesante.

      Rose is looking for a magazine that *is* interesting.

(The antecedent *magazine* in this case represents a magazine that Rose is looking for; but it is not a definite, specific magazine that she has found.)

3. Negative antecedent: subjunctive mood

      Rosa no puede encontrar ninguna revista que **sea** interesante.

      Rose can't find any magazine that *is* interesting.

EJERCICIOS

A. *Dé Ud. la forma apropiada del infinitivo.*

MODELOS: (ser)   Tengo un libro que _es_ interesante.
                Tengo un libro que **es** interesante.

          (ser)   Busco un libro que _sea_ interesante.
                Busco un libro que **sea** interesante.

          (ser)   No tengo ningún libro que _sea_ interesante.
                No tengo ningún libro que **sea** interesante.

    1. (gustar)   Ella tiene un vestido que me _gusta_.   *gusté shoud take SUBJ.*
    2. (gustar)   Yo no tengo ningún sombrero que le _guste_ a ella.
    3. (conocer)   No hay nadie aquí que yo _conozca_
    4. (estar)   Ellos compraron una casa que _está_ cerca de la universidad.
    5. (costar)   Enrique busca unos zapatos que no _cuesten_ mucho.
    6. (hablar)   Él quiere una secretaria que _hable_ español.
    7. (saber)   No conocemos a ninguna persona que _sepa_ hacerlo.
    8. (poder)   Ella conoce a una persona que _pueda_ hacerlo.

9. (ir) Enrique buscaba a alguien que _fuera_ con él.
10. (ayudar) Ellos necesitan a alguien que los _ayuden_.
11. (gustar) Ella quería un vestido que le _gustara_ a su novio.
12. (conocer) No veo a nadie que yo _conozca_.
13. (conocer) Catalina ve a una chica que _conoce_.
14. (tener) Él busca una revista que _Tenga_ muchas fotografías.

B. *Conteste Ud. con oraciones completas.*

1. ¿Busca Ud. un libro que sea interesante? 2. ¿Ha hallado Ud. algún libro que le guste?

The subjunctive with superlatives

1. The subjunctive mood may be used after a relative pronoun (such as **que, quien**) that is preceded by a superlative word or a word of superlative value such as **último(-a)** and **único(-a).**

highest
Degree in comparison of adj.
most
only last

2. The use of the subjunctive in this way serves to lessen the force of the superlative and to suggest that the statement is merely an opinion.

Creo que ésa es **la mejor** película que ellos **hayan visto**.	I think that is *the best* movie that they *have seen*.
Él cree que ésta es la **última** vez que ella **pueda** venir.	He thinks that this is the *last* time that she *can* come.
Yo pienso que es el **único** premio que ellos **merezcan**.	I believe that it is the *only* prize that they *deserve*.

EJERCICIOS

your discretion
use subj. to show
no doubt.
Present - no doubt
hayan leído

A. *Dé Ud. la forma apropiada del infinitivo.*

MODELO: (haber escrito) Creo que es la peor novela que ella _____.
Creo que es la peor novela que ella **haya escrito**.

1. (haber leído) Creo que es la mejor novela que ellos _____ este semestre.
2. (poder) Parece que es la única cosa que ella _pueda_ hacer.
3. (haber visto) Dicen que es la peor película que ellos _hayan visto_.
4. (haber publicado) Se dice que es el mejor libro que ella _haya_ publicado.
5. (tener) Luis cree que Rosa es la única persona que _Tenga_ una solución buena.
6. (hacer) Creo que es el último viaje que ellas _hagan_ este año.

B. *Conteste Ud. con oraciones completas.*

1. ¿Cree Ud. que ésta es la única vez que los estudiantes hablen español? 2. ¿Cree Ud. que ésta es la última vez que los estudiantes hablen español?

C. *Conteste Ud.*

MODELO: Buscas un sombrero que le guste a su amigo?
   Yo tengo un sombrero que le gusta.

1. ¿Buscas una camisa que le guste a tu papá? 2. ¿Busca Ud. un cuadro que le guste a Raúl? 3. ¿Buscan Uds. una casa que les guste a sus padres? 4. ¿Busca Carmen unos zapatos que le gusten a su novio? 5. ¿Buscan ellos unas manzanas que les gusten a los hijos?

Por + adjective + *que*

1. When uncertainty is implied or intended, the subjunctive mood is used following the expression **por** + adjective + **que**.

   Por valientes que sean, no van a ganar.   *No matter how brave they may be,* they aren't going to win.

   Por evidente que sea, él no quiere creerlo.   *No matter how evident it may be,* he doesn't want to believe it.

2. When no uncertainty is implied or intended, the indicative mood is used following the expression **por** + adjective + **que**.

   Por evidente que fue, él no quiso creerlo.   *No matter how evident it was,* he refused to believe it.

EJERCICIOS

A. *Exprese Ud. en español.*

1. No matter how intelligent she may be, she will have to study a lot for the final exam. 2. No matter how certain it may be, he will not participate in the contest. 3. No matter how evident it was, I couldn't believe it.

B. *Conteste Ud. con oraciones completas.*

1. Por difícil que sea la lección, ¿puede Ud. comprenderla? 2. Por bello que sea el español, ¿quiere Ud. aprenderlo?

The subjunctive after indefinite expressions

1. The indefinite expressions **quienquiera** (singular), **quienesquiera** (plural), **cualquiera** (singular), and **cualesquiera** (plural) are followed by the subjunctive mood when uncertainty is implied.

> Debemos ayudarlo **quienquiera** que **sea**.   We ought to help him *whoever* he *may be*.
>
> Voy a dárselo **quienesquiera** que **sean**.   I am going to give it to them *whoever*
> they *may be*.

2. **Cualquiera** and its plural **cualesquiera** may drop the final **a** when preceding a noun but not otherwise.

> Le voy a dar a ella **cualquiera** que **escoja**.   I am going to give her *whichever one* she *chooses*.
>
> Le voy a dar a ella **cualquier** cuadro que **escoja**.   I am going to giver her *whichever* picture she *chooses*.
>
> Ellos te darán **cualesquiera** que **prefieras**.   They will give you *whichever ones* you prefer.
>
> Ellos te darán **cualesquier** cuadros que **prefieras**.   They will give you *whichever* pictures you *prefer*.

EJERCICIOS

A. *Dé Ud. la forma apropiada del infinitivo.*

MODELOS: (ser)   No los conozco quienesquiera que _____.
No los conozco quienesquiera que **sean**.

(comprar)   ¿Te va a gustar cualquiera que ella ~~compre~~?
¿Te va a gustar cualquiera que ella **compre**?

1. (ser)   Él dice que no la conoce a ella quienquiera que ~~sea~~.
2. (encontrar)   ¿Vas a comprar cualquiera que tú ~~encuentres~~?
3. (querer)   Yo le voy a vender cualquier libro que ella ~~quiera~~
4. (dar)   Ella va a estar contenta con cualquier regalo que Ud. le ~~dé~~.
5. (gustar)   ¿Me darás cualesquiera que me ~~guste~~?
6. (venir)   ¿Jugarán los niños con quienesquiera que ~~vengan~~?

B. *Conteste Ud. con oraciones completas.*
   1. ¿Hablará Ud. en español con cualquier persona que encuentre?   2. ¿Estudiará Ud. con quienquiera que se lo pida?

C. *Exprese Ud. en español.* 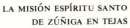 *Esta ella buscando un vestido*

1. Is she looking for a dress that her friends will like? Yes, but I think that she already has a dress that her friends like.   2. Did you see anyone in the library that you knew? No, there wasn't anyone there that I knew.   3. Does he want to help them whoever they are? Yes, he told me that he wanted to do it.   4. Will he give us whichever ones we prefer? Yes, he wants us to be satisfied.   5. Shall we buy these pencils? Yes, buy whichever pencils you need.   6. Will you vote for whomever I say? No, first tell me whom you are going to choose.   7. Did you see anyone at the dance that you had met before? Yes, there were many persons there that I knew.   8. Is that the best movie that you have seen? Yes, I liked it very much.   9. Can he lift the box? No matter how strong he may be, I don't think he can lift it.   10. Was it evident? Yes, but no matter how evident it was, they refused to believe it.

D. *Escriba Ud. una composición acerca de algo que Ud. busca para comprar.*

LA MISIÓN ESPÍRITU SANTO
DE ZÚÑIGA EN TEJAS

El día de San Juan

—San Juan llora—, dicen los indios de Oaxaca la víspera° del 24 de junio cuando empiezan las lluvias de verano en México. El Día de San Juan es la fiesta del baño, y no hay pueblo que no celebre este día. Llueve, pero no se desaniman los oaxaqueños.° A eso de la medianoche° salen de sus casas a hacer preparativos para la fiesta que tendrá lugar° en el río de la región.

°eve

°no . . . the people of Oaxaca don't become downhearted/A . . . Around midnight
°tendrá . . . will take place

Por la mañana aparecen todos los indios cargardos° de flores: rosas, claveles,° gardenias. Pero las indias traen solamente las preciosas flores blancas de San Juan. La leyenda nos dice que éstas florecen° a medianoche la víspera de la fiesta. Antes de salir hacia el río, las indias se cortan el pelo. Como son supersticiosas, creen que el pelo que se corta ese día crece más largo y bonito.

°loaded
°carnations

°bloom

A las orillas° del río se encuentran puestos° de todas clases donde se pueden comprar los ricos bocadillos° de la región y, también, las mulitas de San Juan que hacen en la villa de Yalálag. Son de hojas secas de maíz, rellenas° de dulces y caña de azúcar y adornadas con las perfumadas flores blancas de San Juan.

°A . . . On the banks/booths
°snacks

°maíz . . . corn, stuffed

Cada grupo que llega al río vacía su canasta° de flores en el agua, y, para las diez de la mañana, las aguas del río parecen estar cubiertas de mariposas° de todos los colores.

°basket

°butterflies

Todo el mundo se baña, nada, y se zambulle° en el agua, porque los indios creen que en este día las aguas están purificadas. Hasta° las imágenes de los Santos son llevados al agua, bañados con mucha reverencia y después vestidos con ropa limpia.

°se . . . dives

°Even

San Juan llora porque empiezan las lluvias, pero la gente no llora. Se divierte.

CUESTIONARIO

1. ¿Qué tiempo hace el Día de San Juan en Oaxaca? 2. ¿Quiénes celebran la fiesta del baño? 3. ¿A qué hora son más bonitas las flores blancas de San Juan? 4. ¿Qué creen las indias acerca del pelo? 5. ¿Qué hay para vender en los puestos? 6. ¿De qué se hacen las mulitas? 7. Después de vaciar las canastas ¿cómo están las aguas? 8. ¿Qué se cree acerca del agua el Día de San Juan? 9. ¿Qué les pasa a los Santos el Día de San Juan? 10. ¿Por qué se dice que San Juan llora?

LECCIÓN 10

Del misterioso lago Titicaca a las cumbres del Machu-Picchu

*César Pérez
de Tudela*

El lago Titicaca. El más alto de la Tierra.

En Puno—ciudad peruana a orillas del° Titicaca—hace sol. En su mercado indígena, lleno de colores y artículos de artesanía,° ponchos, chompas, fachalinas. . . .°

¡El lago más alto del mundo!

De niño vi una película y la imagen de un indio en su canoa cruzando este lago. Me pareció lo más remoto de la tierra. Incas, misterio, leyenda.

Parece un sueño encontrar el mar después de cruzar las más altas cordilleras y las inmensas altiplanicies.°

Los orígenes del lago Titicaca se pierden en la bruma° lejana de la leyenda. Fuente° de una de las más antiguas civilizaciones. Sus islas fueron sagradas. Las piedras de sus costas y sus riberas son misteriosas aun hoy día.

Sus primeros exploradores fueron los hombres de Pizarro. Pedro Martínez de Moguer descubrió un gran lago azul en medio del cual había una isla en donde se había erigido° un templo al diablo que reinaba en la región. . . .

a . . . *on the shores of*

artículos . . . *handicrafts/* chompas . . . *jerseys, sashes*

high plateaus
mist
Source

se . . . *had been erected*

140

EL LAGO TITICACA

El puerto de Puno

       Atardece° en el Titicaca. El lago va cambiando de color. Quisiera haber presenciado,° en una balsa de ≪totora≫,° la grandiosa tempestad de un mar mitológico a 4.000 metros. Haber visto el espectáculo remoto de las ≪mangas° de agua≫ y los rayos en equilibrio° iluminando este paisaje bíblico de las alturas.

       El puerto de Puno es un enjambre° de balsas. Los indios cargan provisiones y, en la noche negra y alta, vuelven a sus islas, escudriñando° en la oscuridad como centauros de un mundo mitológico.

It is getting late
Quisiera . . . *I would like to have witnessed*
balsa . . . *bulrush raft*

streaks/rayos . . . *the lightning in balance*

swarm

staring

En Puno nada recuerda la antigüedad majestuosa de Cuzco, ni el arcaísmo pintoresco de España. Puno es sólo el lago, de donde surgió° Manco-Capac como un dios, de unas aguas que no se hielan° nunca, a pesar de estar a 4.000 metros; de unas aguas en las que los indios pescan° en sus redes° restos fósiles de edades remotas o restos de animales mitológicos marinos.

    Hoy es fiesta de Puno. Todas las calles están abarrotadas° de danzarines° indígenas disfrazados° de diablos, con antifaces° o con cabezas de monstruos.

    Música y danzas constantes que se prolongan hasta bien entrada la noche.° Bailan sin cesar, desembocando° en las plazas y confundiéndose entre la muchedumbre.°

    La fiesta dura° una semana, en honor de la Candelaria.°

    Bailan más de noventa danzas distintas, con trajes diferentes. El más típico es el denominado° «Diablada», cuyo origen se pierde en el pasado. Se baila al son de un «huayno».° Los indios recurren° a la Virgen de la Candelaria para solicitar un milagro, ofreciéndole bailar hasta el agotamiento.°...

    En un tren, desde Puno, voy atravesando estas tierras altas, entre pueblos y cabañas de adobe con tejados de hierba.° Cielo azul. Verde y ocre de los páramos.° Inmensidad, altura, soledad del indio entre llamas y vicuñas. No hay límites. Restos dispersos y empobrecidos° de una civilización legendaria entre colosales montañas cubiertas de nubes y glaciares.

    Esta vez estoy contemplando las altas cimas desde la profundidad de los valles. El Salcantay, Vilcanota... Busco la vida al borde de estas montañas. Una forma de existir que ha sido configurada por las condiciones de estos picos: los Andes.

El Machu-Picchu

    He visto el Salcantay, con sus glaciares en equilibrio, desde las entrañas de la selva.°

    Me he contentado con mirarlo, sabiendo que esta vez no intentaré luchar hasta agotarme° por alcanzar su cima, que es, poco más o menos, como todas las altas cumbres.

surgió°	arose, came forth
hielan°	freeze
pescan°/redes°	catch/nets
abarrotadas°/danzarines°/disfrazados°	completely filled/dancers/disguised
antifaces°	masks
bien entrada la noche.°	bien... well into the night/pouring into
desembocando°	
confundiéndose	confundiéndose... mingling into
dura°	lasts
Candelaria.°	la... The Virgin
denominado°	called
«huayno».°/recurren°	native tune/appeal
agotamiento.°	exhaustion
hierba.°/páramos.°	cabañas... mud huts with grass roofs/high barren plains
empobrecidos°	impoverished
selva.°	las... the depths of the jungle
agotarme°	exhausting myself

EL MACHU-PICCHU

Hoy, mi objetivo es otra cima, que no entraña° aventura para mí; una cima en plena selva, vertical e inexpugnable.° La grandiosa aventura es de los incas. Aquellos pioneros que tuvieron la osadía° inaudita° de construir una ciudad en las cimas de la selva: el Machu-Picchu.

Durante cuatrocientos años, el Machu-Picchu no fue descubierto. Allá, en lo impenetrable de una montaña cubierta de una vegetación sin acceso, estaba oculta ≪la ciudad perdida de los incas≫.

Los conquistadores españoles, centauros legendarios, jamás pudieron hallarla. En 1911, un alpinista° llamado Hiram A. Bingham alcanzó por vez primera la cima nevada del Coropuna y la agreste° cima verde del Machu-Picchu.

Si Bingham tuvo que trepar° entre precipicios insondables° por los contrafuertes° del majestuoso cañón Urubamba, ¿cómo se explicá que por aquellos sectores, casi verticales, fuese posible llevar y colocar° esos bloques de piedra de manera tan perfecta?

involve

impregnable

daring/unheard-of

mountain climber

rough
climb
unfathomable/ridges

to place

Lección 10   143

¿Qué fue en realidad?

El Machu-Picchu es casi lo simbólico de la creación humana. A 3,000 metros, en unos parajes° bellísimos de clima paradisíaco, los incas construyeron una ciudad secreta. Suntuosos edificios de granito claro, escalinatas,° plazas, tumbas. . . .

¿Fue fortaleza, ciudad sagrada, templo o residencia de los incas?

¿Es el Machu-Picchu, Vilcabamba la Vieja, aquella ciudad de la que hablan las viejas crónicas° como encierro° de Tupac Amaru, el último de los incas?

Machu-Picchu fue refugio de las codiciadas° vírgenes del Sol. Al ser descubierto, aparecieron 109 restos de mujeres que, por la simetría de sus huesos, hacen presumir que fueran doncellas° escogidas entre las más bellas.

Pocos son los restos de los hombres, y cabe pensar que fueron guardianes o sacerdotes. Nunca podrá saberse por qué las muertas son, en su mayoría, mujeres no ancianas, cuando lo natural sería lo contrario.

Fray Gaspar de Carbajal, en su historia de la expedición que descubrió el Amazonas, dice que le llegó la noticia de ≪la existencia de una provincia de mujeres, montaña adentro,° que viven en edificios de piedra y se visten de lana fina, a usanza de las cuzqueñas≫.°

Tumba de un imperio

Los Andes son la civilización de los incas. El Machu-Picchu es la culminación de la obra de los descendientes del Sol, que elevaron al indio a las enormes alturas de los Andes.

Machu-Picchu es la tumba de aquel Imperio colosal que no puede por menos causarnos, hoy, admiración e interés.

En el lago Titicaca surgieron Manco Cápac y Mama Ocllo, hijos del Sol. Así comenzó el Imperio de los Andes. Garcilaso relata así la leyenda:

≪El Sol, padre de los incas, viendo que los hombres vivían como bestias, se apiadó° y envió a un hijo y una hija para que adoctrinasen° a estas gentes y para darles preceptos y leyes≫.

Su Imperio alcanzó prácticamente toda la cordillera andina,° desde Colombia hasta el Sur de Valparaíso, en Chile.

spots

grand stairways

chronicles/retreat

coveted

maidens

montaña . . . *within the mountain country*
a . . . *like the women of Cuzco*

se . . . *had pity*
to teach

Andean

Machu-Picchu está rodeado de° los mayores picos de los Andes: el Salcantay, de 6.270 metros; el Soray, de 6.400; el Sacsaray, de 5.400, y el Verónica, de 5.800. Ubicado° en una región actualmente° casi inexplorada, puede todavía ofrecer más sorpresas al geógrafo° y, sobre todo, al arqueólogo.°

En el Machu-Picchu, la montaña desempeña° un papel principal. La montaña vecina al cielo como dominio de la sacralidad,° como símbolo espacial de lo trascendente: alto, vertical, supremo. Ascender a una montaña es elevar el espíritu, es acercarse a la divinidad para emprender una tarea.

rodeado . . . *surrounded by*

Located
currently
geographer
archeologist

fulfills

sacredness

Reproducido de *La Actualidad Española*, Madrid, 1972.

CUESTIONARIO

1. ¿Cómo es el mercado de Puno?   2. ¿Quiénes fueron los primeros exploradores del lago Titicaca?   3. ¿Cómo es el puerto de Puno?   4. ¿Cómo es Puno durante la fiesta en honor de la Candelaria?   5. ¿Por qué se llama Machu-Picchu la ciudad perdida de los incas?   6. En su opinión, ¿qué fue en realidad Machu-Picchu? ¿Por qué?   7. ¿Por qué se dice que Machu-Picchu es una tumba de imperio?   8. ¿Cuál fue la extensión del imperio inca?   9. ¿Por qué ofrece sorpresas la región de Machu-Picchu?   10. ¿Cuál es el papel principal de Machu-Picchu?

Gramática

Formation of adverbs

Adverbs are formed:

1. by adding the suffix **-mente** to the feminine form of the corresponding adjective.

rápida	**rápidamente**
clara	**claramente**
general	**generalmente**

   NOTE: Only the final adverbs in a series will have the suffix **-mente**.

Tengo unos estudiantes que siempre escriben **correcta y cuidadosamente.**	I have some students who always write *correctly and carefully.*

2. by means of an adjective following the expression **de una manera** or **de un modo**.

de un modo agradable	*agreeably*
de una manera bondadosa	*kindly*

3. by means of the expression **a la** followed by an adjective of time or nationality.

Ella baila **a la** antigua.	She dances in the old-fashioned way.
Él cantaba **a la** italiana.	He sang in the Italian style.

4. by means of a preposition in combination with a word or phrase.

a ciegas *blindly*	de vez en cuando *from time to time*
al revés *wrong side out,* *upside down, backwards (order)*	en broma *jokingly*
a solas *alone*	en consecuencia, por consiguiente *consequently*
con ansia *anxiously*	en voz alta *aloud*
con entusiasmo *enthusiastically*	hacia arriba *upward*
con frecuencia *frequently*	hacia atrás *backwards*
de buena gana *willingly*	por cierto *certainly*
del mala gana *unwillingly*	por fin, al fin, en fin *finally*
de nueva *again*	por lo general *generally*
de repente *suddenly*	

Position of adverbs

1. When modifying an adjective or another adverb, the adverb precedes the word it modifies.

   sumamente bonita
   demasiado despacio

2. When modifying a verb, the adverb is placed as near the verb as possible.

   a. Adverbs that describe the way something is done or said generally follow the verb.

      Ella canta **divinamente**.   *She sings divinely.*

   b. Adverbs of time or place can either precede or follow the verb.

      Aquí se habla español.   *Spanish is spoken here.*   **Todavía** no ha ido.   *He hasn't gone yet.*
      Se habla español **aquí**.   No ha ido **todavía**.

3. In negative sentences, the negative adverb precedes the verb.

   Ellos **no** saben.   *They don't know.*
   María **nunca** viaja.   *Mary never travels.*

   NOTE: a. In a negative sentence, **nunca** or **jamás** may come after the verb if **no** precedes
   it.

      María **no** viaja **nunca**.   *Mary never travels.*

   NOTE: b. **Jamás** may be used in affirmative sentences to translate *ever*.

      ¿Has estado **jamás** en Roma?   *Have you ever been in Rome?*

Classification of adverbs I

Adverbs modify a verb, an adjective, or another adverb to refer to:

1. Location

abajo, debajo *under, beneath*	cerca *near, nearby*
adentro, dentro *inside*	delante, enfrente *in front*
afuera, fuera *outside*	detrás *behind*
allí, allá, ahí *there*	en (por) todas partes *everywhere*
alrededor *around*	más allá *beyond*
aquí *here*	lejos *far*
arriba *above*	

   a. **Ahí** is used to refer to something nearby.

      Ponga Ud. el sombrero **ahí**.   Put the hat *right there*.

   b. **Aquí, allí** usually refer to a specific location. ·

      Aquí tiene su cambio.·   *Here* is your change.·
      Nunca he estado **allí**. ·   I have never been *there*.·

   c. **Acá, allá** refer to a more vague location. They are often used with action verbs.

      El camión viene **acá**.   The truck is coming *here*
                                               (*in this direction*).

      Vaya Ud. **allá**.   Go *over there*.

2. Time, frequency or order

ahora *now*
a menudo *often*
anoche *last night*
antes *before*
anteanoche *the night before last*
anteayer *the day before yesterday*
ayer *yesterday*
de noche *by night, at night*
después *after, afterwards*
en seguida *at once*
entonces *then*
entretanto *meanwhile*
hoy *today*
jamás *never, ever*

nunca *never*
mañana *tomorrow*
pasado mañana *the day after tomorrow*
primeramente *first, in the first place*
pronto *soon*
raras veces *rarely*
siempre *always*
sucesivamente *successively*
tarde *late*
temprano *early*
todavía *early*
últimamente *lately*
ya *already*

a. **Todavía** used affirmatively means *still*; used negatively, it means *yet*.

Ella **todavía** canta.
Todavía no ha cantado él.

She is *still* singing.
He has *not* sung *yet*.

b. **Ya** has several translations:

Ya ha salido ella.
Ya lo creo.
Ya voy.
Ya no estudiamos el francés.

She has *already* left.
Yes, indeed. (I think so.)
I'm coming (*now*).
We *no longer* study French.

3. Description

aprisa *quickly*
así *so, thus, like that*
bien *well*
despacio *slowly*
mal *badly, poorly, wrong*

4. Quantity or degree

algo *somewhat*
apenas *hardly, scarcely*
bastante *quite a bit*
casi *almost*
cuán, qué *how*
cuanto *how much*
demasiado *too much*
más *more*

menos *less*
mucho *a lot*
muy *very*
nada *not at all*
poco *a little*
tan *so, as*
tanto *so much*
tanto como *as much as*

Muy is not used:

   a. to modify **mucho. Mucho** or **muchísimo** are used in this case.

      Él la adula **mucho (muchísimo).**   He flatters her *very much*.

   b. when there is no adjective.

      ¿Es bonita ella? Sí, **mucho.**   Is she pretty? Yes, *very*.
      ¿Es bonita ella? Sí, **muy bonita.**   Is she pretty? Yes, *very pretty*.

EJERCICIOS

A. *Cambie Ud. los adjetivos siguientes a adverbios terminando en* **-mente**.

   1. desgraciada *mente*   2. reciente *mente*   3. grave *mente*
   4. atenta *mente*   5. general *mente*   6. correcto *mente*
   7. rara *mente*   8. vigoroso *ment*   9. probable *mente*
  10. preciso *mente*   11. rápida *mente*   12. ligero
  13. actual *mente*   14. adorable *mente*   15. igual
  16. callado *mente*   17. doloroso *mente*   18. afortunado

B. *Sustituya un sinónimo apropiado por el adverbio indicado.*

MODELO: Nosotros íbamos allí *frecuentemente*.
          Nosotros íbamos allí **con frecuencia**.

1. Ellos pueden hacerlo *fácilmente*. 2. Yo quería ir *especialmente* [*en especial*] para ver esa película. 3. Ojalá que trabajen *pacientemente* [*con paciencia*]. 4. No hicieron muchos errores porque trabajaron *cuidadosamente* [*con atención*]. 5. Tu amigo está escuchando *atentamente*. 6. Me dijo que iba a partir *inmediatamente* [*de inmediato*]. 7. El viejo andaba *despacio*. 8. Ellos vienen *apresuradamente*. 9. *Repentinamente* se nos cayó el agua. 10. *Generalmente* llegan temprano.

C. *Exprese Ud. en español.*

1. The day before yesterday, I saw a boy nearby. [*Anteayer* ... *acerca*] 2. He stayed outside. 3. He is already there. 4. He always worked diligently. 5. You did it wrong. 6. I intend to speak slowly. 7. Please wait patiently. 8. Do it carefully. 9. It is necessary that you listen attentively. 10. The teacher spoke precisely. 11. The car was going rapidly along the road. 12. In the first place, we want to say this. 13. They came out afterwards. 14. That was somewhat difficult. 15. The room was almost full. 16. The sentence was not clear at all. 17. Why do you write so much? 18. She has scarcely begun. 19. Why are you walking so quickly? 20. He did it very well.

Classification of adverbs II

1. Affirmative adverbs

claro *of course*
de veras, verdaderamente *truly, really*
en efecto *right, in effect*
por cierto *actually, as a matter of fact*
por supuesto *of course*

seguramente *surely, certainly*
sí *yes; "does," "did"*
sin duda *without a doubt*
también *also*

Ella **sí** hizo la tarea.
Juan la quiere **de veras.**

She *did* do the homework.
John *truly* loves her.

2. Negative adverbs

en mi vida *never in my life*
jamás *never*
nada *nothing, not at all*
ni siquiera *not even*

ni . . . ni *neither . . . nor*
no *no; "don't," "doesn't," "didn't"*
nunca *never*
tampoco *neither, not . . . either*

Ella **no** quiere **ni** azúcar **ni** crema.

She *doesn't* want *either* sugar *or* cream
   (She wants *neither* sugar *nor* cream.)

A María no le importa lo que dice él.
  Ni a mí **tampoco.**
Ellos no van al teatro. **Ni** yo **tampoco**.

It doesn't matter to Mary what he says.
  Not to me *either*.
They are not going to the theater.
  I'm *not either*.

No me gusta **nada** esta idea.

I don't like this idea *at all*.

3. Dubitative adverbs

acaso *perhaps*
tal vez *perhaps*
quizá, quizás *perhaps*

posiblemente *possibly*
probablemente *probably*
si *if*

Probablemente lo terminaremos
  para mañana.

We'll *probably* finish it by
  tomorrow.

4. Relative adverbs

cuando *when*
donde *where*
adonde *where*

de donde *from where*
en donde *where*
por donde *around where*

Esta es la hora **cuando** generalmente me
  acuesto.
¿Es ésta la casa **en donde** vivía Ann
  Hathaway?
Ésta es la calle **por donde** se va al
  mercado.

This is the hour *when* I usually go to bed.

Is this the house *where* Ann Hathaway used
  to live?
This is the street *that one takes* to go to
  the market.

5. Interrogative adverbs

¿cómo? *how? what?*
¿cuánto? *how much? how long?*
¿cuándo? *when?*
¿dónde? *where?*

¿adónde? *where?*
¿de dónde? *from where?*
¿en dónde? *where?*
¿por dónde? *around where?*

¿Cómo? has several meanings:

¿Cómo está Ud.?
¿A cómo se venden los huevos?
¿Cómo se llama Ud.?
¿Cómo es él?

How are you?
What is the price of eggs?
What is your name?
What is he like?

EJERCICIO

Exprese Ud. en español.

1. What is that boy's name? 2. What is the professor like? 3. Where are you going? 4. Where is he coming from? 5. Where is Marta? 6. He was reading when they entered the room. 7. How much did they pay you? 8. They want neither help nor pity. 9. She is not at all happy and we aren't either. 10. Perhaps they are not even at home.

[handwritten: estaba leyendo cuando cuando / cuantó]

[handwritten: NO Quieren ni Ayuda ni piedad.   10 must come before the verb]

Adverbial clauses

There are many types of adverbial clauses: time, concession, purpose, supposition, proviso, restriction, and condition. In this lesson you will study time clauses and concession clauses. You will study other types in succeeding lessons.

Time clauses

1. The subjunctive mood is used in adverbial time clauses when the future is implied (the action has not yet taken place at the time the statement is made). Otherwise, the indicative mood is used (the action is taking place or has taken place at the time the statement is made). The following examples contrast this usage.

Se lo daré a él cuando **llegue**.
Se lo di a él cuando **llegó**.

I will give it to him when he *arrives*.
I gave it to him when he *arrived*.

Él hablará con ella después de que **termine** los ejercicios.
Él habló con ella después de que **terminó** los ejercicios.

He will speak to her after she *finishes* the exercises.
He spoke with her after she *finished* the exercises.

Lección 10

151

Ellos estudiarán mientras que ustedes **jueguen.**	They will study while you *play*.
Ellos estudiaron mientras que ustedes **jugaron**.	They studied while you *played*.
Jorge esperará hasta que Luis **vuelva.**	George will wait until Louis *returns*.
Jorge esperó hasta que Luis **volvió.**	George waited until Louis *returned*.
Hágalo Ud. tan pronto como **pueda.**	Do it as soon as you *can*.
Ella lo hizo tan pronto como **pudo.**	She did it as soon as she *could*.
Ellas estarán listas para cuando Rosa e Inés **vuelvan.**	They will be ready by the time that Rose and Inez *return*.
Ellas estaban listas para cuando Rosa e Inés **volvieron.**	They were ready by the time that Rose and Inez *returned*.

2. A clause introduced by **antes de que** has its verb in the subjunctive mood in all cases.

Ella quiere descansar un rato antes de que sus amigos **vengan** a visitar.	She wants to rest a while before her friends *come* to visit.
Ella quería descansar un rato antes de que sus amigas **vinieran** a visitar.	She wanted to rest a while before her friends *came* to visit.

EJERCICIOS

A. *Dé Ud. la forma apropiada del infinitivo.*

MODELOS: (poder)   Venga Ud. a verme cuando _pued_.
Venga Ud. a verme cuando **pueda.**

(poder)   Él vino a verme cuando _pudo_.
Él vino a verme cuando **pudo.**

1. (acabar)   Yo volveré después de que _ACABE_ este trabajo.
2. (venir)   Vamos a esperar aquí hasta que Miguel _venga_.
3. (cantar)   Yo hablé con ella después de que ella _cantó_.
4. (ir)   Él te acompañará cuando tú _vayas_ al baile.
5. (bailar)   Nosotros estábamos platicando mientras que ellos _bailaban_.
6. (salir)   Queríamos hablar contigo antes de que tú _salieras_.
7. (poder)   Ella volvió tan pronto como _pudo_.
8. (escribir)   Él volverá para cuando usted _escriba_ la carta.
9. (traer)   Pablo esperó hasta que Ramón _trajo_ los refrescos.
10. (irse)   Pienso hablar con ellas antes de que ellas _se vayan_.

B. *Conteste Ud. con oraciones completas.*

1. ¿Irá Ud. al cine con algún amigo después de que ustedes salgan de la clase?   2. ¿Va a hablar español cuando Ud. encuentre a una amiga?   3. ¿Van a estudiar la lección los estudiantes antes de que vuelvan a la próxima clase?   4. ¿Va a practicar el español hasta que Ud. lo pueda leer muy bien?

C. *Conteste Ud.*

MODELO: ¿Se lo vas a dar?
     Se lo daré cuando pueda.

(sí, selo prestaré cuando quierá)

1. ¿Se lo vas a mandar? 2. ¿Se lo va a prestar Ud.? 3. ¿Se lo van a vender Uds.? 4. ¿Se lo va a pagar Pepe? 5. ¿Me lo vas a dar? 6. ¿Te lo va a mandar ella? 7. ¿Se lo van a entregar Uds.? 8. ¿Se lo vas a decir? 9. ¿Se lo va a pedir Ud.? 10. ¿Nos lo vas a enviar? *Se lo enviam*

Concession clauses

The subjunctive mood is used in concession clauses to indicate doubt or indefiniteness (the action has not yet taken place nor is it certain that it will). The indicative mood is used to indicate certainty (the action has taken place or is considered certain to take place). The following sentences contrast this usage.

Aunque él **venga**, no puedo estudiar con él.	Although he *may come*, I cannot study with him.
Aunque él **vino**, no pude estudiar con él.	Although he *came*, I could not study with him.
Aun cuando ella se lo **dé**, él no lo quiere.	Even though (even if) she *gives* it to him, he doesn't want it.
Aun cuando ella se lo **dio**, él no lo quería.	Even though she *gave* it to him, he didn't want it.
A pesar de que ella **no cante**, ella quiere hacerlo.	In spite of the fact that she *may not sing,* she wants to do it.
A pesar de que ella **no cantó**, ella quería hacerlo.	In spite of the fact that she *did not sing,* she wanted to do it.

EJERCICIOS

A. *Dé Ud. la forma apropiada del infinitivo.*

MODELOS: (ir) Aunque ella _____, no puedo ir con ella.
     Aunque ella **vaya**, no puedo ir con ella.

     (ir) Aunque ella _____, no pude ir con ella.
     Aunque ella **fue**, no pude ir con ella.

1. (volver) Aunque ellos _vuelvan_, no volveré con ellos.
2. (traer) A pesar de que ellas no lo _traigan_ Rosa no estará enojada.
3. (hacer) Aun cuando José lo _hizo_, nadie lo regañó.
4. (trabajar) Aunque Carolina _trabajo_ mucho, no acabó la tarea.
5. (leer) A pesar de que Antonio _leyó_ mucho, no leyó toda la novela.

6. (dar)   Aun cuando ellos se lo _den_ a él, no le va a gustar.
7. (acompañar)   Aunque tú la _acompañes_, no estará contenta.
8. (ir)   Aunque nosotros _fuimos_, no lo vimos en la fiesta.
9. (escribir)   Aun cuando Ud. se la _escribe_ a él, no va a contestar.
10. (ayudar)   A pesar de que ella no me _ayudó_, me dijo que lo haría.

B. *Conteste Ud. con oraciones completas.*

1. Aunque Ud. estudie mucho, ¿cree que aprenderá el español?   2. Aun cuando Ud. escriba los ejercicios, ¿cree que los comprenderá bien?

C. *Conteste Ud.*

MODELO: Si va él, ¿irá Ud.?
   Aunque él vaya, no iré.

1. Si ella vuelve, ¿volverá Ud.?   2. Si Miguel canta, ¿cantarás tú?   3. Si ellas bailan, ¿bailarán Uds.?   4. Si Juana come, ¿comerán Uds.?   5. Si Tomás lee, ¿leerá Luis?   6. Si yo estudio, ¿estudiará Luis?   7. Si cantamos, ¿cantarán Uds.?   8. Si ella espera, ¿esperarás tú?   9. Si Benito lo hace, ¿lo hará Ud.?   10. Si ellos entran, ¿entrará Pablo?

Por + **adverb** + *que*

1. The subjunctive mood is used following the expression **por** + adverb + **que** when uncertainty is implied or intended.

Por mucho que ella **hable**, no puede convencernos.	*No matter how much* she *may talk,* she can't convince us.

2. The expression **por** + adverb + **que** is followed by the indicative mood when no uncertainty is implied.

Por mucho que él **pensaba**, no podía recordar el número.	*No matter how much* he *thought,* he wasn't able to remember the number.

EJERCICIOS

A. *Exprese Ud. empleando* **por** + adverbio + **que**.

1. No matter how much they give her, she will not be satisfied.   2. No matter how much you study, this will be difficult.

LOS ANDES

B. *Exprese Ud. en español.*

1. Come with me to the library. 2. After I have eaten, I will go with you. 3. That is fine because I want you to study with me. 4. I hope that our friends will be there also. 5. It would be nice to chat with them. 6. However, it is possible that we won't study very much after they arrive. 7. It is necessary for us to study for the exam on Friday. 8. No matter how much we study, the exam will be difficult. 9. I don't think it will be difficult. 10. Don't say that before you have seen the exam. 11. All right, but let's go study as soon as we can. 12. Even though we study, I am not sure we will be successful on the exam. 13. Don't be a pessimist. Of course we will be successful. 14. I hope so.

C. *Escriba Ud. una composición acerca de lo que Ud. piensa hacer cuando termine sus estudios.*

Manco Cápac y Mama Ocllo Huaco

El centro principal del imperio Inca estaba cerca del lago Titicaca. Este lago se encuentra entre las dos repúblicas sudamericanas de Bolivia y del Perú. Hay una leyenda indígena que nos cuenta cómo se estableció° el imperio de los incas muchos años antes de que los españoles los conquistaran.

Un día, el Sol, que era venerado por los indios de la región, envió a su hijo Manco Cápac y a su hija Mama Ocllo Huaco al lago Titicaca. Entre los incas se creía que el matrimonio° perfecto era el matrimonio entre hermanos.° Por eso, el Sol mandó a sus hijos para que establecieran en el Perú el imperio más poderoso del mundo.

Los dos jóvenes tenían que caminar sin cesar° hasta que llegaran al lugar que los dioses habían escogido para establecer su imperio. El Sol les había dado a sus hijos una pequeña varita° de oro. Ellos conocerían el lugar de su futuro reino en el momento en que la varita se hundiese° en la tierra por donde anduvieran.° Caminaron por muchos días, y la varita no dio ninguna señal. Por fin, ya cansados y un poco desconsolados, llegaron a un cerro cerca de la actual ciudad° de Cuzco. Tan pronto como pisaron° la tierra allí, la varita se les escapó de las manos y desapareció hundiéndose por completo.

Los indios de aquella región se asombraron° al ver llegar a los dos hermanos tan elegantemente vestidos y adornados con joyas y plumas. Y, como los indios esperaban una visita celestial, estaban seguros que Manco Cápac y Mama Ocllo Huaco eran los dioses que les habían sido prometidos.

se . . . was established

WORSHIPED

marriage/brother and sister

sin . . . without stopping

rod

se . . . would bury itself

por . . . where they were walking

actual . . . present city

Tan . . . As soon as they set foot on

se . . . were amazed

Desde ese momento los veneraron y los obedecieron como reyes.

Los dos jóvenes esposos enseñaron a los indios a cultivar sus tierras, a criar° animales, a hilar° y a tejer° y, sobre todo, a vivir en casas. Los indios agradecidos° construyeron un suntuoso palacio para sus primeros reyes, palacio del que hoy sólo quedan ruinas en la ciudad de Cuzco.

raise/spin/weave

grateful

Los indígenas del Perú vivieron felices aunque su sistema de vida era rigoroso. Después de muchos años, los monarcas, que ya eran viejos, hicieron un viaje al lago Titicaca. Allí en la ribera° subieron a una balsa y salieron al centro del lago, donde desaparecieron para siempre.° Pero hoy vemos en el centro del lago dos islas, una del Sol y otra de la Luna. No hay indio que no nos cuente que estas dos islas son sus dioses, Manco Cápac y Mama Ocllo Huaco. Allí en el centro del lago los reyes vigilan a sus vasallos° desde su imperio eterno.

shore

para . . . forever

vassals, subjects

CUESTIONARIO

1. ¿Tiene la leyenda su origen con los españoles o con los indios?   2. ¿Quiénes fueron mandados al lago por el Sol?   3. ¿Cuál era el matrimonio preferido de los indios?   4. ¿Qué propósito tenían los hijos del Sol en ir al Perú?   5. ¿Quiénes escogieron el sitio para el imperio?   6. ¿Para qué servía la varita de oro?   7. ¿Qué le pasó a la varita cuando se les escapó a los hijos?   8. ¿Cuál fue el efecto de la llegada de los hijos del Sol?   9. ¿Por qué obedecieron los indios a los hijos del Sol?   10. Según los indios, ¿dónde están hoy Manco Cápac y Mama Ocllo Huaco?

LECCIÓN 11
El taco a través de los siglos

Melchor Valencia

En un principio fue la tortilla. Ya redonda° aunque frágil todavía, la cocían los indígenas en sus comales° primitivos
milenios antes de la conquista de México. En determinado
momento° añadieron cal° en proporción del 3% a la masa de
maíz° molido para formar el nixtamal,° y con esto la tortilla se
hizo más moldeable° y consistente para resistir su larga
trayectoria° histórica. Como consecuencia siguió un acon-
tecimiento° tan importante para los mexicanos como la invención de la rueda:° el nacimiento del taco.

       Suponen los eruditos que los indios usaban desde muy
antiguo° la tortilla a manera de plato y de cuchara.° Cierto día
alguien colocó° en la palma de su mano izquierda una tortilla
aún humeante,° la salpicó° con granos de sal, hojas de
papaloquelite° o rebanaditas de nopal,° la enrolló° . . . y el
taco fue.

       Ahora se enarbola° el taco como un glorioso elemento
gastronómico que ayudó a definir nuestra nacionalidad a
través de múltiples peripecias.°

Conquistadores, conquistados

En cuanto° saborearon los primeros tacos, nuestros an-
tepasados° los adoptaron como alimento favorito. El sibarita°
Moctezuma II entornaba° los ojos y se relamía paladeando°

round

flat clay dishes

En . . . *At a certain
moment*/añadieron . . . *they
added lime*
masa . . . *corn dough/
tortilla batter*
malleable
trajectory

event

wheel

desde . . . *since
ancient times*/a . . . *as a
plate and spoon*
placed

steaming/sprinkled

pigweed/rebanaditas . . .
*slices of cactus/
la . . . rolled it*
se . . . *is raised up*

crises, ups and downs

En . . . *As soon as*

ancestors/pleasure-seeker

closed/se . . . *licked his
lips relishing*

158

tacos. Veinte hábiles tortilleras° estaban al tanto de que no le faltaran al monarca tortillas recién hechas.°

     El taco conquistó a los conquistadores cuando el trigo° era caro y escaso en México. El primer mesón°-restaurante de nuestro país, fundado en 1525 por Pedro Hernández Paniagua, incluía tacos en su menú. Mas con el tiempo la rígida estratificación social de la Colonia se reflejó en la selección de alimentos: los aristócratas rechazaban° el taco y contemplaban con desdén a quienes engullían° nacatamales,° huaraches de Cuauhtémoc,° peneques° y otras delicias° derivadas del maíz.

tortilla-makers
recién . . . freshly-made

wheat
inn

rejected
devoured/cornmeal in banana leaves
thick tortillas with bean sauce/corn turnovers with bean or meat filling/delicacies

A finales del virreinato° el taco se enriqueció con la creación de diversos platillos de la cocina criolla,° como el mole y los chiles en nogada.° Las cocinas de los conventos, alegradas con azulejos° y olorosas a especias,° los grandes braseros de loza roja° y los negros anafres,° fueron la fortaleza donde el taco esperó el estallido° de la guerra de independencia.

era of the viceroys

native to the New World
chiles . . . stuffed peppers with meat sauce
tiles/a . . . with spices
braseros . . . hearths of red ceramic/ovens
outbreak

Curiosamente, cuando los nacionales empezaron a gobernar al país, una extraña nostalgia les hizo añorar° a las ≪civilizaciones nacidas del trigo≫ al tiempo que ponían mala cara al° taco y a la tortilla. El presidente Anastasio Bustamante trató sin éxito° de imponer al mexicano el consumo de trigo. En cambio, algunos extranjeros, como la marquesa Calderón de la Barca, no sólo demostraron su predilección° por el taco sino que frecuentemente lo rociaban° con tragos° de pulque.

long for

ponían . . . looked askance at
success

preference
washed down (lit., sprinkled)/drinks

En seguida° la pugna° entre liberales y conservadores se reflejó° en el taco. Mientras el conservador Lucas Alamán teorizaba en favor del trigo, el liberal Guillermo Prieto alababa° el taco y la comida nacional. Por supuesto los plebeyos° tacos no tuvieron cabida° en la corte de Maximiliano y Carlota; al contrario, fueron borrados° junto con otros platillos nacionales de las páginas de *El cocinero mexicano,* recetario° que se publicaba desde 1831. Pero los secretos de su preparación volvieron a incluirse en la edición de 1872, que apareció con el nombre de *El nuevo cocinero mexicano.*

En . . . Immediately/struggle
se . . . was reflected

extolled
plebeian/no . . . were not acceptable
erased

recipe-book

Ataques y contraataques

Los porfiristas° fueron enemigos del taco (en público, por lo menos) y el recetario de la época, *El libro de cocina,* apenas reseñaba° unos cuantos platillos mexicanos.

supporters of Porfirio Díaz

described briefly

Había invadido a México la cocina francesa, excelente pero incapaz de llenar en los estómagos el hueco° ancestral que sólo el taco podía ocupar. En una nota sin firma publicada en *El Imparcial* en 1899, los porfiristas afirmaban que el consumo del taco se explicaba en virtud de la pereza,° la suciedad° y el atraso° del país, y aseguraban que el progreso vendría cuando las familias mexicanas iniciaran la jornada° comiendo *croissants.*° ≪En una sociedad bien organizada—

hollow

laziness
dirtiness/backwardness
day's work
French crescent rolls

concluían—la consumición del taco y su *ad latere*° la tortilla debe ser rigurosamente sancionada.°≫

      La Revolución contraatacó y extendió a todo el país el consumo de diferentes tacos regionales. El de carnitas,° cuya paternidad se disputaban Jalisco y Michoacán, llegó a la capital junto con las variedades de Sonora, elaborados con tortilla de harina° y llamados ≪burritos≫,° y otros de Yucatán, los de ≪cochinita pibil°≫. Pero los odia-tacos° no habían desaparecido del todo: el filósofo José Vasconcelos tronó° contra ese ≪alimento bárbaro≫ al ver que se consagraba en la ciudad de México. . . .

Variedad increíble

      La variedad de tacos que existen en México es increíble. Sólo en la capital se consumen más de 150 clases diferentes. El mexicano los come a toda hora, aunque arbitrariamente se pretende instaurar° ≪la hora del taco≫ entre las 11 y las 12 del día.

      No se usa para comerlos ni cuchillo ni tenedor porque, dicen los conocedores,° ≪así los tacos pierden su sabor≫. Tratando de no mancharse° la mano y los zapatos, se lleva a la boca levantando ligeramente el extremo posterior del taco con los dedos, para que no se chorree.°

      El fanatismo por el taco está arraigado° muy hondo en la conciencia del mexicano. Si lo suprimiera de su dieta experimentaría graves trastornos:° tal vez se convertiría en un ser saludable.° Hoy el taco ya no es bandera de liberales ni blanco° de ataques reaccionarios, pero lo combaten las opiniones de los nutriólogos,° a pesar de que últimamente se han popularizado los tacos de carnes al carbón° y al pastor,° muy ricos en proteínas.

      En las nuevas taquerías ≪existencialistas≫ de la ciudad de México, amuebladas° con equipajes, sarapes de Saltillo y cuadros° de la escuela mexicana, se pretende subsanar° el principal defecto del taco sirviéndolo por primera vez con tanta carne—carne asada° tipo ≪vampiro≫°—como masa de maíz. Pero son muchos los partidarios° del taco antiguo, para quienes nada reemplaza el sabor de los de ≪pescuezo de carbonero≫° o ≪chaqueta de cochino≫° rociados con salsa ≪jardín≫° y suficiente ≪pólvora≫ (sal).

	ad . . . adjunct
	prohibited
	pork
	flour/"little donkeys"
	pork/taco-haters
	railed
	se . . . they are attempting to institute
	connoisseurs
	no . . . not soil
	para . . . so it should not drip
	rooted
	disturbances
	ser . . . healthy creature
	target
	nutritionists
	al . . . over charcoal/al . . . shepherd-style
	furnished
	paintings/remedy
	grilled/very rare
	partisans
	charcoal seller's neck/chaqueta . . . pork skirt steak
	garden

Futuro incierto

En el sur de Estados Unidos funcionan grandes fac-
torías que elaboran tacos en serie y los enlatan.° En Chicago y   *can*
Nueva York hay muchas taquerías. Pero los consumidores
son principalmente mexicanos que residen en el vecino° país,   *neighboring*
así que no puede afirmarse que el taco haya conquistado a los
norteamericanos.

En Francia sirven tacos en los dos restaurantes
mexicanos que hay en París, pero los franceses no se han
aficionado a ellos en gran escala.° En Guatemala se abrió en   *en . . . on a grand scale*
1962 la primera taquería de carnitas, mas quienes han probado
los tacos guatemaltecos aseguran que son horribles. En el
resto de Hispanoamérica es difícil que el taco se imponga,
pues las clases dominantes siguen los dictados de Europa y
ven con recelo° los productos del maíz. En suma, inter-   *mistrust*
nacionalmente el taco sólo ha obtenido mediocres victorias
que palidecen° ante las conquistas espectaculares de su acé-   *pale*
rrimo enemigo,° el *hot dog.*   acérrimo *. . . fiercest*
                                                                   enemy
—Si queremos preparar atletas para las Olimpiadas
debemos eliminar el taco de sus dietas—dice un nutriólogo.

Es evidente que el taco se enfrenta nuevamente a un
futuro incierto.

Reproducido de *Contenido,* revista mensual publicada por Editorial Contenido, México, D.F., abril 1967.

CUESTIONARIO

1. ¿Cómo era la tortilla al principio?   2. ¿Cómo formaron el nixtamal?   3. ¿Cómo nació el
taco?   4. ¿Cómo conquistó el taco a los conquistadores?   5. ¿Quién era Pedro Hernández
Paniagua?   6. ¿Qué trató de hacer Anastasio Bustamante?   7. ¿Qué demostró la marquesa
Calderón de la Barca?   8. ¿Cómo se reflejó en el taco la pugna entre liberales y conservadores?   9. ¿Cómo eran los porfiristas con respecto al taco?   10. ¿Qué se usa para comer un
taco?   11. ¿Por qué se dice que el futuro del taco es incierto?

Gramática

Adverbial clauses of proviso and supposition

PROVISION

The subjunctive mood is always used in adverbial clauses of proviso or supposition. (In the following examples, note the conjunctions that introduce these clauses.)

Rosita vendrá a visitarte **con tal (de) que** la **invites**.

Rosita will come to visit you *provided that you invite* her.

En caso (de) que Ud. lo **halle**, mándemelo.

In case you find it, send it to me.

Purpose, result, and restrictive clauses

1. The subjunctive mood is always used in adverbial clauses of purpose. (Note the conjunctions introducing these clauses.)

Su papá le va a mandar dinero a Luisa **para que ella pueda** comprar un vestido nuevo.

Her father is going to send Luisa money *so that she can* buy a new dress.

Le di el boleto a Jorge **para que pudiera** ver el juego.

I gave the ticket to George *so that he could* see the game.

Su novio la lleva al cine **de manera que ellos puedan** ver esa película nueva.

Her sweetheart is taking her to the movies *so that they can* see that new movie.

Dígaselo Ud. **de modo que ella sepa** la verdad.

Tell it to her *so that she will know* the truth.

2. The indicative mood is used in adverbial clauses where a result rather than a contingency is specifically indicated.

Le dimos el dinero a Josefina **de modo que ella compró** el cuadro.

We gave Josephine the money *so she bought* the picture.

Ella nos dio el libro **de manera que leímos** el cuento.

She gave us the book *so we read* the story.

Pablo encontró la pluma y **así es que me la dio.**

Paul found the pen and *so he gave it to me.*

3. The subjunctive mood is always used in adverbial clauses of restriction.

Carmen no te lo da **a menos que** se lo **pidas**.

Carmen won't give it to you *unless you ask* her for it.

Espero entrar en el cuarto **sin que** ella me **vea**.

I hope to enter the room *without* her *seeing* me.

José entró en el edificio **sin que** nadie lo **viera**.

Joe entered the building *without* anyone *seeing* him.

EJERCICIOS

A. *Dé Ud. la forma apropiada del infinitivo.*

MODELOS: (saber)   Dígaselo Ud. para que él lo _____.
  Dígaselo Ud. para que él lo **sepa**.

  (saber)   Se lo dije de modo que él lo _____.
  Se lo dije de modo que él lo **supo**.

1. (poder)   La llevé al cine para que ella *pueda* ver esa película nueva.
2. (invitar)   Vamos a la fiesta con tal (de) que ella nos *invite*.
3. (venir)   Voy a esperar aquí en caso (de) que él *venga*.
4. (invitar)   Vimos a Juanita en la biblioteca de modo que la *invitamos* a comer con nosotros.
5. (dar)   Ellos no van al juego a menos que Ud. les *dé* los boletos.
6. (pedir)   Se lo voy a dar a Elenita sin que ella me lo *pida*.
7. (mandar)   Elena encontró la carta de manera que ella me la *manda*.
8. (divertirse)   Esteban va a llevar a su amiga al circo para que ella *se divierta*.
9. (divertirse)   Esteban llevó a su amiga al circo de modo que ella *se divertía*.
10. (pedir)   Carlos me las dio sin que yo se las *pida*.

B. *Conteste Ud. con oraciones completas.*

1. ¿Va a hablar español con otro estudiante con tal (de) que yo se lo pida?   2. ¿Va a hablar español con un amigo suyo en caso (de) que lo vea?   3. ¿Piensa Ud. ir a la librería para que pueda comprar unos libros?   4. ¿Piensa entrar en la clase sin que nadie lo (la) vea a Ud.?

C. *Conteste Ud.*

MODELO: ¿Va a comerlo Ud.?
  Voy a comerlo con tal (de) que me guste.

1. ¿Va a comprarlo Ud.?   2. ¿Vas a beberlo?   3. ¿Van a escucharla Uds.?   4. ¿Va a cantarlo Ud.?   5. ¿Va a comprarlos José?   6. ¿Van a pedírselo Uds.?   7. ¿Van a pedírselo ellos?   8. ¿Vas a leerlo?   9. ¿Van a comerlas Uds.?   10. ¿Va a pintarlo Esteban?

If-clauses

If-clauses indicate supposition and are followed by a conclusion (an independent clause).

1. The past subjunctive mood is used in an *if-clause* provided that the independent clause has its verb in the conditional tense; or in the imperfect or pluperfect subjunctive (**-ra** form) as a substitute for the conditional tense.

Si él **estuviera** aquí, yo se lo diría (dijera).	If he *were* here, I would tell it to him.
Si él **hubiera estado** aquí, yo se lo habría dicho (hubiera dicho).	If he *had been* here, I would have told it to him.

2. If the independent clause is not in the conditional tense, then the indicative mood is used in the *if-clause*.

Si él **viene** mañana, yo se lo diré.   If he *comes* tomorrow, I will tell it to him.

Dígale Ud. si ella **viene**.   Tell her if she *comes*.

3. The past subjunctive is always used in a clause introduced by **como si** (*as if*).

Ella nos habló como si **estuviera** enojada.   She spoke to us as if she *were* angry.
Él se portó como si **hubiera estado** aquí antes.   He acted as if he *had been* here before.

EJERCICIOS

A. *Dé Ud. la forma apropiada del infinitivo.*

MODELOS: (tener) Si yo _____ el dinero, lo compraría.
Si you **tuviera** el dinero, lo compraría.

(dar) Si tú me _____ el dinero, lo compraré.
Si tú me **das** el dinero, lo compraré.

1. (ser) Si eso *fuera* possible, ella lo haría.
2. (invitar) Si alguien me *invita*, yo iré.
3. (haber estado) Si él *hubiera estado* allí, nos habría visto.
4. (llevar) Yo iré si Uds. me *invitaban*
5. (venir) Nos gustaría si ella *viniera*
6. (tener) Si yo *tengo* la oportunidad, se lo daré.
7. (conocer) Él se porta como si te *conociera*
8. (llover) Si *lloviera* mañana, me sorprendería.
9. (pedir) Dáselo si ella te lo *pide*.
10. (haber visto) Ella se portó como si nos *hubiera visto*

B. *Conteste Ud. con oraciones completas.*

1. ¿Hablaría Ud. español si alguien se lo pidiera? 2. ¿Responde Ud. en español si alguien se lo pide?

C. *Conteste Ud.*

MODELO: Si él te escribe, ¿le escribirás?
Si él me escribiera, yo le escribiría.

1. Si ella te llama, ¿la llamarás? 2. Si ellos lo ayudan, ¿lo ayudarán Uds.? 3. Si Rosa canta, ¿cantará Ud.? 4. Si Pepe viene, ¿vendrá Jorge? 5. Si Susana vuelve, ¿volverán ellas? 6. Si yo te escribo, ¿me escribirás? 7. Si Carolina baila, ¿bailará Ud.? 8. Si yo como, ¿comerán Uds.? 9. Si tú lees la lectura, ¿la leerá él? 10. Si ellos se van, ¿te irás tú?

D. *Exprese Ud. en español.*

1. What shall I do? Call me in case that you need me. 2. Will she call us? She will call us provided that she has an opportunity. 3. Why are they coming here? They are coming here so that you can meet them. 4. Are you going to the theater? I can't go unless someone gives me a ticket. 5. Did you see him enter? No, he entered without my seeing him. 6. Did they invite you? No, we would have gone if they had invited us. 7. Do you know how to swim? No, if I knew how to swim, I would go to the beach with you. 8. Are you going to the park? If the weather is good tomorrow, we will go to the park. 9. What are they doing? They act as if they were angry. 10. Does he have a new car? No, if he had a new car, he would not drive that old one.

E. *Escriba Ud. una composición acerca de un viaje que Ud. haría si tuviera la oportunidad.*

El Mole Poblano

En Puebla de los Ángeles, en México, muchas cocinas se encuentran adornadas con tres juegos° de ollas y cazuelas,° uno de los cuales es más pequeño que los otros. Se dice que un juego es para el uso diario,° otra es para las fiestas y el juego en miniatura es sólo para decorar.

     Si alguien visitara la cocina del Convento de Santa Rosa, vería que hasta en ésta se ven las cazuelas decorativas. Y en este mismo convento nació la leyenda del mole poblano o el mole de guajolote, el más deleitoso de todos los platillos mexicanos.

     Se cuenta que un día, allá por el° siglo XVII, las monjas° del Convento de Santa Rosa recibieron la noticia de una visita inesperada del señor Arzobispo.° Puesto que se trataba° de un dignitario, las monjas se preocuparon muchísimo° con la creación de un platillo que deleitara° al visitante.

     La monja cocinera no hacía más que pensar; sin embargo, nada se le ocurría. Pero ella tenía una monjita como ayudante. Ésta se encontraba nerviosísima porque sabía que el Arzobispo estaba para llegar, y la cocinera todavía no había producido un manjar° para el visitante. La monjita, apurada,° se puso a moler° en un molcajete° todo lo que encontró en la despensa:° especias, chiles y chocolate. Cuando la monja cocinera le preguntó qué hacía, la monjita le contestó como para sí ≪mole y mole≫.° Así, según la leyenda, el famoso platillo recibió su nombre.

     La monja cocinera probó° la salsa que su ayudante había hecho de lo que había molido y la encontró muy sabrosa.° En ese momento un guajolote° gordo se estaba cocinando en una olla. Inspirada, la cocinera mezcló el mole con el caldo° del guajolote. A la hora de comer, ella puso el

sets/casseroles

daily, everyday

allá . . . back in the
nuns
Archbishop/se . . . it was a
   question of
se . . . were very much
   concerned
would please

dish/anxious
grind/stone mortar
pantry

mole . . . "grind and
   grind"

tried

tasty/turkey

broth

guajolote, cubierto del mole delicioso, en un platón de porcelana. Luego entró triunfante en el comedor a presentarle al visitante su nuevo manjar. Un poco perplejo al ver el platillo tan raro, el Arzobispo lo miró y por fin lo saboreó.° Pero fue tan grata° su sorpresa, que desde entonces el mole poblano ha sido famoso entre los mexicanos. passive const.

tasted

pleasant

CUESTIONARIO

1. ¿Cómo están adornadas muchas cocinas de Puebla?   2. ¿Cuáles son los usos de los tres juegos?   3. ¿Qué se puede ver en la cocina del convento?   4. ¿Dónde tuvo origen el cuento del mole?   5. Según la leyenda, ¿hay platillos mexicanos más deleitosos que el mole?   6. ¿Esperaban o no esperaban las monjas la visita del Arzobispo?   7. ¿Por qué se preocupaban las monjas?   8. ¿Qué molía la monjita?   9. ¿Quién le dijo a la cocinera que mezclara el mole con el caldo del guajolote?   10. ¿Cómo fue la sorpresa del Arzobispo?

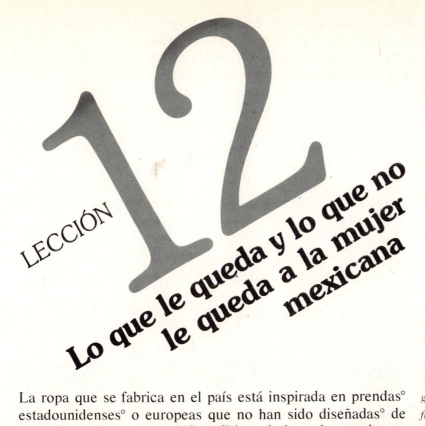

LECCIÓN **12**

Lo que le queda y lo que no le queda a la mujer mexicana

María Guerra

La ropa que se fabrica en el país está inspirada en prendas° estadounidenses° o europeas que no han sido diseñadas° de acuerdo con las características físicas de la mujer mexicana, ni menos° para ayudarla a adquirir una personalidad propia.

    Ni siquiera nuestros modistos° las toman en cuenta° en sus «creaciones»:—Trabajan para sobresalir° en el extranjero°—comenta el encargado° del departamento de ropa para damas de un gran almacén° capitalino—y sólo consiguen hacer el ridículo con sus diseños estrambóticos° inspirados, según ellos, en motivos mexicanos. ¿Pero puede llamarse mexicana una moda que no es posible lucir° aquí? Tomemos por ejemplo un vestido de baile° diseñado por esos señores: una falda larga de «línea A» coronada° por un gran *quechquémetl*.° Pocas mexicanas podrán llevar semejante° prenda, que las hará verse° casi 10 centímetros más bajas. Y como casi todas miden más o menos 1 metro 60. . . .

    La mujer mexicana se distingue en general de la norteamericana o la europea por tener formas más redondas, piernas más cortas, ojos y cabello° oscuros, talle° menos largo y piel apiñonada.°

garments

from the United States/designed

ni . . . still less

designers/toman . . . take into account
stand out
abroad/manager

department store

bizarre

to wear (well)

dance

crowned

poncho/such a
las . . . will make them appear

hair/waist

dark

169

Ambos tipos son bellos; cada cual tiene lo suyo.

Pero un vestido° inadecuado por su forma, color o *garment*
textura, puede convertir en defecto hasta° los más graciosos° *even/graceful*
dones° que haya dado la naturaleza.° *gifts/nature*

Para vestir bien hay que comenzar por mirarse al
espejo° sin indulgencia y decirse por ejemplo: —Soy un poco *mirror*
ancha° de caderas.° Debo renunciar° a este modelo que tanto *wide/hips/give up*
me gusta, aunque esté a la última moda,° porque me hará *latest*
verme más ancha todavía.

Lo que no le queda

Según la señora Pilar Candel, autoridad reconocida° *recognized*
en la materia, las prendas que no le quedan° a nuestras compa- *no . . . do not suit*
triotas son:

El pantalón:° En primer lugar porque pone en relieve° *slacks/pone . . . it*
la ≪retaguardia≫,° prominente en la mayoría de las *emphasizes*
mexicanas, lo cual no resulta muy conveniente; luego porque *"rear guard"*
se necesitan piernas muy largas para lucir esa prenda.

La famosa minifalda. Es innegable° que ha tenido *undeniable*
éxito, pero poquísimas mujeres pueden usarla. De acuerdo
con la señora Candel sólo les sienta° a las jovencitas de 13 a 17 *is becoming*
años, y esto mientras no sean gordas.

Las telas° gruesas° o aparatosas,° así como aquellas *fabrics/thick/cluttered*
que señalan con exageración las formas del cuerpo. Una tela
gruesa engorda desproporcionadamente a quien no es muy
alta. Los diseños con motivos de gran tamaño° acortan° la *size/shorten*
estatura.° Y para llevar algo tan pegado° al cuerpo como un *height/clinging*
jersey de seda,° se necesita tener muy pocas curvas. . . . *silk*

Abrigos, faldas y vestidos de vuelo° excesivo. Son *fullness (lit., flight)*
toda una conspiración contra la belleza de nuestras mujeres.

Las telas oscuras, que contrariamente a las de colores
claros, no hacen resaltar° la belleza de una piel morena. *no . . . don't bring out*

El maquillaje° excesivo. La mexicana tiene buen cutis° *make-up/complexion*
y no debe ocultar el grano de la piel bajo espesas° capas° de *thick/layers*
pintura que, sobre todo cuando son más claras que la epider-
mis, dan al rostro° un aspecto de carne ≪empanizada≫.° *face/"breaded"*

Las prendas artificialmente adoptadas sólo porque
están de moda entre estadounidenses, francesas o inglesas.
Las botas, por ejemplo, se justifican en época° de lluvias pero *season*
lucen absurdas bajo un sol tropical. Esto no significa que deba
vestirse de china poblana,° sino buscar un estilo adecuado al *See reading, p. 177.*
ambiente° de este país. . . . *atmosphere*

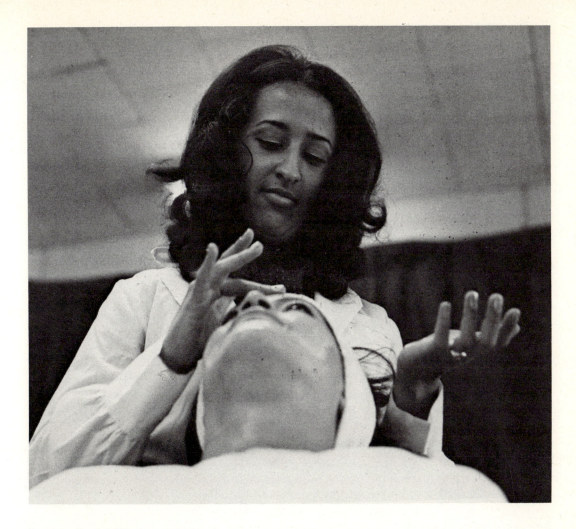

Lo que le queda

Afirma la señora Candel que, para acentuar su belleza, la mexicana tiene muchos recursos:°   *resources*

Poner en relieve lo femenino, que es una de sus características. Y no hay nada tan femenino como una falda. La más recomendable es la «línea A», si se cuida que no sea demasiado amplia en el vuelo ni muy ajustada° en las caderas.   *tight*
Que no parezca un tubo por lo simple ni una pelota° por lo   *ball*
abultada.°   *bulky*

Vestir abrigos, suéteres y sacos° lo más sencillos posible. Debe evitarse en estas prendas los detalles que abulten   *jackets*
las caderas o el busto. El abrigo recto° es el más sentador°   *straight/becoming*

para la méxicana. La línea ≪tipo infantil≫ —busto plano,° *flat*
hombros° pequeños y falda corta— sólo sienta a personas *shoulders*
delgadas y con piernas bonitas.

   Usar telas delgadas, que sigan la línea del cuerpo sin *fitting it tightly/*
ceñirlo,° en una caída° suave; que más que enseñar,° sugieran. *fall/showing*
Si son estampadas,° cuidar de que los motivos° no sean escan- *prints/motifs*
dalosos, sino pequeños.

   Escoger tonos pastel, claros y suaves, o colores
alegres y brillantes como el rosa, el azul y el amarillo. Es falsa
la idea de que las morenas deben vestir de oscuro para no
verse cual ≪moscas° en la leche≫.° Los colores oscuros *flies/milk*
opacan la piel apiñonada y la tornan grisácea,° mientras que *grayish*
los claros la hacen ver brillante y dorada.

   Tomar de la moda novedades° favorecedoras,° como *novelties/flattering*
las medias° ≪a-go-gó≫. Si son del mismo color del vestido, *stockings*
alargan° la silueta. Las medias cremas o blancas pueden *lengthen*
usarse con vestidos de cualquier color (así como un vestido
blanco se lleva con medias de cualquier tono), y engruesan las
pantorrillas° delgadas. Las combinaciones de colores muy *calves*
contrastantes acortan la silueta. Si el vestido es de tela muy
ligera, las medias gruesas deberán descartarse. . . .° *be discounted*
   Para las mexicanas de rasgos° indígenas, acentuarlos. *features*
Así, además de bonitas serán originales. Lucirán como nin-
guna peinados° restirados° en la frente y en chongo° por de- *hair styles/pulled*
trás, o cabellos sueltos, o en cola de caballo,° o trenzados.° *back/chignon*
Podrán usar en sus vestidos colores y motivos netamente° *cola . . . pony-tail/braided*
indígenas, en adaptaciones modernas para estar al tono° con la *clearly*
moda de la ciudad. *al . . . in harmony*

María Guerra, ≪Que le queda y que no le queda a la mujer mexicana≫, reproducido de *Contenido*, revista mensual
publicada por Editorial Contenido, México, D.F., mayo 1967.

CUESTIONARIO

1. Según María Guerra, ¿en que está inspirrada la ropa que se fabrica en México?   2. ¿Para
qué trabajan los modistos?   3. ¿Cómo se distingue la mujer mexicana de la norteamericana
o la europea?   4. ¿Cuál es el peligro de un vestido inadecuado?   5. Para vestir bien, ¿qué
se debe hacer desde el principio?   6. Según la señora Pilar Candel, ¿cuáles son las prendas
que no les quedan bien a las mexicanas?   7. Según la señora Pilar Candel, ¿qué recursos
tiene la mujer mexicana para acentuar su belleza?   8. ¿Qué piensa Ud. de los consejos de la
señora Pilar Candel?

Gramática

The passive voice

1. In a passive voice construction the subject receives the action of the verb. In an active voice construction the subject performs the action.

   Example of passive voice: *The ball was kicked by Pelé.*

   The ball is the subject and it received the action of being kicked by Pelé. In grammatical terminology Pelé is the agent who performed the action but he is not the subject of the sentence.

   Example of the active voice: *Pelé kicked the ball.*

   In this case, Pelé is not only the one who performed the action, but he is also the subject of the sentence.

2. In Spanish the passive voice construction is formed by using the appropriate tense of the verb **ser** plus a past participle which agrees in gender and number with the subject. The passive voice is used with non-personal subjects when there is an agent or implied agent doing the action to the subject.

Ese traje **fue comprado** por Luis.	That suit *was bought* by Louis.
Esa blusa **fue comprada** por Isabel.	That blouse *was bought* by Isabel.
Esos trajes **fueron comprados** por Juan.	Those suits *were bought* by John.
Esas blusas **fueron compradas** por Rosa.	Those blouses *were bought* by Rosa.
Ese libro **fue escrito** el año pasado.	That book *was written* last year.

3. The passive voice is also used with subjects that are persons, either with or without an agent.

Carolina **fue invitada** por Anita.	Caroline *was invited* by Anita.
Carolina **fue invitada** al baile.	Caroline *was invited* to the dance.

EJERCICIO

Dé Ud. la forma apropiada del infinitivo y del participio, según los modelos.

MODELOS: (ser escrito) La novela _____ por Inés.
          La novela **fue escrita** por Inés.

        (ser invitado) Ellas _____ al baile.
        Ellas **fueron invitadas** al baile.

1. (ser vendido) Ese carro _____ *fue vendido* por Antonio.
2. (ser comprado) Esa pluma _____ por Luisa. *fue comprada*

3. (ser enviado) Las cartas _____ por Tomás. *fueron enviadas*
4. (ser invitado) Elena _____ por Benito. *fue invitada*
5. (ser encarcelado) El criminal _____. *fue encarcelado*
6. (ser escrito) Los ejercicios _____ por Carmen. *fueron escritos*
7. (ser mandado) El mensaje _____ ayer. *fue mandado*
8. (ser roto) Los platos _____ por la cocinera. *fueron rotos*
9. (ser elegido) Jorge _____ presidente del club. *fue elegido*
10. (ser lavado) La falda _____ por Irene. *fue lavada*

The reflexive construction to express passive voice

1. When the subject is non-personal and the agent is *not* expressed or strongly implied a reflexive construction is used in Spanish to express an English passive voice.

Se venden muchos vestidos en esa tienda.   Many dresses *are sold* in that store.

Note that what is being stressed is the fact that many dresses are being sold and not who is selling them; whereas in the true passive voice construction in the previous section, the person who was doing the action was stressed by being specifically stated or implied.

Se fabrican muchos televisores en el Japón.   Many television sets *are built* in Japan.

(What is being stressed is the fact that many television sets are built in Japan and not who is building them.)

2. Sometimes the reflexive pronoun **se** is used to express an indefinite subject.

Se dice que ella es muy inteligente.   *It is said* that she is very intelligent.
Se habla español en Tejas.   *Spanish* is spoken in Texas.
No **se puede** estacionar el carro allí.   *One can't* park his car there.

EJERCICIO

Exprese Ud. en español.

1. Many books are written every year. *Se escriben muchos libros cada año* 2. Many cars are built in the United States. *Se fabrican* 3. Many good meals are served in that restaurant. 4. Many magazines are published in that city. 5. Is Spanish spoken here? Yes, it is spoken every day. 6. Is he happy? It is said that he is very happy.

Estar and a past participle

Estar is used with a past participle to indicate a condition resulting from an action or actions. Be careful not to confuse this construction with the use of **ser** and a past participle, which is the true passive voice construction. Here are some comparative examples:

1. True passive voice: **ser** + a past participle.

    La puerta **fue cerrada** por Carlos.   The door *was closed* by Carl.

2. Resultant condition: **estar** + a past participle.

    La puerta todavía **está cerrada**.   The door *is* still *closed*.

EJERCICIOS

A. *Exprese Ud. en español.*
1. That novel was written by Fred. It is well written.   2. The windows were closed by Tom. They are still closed.   3. The box was made by Pete. It is well made.   4. The house was constructed by that company. It is well constructed. 5. The meal was prepared by her mother. It is well prepared.

B. *Conteste Ud. con oraciones completas.*

1. ¿Fue llevado(-a) Ud. al cine recientemente?   2. ¿Fue invitado(-a) Ud. a una fiesta recientemente?   3. ¿Ha sido castigado(-a) Ud.?

Ways to express *become* in Spanish

There are various ways to express the English idea of *to become* in Spanish.

1. Reflexive use of certain verbs:

asustarse:	Ella **se asustó.** She *became frightened.*
cansarse:	Ellos **se cansaron.** They *became tired.*
enojarse:	Yo **me enojé.** I *became angry.*
	No **te enojes.** Don't *become angry.* (Don't get mad.)
enflaquecerse:	Pablo **se enflaqueció.** Paul *became thin.*
enloquecerse:	El pobre hombre **se enloqueció.** The poor man *went crazy.* (The poor man *became crazy.*)
enriquecerse:	Él **se enriqueció.** He *became rich.*
enrojecerse:	Ella **se enrojeció.** She *blushed.* (She *became red.*)
entusiasmarse:	Ellos **se entusiasmaron.** They *became enthusiastic.*
volverse loco (-a):	La pobre mujer **se volvió loca.** The poor lady *went crazy.* (The poor lady *became crazy.*)

Lección 12   **175**

2. Some verbs may be used non-reflexively to express the English idea of *to become*.

engordar:	Mi amigo **engordó** demasiado. My friend *became* too *fat*. (My friend *got* too *fat*.)
enverdecer:	Los árboles **enverdecieron** en la primavera. The trees *became green* in the spring. (The trees *turned green* in the spring.)

3. Use of **ponerse** + an adjective that denotes something physical or emotional.

Ella **se pone pálida.**	She *is becoming pale*. (She is *turning pale*.)
Tomás **se puso triste.**	Tom *became sad*.
Él **se puso enojado.**	He *became angry*.
Margarita **se puso colorada.**	Margaret *blushed*. (Margaret *became red*.)

4. Use of **llegar a ser** + a noun or an adjective that indicates the culmination of efforts.

Él **llegó a ser presidente** del club.	He *became president* of the club.
Él **llegó a ser famoso.**	He *became famous*.

5. Use of **hacerse** + a noun or an adjective that indicates the culmination of efforts (as compared to the use of **llegar a ser, hacerse** emphasizes the efforts as being primarily one's own).

Ella **se hizo maestra.**	She *became a teacher*.
Ellos **se hicieron ricos.**	They *became rich*.

EJERCICIOS

A. *Conteste Ud. con oraciones completas.*

Sí me hizo

1. ¿Se ha hecho rico(-a) Ud.? 2. ¿Se puso colorado(-a) alguna vez? ¿Por qué? 3. ¿Se puso triste Ud. alguna vez? ¿Por qué? 4. ¿Se cansó Ud. alguna vez? ¿Por qué? 5. ¿Llegará a ser profesor(-a)? ¿Por qué?

B. *Exprese Ud. en español.*

1. Have you been invited to the party? Yes, I was invited yesterday. 2. Have they written the exercises in Spanish? Yes, the exercises were written by Fred and Pete. 3. Are many cars built in that city? Yes, many are built by that new company. Are their cars well built? Yes, I like them. 4. Where did they take you? We were taken to the park. 5. Did they punish him? Yes, he was punished. 6. Did she blush when he spoke to her? No, she turned pale. 7. Did the grass turn green? Yes, it turned green in the spring. 8. Did Carl become thin? No, he became fat. 9. Did Frank become angry? No, he became enthusiastic. 10. Did Irene become tired? I don't think she was tired. However, I think she became frightened.

Estar Consada   the State.
Describing

C. *Escriba Ud. una composición describiendo cómo algo fue hecho por usted.*

La China Poblana

Son muchos los cuentos que se oyen° sobre la famosa China Poblana. Pero la leyenda popular es la que ha pasado como una luz maravillosa a través de la niebla° de varios° siglos. Los datos que se cuentan son confusos, pero no hay quien no pueda concluir que la China Poblana fue heroica, de linaje real,° y amada del pueblo mexicano.

    La tradición antigua cuenta que a principios del siglo XVII el gobernador de Manila en las Filipinas recibió una

se . . . are heard

mist/several

royal

carta del gobernador de Puebla en México. Éste, el Capitán don Miguel de Sosa, y su esposa, doña Margarita, no tenían hijos y deseaban adoptar a una chinita. Por eso, ellos habían escrito al gobernador de Manila, pidiéndole que les encontrara una niña de buena presencia° y linaje° para adoptarla como hija.

appearance/lineage

Por casualidad,° acababa de llegar un barco chino al puerto de Manila; era un barco pirata y traía esclavos para vender. Entre los esclavos había una chinita de diez años de buen parecer° y de linaje real. Después de mucho regatear° con los chinos, el gobernador de Manila compró a la chinita, y cuando tuvo la oportunidad puso a la chica a cargo del capitán de un barco que salía para Acapulco, México.

Por . . . By coincidence

de . . . of good appearance/bargaining

El Capitán Sosa fue personalmente al puerto de Acapulco cuando supo de la llegada de la chinita, y la llevó consigo a Puebla donde llegó el quince de enero de 1619. Allí con su nueva familia la chinita fue bautizada Catarina de San Juan. La niña era una hermosura° de tez° muy blanca, cabello hermoso y grandes ojos negros. El Capitán Sosa y doña Margarita estaban encantados con su nueva hija. Aunque sus padres querían darle de todo, ella siempre era humilde,° y hay quien dice° que les servía a sus padres como una modesta sirvienta.° Pasaba muchas horas cosiendo° y bordando,° y de estos trabajos resultó el traje rojo cubierto de lentejuelas° que la tradición asocia con la China Poblana.

beauty/skin

humble
hay . . . there are those who say
servant/sewing/embroidering
spangles

Sin duda, la chinita soñaba° a veces con el pueblo chino de donde los piratas la habían robado. Seguramente soñaba con su padre, el emperador, y también con su madre y sus hermanos. Así es que, cosiendo y bordando, ella trataba de captar los diseños° de aquellos trajes de princesa que vestía° antes de que los piratas la robaran de su familia.

dreamed

designs
she wore

La gente de Puebla se encariñó° mucho con Catarina porque ella era muy caritativa.° Los pobres sabían que si llegaran a su casa, no serían despachados° sin limosna.° También se dice que muchas veces ella se quedaba sin comer por amparar° a los que sufrían.

se . . . grew to love
charitable
sent away/alms

help

Por desgracia°, Catarina quedó huérfana° cuando tenía unos veinte y cinco años. Encontrándose sola, se casó con un esclavo que había conocido en Puebla. Pero por mala suerte, pronto enviudó.° A pesar de su pena, siguió su buen trato° con los pobres, y fue conocida como «el ángel de la caridad» en Puebla.

Por . . . Unfortunately/orphan

she became a widow/conduct

Los días de fiesta solía vestir el traje que había diseñado de tela roja y bordado con lentejuelas. Las señoras y señoritas empezaron a copiar su traje y a usarlo en las fiestas de gala. Llegó a ser tan popular que ninguna mujer quería encontrarse sin un traje como el de Catarina, la China Poblana.

Después de su muerte, fue adoptado el traje como la indumentaria° oficial de la mujer mexicana. Hoy se usa en los días de fiesta y sobre todo cuando se baila el Jarabe Tapatío, el baile nacional de México.

°garment, costume

CUESTIONARIO

1. ¿Qué se concluye de los datos sobre la China Poblana?   2. ¿De qué trataba la carta que recibió el gobernador de Manila?   3. ¿Qué llevaba el barco chino?   4. ¿Cómo era la chinita?   5. ¿Quién tenía la responsabilidad de llevar a la chinita a México?   6. ¿Por qué fue el Capitán Sosa a Acapulco?   7. ¿Qué le gustaba a la chinita hacer para pasar las horas?   8. ¿Con qué soñaba la princesa?   9. ¿Por qué se encariñó la gente con Catarina?   10. ¿Qué costumbre actual nos recuerda a la chinita?

Repaso Oral 2

A. Conteste Ud. ~~PRESENT (SUBJ)~~

MODELOS: ¿Quieres escribir la carta?

No, yo quiero que tú la escribas.

¿Quiere Ud. mandar el libro a Miguel?
No, yo quiero que Ud. se lo mande.

¿Quieren Uds. volver con ella?
No, queremos que Uds. vuelvan con ella.

No, quiero que tú los escribas   *No, quiero que Ud. lo compre*

1. ¿Quieres escribir los ejercicios? 2. ¿Quiere Ud. comprar el carro?
No quiero que Uds. lo limpien
3. ¿Quieren Uds. limpiar el cuarto? 4. ¿Quieres dar la pluma a Josefina?
que la planche   *No quiero que Uds. se lo pidan*
5. ¿Quiere Ud. planchar la ropa? 6. ¿Quieren Uds. pedir el dinero a
No, yo quiero que tú las vendas *No quiero que Ud. los despierte*
José? 7. ¿Quieres vender las flores? 8. ¿Quiere Ud. despertar a los
niños? 9. ¿Quieres cantar la canción? 10. ¿Quieren Uds. bailar?
Quiero que tú la cantes.   *Quiero que Uds. bailen.*

B. Conteste Ud. ~~Imperfecto (SUBJ) PAST~~

MODELOS: ¿Esperabas comprar el libro?

No, yo esperaba que tú lo compraras.

¿Esperaba Ud. volver con ella?
No, yo esperaba que Ud. volviera con ella.

¿Esperaban Uds. dar la pluma a Elena?
No, esperábamos que Uds. se la dieran.

No yo esperaba que tú los sirvieras.   *No, yo esperaba que Ud. lo ayudara*

1. ¿Esperabas servir la comida a los huéspedes? 2. ¿Esperaba Ud. ayudar a En-
No esperábamos que Uds. las encontraran *No esperaba recibiera*
rique? 3. ¿Esperaban Uds. encontrar las llaves? 4. ¿Esperaba Ud. recibir el
la pagara   *los vendiera*
premio? 5. ¿Esperabas pagar la cuenta? 6. ¿Esperaban Uds. vender los fo-
lo viera   *No yo esperaba que tú la buscaras*
lletos? 7. ¿Esperaba Ud. ver a Jorge? 8. ¿Esperabas buscar la maleta? 9. ¿Esperaban traducir la leyenda? 10. ¿Esperaba Ud. escribir un mensaje a Rosa?

No esperábamos que ellas la tradujeran

C. Conteste Ud.

MODELOS: ¿Sabe Ud. si Carlos vino?

Sí, y me alegro de que haya venido. ~~Present Perfect.~~
                                        have
¿Sabe Tomás si ellos llegaron?
Sí, y se alegra de que hayan llegado.

1. ¿Sabe Ud. si Ana lo compró? 2. ¿Sabe Inés si Juan vendió el carro? 3. ¿Sabes
si Paquita escribió el recado? 4. ¿Saben Uds. si ellas vieron a José? 5. ¿Sabe Ud.
si Pedro halló el reloj? 6. ¿Sabe él si ella lo pintó? 7. ¿Saben ellas si Elenita
entregó la composición? 8. ¿Sabes si Catalina cantó? 9. ¿Sabe Ud. si los niños
jugaron? 10. ¿Sabe Lupita si Víctor volvió?

D. *Conteste Ud.*

MODELOS: ¿Supiste que Anita lo hizo? *PLu Perfect*

Sí, y me alegraba de que lo hubiera hecho.

¿Supo ella que los niños jugaron?

Sí, y se alegraba de que hubieran jugado.

Sí, me alegraba de que lo hubiera hecho

1. ¿Supiste que Tomás lo vendió? 2. ¿Supo Elena que Rosa lo dijo? 3. ¿Supieron Uds. que Carlos regresó? 4. ¿Supo Ud. que ellas lo leyeron? 5. ¿Supiste que Irene y Anita volvieron? 6. ¿Supieron ellas que Ud. lo encontró? 7. ¿Supo Inés que Uds. los compraron? 8. ¿Supo Juan que tú la viste? 9. ¿Supiste que Ricardo los escribió? 10. ¿Supo Ud. que Anita lo trajo?

E. *Conteste Ud.*

MODELOS: ¿Te mandaron leerlo? *Imperfecto*

Sí, me mandaron que lo leyera.

¿Le mandó a Ud. devolverlo?

Sí, me mandó que lo devolviera.

¿Les mandó a Uds. leerlo?

Sí, nos mandó que lo leyéramos.

Sí me rogaron que lo buscara   *se me ordenó que fuera*   *pagáramos*

1. ¿Te rogaron buscarlo? 2. ¿Le ordenó a Ud. ir a la biblioteca? 3. ¿Les exigió a Uds. pagar la cuenta? 4. ¿Le pidió a Tomás entregárselo? 5. ¿Le permitieron a Ud. verlo? 6. ¿Te aconsejó estudiarlo? 7. ¿Les sugirió a Uds. dármelo? 8. ¿Te mandaron asistir a la conferencia? 9. ¿Les pidió a ellos llegar temprano? 10. ¿Le exigieron a Susana traérselo?

F. *Conteste Ud.*

MODELOS: ¿Lo vas a hacer después de volver?

Sí, lo voy a hacer después de que yo vuelva.

¿Lo va a estudiar Ud. antes de escribirlo?

Sí, lo voy a estudiar antes de que yo lo escriba.

¿Lo va a terminar él antes de irse?

Sí, él lo va a terminar antes de que él se vaya.

Sí, yo voy a pagar antes de que vaya   Sí

1. ¿Lo vas a pagar antes de irte? 2. ¿Lo va a acabar ella después de regresar? 3. ¿Lo va a vender Ud. después de pintarlo? 4. ¿Los va a examinar Ud. antes de comprarlo? 5. ¿Me lo van a pagar Uds. después de volver? 6. ¿Se lo vas a prestar a Juan después de usarlo? 7. ¿Van a descansar ellas antes de trabajar? 8. ¿Se lo va a entregar Ud. antes de salir? 9. ¿Lo va a buscar Pablo después de volver? 10. ¿Lo van a estudiar ellos después de llegar a casa?

G. *Conteste Ud.*

MODELOS: Si yo bailo, ¿bailarás tú?
Aunque tú bailes, yo no bailaré.

Si María canta, ¿cantará Rosa?
Aunque María cante, Rosa no cantará.

Aunque tú juegas, yo no juegos   Aunque Jorge trabaja   Carlos no trabajará   aunque nos ensenian

1. Si juego, ¿jugarás tú? 2. Si trabaja Jorge, ¿trabajará Carlos? 3. Si ensayamos, ¿ensayarán Uds.? 4. Si los escriben ellos, ¿los escribirá Ud.? 5. Si como, ¿comerán ellos? 6. Si comienza Anita, ¿comenzará Inés? 7. Si entramos, ¿entrarás? 8. Si vuelve Miguel, ¿volverá Ud.? 9. Si estudio, ¿estudiarán ellos? 10. Si vamos, ¿irá él?

H. *Conteste Ud.*

MODELOS: Si viene Carmen, ¿vendrá Inés?
Si viniera Carmen, vendría Inés.

Sí trabajara Ricardo, trabajaría

1. Si trabaja Ricardo, ¿trabajará Esteban? 2. Si van ellas, ¿irás tú? 3. Si juego, ¿jugará Ud.? 4. Si te invito, ¿irás al baile? 5. Si descansamos, ¿descansará Ud.? 6. Si lo ayudan ellos, ¿lo ayudarán Uds.? 7. Si vuelve Benito, ¿se lo darás? 8. Si se lo ofrezco, ¿lo aceptará ella? 9. Si canta Susana, ¿cantarás tú? 10. Si lo vende Tomás, ¿lo comprará Luis?

I. *Conteste Ud.*

MODELOS: ¿Quién compró el carro, José?
Sí, el carro fue comprado por José.

¿Quién invitó a Elena, Irene?
Sí, Elena fue invitada por Irene.

1. ¿Quién escribió la carta, Susana? 2. ¿Quién invitó a Pedro, Eloísa? 3. ¿Quién cerró las ventanas, Raúl? 4. ¿Quiénes sirvieron la comida, Carmen y Rosa? 5. ¿Quién preparó los refrescos, Carolina? 6. ¿Quién llevó a Elenita al hospital, su tía? 7. ¿Quienes devolvieron los libros, ellas? 8. ¿Quién compró la blusa, Anita? 9. ¿Quién criticó a Carlos, su papá? 10. ¿Quién mandó las flores, Lupita?

Repaso Escrito 2

Escriba Ud. en español.

1. Does Fred have the shirt? It is doubtful that he has it. 2. Is Mary going to sing? Yes, it is true that she will sing tonight. However, it is not certain that she will dance. 3. What did they tell him to do? They ordered him to give them to me. 4. Can Susan win the prize? I doubt that she will receive it. 5. Is Carmen angry? Her friends deny that she is angry now. They do not deny that she was angry this morning. 6. Is that important? We do not think that it is very important. 7. What is she looking for? She wants to buy a new blouse that her boy friend will like. 8. Is he going to explain it to them? Yes, it is the last time that he will do it. 9. What did you read? I read a novel that is very interesting. 10. Will you give him the money? Yes, I will give it to him before he leaves. 11. Is Linda going to sing? Although she may do it, she hasn't arrived yet. 12. Will Graciela visit Irene? Yes, provided that she is invited. 13. Why did Carl send you the book? He sent it to us so that we would read it quickly. 14. Is Joe going to send the package to Paul? He will not send it unless Paul asks him to do it. 15. Would she help us? If she were here, she would write some of the exercises. 16. Shall I tell it to her? Yes, tell it to her if she comes. 17. Did she become angry? I don't know for sure. However, she acted as if she were angry. 18. Who sent the refreshments? They were sent by Teresa and Catherine. 19. Is Spanish spoken in that country? Yes, I want to go there for my vacation. 20. Are many books published in that city? Yes, and most of them are well written.

LECCIÓN 13

Los cortes en la cocina

Carmencita
San Miguel

Hoy vamos a aprender los cortes° necesarios en la cocina. Estos cortes se usan mucho y, por lo tanto, es necesario saber las diferencias y aplicarlas.° Si ustedes logran dominar los cortes de la cocina harán las comidas más perfectas y disfrutarán° más de su trabajo.

types of cutting

apply them

enjoy (the results of)

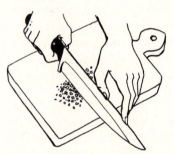

1. Picadito

Picadito significa en pequeñas porciones. Usualmente para hacer este corte se usa un cuchillo grande y afilado° y la madera de cortar.° Observen que para hacer este corte se agarra° el cuchillo por el mango° con una mano y con la otra mano usando el dedo índice° se lleva hacia abajo la punta del

sharp
madera . . . cutting board
se . . . one holds/handle
dedo . . . index finger

184

cuchillo y a la vez se baja el mango del cuchillo para dar el corte completo a través de lo que se va a cortar. Se usa este corte en la cebolla,° el tomate, el pimiento, el jamón,° etc. *onion/ham*

2. Picado finamente

Picado finamente significa picado muy diminuto.° Para este corte se usan cortadores especiales (y los hay muy variados), sobre todo para picar la cebolla. También, para este corte se usa mucho la tijera,° sobre todo si se trata de perejil,° apio° y otros vegetales. Se usa este corte en la cebolla, el ajo, hojitas de apio, perejil, etc. *small, fine*

scissors/parsley
celery

3. Molido

Molido significa pasado a través de la máquina especial de moler para dividir en partículas.° Esto puede ser fino, regular, o grueso,° por eso la máquina de moler viene provista° de diferentes cuchillas° para lograr° esa variedad. Muchas veces cuando pide molido finamente hay que pasar dos veces por la máquina de moler usando la cuchilla gruesa primero y la fina después. *particles*

coarse (lit., fat)
equipped/blades/achieve

4. Desmenuzado

Desmenuzado significa romper° o deshacer° la porción de carne en partes laminadas° (cuando se trata de pollo, pescado, langosta° o cangrejo,° que vienen enlatados).° Para desmenuzar estas carnes se utiliza el tenedor y se desmenuza colocando el tenedor en la porción de carne y después se trae de atrás hacia adelante° como si se jalara hasta deshacer la porción (hay veces que esta operación se repite dos o tres veces hasta deshacer bien la porción de carne). También se usan los dedos para desmenuzar carnes cocinadas que tienen la fibra° larga (carne del caldo,° carne de la pechuga° del pollo o el pavo,° etc.).

break up/take apart
flattened
lobster/crab/canned

de . . . from the back forward

fiber/soup/breast
turkey

5. Cortado en cuadraditos o cubitos

Cortado en cuadraditos significa dar la forma geométrica del cubo. Para dar este corte se necesita cortar ingredientes sólidos. Los cuadraditos generalmente tienen de ½″ a 1″. A este corte dado más pequeño de ½″ llaman en la cocina americana *dice*. Para facilitar el corte, lo que se va a cortar se corta primero en barritas° sobre la madera. Se unen varias barritas y con un cuchillo bien afilado, sobre la madera de cortar, se van cortando los cuadraditos.

slices, strips

6. Rallado

Rallado significa rajado° en partículas finas. Para rallar   *scraped*
el ingrediente, tiene que ser sólido. Se puede rallar con un
rallador manual o con la máquina de cortar o rallar vegetales.
Se ralla la cáscara° de limón y de naranja, el chocolate, el   *peel*
coco,° la zanahoria,° etc.   *coconut/carrot*

7. Rallado en tiritas

Rallado en tiritas significa cortar o rajar en tiras° es-   *shreds*
trechas° y largas. Se puede hacer este rallado con un rallador   *narrow*
manual o en la máquina de rallar o cortar vegetales. Se ralla en
tiritas la col,° la zanahoria,° la remolacha,° las papas, el   *cabbage/carrot/beet*
queso,° etc.   *cheese*

8. Lasqueado

Lasqueado significa cortar pequeñas porciones en
láminas° que vienen quedando como tiritas muy finas, aplas-   *flakes*
tadas.° Se lasquean almendras,° semillas de marañón,° etc.   *flattened/almonds/*
                                                                semillas . . . cashews

Este corte, usado en pimientos y otros vegetales, que se da
más largo se llama a la juliana.° También a muchos vegetales   *julienne*
cortados en tiritas directamente se les llama a la juliana.

Carmencita San Miguel, ≪Cocinando con Mamá≫, reproducido de *Diario Las Américas*, Miami, Florida, 4 de junio de 1976.

CUESTIONARIO

1. ¿Qué significa picadito?   2. ¿Qué se usa para cortar el picadito?   3. ¿En qué comestibles se usa el picadito?   4. ¿Qué significa picado finamente?   5. ¿Qué se usa para picar finamente?   6. ¿Qué comestibles se pueden picar finamente?   7. ¿Cómo se hace el molido?   8. ¿Por qué hay diferentes cuchillas para la máquina de moler?   9. ¿Cómo se hace el ≪molido finamente≫?   10. ¿Qué significa desmenuzado?   11. ¿Cómo se hace el desmenuzado?   12. ¿Cómo se hace el cortado en cubitos?   13. ¿Qué ingredientes se necesitan para el cortado en cubitos?   14. ¿Qué significa rallado?   15. ¿Con qué se puede rallar?   16. ¿Qué significa rallado en tiritas?   17. ¿Qué significa lasqueado?   18. ¿Cómo se les llama a muchos vegetales cortados en tiritas directamente?   19. ¿Cuál es el corte predilecto de Ud.? ¿Por qué?   20. ¿Le gusta a Ud. cocinar? ¿Por qué?   21. ¿Le gusta a Ud. el ajo? ¿Por qué?   22. ¿Tiene Ud. una máquina de moler?   23. ¿Le gusta a Ud. la langosta?   24. ¿Prefiere Ud. el pollo o el pescado? ¿Por qué?   25. ¿Come Ud. la cáscara de limón? ¿Por qué?

EJERCICIOS

A. *Escoja Ud. la palabra o expresión equivalente.*

1. corte	a. olla	b. cafetera	c. tajo
2. cuchillo	a. cuchillón	b. platón	c. servilleta
3. afilado	a. sin filo	b. con mucho filo	c. grueso
4. mango	a. agarradero	b. punta	c. pico
5. cebolla	a. pescado	b. carne	c. cebollón
6. jamón	a. legumbre	b. carne de res	c. carne de puerco
7. diminuto	a. grande	b. pequeño	c. largo
8. picar	a. acribillar	b. planchar	c. lavar
9. desmenuzado	a. pegado	b. dividido	c. amarrado
10. grueso	a. delgado	b. flaco	c. gordo

B. *Complete Ud. cada oración.*

1. Es necesario que una cocinera *sepa* los cortes porque _____.
2. Si una persona _____ los cortes de la cocina, _____ las comidas más perfectas.
3. El picadito es mejor para la comida de _____ porque _____.
4. El pollo desmenuzado es mejor para la comida de _____ porque _____.
5. Una máquina de moler es útil porque _____.

C. *Escriba Ud. una oración original con cada una de las siguientes palabras o expresiones:*

madera de cortar   langosta
perejil   cangrejo
apio   tenedor
ajo   pechuga del pollo
máquina de moler

D. *Describa Ud. su comida predilecta, primero oralmente y después por escrito.*

NUEVA YORK

Nota Gramatical

The prepositions *a* and *con*

Uses of the preposition *a*:

1. to translate *at* or *to*.

Él va **a** la biblioteca.	He is going *to* the library.
Salgo **a** las tres.	I leave *at* three.

2. before the direct object of a verb when the object is a specific person, a domesticated animal, a personified thing, or an indefinite pronoun. It is also frequently used before geographical names when there is no article.

Quiero ayudar **a** mis amigos.	I want to help my friends.
Don Quijote amaba **a** Rocinante.	Don Quijote loved Rocinante.
Se imaginaba que vio **a** la Muerte.	He imagined that he saw Death.
Ellos no temían **a** nadie.	They didn't fear anyone.
Visitamos **a** Roma.	We visited Rome.

   NOTE: the personal *a* is not used after the verb **tener** except when it means *to hold*.

Ella tiene muchos amigos.	She has many friends.
Ella tiene **a** la niña en los brazos.	She is holding the child in her arms.

3. to indicate how something is done or made.

Ella lo hizo todo **a** mano.	She made it all by hand.
Ellos le mataron **a** sangre fría.	They killed him in cold blood.

4. after the verb **jugar** with names of games.

Él juega **al** tenis.	He plays tennis.

5. contracted with the article **el** + an infinitive to translate the English *upon* or *on* + gerund.

Al llegar, ella nos saludó.	*Upon* arriving, she greeted us.

6. to indicate price with the verbs **comprar** and **vender.**

El vestido se vende **a** $20.	The dress is sold for (costs) $20.

7. to differentiate between the object and the subject of the verb, especially if the object precedes the subject.

Al día sigue la noche.	Night follows day.

8. before an infinitive used as the object of the following verbs:

acostumbrarse a *to become accustomed*	ayudar a *to help*
aprender a *to learn*	comenzar a *to begin*
apresurarse a *to hurry*	condenar a *to condemn*
atreverse a *to dare*	decidirse a *to decide*

For Next Tues. OR UNSURE. 190-191

10-15 Sentences. **Lección 13**

disponerse a *to prepare*
echar a *to begin, start*
echarse a *to begin, start*
empezar a *to begin*
enseñar a *to teach*
invitar a *to invite*
ir a *to go*
llegar a *to accomplish, manage*
negarse a *to refuse*
obligar a *to oblige*

ofrecer(se) a *to offer*
pararse a *to stop*
ponerse a *to begin, start*
preparar(se) a *to prepare oneself*
principiar a *to begin*
proceder a *to proceed*
recurrir a *to resort*
sentarse a *to sit down*
volver a *to . . . again*

Él se echó **a** reir.
Ella aprendió **a** nadar.

He began to laugh.
She learned to swim.

9. before a noun or pronoun used as the direct object of the following verbs:

acercarse a *to approach*
arriesgarse a *to risk (oneself)*
asistir a *to attend*
asomarse a *to look or lean out*
dar a *to face (toward)*
dirigirse a *to head towards*
llamar a *to call; to knock*

oler a *to smell (like)*
oponerse a *to be opposed*
parecerse a *to look like, resemble*
responder a *to answer*
saber a *to taste (like)*
subir a *to climb, go up*
tener miedo a *to be afraid (of)*

Él se acercó **a** la casa.
La criada llama **a** la puerta.

He approached the house.
The maid knocks on the door.

Uses of the preposition *con*:

1. to translate *with*.

Vivo **con** mis padres.

I live *with* my parents.

2. to translate *notwithstanding*.

Con todos sus esfuerzos, salió mal
   en el curso.

Notwithstanding all his efforts,
   he failed the course.

3. with certain nouns to form adverbial expressions. (*See Lesson 10.*)

Lo leí **con interés**.
Ella lo hace **con cuidado**.

I read it *with interest*.
She does it *carefully*.

4. after certain verbs:

amenazar con *to threaten*
casarse con *to marry*
contar con *to count (on)*
cumplir con *to fulfill (obligations)*
dar con *to find; to meet unexpectedly*

encariñarse con *to become fond (of)*
encontrarse con *to meet, run into*
preocuparse con *to worry (about)*
soñar con *to dream (about)*
tropezar con *to stumble (over)*

Él se encontró **con** su tío
   en el centro.
Me preocupo **con** los problemas de mis amigos.

He ran into his uncle downtown.

I worry about my friends'
   problems.

EJERCICIOS

A. *Complete Ud. cada oración con* **a** *o* **con** *cuando hace falta una preposición.*

1. Los viajeros se pararon _a_ descansar.
2. Yo pensaba contar _con_ tu ayuda.
3. Me obligaron _a_ dársela.
4. Ya hemos cumplido _con_ nuestras promesas.
5. Pensamos ir _a_ esa universidad.
6. ¿Por qué le pegaste _a_ ese niño?
7. Vieron _a_ dos museos en Madrid.
8. Quiero que escuchen _con_ atención.
9. Esta puerta da _a_ un jardín hermoso.
10. Juan compró esa camisa _a_ mitad de precio.

B. *Exprese Ud. en español.*

1. I like to play tennis a lot. 2. On hearing the news, she began to cry. 3. He does not dare to do such a thing. 4. At twelve we sat down to eat. 5. She got married to a doctor.

La liberación de una doncella maya

En estos días en que tanto se habla de la liberación de la mujer, viene al punto° recordar un hecho insólito° ocurrido en el gran santuario maya de Chichén-Itzá, años antes de que llegaran a estas tierras los primeros hombres blancos. Como es sabido, la fama de esa ciudad se debía, en buena parte, a los ritos espectaculares que se hacían en honor de los dioses del agua para que no faltaran° las lluvias y que el maíz se diera siempre en abundancia. Como parte principal de esos ritos se ofrecía periódicamente a esas deidades,° una o más jóvenes vírgenes de las más bellas de la comarca.° Éstas eran ricamente ataviadas° con sus mejores galas° y arrojadas° al fondo del "Cenote° Sagrado", llamado también, "Cenote de los Sacrificios." La boca de este cenote, que aún existe, tiene 60 metros de diámetro y 20 de altura hasta la superficie° de agua. Era creencia° que en el fondo de este inmenso pozo° habitaban los Chaques o dioses del agua. Las doncellas que habrían de ser arrojadas eran previamente instruidas por nobles y sacerdotes sobre lo que habría de pedir a los dioses una vez que llegaran a su presencia. La multitud de espectadores que se congregaba con este motivo,° esperaba con ansiedad°

viene . . .*it is appropriate/unusual*

fail (lit., be lacking)

deities
region
adorned/costumes/thrown
well, reservoir

surface
Era . . . *It was believed/well*

reason/anxiety

193

CHICHÉN-ITZÁ: EXPLORACIÓN ARQUEOLÓGICA DEL CENOTE SAGRADO

la hora del mediodía, en que, según la tradición, debía salvarse alguna de ellas y salir a flote° para comunicar a la gente los resultados de su misión.

salir . . . *rise to the surface*

Ahora bien, en una de esas ocasiones ocurrió un hecho realmente sorprendente que dejó atónitos° a nobles y sacerdotes y que perduró° en la memoria de los habitantes de esa gran ciudad. Todavía en 1552 cuando el Oidor° Tomás López Medel visitó el lugar, los ancianos que habían sido testigos del suceso, pudieron darle una minuciosa° descripción de lo acontecido. López Medel, en la *Relación* que, entonces, escribió, nos cuenta que:

astonished
endured
Judge

meticulous

Cuando estaba en esa provincia durante mi visita de inspección, mirando los edificios de Chichén-Itzá que, sin duda, son dignos de admirarse, los ancianos y hombres principales de ese lugar me relataron un divertido incidente que sucedió en su tiempo, poco antes de que los españoles entraran a la conquista de esa tierra. Ese hecho consistió en que, teniendo ya lista una virgen para ser sacrificada en el modo que hemos explicado y diciéndole los sacerdotes lo que habría de pedirles a los dioses para que les enviase buenos tiempos, ella se rebeló y contestó de modo furibundo° que ninguna de esas recomendaciones habría de cumplir,° sino que, por el contrario, recomendaría que no les favoreciesen con maíz ni con nada de lo que pedían, debido a que ellos intentaban sacrificarla. La entereza° y aplomo° de esa virgen y de su exaltado discurso, causó tan gran efecto en el ánimo de los sacerdotes que, inmediatamente, la dejaron libre y, en su lugar, sacrificaron a otra.[1]

de . . . *furiously*
comply with

*courage (lit.,
wholeness)/self-assurance*

El hecho es realmente admirable si se toma en cuenta la condición de sometimiento° en que, entonces, se tenía a la mujer, así como el peso de la tradición y de todo el impresionante aparato religioso que rodeaba a la doncella. Leyendo este relato se piensa en lo distinto que° ahora fuese° el mundo de haberse multiplicado° en abundancia ese tipo de doncella que, lejos de aceptar resignadamente la tradición y el mandato de hombres y dioses, luchó por su liberación y por ser dueña° de su propio destino.

submission

lo . . . *how different/it
would be*
de . . . *if (this kind) had
multiplied*

in control (lit., owner)

[1]Los datos de López Medel están contenidos como Apéndice en la "Relación de las Cosas de Yucatán" de Diego de Landa, editada por Alfredo M. Tozzer. Papers of the Peabody Museum (Cambridge: Harvard University, 1941) p. 223.

≪La liberación de la mujer fue iniciada por una doncella maya de Chichén-Itzá≫, reproducido de *Acción Indigenista*, Boletín del Instituto Nacional Indigenista, número 262, México D.F., abril 1975.

CUESTIONARIO

1. ¿A qué se debía en gran parte la fama de Chichén-Itzá.? 2. Según la creencia, ¿quiénes habitaban el Cenote Sagrado? 3. ¿Sobre qué instruían a las doncellas que iban a ser arrojadas al Cenote? 4. ¿Por qué se congregaban los espectadores cerca del Cenote al mediodía? 5. ¿Cómo amenazó la virgen rebelde a los sacerdotes? 6. ¿Cuál fue el resultado de la amenaza de la virgen? 7. ¿Por qué se puede decir que la rebeldía de la virgen es realmente admirable?

EJERCICIOS

A. *Escoja Ud. la palabra o expresión equivalente.*

1. insólito	a. extraordinario	b. ordinario	c. de costumbre
2. comarca	a. letra	b. pintura	c. región
3. arrojado	a. echado	b. vendido	c. comprado
4. fondo	a. altura	b. hondura	c. superficie
5. cenote *well*	a. camino	b. senda	c. pozo *pool*
6. previamente	a. antes	b. después	c. ahora
7. sacerdote	a. soldado	b. labrador	c. religioso
8. ansiedad	a. felicidad	b. ansia	c. alegría
9. atónito	a. sereno	b. calmado	c. sorprendido
10. perdurar	a. terminar	b. permanecer	c. acabar
11. testigo	a. calendario	b. jefe	c. declarante
12. suceso	a. éxito	b. hecho	c. evidencia
13. minucioso	a. exacto	b. tarde	c. pronto
14. listo	a. perdido	b. preparado	c. tonto
15. furibundo	a. furioso	b. contento	c. satisfecho
16. cumplir	a. faltar	b. fracasar	c. hacer
17. intentar	a. olvidar	b. querer	c. despedir
18. entereza	a. firmeza	b. flaqueza	c. debilidad
19. exaltado	a. desanimado	b. apasionado	c. flojo
20. ánimo	a. animal	b. angustia	c. espíritu

B. *Complete Ud. cada oración.*

1. En estos días se habla mucho de la liberación femenina porque _____.
2. La doncella maya se rebeló porque _____.
3. La rebeldía de la doncella maya es realmente admirable porque _____.
4. Los sacerdotes hacían sacrificios para que _____.
5. Las mujeres estarán completamente liberadas cuando _____.

C. *Escriba Ud. una oración original con cada una de las palabras o expresiones siguientes:*

comarca	furibundo	dueña *owner*
ansiedad	tomar en cuenta *darse*	cumplir *finish*
sin duda	insólito *rara*	atónito
pozo *abajado*	perdurar	minucioso *exacto preciso*

D. *Exprese Ud. oralmente su opinión acerca de los sacrificios que hacían los mayas. Después escriba su opinión en un párrafo conciso.*

Una joven cordobesa obtiene el título de piloto

Antonio Yáñez

≪Aspiro a ser piloto comercial, pero como soy mujer, creo que me será muy difícil lograrlo≫, dice en una entrevista telefónica.

Una joven de Lucena (Córdoba) acaba de obtener en Málaga el título° de piloto de Aviación Civil. Herminia Serrano Carrasco, de veintiún años, tiene la juventud° y la vitalidad suficientes para que en su día pueda conseguir lo que es el sueño de su vida: hacerse piloto comercial y poderse ganar la vida pilotando aviones de gran envergadura.°

— Su madre —la localizamos° por teléfono en Lucena— está satisfechísima de la decisión de su hija.

— No hay más remedio° que acomodarse a los tiempos modernos, como ha hecho mi hija. ¡Pues claro que me parece estupenda su decisión! La lástima es que no tenga yo su edad para poder hacer lo mismo.

— Supongo° que será la admiración de todo el pueblo. . . .

— Por supuesto que sí.° Y más porque somos una familia muy conocida. Cuando hacía las prácticas,° pasó por aquí dos o tres veces, y todo° eran comentarios sobre su vuelo.

— ¿Tiene usted más hijos?

— Tengo un varón, que se dedica a los negocios,° en casa. Ella es la única aventurera. Pues claro que me gustaría que me llevase algún día con ella. Y no pierdo las esperanzas.

Al otro lado del hilo° telefónico localizamos en Málaga a la heroína lucentina.° Un compañero del hotel nos habla de

title, certificate
youth

wingspan, size
located

No . . . *There is no
    alternative*

I suppose

Por . . . *Of Course*
practice
everywhere

business

wire
from Lucena

que es decidida y simpática. ≪Encima, es una de las mujeres más guapas que podemos ver en Málaga.≫

—Por ahora—nos dice Herminia—solamente soy piloto civil, es decir, privado. Este título sirve para bien poco; para viajar en avioneta como deporte° o entretenimiento.° Y no soy rica como para tener una avioneta particular,° así que intentaré° hacerme piloto comercial, lo que autoriza a trabajar. Pero este título cuesta mucho dinero y tiempo, así que tendré que ir muy poco a poco.

sport/entertainment
private
I shall try

—¿Cuánto cuesta?

—Hay que empezar por acumular doscientas horas de vuelo, que cuestan a dos mil pesetas-hora. Y realizar° todo un curso° sobre el manejo° de instrumentos.

do, take
course/operation

De azafata a piloto

—¿Y por cuánto le ha salido° el título civil?   *amounted to*

—Algo más de 60.000 pesetas. Pero ahora ya ha su-
bido creo que a cerca de ochenta mil. He tenido que realizar
treinta horas de vuelo y pasar un examen teórico° y otro prác-   *theoretical*
tico.° Este último consiste en realizar un despegue,° hacer un   *practical/take-off*
ocho° en vuelo y una toma en espiral.°   *figure-eight/*toma . . .
                                                                     controlled spiral
—¿Cómo ha nacido en usted esta vocación?

Me he venido a Málaga con mis abuelos. Me puse a
trabajar en Iberia como azafata° de tierra y así fue como   *stewardess*
conocí a personas relacionadas con la aeronáutica. Como mi
contrato con la compañía es eventual,° renovable por   *provisional*
semestres,° entre una renovación y otra pasa bastante tiempo,   *por . . . every six months*
que he querido aprovechar° de un modo práctico.   *take advantage of*

Dificultad para trabajar

—¿Se encuentra satisfecha?

—Por supuesto. Pero ya le digo que aspiro a algo más.
A trabajar como piloto una vez tenga el título comercial. Con
ese se puede fumigar,° o pilotar un avión con publicidad°. . . .   *spray (pesticides*
                                                                    etc.)/advertising
El hecho de ser mujer, ¿no supondrá para usted cier-
tos inconvenientes? ¿La aceptarían, digamos, en una compañía aérea para realizar vuelos regulares o turísticos?

—Creo que me costaría mucho trabajo. Hay ciertas
profesiones en que la igualdad de sexos es solamente teórica.
Yo empezaría por trabajar en aviones pequeños, como ya le
he dicho. Y no renunciaría, ≪a priori≫, a pilotar un avión de
línea.° Pero una cosa es intentarlo° y otra conseguirlo.°   *airline/attempt*
                                                                    it/accomplish it

Antonio Yáñez, ≪Una joven cordobesa obtiene el título de piloto de aviación civil≫, reproducido de *ABC*, Madrid,
miércoles, 18 de febrero de 1976.

CUESTIONARIO

1. ¿Cuál es el sueño de la heroína cordobesa? 2. ¿Cuál es la opinión de su mamá? 3. ¿Por qué será Herminia la admiración de todo el pueblo? 4. ¿Qué esperanzas
tiene la mamá? 5. ¿Para qué sirve el título de piloto civil o privado? 6. ¿Por qué intenta
Herminia hacerse piloto comercial? 7. ¿Por qué tendrá Herminia que ir poco a
poco? 8. ¿Qué trabajo hizo Herminia antes de ser piloto? 9. ¿El hecho de ser mujer
supondrá dificultades para Herminia?

EJERCICIOS

A. *Escoja Ud. la palabra o expresión equivalente.*

1. lograr	a. fallar	b. alcanzar	c. evitar
2. belleza	a. hermosura	b. fealdad	c. mueca
3. juventud	a. vejez	b. adolescencia	c. final
4. aventurera	a. atrevida	b. tímida	c. indecisa
5. decidida	a. insegura	b. determinada	c. débil
6. simpática	a. grosera	b. impertinente	c. amable
7. guapa	a. bella	b. fea	c. repugnante
8. entre-tenimiento	a. aburrido	b. recreo	c. cansancio
9. particular	a. ajeno	b. extraño	c. propio
10. realizar	a. conseguir	b. rechazar	c. fallar
11. azafata	a. aeromoza	b. astronauta	c. cajera
12. aprovechar	a. perder la oportunidad	b. utilizar	c. malgastar

[handwritten annotations: "entertainment" near item 8; "el sobre cargo / la sobre cargo" near items 10-11]

B. *Complete Ud. cada oración.*

1. La joven cordobesa puede llegar a ser piloto comercial con tal que _____.

2. La joven de Lucena aspira a trabajar como piloto cuando _____.

3. Si la cordobesa _____ su título de piloto comercial, _____ pilotar un avión con publicidad.

4. Si una persona tiene un contrato renovable, eso quiere decir que _____.

C. *Escriba Ud. una oración original usando alguna forma del verbo* **realizar.**

D. *Escriba Ud. una oración original empleando alguna forma del verbo* **dar** *en la expresión* **darse cuenta.**

E. *Exprese Ud. oralmente sus ideas acerca de la liberación femenina y después escríbalas en un párrafo conciso.*

Nota Gramatical

The preposition *de*

Uses of the preposition **de**:

1. to translate *of* or *from*.

Quiero un vaso **de** vino.	I want a glass *of* wine.
Las flores son **de** mi jardín.	The flowers are *from* my garden.

2. to indicate possession.

Esta es la casa **de** mi amiga.	This is my friend's house.

3. to indicate the material from which something is made.

Este florero es **de** cobre.	This vase is (*made of*) copper.

4. before an infinitive used to modify a noun.

Este libro es difícil **de** leer.	This book is hard to read.

5. in time expressions.

de noche	*by* night
a las once **de** la noche	at eleven *at* night
a las seis **de** la mañana	at six *in* the morning

6. to indicate occupation, equivalent to *as*.

Ella trabajaba **de** secretaria. *como*	She worked *as* a secretary.

7. to indicate the purpose or use of an accompanying noun.

Tengo una máquina **de** coser.	I have a sewing machine.

8. with nouns, to form certain adverbial expressions.

Ella fue **de** mala gana.	She went unwillingly.

9. with a past participle, to describe how a state or appearance is achieved.

El coche está cubierto **de** polvo.	The car is covered *with* dust.

10. to introduce the agent after verbs in the passive voice if the action is mental or emotional.

El rey era amado **de** todos.	The king was loved *by* all.

11. before an infinitive used as the direct object of the following verbs:

acordarse de *to remember*	haber de *to be (supposed) to*
alegrarse de *to be happy (about)*	olvidarse de *to forget*
dejar de *to stop*	tener miedo de *to be afraid (of)*
encargarse de *to take charge (of)*	tratar de *to try*

Lección 14

Tengo miedo **de** nadar en el lago.	I'm afraid to swim in the lake.
Él se acordó **de** llamar a su padre.	He remembered to call his father.
He **de** cantar allí mañana.	I am to sing there tomorrow.

12. before a noun or prounoun used as object of the following verbs: + *before an infinitive*

arrepentirse de *to regret, be sorry*	fiarse de *to trust*
acordarse de *to remember*	forrar de *to cover (in)*
burlarse de *to laugh at*	gozar de *to enjoy*
carecer de *to lack, be lacking (in)*	mudar de *to change; to move*
coger de *to take (by)*	olvidarse de *to forget*
constar de *to consist (of)*	partir de *to leave (from)*
depender de *to depend (on)*	pensar de *to think (of)*
desconfiar de *to distrust*	reírse de *to laugh (at)*
disfrazarse de *to dress up (as)*	salir de *to leave*
enterarse de *to find out (about)*	temblar de *to shiver (from)*
enamorarse de *to fall in love (with)*	

El éxito de la fiesta depende **de** la música.	The success of the party depends *on* the music.
Él salió **de** la escuela.	He left school.

EJERCICIOS

A. *Complete Ud. cada oración usando* **a, con,** *o* **de.**   *Test*

1. Esos libros son _de_ la profesora.
2. ¿Quieres venir _____ ellos?
3. Esta carta es _____ mis tíos.
4. ¿Conoces _____ aquel señor?
5. Hoy me levanté _____ las cinco _____ la mañana.
6. Lo amenazaron _con_ la muerte.
7. Susana trabaja _de_ intérprete.
8. Manuel va _con_ sus amigos.
9. ¿Creen que el español es fácil _a_ aprender?
10. Tienen que tratar _de_ terminarlo hoy.
11. Yo no veo _a_ tu prima.

B. *Exprese Ud. en español.*   *de hablar*

1. Do you think Spanish is difficult to speak?   2. I don't know why they forgot to do that.   3. That watch is gold; this one is silver.   4. We are going to leave here at three in the afternoon.   5. What do you think of him? I am afraid of him.

LECCIÓN 15

Forja

Juan Pérez Ávila

Antier° hablamos de que, más que en cartas o vuelos de aves, residuos de café o líneas de la palma de la mano, es en el rostro donde se va perfilando° el suceso diario que vive el hombre. A través de los ojos puede advertirse°—decíamos— el fondo, el alma; el brillo° siniestro denota maldad.° La luz en la pupila tranquila, es índice claro de una conciencia sin cargos.

     Pero también existen rostros sin expresión, como hay hombres sin personalidad.

     El inteligente Luis Fernando Nieto afirma que se trata de un problema que no se arregla con cirugía plástica: «Porque no se trata de rasgos fisionómicos° externos».

     En algunos rostros no se vislumbra° ninguna huella° de pasión momentánea o de estado de ánimo° permanente. El enojo,° el gozo,° el dolor que hayan logrado experimentar,° no ha germinado en la hondura° misteriosa del espíritu. Son los que se aferran° a la idea materialista de que son sólo físico: un organismo integrado por órganos. Carecen° del impulso y la inspiración que produce el saber que, aparte de eso, independientemente de que somos materia, también somos espíritu.

     Despersonalizados. Automatizados. Masificados.° Han buscado en vano, no se han encontrado a ellos mismos, porque han perdido la voluntad, y han preferido seguir siendo

Antier = Anteayer

se . . . *follow in sequence*
be noticed
gleam/evil

facial

discern/trace
spirit
*anger/delight/*que . . . *which they have managed to experience*
depth
se . . . *seize*
They lack

Made into masses

203

lo que han sido, sin intentar asirse° de la meditación sobre los grandes acontecimientos que nos rodean. Para decirlo con jocosidad:° se han negado a subir por la luz de la linterna° eléctrica del loco, argumentando que ≪cuando ya estén arriba, éste° la pueda apagar≫.°

    Cuando así lo decidan, podrán cincelarse° un rostro y tener una personalidad, pero para ello se verán obligados a despojarse° de la irresponsabilidad en que incurren para con° ellos mismos, al no utilizar la alquimia° cerebral en la elaboración de ideas sensatas,° bien proyectadas,° que beneficien a la comunidad, a la ciudadanía,° al pueblo.

    Cuando todos los hombres tengan un rostro, habremos dado un paso grande, en la búsqueda° de la responsabilidad nacional que tanto necesita nuestro país—y el mundo—para derrotar las calamidades que nos amenazan.°

sin . . . without trying to seize

humor/lantern

= el loco/switch it off

carve out for themselves

get rid of/para . . . = hacia
alchemy
sensible/bien . . . well thought out
citizenry

search

threaten

Reproducido de *El Diario de Nuevo Laredo,* Nuevo Laredo, Tamaulipas, México, 20 de mayo de 1976.

CUESTIONARIO

1. ¿Qué puede advertirse a través de los ojos? 2. ¿Qué denota el brillo siniestro? 3. ¿De qué es índice la luz en la pupila tranquila? 4. ¿De qué carecen los que no vislumbran pasión en el rostro? 4. ¿Por qué se dice que los despersonalizados no se han encontrado a ellos mismos? 6. ¿Qué necesitan hacer los despersonalizados para tener una personalidad? 7. ¿Por qué es importante que todos los hombres tengan un rostro? 8. ¿Por qué estudian algunas personas la líneas de la palma de la mano? 9. ¿Piensa Ud. que hay una relación entre lo que se vislumbra en el rostro y el espíritu del individuo? ¿Por qué?

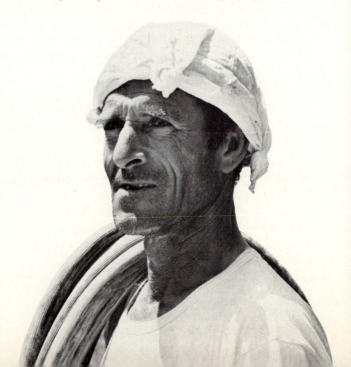

EJERCICIOS

A. *Escoja Ud. la palabra o expresión equivalente.*

1. rostro — a. cara — b. estómago — c. espalda
2. siniestro — a. agradable — b. amable — c. ominoso
3. denotar — a. indicar — b. detener — c. exigir
4. maldad — a. amabilidad — b. cortesía — c. crueldad
5. rasgo — a. palo — b. cualidad — c. volante
6. enojo — a. alegría — b. ira — c. placer
7. gozo — a. placer — b. cólera — c. furia
8. dolor — a. felicidad — b. agrado — c. pena
9. lograr — a. fallar — b. alcanzar — c. faltar
10. experimentar — a. sentir — b. evitar — c. negar
11. carecer — a. faltar — b. tener — c. sobrar
12. despersonali-zado — a. sin personali-dad — b. con identi-dad — c. con carácter
13. automatizado — a. maquinal — b. humanístico — c. sin máquina
14. masificado — a. independiente — b. en masa — c. autónomo
15. voluntad — a. ánimo — b. abulia — c. pesimismo

B. *Complete Ud. cada oración.*

1. Algunos creen que la expresión del rostro _____ la personalidad del indi-viduo.
   Otros dudan que eso _____ la verdad.
2. Aunque algunas personas _____ a una idea materialista, la verdad es que _____ .
3. Los despersonalizados han buscado en vano porque _____ .
4. Cuando todos los hombres _____ , nuestro país y el mundo _____ mejor.

C. *Escriba Ud. una oración original con cada una de las siguientes palabras o expresiones:*

sin cargos   carece
despersonalizado   masificado
para con   falta
automatizado

D. *Exprese Ud. oralmente su opinión acerca de lo que se refleja en el rostro con respecto al espíritu del individuo, y después escríbala en un párrafo conciso.*

La felicidad *Carmen A. de Piña*

¿Qué es la felicidad? Muy a menudo nos hacemos esa pregunta.

La felicidad nace en nuestro corazón, aceptando lo que tenemos como algo precioso, que sólo una vez se vive.

Ver nacer el día que se asoma° poco a poco en el horizonte dorado° y disfrutar cada uno de sus segundos.

Lloramos los reveses° que nos da la vida, pero gozamos cuando al despertar nos damos cuenta que tenemos muchas otras cosas que nos hacen sentir dicha:° ver crecer a nuestros hijos con salud, sentir las caricias° de sus manos, halagarnos° el oído con sus risas,° sentir la mano y comprensión de un amigo y compartir con nuestro compañero el tiempo andado.

La felicidad es agridulce,° es la vida diaria con su goce y sufrimiento, no podríamos conocerla y disfrutarla si no conociéramos la parte amarga° y, entonces, qué deliciosa nos parecerá y saborearemos uno a uno los momentos que nos brinda.°

Pensemos, meditemos y ya en este precioso don:° la inteligencia, encontraremos la respuesta.

se . . . shows itself
golden

reverses

happiness
caresses
delight ourselves/laughs

bittersweet

bitter

offers

gift

Carmen A. de Piña, mexicana. Reproducido de *El Bravo*, Matamoros, Tamaulipas, México, domingo, 23 de mayo de 1976.

CUESTIONARIO

1. ¿Dónde nace la felicidad?   2. ¿Qué se debe hacer al ver nacer el día?   3. ¿Qué se puede hacer para olvidar los reveses que nos da la vida?   4. ¿Por qué se puede decir que la vida es agridulce?   5. ¿Cuál es su definición de la felicidad?

EJERCICIOS

A. *Escoja Ud. la palabra o expresión equivalente.*

1. a menudo   a. frecuentemente   b. nunca   c. jamás
2. asomarse   a. correr   b. aparecer   c. arrodillarse
3. disfrutar   a. tener aversión   b. disgustar   c. gozar
4. reveses   a. éxitos   b. desastres   c. triunfos
5. despertar   a. levantarse   b. dormir   c. acostar
6. dicha   a. felicidad   b. infelicidad   c. desventura
7. halagarse   a. desdeñar   b. festejar   c. castigar
8. compartir   a. negar   b. prohibir   c. repartir
9. agridulce   a. dulce y amargo a la vez   b. dulce   c. amargo
10. amargo   a. agrio   b. azucarado   c. dulce
11. saborear   a. tirar   b. probar   c. rechazar
12. brindar   a. ofrecer   b. talento   c. defecto

B. *Complete Ud. cada oración.*

1. Es importante que tú _____ la felicidad.
2. Es evidente que la felicidad _____.
3. A pesar de que la vida nos _____ reveses, nosotros _____.
4. ¿Cree Ud. que la felicidad _____?
5. Me aconsejaron que yo _____ en el precioso don de la inteligencia.

C. *Escriba Ud. una oración original con cada una de las siguientes palabras o expresiones:*

poco a poco   uno a uno   goce
sufrimiento   saboreo   disfruta

D. *Exprese Ud. oralmente su idea de cómo se puede alcanzar la felicidad y después escríbala en un párrafo conciso.*

Nota Gramatical

The preposition *en*

Uses of the preposition **en**:

1. to translate *in, into, on.*

en la primavera	*in* the spring
en la caja	*in (into)* the box
en la silla	*on* the chair

2. with certain nouns and adjectives to form adverbial expressions.

   Él lo dijo **en** broma.   He said it jokingly.

3. to describe a means of travel.

   Voy **en** tren.   I am going *by* train.

4. before an infinitive used as the direct object of the following verbs:

consentir en	*to consent (to)*	insistir en	*to insist (on)*
consistir en	*to consist (of)*	pensar en	*to think (about)*
convenir en	*to agree (upon)*	persistir en	*to persist*
empeñarse en	*to persist*	tardar en	*to take (time)*

   Él consintió **en** venir.   He consented to come.
   Tardamos cinco horas **en** terminarlo.   We took five hours to finish it.

5. before a noun or pronoun used after the following verbs:

confiar (en)	*to trust; to confide*	fijarse en	*to notice*
consistir en	*to consist (of)*	meterse en	*to get involved*
entrar en	*to enter*	pensar en	*to think (about)*

   Ellos confiaron **en** ella.   They trusted her.
   ¡Entremos **en** el teatro!   Let's go into the theater.

EJERCICIO

Complete Ud. las oraciones usando **en, de, a** *o* **con.**

1. ¿Qué pusiste _en_ esa caja?
2. Queremos entrar _en_ aquel edificio.
3. No nos han dicho lo que han _de_ hacer mañana.
4. Es posible que tarden _en_ partir.
5. Quiero comprar un máquina _de_ escribir.

6. ¿*Con* quién se casó ella?
7. ¿Quién se atrevió *a* hacer tal cosa?
8. ¿Me hablas *en* serio?
9. Muchas personas insisten *en* llegar temprano.
10. ¿Qué vas a hacer *con* tantos lápices?
11. El joven vino vestido *de* gitano.
12. ¿Vamos a pie o *en* auto?
13. Tienes que confiar *en* mí.
14. Nunca se fijaron *de* ella.
15. Me gusta jugar *a* las cartas.

LECCIÓN 16

El tamiz o el caos universitario

Dr. Daniel Mir

En Cancún, el nuevo paraíso turístico de México (los financieros tienen el mal gusto° de elegir siempre lugares como Acapulco, Puerto Vallarta, Cancún, etcétera para sus reuniones), se celebra la Asamblea de Gobernadores, o sea de Ministros de Hacienda,° de los países miembros del BID— Banco Interamericano de Desarrollo°—que preside desde hace años nuestro ex Secretario de Hacienda, Lic.° Antonio Ortiz Mena.

    En el discurso inaugural, el Lic. Ortiz Mena enfatizó° que se plantea° a nivel° latinoamericano la necesidad de democratizar el sistema de educación postsecundaria, de manera que los estudiantes sean seleccionados° por sus méritos y antecedentes° personales, cualquiera que sea° el nivel de ingresos° de su grupo familiar.

    No hace mucho planteamos° aquí mismo el tema,° en un artículo que preguntaba si la educación universitaria es un derecho o un privilegio, entendiendo el término privilegio como selección y no como potestad° de ricos y de influyentes.

    Convinimos° en que las instituciones universitarias son la base del progreso cultural y científico de una nación, y que en las universidades deben estar los mejores cerebros° de un país, trabajando, investigando, enseñando y aprendiendo,

el . . . the bad taste

Finance
Development
= Licenciado, *title of attorneys*

emphasized
se . . . is being felt/level

chosen
case histories/
  cualquiera . . . whatever may be
income
expounded/theme

perquisite

We agreed

brains

210

o sea con materia prima° con capacidad para aprender y pen- materia . . . *raw material*
sar.

Expusimos° la misma tesis que el presidente del BID, *We set forth*
que pide que ≪los estudiantes sean seleccionados por sus
méritos y antecedentes≫.

Es que hemos llegado a un punto que ofrece un dilema
definitivo: el tamiz,° la selección, o el caos. Vamos a poner un *sieve, strainer*
ejemplo ilustrativo.

En estos días, en Francia, se ha desarrollado° una pro- *developed*
testa universitaria que casi recordó el histórico 1968.
¿Causas? Un secundario decreto° sobre reformas univer- *decree*
sitarias.

¿Causas reales? Hay más de 800.000 estudiantes en
Francia, más que sumados° los de Alemania e Inglaterra jun- *totalled*

tos.° Estos estudiantes saben que no habrá trabajo para todos ellos cuando terminen. *together*

Pero ellos no han creado este mundo; no son responsables de esta situación. HA SIDO EL MITO,° MUY HONORABLE APARENTEMENTE, DE QUE TODOS TENEMOS ACCESO A LA CULTURA,° el que los ha precipitado en este sistema. *myth* *knowledge*

Hubo un tiempo en que la vida del estudiante era un paréntesis en su vida; ahora, son cuatro o cinco años de angustia,° porque se sabe que al terminar, solamente los mejores y más afortunados conseguirán° algo que responda° a su esfuerzo.° *anxiety* *will obtain/corresponds* *effort*

Se ingenian° sistemas educativos más orientados hacia la vida activa, pero en tanto° no se ponga en práctica el tamiz, la selección, la situación irá del mal en peor. *Se . . . There are being developed* *en . . . so long as*

El ejemplo francés que hemos presentado vale para explicarnos gran parte del malestar° que se observa en todas las Universidades de nuestro País. *uneasiness*

Gran parte del malestar, porque queda una parte que obedece° a tejesmanejes° políticos. *obeys/skullduggery*

Las Universidades, en casi todo el mundo, se están convirtiendo en un problema imposible; en las que no se usa el tamiz, el problema se convertirá en un caos, con la agravante° de que ese caos no es a largo plazo.° *added difficulty* *a . . . long term*

En definitiva, el gran miedo a la vida es el verdadero motivo del principal malestar universitario; con el tamiz, ese miedo se reduciría notablemente.

Hecho curioso: la Universidad se está convirtiendo en una parte frágil del edificio social. Y esto es grave, muy grave. . . .

Reproducido de *El Norte*, Monterrey, Nuevo León, México, 20 de mayo de 1976.

CUSTIONARIO

1. ¿Qué lugares eligen los financieros para sus reuniones?   2. ¿Qué enfatizó el Licenciado Ortiz Mena?   3. ¿Por qué se dice que las instituciones universitarias son la base del progreso cultural y científico de una nación?   4. ¿Cuál es el dilema definitivo?   5. ¿Qué saben los estudiantes de Francia?   6. ¿Cuál es el mito que ha precipitado a los estudiantes en su sistema?   7. ¿Cuál es la angustia de los estudiantes?   8. ¿Por qué irá la situación de mal en peor?   9. ¿Cuál es el gran miedo a la vida?   10. ¿Cómo se puede reducir el miedo?

EJERCICIOS

A. *Escoja Ud. la palabra equivalente.*

1. caos	(a.) confusión	b. serenidad	c. calma
2. paraíso	a. infierno	(b.) Edén	c. alboroto
3. reunión	(a.) mitin	b. dispersión	c. esparcimiento
4. desarrollo	(a.) progreso	b. regresión	c. retroceso
5. hacienda	a. cielo	(b.) economía	c. invierno
6. ingreso *profit*	a. gasto	b. salida	(c.) ganancia
7. potestad	a. poder	(b.) debilidad	c. abdicación
8. influyente	a. débil *weak*	(b.) prestigioso	c. insignificante
9. convenir *agree*	a. disputar	b. arguir	(c.) acordar
10. cerebro	(a.) talento	b. pie	c. espalda
11. antecedente	(a.) referencia	b. milagro	c. rezo
12. angustia *anxiety*	a. felicidad	b. alegría	(c.) ansia *anxiety*
13. afortunado *unfortunate*	(a.) venturoso *lucky*	b. desdichado	c. infortunado
14. esfuerzo	a. debilidad	b. pereza	(c.) impulso
15. tejesmanejes *underhanded*	a. joyas	b. bancos	(c.) maniobras

B. *Complete Ud. cada oración.*

1. Es necesario democratizar el sistema de educación para que _____.
2. El presidente pidió que los estudiantes _____ seleccionados por sus méritos.
3. Creo que se debe usar el tamiz antes de que _____.
4. Según el Dr. Daniel Mir el tamiz es _____ y debe ser empleado para evitar _____.

C. *Escriba Ud. oraciones originales con las siguientes palabras o expresiones:*

grave	ir de mal en peor	a largo plazo
frágil	nivel	cualquiera

D. *Exprese Ud. oralmente su opinión acerca del tema si la educación universitaria es un derecho o un privilegio y después escríbala en un párrafo conciso.*

Nota Gramatical

The preposition *para*

Uses of the preposition **para**:

1. to indicate purpose, use, or goal.

   Él está trabajando mucho **para** terminar
     la tarea.

   Estos vasos son **para** vino.

   He is working hard *in order* to finish
     the homework.

   These glasses are *for* wine.

2. to express destination or recipient.

   Ellos salieron **para** el teatro.

   Las rosas son **para** ti.

   They left *for* the theater.

   The roses are *for* you.

3. to express a deadline or limit of time.

   Termínelo Ud. **para** mañana.

   Estaré aquí **para** las seis.

   Finish it *by* tomorrow.

   I'll be here *by* six.

4. in comparisons where a standard is set.

   Ella toca bien **para** una niña de ocho anos.

   Para un hombre tan gordo, él baila bien.

   She plays well for a child of eight.

   Considering that he is such a fat man,
     he dances well.

5. with the verb **estar** to indicate something about to happen.

   El avión está **para** aterrizar.

   The plane is *about* to land.

EJERCICIO

Complete Ud. cada oración usando **a, para** *o* **de.**

1. ¿Quieres una pluma _para_ escribir?
2. Voy a tomar un vaso _de_ leche.
3. Creo que vamos _a_ un concierto esta noche.
4. La película está _para_ empezar.
5. _Para_ su edad, Elenita es muy alta.
6. _a_ su edad, yo también era muy alta.
7. Mañana salimos _para_ México.
8. Me gustaría ir _para_ Francia.
9. Esta carta va a ser difícil _____ escribir.
10. Tenemos que hacer la tarea _para_ el viernes.

LECCIÓN 17

Genios analfabetos

Juan J. López Ibor

Una vez le pregunté a un amigo con excepcionales dotes° para
el mundo de los negocios° a qué atribuía él mismo sus éxitos.
Reflexionó un momento y me habló de su memoria fabulosa
para las cifras° y los balances.° Esa fabulosa memoria le permite andar por las cumbres económicas sin tomar nunca una
nota. Mi comentario le dejó un tanto° perplejo: le conté el caso
de un calculador extraordinario a quien conocí en un mani-
comio° provinciano. Era capaz de calcular rápidamente,
cuando se le daba la propia fecha de nacimiento, la cantidad
de minutos de vida que tenía el interpelante.° ¡Sin olvidar en el
cálculo los años bisiestos!° Otras varias capacidades nu-
méricas análogas eran su fuerte. Lo sorprendente del caso era
que no sabía multiplicar. No menos sorprendente° resultó el
hecho de que su inteligencia era, evidentemente, muy inferior
a la normal.

    Me he acordado° de esta anécdota cuando leía los re-
sultados de algunas investigaciones pedagógicas recientes.
Tales investigaciones realizadas con diversos métodos
psicológicos, han puesto de manifiesto° en la población escolar un retroceso° de la capacidad de pensar conceptualmente y
de la de expresarse mediante° el lenguaje; apenas es necesario

gifts

mundo . . . *business world*

figures/balance sheets

un . . . *a little*

mental hospital

questioner
años . . . *leap years*

surprising

Me . . . *I remembered*

han . . . *have made
obvious*
decrease
by means of

215

insistir en las íntimas relaciones que tiene el lenguaje con la escritura del pensamiento. En cambio, se ha desarrollado extraordinariamente su capacidad de cálculo. Uno de los ≪test≫ empleados contiene una prueba° referente al número de adiciones que son capaces° de efectuar los alumnos en un tiempo determinado. En el año 1925 los muchachos situados entre los catorce y los dieciséis años de edad resultaban capaces de realizar en las condiciones experimentales 1.600 adiciones, y en el año 1957, 2.000; es decir, un 30 por 100 más. En cambio, en las pruebas en que se mide° la capacidad de juicio,° o la amplitud° de la comprensión, o la capacidad de expresarse mediante el lenguaje, los niveles actuales perdían puntos con respecto a los de 1925. Podría añadir otros muchos resultados obtenidos en la citada encuesta:° la línea en que se insertan es la misma. Evidentemente nos hallamos ante° una mutación en las capacidades intelectuales de la juventud contemporánea, mutación que es debida, sin duda, al medio educativo y cultural en el cual florece. . . .

       Es necesario que, a la par° que los puros conocimientos técnicos, se cultive, en la sociedad contemporánea, lo que de humano hay en el hombre. No es fácil. El esfuerzo que exige la posesión de una técnica° consume tantas energías que, muchas veces, el individuo queda exhausto para° otras posibilidades de cultivar lo humano. También aquí estamos en pleno juego paradójico,° porque la tecnificación supone—al menos esa es su intención—un ahorro° del esfuerzo humano. Cada vez más se reducen las horas de trabajo; pero la ≪cuota del ocio≫° queda dificultosamente, y a veces malignamente,° rellena,° porque sigue actuando° sobre ella el impacto técnico en forma de distracciones técnicas prefabricadas, masificadas.°

test
capable

se . . . is measured
judgment/breadth

inquiry

nos . . . we are facing (lit., we find ourselves before)

on a par, equally

technology
queda . . . is too tired for

en . . . in the middle of a paradox
saving

leisure/harmfully
filled/sigue . . . acts continually

mass-produced

¿Es posible que, junto a ese incremento en la capacidad calculadora del hombre contemporáneo, se cultive su capacidad para el lenguaje, para la exposición de sus sentimientos, para su vida personal? ¿Existe una incompatibilidad puramente histórica o circunstancial entre ambos caminos, o se trata de una incompatibilidad más radical y honda? Por mi parte, no me atrevería° a contestar unívocamente° a esta pregunta. Si el saber° ocupa lugar, unos saberes deben desplazar a otros. Si existen otras formas de saber que los técnicos, los cuales no se computan mediante la acumulación de conocimientos, sino que se empeñan° en mejorar los perfiles° y los hondones° de la personalidad, no tiene por qué existir tal incompatibilidad. El mundo moderno debe proponerse, como tema, desentrañar° esta cuestión. No dejarla sólo al libre arbitrio° individual, sino intentar aumentar, al menos proporcionalmente al crecimiento de los utensilios técnicos, las posibilidades de que los hombres puedan encontrar un sentido cada vez más profundo a su vida.

     Los «genios» verdaderos no tienen por qué ser analfabetos,° tomando la expresión «cum grano salis».° Nunca lo han sido. Sólo debe calificarse de genios a quienes sean capaces de enriquecer° la vida humana. El hombre de la calle no debe contentarse, como el primitivo, con unos cuantos abalorios° técnicos, por útiles que resulten.° La exigencia de que busque, simultáneamente, lo que por dentro puede enriquecerle, es cada vez más perentoria.° Sabio es el que sabe sobre el hombre. Los demás saberes, por importantes que sean, pertenecen° a un plano distinto.

no . . . *I would dare not*
unequivocally/knowledge

se . . . are concerned with
outlines/depths

get to the bottom of (lit., disembowel)
libre . . . *free choice*

illiterate/cum . . . *with a grain of salt (Latin)*

enrich

baubles/por . . . *however useful they may be*

mandatory

belong

Reproducido de *ABC*, Madrid, 8 de octubre de 1959.

CUESTIONARIO

1. ¿A qué atribuía el amigo sus éxitos en el mundo de los negocios? 2. ¿Qué le contó el autor que le dejó perplejo? 3. ¿Qué han revelado algunas investigaciones pedagógicas con respecto al pensamiento? 4. ¿Qué han revelado algunas investigaciones pedagógicas con respecto al cálculo? 5. ¿A qué se debe la mutación en las capacidades intelectuales? 6. ¿Por qué se dice que hay un pleno juego paradójico? 7. ¿Qué tema debe proponerse al mundo moderno? 8. ¿A quiénes deben calificarse de genios verdaderos?

EJERCICIOS

A. *Escoja Ud. la palabra o expresión equivalente.*

1. sabio   a. ignorante   b. erudito   c. bruto
2. cifra   a. número   b. regalo   c. retrato
3. portento   a. engaño   b. ordinario   c. maravilla
4. ahorro   a. gasto   b. el guardar   c. pérdida
5. ocio   a. inacción   b. trabajo   c. prisa
6. desentrañar   a. resolver   b. juntar   c. ayudar
7. analfabeto   a. educado   b. inteligente   c. iletrado
8. perentoria   a. urgente   b. innecesario   c. inmotivado
9. desplazar   a. congregar   b. mantener   c. eliminar
10. interpelante a. el que hace   b. el que responde c. el que brinca
                     preguntas

B. *Complete Ud. cada oración.*

1. No hay ningún genio analfabeto en esta universidad que _____ yo.
2. ¿Conoce Ud. a algún genio analfabeto que _____ a esta universidad?
3. Él dice que conoce a un hombre que _____ un genio analfabeto.
4. Por importante que _____ esa opinión, es difícil que nosotros la _____.

C. *Escriba Ud. una oración original con cada una de las siguientes palabras o expresiones:*

sabio   ocio   a la par
cifra   desentraña   cada vez
portento   analfabeto   en cambio
ahorro

D. *Conteste Ud. las siguientes preguntas.*

1. ¿Cómo define Ud. las cumbres económicas? 2. ¿Cuáles son los años bisiestos? 3. ¿Qué son investigaciones pedagógicas? 4. ¿Cómo define Ud. una prueba en que se mide la capacidad de juicio? 5. ¿Cómo define Ud. una encuesta? 6. ¿Cómo define Ud. la tecnificación? 7. ¿Cómo define Ud. el libre arbitrio? 8. ¿Cuál problema ha de resolver el hombre en el mundo moderno?

E. *Exprese Ud. oralmente su opinión acerca de los genios verdaderos y después escríbala en un párrafo conciso.*

Nota Gramatical

The preposition *por*

Uses of the preposition **por:**

1. to introduce the agent after a verb in the passive voice.

   Azul fue escrito **por** Rubén Darío.   *Azul* was written *by* Rubén Darío.

2. to describe a means of transportation or communication.

   Voy a mandarlo **por** barco.   I'm going to send it *by* boat.
   Hablamos **por** teléfono.   We talked *by* telephone.

3. to indicate exchange.

   Le di dos dólores **por** el libro.   I gave him two dollars *for* the book.
   Ella pagó demasiado **por** ese vestido.   She paid too much *for* that dress.

4. to translate *through, by, along* with a verb of action.

   Caminamos **por** el parque.   We walked *through* the park.
   Pasamos **por** la escuela.   We passed *by* the school.
   Ellos se pasearon **por** la orilla.   They strolled *along* the shore.

5. to indicate the purpose of an errand.

   He venido **por** mi cheque.   I have come *for* my check.

6. to translate *instead of, in favor of, on behalf of, for the sake of.*

   Él enseñó la clase **por** mí.   He taught the class *for* me.
   El gobernador está **por** la ley.   The governor is *in favor of* the law.
   Ellos lucharon **por** la libertad.   They fought *for* liberty.
   Juan hablará **por** la clase.   John will speak *on behalf of* the class.
   Lo hicimos **por** mi padre.   We did it *for* my father's sake.

7. to indicate duration, length of time.

   Esperamos **por** dos horas.   We waited *for* two hours.

8. with the verb **estar** to express something yet to take place at an undetermined time in the future.

   Su novela todavía está **por** publicarse.   His novel is yet *to be* published.

9. to explain the reason for an action or reaction.

   Él no asistirá a la conferencia **por** no   He will not attend the lecture *because* he
   comprender el español.   does not understand Spanish.

10. to express mistaken identity.

    Él le tomó **por** un hombre sabio.   He took him *for* a wise man.

11. to indicate speed or frequency.

Manejamos a sesenta millas **por** hora.   We drove at sixty miles *per* hour.
Él venía tres veces **por** mes.   He used to come three times *a* month.

12. in certain idiomatic expressions.

¡Por Dios!   *For* Heaven's sake!
Ella compra al **por mayor** (al **por menor**).   He buys *wholesale (retail)*.
Por poco me caigo.   I *almost* fell.
Por lo menos él es amistoso.   *At least* he's friendly.
Por aquí, por favor.   *This way, please.*
Dos **por** dos son cuatro.   Two *times* two are four.
por la tarde   *in the afternoon* (when no hour is expressed)

EJERCICIO

Complete Ud. cada oración usando **por** *o* **para.**

1. Hemos comprado unas tazas *para* café.
2. Mañana pienso salir *para* México.
3. Se quedaron aquí *por* tres horas.
4. ¿Cuánto pagaste *por* ese coche?
5. Muchas personas pasan *por* aquí todos los días.
6. Estos regalos son *para* ti.
7. Él quiere aprender más *para* tener éxito en su carrera.
8. No quiero que hables *por* mí.
9. ¿*Para* cuándo vas a terminar?
10. Me tomó *por* un policía.
11. Lo enviaron *por* avión.
12. Andaban mucho *por* ese parque.
13. *Para* un muchacho de doce años, toca bien.
14. Esa tarea todavía está *por* terminar.
15. Antes venían aquí dos veces *por* semana.
16. Tenemos que multiplicar este número *por* aquél.
17. Muchos libros fueron escritos *por* ese autor.
18. Quiero estar allí *para* esa fecha.
19. Mandaron al niño *por* pan.
20. Te llamo *para* que vengas con nosotros.

LECCIÓN 18

Los viejos cafés madrileños

Los cafés madrileños, muy distintos de los italianos y franceses, aunque vayan desapareciendo,° tienen una personalidad inconfundible,° desde que se implantaron en la Villa y Corte,° en el siglo XVIII, hasta ahora, si bien desvirtuados° a veces en los últimos tiempos por asirse° a los bares y a las ≪cafeterías≫ para poder sobrevivir,° amoldándose° a unos o a otras, según sus posibilidades.

     Un madrileño neoclásico, el desalentado° y descontento volteriano° Leandro Fernández de Moratín . . . decía con razón,° en *La comedia nueva*, no muy posterior° a la aparición de los cafés en Madrid, que al café se debía ir a tomar café, esencialmente, y no a otras cosas.

     Y lo decía con razón, porque a los cafés de Madrid— en el *café* en cuestión, tomado de la realidad—más que en ninguno de España y de los del resto de Europa, las gentes tomaban café, ciertamente, pero iban más a charlar,° a comentar sucesos° o a hacer crítica literaria. . . .

     Y si en los cafés del siglo XVIII se hacía crítica literaria y se conversaba, predominantemente, más tiempo que el del acto de tomarse una taza de café en el XIX, impulsado el café por el hervor°—no el fervor—romántico, se conspiraba en ellos, y al compás del movimiento de la cucharilla en la taza se trataba de resolver los más arduos° problemas de

vayan . . . are disappearing
unmistakable

capital (Madrid)/weakened

merging (lit., grasping)
survive/modeling themselves

dispirited
skeptic (lit., Voltairian)
con . . . rightly/later

chat
events

turmoil (lit., boiling)

difficult

221

España a fuerza de° retórica y palabrería,° sin el menor conocimiento de aquéllos, perdurables° hasta nuestros tiempos, en
que conviven con los dominantes° de toros y fútbol, aunque
de los cafés auténticos apenas sobrevive alguno, convertidos,
por sus locales amplios y céntricos,° en Bancos. Así, César
González Ruano, con su agudeza° singular, decía que su ilusión hubiera sido ser millonario para comprar un Banco y
transformarle en Café. . . .

a . . . by means
    of/discussion, talk
which have lasted
dominant subjects

central
acuteness

Estos cafés van muriendo poco a poco, por su falta de evolución con el vivir de la ciudad. Su silencio y su amplitud casi desierta° no se alteran apenas, cerca de su final. El camarero,° aunque aligerado° algo del delantal° y con chaqueta, no tiene nada de mozo,° suele haberse envejecido° en el establecimiento y se dirige, arrastrando° los pies, para atender a dos viejecitos amigos, a una familia con niños, a una tertulia° ≪resistente≫ o al señor ≪de siempre≫, cuando no a algún insólito visitante que desentona° del ambiente y se va en seguida y no vuelve. . . .

Los cafés tenían antes sus puntos de contacto° con los restoranes, a los que algunas veces estaban unidos en absoluto. Los platos propios de café, que valían para improvisar una comida o una cena que se habían torcido° por algo o servían para poner algo derecho, o llevarlos al domicilio de quien los quería, si no constituían las llamadas ≪salidas de teatro≫,° eran muy pocos, pero exquisitos: el bisté° con patatas *soufflées,* que hizo famoso a Fornos, también célebre por otras causas, no menos carnales; la tortilla° a la francesa, de jamón° casi siempre; los riñones° al jerez; los filetes de merluza° rebozados° ≪a la inglesa≫, que jamás vi en Inglaterra; la ternera° en salsa, con guisantes,° y algún otro que ahora no recuerdo, amén de los sorbetes° y helados° y la tortilla ≪al ron≫,° postre entonces modernísimo y hoy olvidado—aunque se inmortalizó en la Literatura—, que inició en España la serie de incendios° a la mesa, *les flambées,* de que se usa y abusa en estos tiempos para disimular con el sorprendente siniestro° la mala cocina.

Pero sólo la idea, . . . con la influencia peligrosísima° del *snack* norteamericano, ha pasado a la cafetería, ya que no los exquisitos platos, típicos de los cafés. El de las cafeterías es ese espantoso° ≪plato combinado≫, pictórico° y no gastronómico, que, interpretado a la española, con contenido más positivo, tiene siempre, en el fondo, una salsucha,° mezcla, por ejemplo, de la vinagreta° de la merluza, del jugo del filete, del aderezo° de la ensalada y lo que sea,° donde se bañan croquetas y patatas fritas, dando a todo el mismo repugnante sabor. Para encontrar en la Historia un antecedente de tan gastronómica monstruosidad habría que remontarse° en España a la época en que llevaban a domicilio el agua los *aquadores,*° a quienes las amas de casa° guardaban el *caritativo*°

deserted

waiter/relieved/apron
"boy"/suele . . . has
  usually grown old
dragging

gathering

does not harmonize

puntos . . . points in
  common

se . . . gone wrong (lit.,
  been twisted)

salidas . . . after-theater
  snacks/beefsteak

omelette

ham/kidneys

hake (fish)/fried in batter

veal/peas

sherbets/ice creams

rum

fires

conflagration (lit.,
  disaster)

very dangerous

frightful/to be painted

awful sauce

vinegar-flavored sauce

dressing (lit,
  flavoring)/lo . . . whatever

go back

water-carriers/ama . . .
  housewives/charitable

≪puchero° para el aguador≫, donde le colocaban, quizá más limpiamente,° lo que sobraba° de la comida. *pot* *cleanly/was left over*

Y de esta forma, del café típico forastero,° bien avecindado° en la Corte, que está a punto de abandonar, a la cafetería, que está uniformada con las de fuera de la Villa y casi con las extranjeras en lo esencial, transcurre° la vida del madrileño—apasionado por el café, con leche, ≪cortado≫° o no—, que ya no puede perder el tiempo en tertulias y acaso nada tiene que perder ya, con tanto extranjerismo, tanta cursilería° y tanta chabacanería° como suele haber en las tales ≪cafeterías≫, donde se come y se bebe, sin comer ni beber como es debido. . . . *of foreign origin* *located* *goes by* *cut* *vulgarity/tastelessness*

Reproducido de *España Hoy,* Madrid, octubre 1973.

CUESTIONARIO

1. ¿Por qué han sido desvirtuados los cafés madrileños en los últimos años? 2. ¿Qué decía Leandro Fernández de Moratín de los cafés? 3. En los cafés de Madrid del siglo XVIII, ¿cuál fue la diversión principal? 4. ¿Por qué van muriendo poco a poco estos cafés? 5. ¿Qué les ha pasado a los camareros viejos? 6. ¿Qué puntos de contacto tenían los cafés antes con los restoranes? 7. ¿Cuál ha sido la influencia del *snack* norteamericano? 8. ¿Cómo transcurre la vida del madrileño en los cafés de hoy?

EJERCICIOS

unmistakable

A. *Escoja Ud. la palabra o expresión equivalente.*

1. inconfundible	a. característico	b. extranjero	c. ajeno
2. implantarse	a. destruir	b. desbaratar	c. establecerse
3. desvirtuado	a. esforzado	b. debilitado	c. vigorizado
4. sobrevivir	a. perdurar	b. parar	c. acabar
5. desalentado	a. desanimado	b. alegre	c. vivo
6. hervor	a. vigor	b. frialdad	c. indiferencia
7. fervor	a. calor	b. helado	c. frío
8. convivir	a. vivir juntos	b. separarse	c. apartarse
9. envejecido	a. viejo	b. joven	c. adolescente
10. tertulia	a. reunión	b. ropa	c. alfombra
11. merluza	a. pescado	b. animal	c. árbol
12. ternera	a. carne	b. pan	c. legumbre
13. salsucha	a. pan	b. salsa	c. tortilla
14. vinagreta	a. tortilla	b. salsa	c. pollo
15. cursilería	a. vulgaridad	b. cortesía	c. gracia

B. *Complete Ud. cada oración.*

1. Aunque _____ desapareciendo, los cafés madrileños _____.
2. Leandro Fernández de Moratín era un hombre de carácter _____.
3. Según Moratín, las gentes tomaban café pero preferían _____.
4. Al compás de la cucharilla en la taza, se trataba de resolver _____ a fuerza de _____.
5. Algunos cafés _____ en Bancos porque _____.
6. Los cafés van _____ poco a poco por _____.
7. Si el visitante es insólito, esto quiere decir que él _____.
8. Los cafés tenían antes _____.
9. La ≪serie de incendios≫ a la mesa se usa para _____.
10. El plato combinado de las cafeterías _____.
11. En las cafeterías se come y se bebe sin _____.

C. *Escriba Ud. una oración original con cada una de las siguientes palabras o expresiones:*

a veces	crítica *crilion*	el señor de siempre
últimos tiempos	charlar *chat*	en absoluto
con razón	al compás de	de esta forma
posterior *after*	a fuerza de	

D. *Exprese Ud. oralmente su impresión acerca de los viejos cafés madrileños y después escríbala en un párrafo conciso.*

Nota Gramatical

Additional prepositions

SIMPLE PREPOSITIONS

In addition to **a, de, con, en, por,** and **para,** the following are commonly used simple prepositions in Spanish:

ante	*before*	entre	*between, among*	según	*according to*
bajo	*under*	excepto	*except*	sin	*without*
contra	*against*	hacia	*toward*	sobre	*on, over*
desde	*from, since*	hasta	*until, up to*	tras	*after, behind*
durante	*during*	salvo	*except*		

COMPOUND PREPOSITIONS

a causa de	*because of*	dentro de	*in, inside of*
a pesar de	*in spite of*	después de	*after*
acerca de	*about*	detrás de	*behind*
además de	*besides*	en vez de	*instead of*
alrededor de	*around*	encima de	*on top of, on, over*
antes de	*before (time, order)*	enfrente de	*in front of*
cerca de	*near*	fuera de	*outside of*
debajo de	*beneath, under*	junto a	*next to*
delante de	*in front of*	lejos de	*far from*

EJERCICIO

Exprese Ud. en español.

1. The book is on top of the table.   2. They talked during the movie.   3. We live between the green house and the church.   4. Is he coming toward us?   5. I waited until seven o'clock.   6. He prefers his coffee without sugar.   7. Does the bus pass near here?   8. I decided to watch television instead of going out.   9. Wait for her in front of the school.   10. Before you leave, buy another one.

Repaso 3

A. *Complete Ud. las oraciones con la preposición* **a** *si es necesario.*

1. Nosotros iremos __a__ España.
2. Ella puede _____ hacerlo fácilmente.
3. Jorge piensa llegar aquí __a__ las cinco.
4. Elena quiere __a__ descansar.
5. No veo __a__ nadie.
6. No veo _____ nada.
7. Catalina hizo la falda __a__ mano.
8. No podemos acostumbrarnos __a__ levantarnos temprano.
9. El extranjero se acercaba __a__ la iglesia.
10. Miguel aprendió __a__ tocar la guitarra.

B. *Complete Ud. las oraciones con la preposición* **con** *si es necesario.*

1. ¿__Con__ quién vino Rosa?
2. ¿Quién vino __con__ Rosa?
3. Vivimos _____ muy bien aquí.
4. Jorge trabajaba __con__ muchas ganas.
5. El ladrón tropezó __con__ la caja.
6. Benito encontró ~~con~~ muchos problemas.
7. Elvira se casó __con__ Pedro.
8. La cajera contó _____ el dinero.
9. Manuel contaba __con__ tu ayuda.
10. Esos problemas me preocupan _____ mucho.

C. *Complete Ud. las oraciones con la preposición* **de** *si es necesario.*

1. Ese libro es __de__ Margarita.
2. Las flores son _____ muy bonitas.
3. Los alumnos son __de__ aquella universidad.
4. Pienso salir a las diez __de__ la mañana.
5. Juana piensa salir _____ más temprano.
6. Roberto se olvidó __de__ estudiar.
7. A Pepe le gusta burlarse __de__ todos.
8. Josefina piensa _____ volver mañana.
9. Eso depende __de__ ustedes.
10. No te rías __de__ mí.

D. *Complete Ud. las oraciones con la preposición* **en** *si es necesario.*

1. Esteban vino __en__ avión.
2. La tarea consiste __en__ escribir una composición.
3. Pensamos mucho _____ nuestros amigos.

4. Pensamos _en_ verlos pronto.

5. Tus amigos tardan _en_ llegar.

6. No confío _en_ ese hombre.

7. ¿Por que insistes _en_ volver?

8. Me lo dijeron _____ ayer.

9. Me lo dijeron _en_ broma.

10. ¿Qué puso Ud. _en_ esa caja?

E. *Complete Ud. las oraciones con la preposición* **para** *si es necesario.*

1. Carlos salió _____ tarde.

2. Se dice que salió _para_ el centro.

3. La cocinera trajo unas tazas _para_ café.

4. Tienes que estudiar esta lección _para_ la tarea.

5. Manuel dijo que estaría de vuelta _para_ las cinco.

6. ¿_Para_ quiénes son estos cuadernos?

7. Elena se acostó _____ temprano.

8. Ella lo hizo _para_ estar contenta.

9. Quiero _____ ver esa película.

10. Vamos a entrar en el teatro _para_ ver la película.

F. *Complete Ud. las oraciones con la preposición* **por** *si es necesario.*

1. Él mandó a su hijo _por_ el traje.

2. Su hijo pagó cien dólares _por_ el traje.

3. Tu amiga quiere andar _por_ el jardín.

4. Ella desea _____ hacerlo ahora mismo.

5. ¿Quién pasó _por_ esa puerta?

6. Queremos enviar este paquete _por_ avión.

7. A Carolina le gusta _____ bailar.

8. Vimos _____ muchos cuadros en el museo.

9. Mi prima me llamó _por_ teléfono.

10. Los jóvenes andaban _por_ la calle.

G. *Complete Ud. las oraciones con una preposición o frase preposicional apropiada.*

1. ¿Qué hay _encima_ la mesa?

2. ¿Quién lo hizo _por_ Manuel.

3. Benito fue lastimado _en_ el partido.

4. Voy a volver _en_ cinco minutos.

5. Mi casa queda _por_ aquí.

6. Miguel se sentó _debajo_ el árbol.

7. Ana se quedó _hasta_ las siete.

8. Veo a alguien _en_ tu casa.

9. _____ la falda Rosa compró una blusa.

10. Voy a tomar el café _con_ azúcar.
   sin

LECCIÓN 19
Los toros de la Hispanidad

*Francisco
López Izquierdo*

Hombres de nuestra estirpe° llevaron a las que fueron provincias de Ultramar° la religión, el idioma y también las costumbres, entre las que figuraba la gallarda° y valerosa° de correr° toros.

    Durante varios siglos los españoles de América lidiaron° toros por los motivos más varios: canonizaciones, tomas de posesión° de virreyes, nacimientos, bautizos, cumpleaños,° juras° o coronaciones de personas reales° y, por lo general, los días de los Santos Patronos de las ciudades. Igual que en España, pero con la pequeña diferencia de que en Indias° lidiaban negros, indios, mulatos y criollos° junto a los nobles de clarísimos° apellidos° castellanos. Esta intervención de los indios y de los criollos en las corridas dio lugar en los siglos XVIII y XIX a que floreciese un toreo muy peculiar, que se desligaba° en cierto modo del usado en la Metrópoli. En Nueva España o Reino° de Méjico los jinetes° ponían banderillas° y en Nueva Castilla o Reino del Perú la suerte del capeo° a caballo auxilió° primero y sustituyó° después a la nuestra de la pica.° En este último Reino los naturales° llevaban a cabo proezas° taurómacas como las del indio Ceballos, que un español genial retrató° en su ''Tauromaquia.''

    Excuso decir° lo mucho que entusiasmaban° estas fiestas a los españoles, a sus descendientes y a los indígenas. Sólo al llegar el siglo de las independencias, en algunos países his-

stock, blood
Overseas

gallant/valiant
fight (lit., run)

fought

tomas . . . *taking office*
birthdays/oath-takings/royal

the [West] *Indies/
native-born whites*
*most distinguished/
surnames*

detached
*Kingdom/men on
horseback*
decorated lances
suerte . . . *stage of
capework/supplemented/replaced*
lance (of picador)/natives
bullfighting exploits
portrayed
Excuso . . . *I am not
saying/thrilled*

229

pánicos sus gobernantes prohiben o impiden la celebración del espectáculo favorito de sus gobernados,° quizá por pueriles escrúpulos de modernidad y progreso. *citizens, subjects*

Pero he titulado este trabajo ≪Los toros de la Hispanidad≫ y quiero hablar también del toro de allá,° ese bellísimo animal que proliferó en América con peculiaridades propias, debidas a los cruces,° al clima, a la altitud y a los pastos.° *over there* *crossbreeding* *grazing*

Cuando los conquistadores pusieron la planta° en las Indias, parece que existían ya unos vacunos° que, si bien no poseían las características de los por ellos conocidos, denotaban alguna braveza° o más bien cierto salvaje° instinto, muy propio del estado de absoluta libertad en que se hallaban. Para las primeras vistas de toros hubieron los españoles de cazar° esas reses° y conducirlas a los poblados.° *pusieron . . . set foot* *wild cattle* *fierceness/savage* *hunt* *beeves, cattle/settlements*

Pero pronto comenzaron a llevar a las Indias toros de España. Primera para abastecer° los mercados; más tarde, para formar las haciendas° o ganaderías.° El primer fundador de una vacada° fue Altamirano, primo° de Hernán Cortés, que en 1552 llevó a Méjico doce pares° de vacas° y toros de Navarra, formando con ellos la hacienda de Atenco, famosa *supply* *farms/breeding farms* *cattle ranch/first cousin* *pairs/cows*

ganadería de bravo° durante varias centurias. Es curiosa la *fierce stock*
protesta formulada por los indios terratenientes° en las lindes° *landowners/boundaries*
donde estos toros pastaban,° promovida° porque, saliéndose *grazed/motivated*
los astados° de sus estancias,° pisoteábanles las cosechas,° y *bulls/farms/piseoteaban*
  . . . trampled their crops
no sabiendo sortearlos° (pues ignoraban las reacciones de *combat them*
estos animales, nuevos para ellos), ≪les corrían° y *they chased*
mataban≫.° . . . *they killed*

Las reses bravas importadas por los colonizadores se
cruzaron con el ganado autóctono° de tal forma, que a los *native*
pocos años se habían multiplicado prodigiosamente. No es
extraño, pues, que esta abundancia permitiera lidiar en un
mismo día veintiséis toros, y para unas fiestas cualesquiera,
efectuadas en la Corte de la Nueva España, el obligado° de la *supplier*
carne previniera° hasta ¡150 toros! *could count on*

Esta abundancia determinaría que los sufridos° ha- *much abused*
bitantes de Panamá la Vieja resolvieran emplear toros para
defenderse de los ataques de los piratas. Era Panamá por
aquellos días importante nudo° de comunicaciones entre la *junction (lit., knot)*
Metrópoli y las costas del virreinato del Perú y lugar adonde
llegaban toda clase de mercancías y gran cantidad de reses
para abastecer las extensísimas tierras colonizadas. Siendo
considerada la ciudad como un provechoso° botín,° veíase *profitable/plunder*
constantemente amenazada por la piratería internacional. El
28 de enero de 1671 apareció ante° ella el pirata inglés Morgan. *= frente a*
Para defenderse sólo contaban los españoles con 1.400 in-
fantes, 200 de a caballo y . . . una piara° de 1.500 toros *herd*
bravos, conducidos° por treinta vaqueros° mulatos. Creyeron *driven(controlled)/cowboys*
los buenos españoles que los bovinos desempeñarían° un *performed, discharged*
lucido papel defensivo, Mas . . . los piratas dispararon° sobre *fired*
los vaqueros. Las bestias, faltas de dirección y asustadas° por *frightened*
el estrépito° de las armas de fuego y los gritos° de los piratas, *din/shouts*
huyeron° en sentido contrario, atropellando° a los defensores. *fled/running over*

Como hemos dicho, siempre fue muy grande la afi-
ción° en América por las corridas. Sin embargo, algunos vi- *enthusiasm*
rreyes se opusieron tenazmente° a que los toros fuesen co- *tenaciously*
rridos, con el natural disgusto° de los súbditos° del Rey de las *distaste/subjects*
Españas. Alguna vez, los monarcas hubieron de intervenir en
pro° del espectáculo y frenar° las caprichosas° disposiciones° *en . . . in favor/restrain/*
  capricious/measures
prohibitivas° de los virreyes. El marqués de Mancera, sucesor *forbidding*
del conde de Chinchón en el virreinato del Perú, recibió de
Felipe IV una real cédula° de este tenor:° ≪. . . Se me ha *real . . . letter with royal*
  seal/content, meaning
hecho relación que las fiestas votivas que hay en ella (en la

ciudad de Lima) las regocijan° con toros, y particularmente las
de patronos, la Limpia Concepción, la de Santa Isabel, y otras
por voto particular,° y que habiéndose observado esto, el virrey vuestro antecesor° (conde° de Chinchón) se lo ha im-
pedido, suplicándome que teniendo atención al desaliento°
que causa a los habitantes en la dicha ciudad y a lo que con-
viene tenerlos con gusto, para que acudan con él a mi servicio,
como siempre lo han hecho; le hiciese merced de mandar° no
se le impida el celebrar las dichas festividades con los re-
gocijos y fiestas de toros, y los demás que se han acostum-
brado. Y visto en mi Consejo de Indias, lo he tenido por bien,
y así os mando dejéis celebrar a la dicha ciudad las fiestas
motivas en la forma referida, sin ponerle impedimento
. . .—Fecho° en Madrid a 10 de mayo de 1640 años. Yo el
Rey.≫

     A pesar del tiempo transcurrido° y de la independencia
política de los países hispanoamericanos, el gusto por las corridas heredado° de sus mayores° subsiste en ellos de manera
firmísima. Y la fiesta de los toros evoluciona allá a igual ritmo
que en la Madre Patria.

     En verdad que esta fiesta, diversión o regocijo de los
toros es el único espectáculo al que, por la importancia que le
hemos dado los hispánicos, puede llamarse con entera propiedad la ≪fiesta de la raza≫.

celebrate

voto . . . private devotion
predecessor/count (title)
discontent, melancholy

le . . . I ask you kindly to
  command

= Hecho

gone by, passed

inherited/elders

Reproducido de *A B C*, Madrid, 3 de agosto de 1960.

CUESTIONARIO

1. ¿Qué llevaron los españoles a otras regiones?   2. ¿Cuáles fueron los motivos de lidiar
toros en las Américas?   3. ¿Cuál fue la influencia de la intervención de los indios y de los
criollos?   4. ¿Qué pasó en algunos países al llegar el siglo de las independencias?   5. ¿A
qué se deben las peculiaridades propias de los toros de las Américas?   6. ¿Por qué llevaron
toros de España a las Américas?   7. ¿Quién fue el primer fundador de una vacada en las
Américas?   8. ¿Por qué protestaron los indios?   9. ¿Cómo emplearon los toros los habitantes de Panamá la Vieja?   10. ¿Por qué era Panamá muy importante en aquellos
días?   11. ¿Por qué mandó Felipe IV una real cédula al marqués de Mancera?   12. ¿Por
qué se dice que la corrida es la fiesta de la raza?   13. ¿Ha visto Ud. una corrida de toros?

EJERCICIOS

A. *Escoja Ud. la palabra o expresión equivalente.*

1. estirpe	a. linaje	b. extranjero	c. opuesto
2. ultramar	a. al otro lado del mar	b. en este lado del mar	c. en el mar
3. sortear	a. evitar	b. comer	c. montar
4. vacada	a. corrida	b. manada	c. corral
5. terratenientes	a. dueños de tierra	b. esclavos	c. marineros
6. estancia	a. laguna	b. río	c. rancho
7. pisotear	a. pisar	b. pintar	c. apacentar
8. rapacidad	a. regalo	b. ayuda	c. robo
9. amedrentar	a. confiar	b. asustar	c. alimentar
10. desechado	a. guardado	b. rechazado	c. retenido
11. autóctono	a. nativo	b. extranjero	c. ajeno
12. abastecer	a. quitar	b. perder	c. proporcionar
13. cédula	a. ayudante	b. documento	c. toro bravo

B. *Complete Ud. cada oración.*

1. Los españoles llevaron a las provincias de Ultramar _____.
2. Los motivos de lidiar toros en América eran _____.
3. Al llegar el siglo de las independencias, algunos gobernantes prohibieron que _____.
4. El toro proliferó en América porque _____.
5. Felipe IV no quería que el marqués de Mancera _____ las corridas de toros.

C. *Escriba Ud. una oración original con cada una de las siguientes palabras o expresiones:*

saltarse a la torera	cantidad
a un lado y a otro	florece
ganado	cosecha
nudo	toreo

D. *Exprese Ud. oralmente su opinión acerca del lidiar toros como fiesta y después escríbala en un párrafo conciso.*

La fiesta nacional

Vicente Zabala

Serias medidas para proteger la pureza de las corridas de toros en España.

Ha sorprendido la noticia que llegó la pasada semana a la redacción° de los periódicos de la que la Dirección General de Seguridad ha enviado a los gobernadores civiles una carta para que se cumplan a rajatabla° determinados apartados° del vigente reglamento° taurino.

    Se hacen en la circular° siete grandes apartados referentes a plazas de toros, documentación previa,° cuadrillas,° presidente,° defensas de los toros, actas y varios.

    Advertimos° una gran preocupación por el tema del afeitado° de las reses de lidia. Parece que el actual ministro de la Gobernación está interesado por la pureza° de la Fiesta nacional. Exige que el corte y envío de las defensas de los toros para su posterior reconocimiento ≪habrá de hacerse escrupulosamente≫. Al cordón° que une cada par de astas° se le pondrá una etiqueta° de cartón,° en la que figuran ganadería, número, orden de lidia, sello° gubernativo y firma° del ganadero. El envío se hará a porte pagado.°

    En la circular se responsabiliza claramente a los presidentes de corrida y delegados gubernativos de los temas más importantes que siempre preocuparon° a los aficionados, aquellos que más claramente se han venido vulnerando° durante tantos años.

    Resulta muy esperanzador° que a la hora de comenzar la temporada° la Dirección General de Seguridad se haya interesado tan seriamente por la Fiesta nacional. Es en su integridad y autenticidad donde está la clave° de un pronto resurgir.° El señor Fraga Iribarne conoce a fondo los problemas de la fiesta. Por otra parte, no está dispuesto a que se altere el

editorial staff

a . . . anew/sections
del . . . of the rules in effect
open letter
previous
teams/presiding judge
We notice
blunting horns (lit., shaving)
purity

cord/horns
label/cardboard
seal/signature
a . . . prepaid

concerned
se . . . have become damaged
encouraging (lit., hopeful)
season

key
comeback

orden en las plazas de toros, porque el espectáculo se ofrezca adulterado o mistificado.° *misleading*

Lamentamos que se insista en la prohibición de las capeas,° que son el mejor de los medios para fomentar° la cantera.° Muchos pueblos españoles las añoran° y no les divierte ni interesa la carísima novillada° sin picadores. Aparte de ser necesarias, al pueblo le interesa participar en el festejo. Si es preciso° llegar a las vacas emboladas,° pues bien venidas sean.

challenging the bull with the cape/foster talent/long for

fight with young matadors

necessary/with horns tipped with wooden balls

Los toreros fabricados en los tentaderos° se convierten en máquinas de dar pases, son producto de incubadora y terminan empalagando.° En la capea se aprende la querencia° del animal, hay que cuidar° la colocación, la distancia, los terrenos. En una palabra, se mide° el valor del principiante° y se aprende el oficio de verdad.

corrals for testing bulls

boring/favorite spot
watch out for
se . . . is measured/beginner

El interés del señor Fraga por poner la Fiesta al día, modificar sus estructuras y respetar del pasado aquello que es realmente inamovible° le va a suponer,° al activo ministro del interior, uno de los éxitos más populares de su carrera política, y máxime si hace realidad la quiniela° taurina sobre la que ha pedido un estudio.

undetachable/le . . . leads one to expect [from him]
betting system

Reproducido de *ABC*, Madrid, 4 de marzo de 1976.

CUESTIONARIO

1. ¿Qué cosa sorprendente ha hecho la Dirección General de Seguridad?   2. ¿Qué interés tiene el actual ministro de la Gobernación?   3. ¿Qué exige la Gobernación?   4. ¿Dónde está la clave de un pronto resurgir de la Fiesta Nacional?   5. ¿Por qué son importantes las capeas?   6. ¿Qué interés tiene el señor Fraga por poner la Fiesta al día?

EJERCICIOS

A. *Escoja Ud. la palabra o expresión equivalente.*

1. novillada	a. baile	b. corrida con torillos	c. casamiento
2. vigente	a. sin fuerza	b. de moda	c. débil
3. cuadrilla	a. ganadería	b. escuadra del matador	c. ganadero
4. etiqueta	a. rótulo	b. lanza	c. música
5. firma	a. signatura	b. venta	c. compra
6. aficionado	a. aburrido	b. entusiasta	c. poco intere-sado
7. esperanzador	a. sin esperanzas	b. con esperanzas	c. desesperado
8. espectáculo	a. función	b. espejo	c. árbol
9. mistificado	a. engañoso	b. verdadero	c. exacto
10. fomentar	a. calmar	b. provocar	c. apaciguar
11. quiniela	a. apuesta	b. ahorro	c. canasta

B. *Complete Ud. cada oración.*

1. Rajatabla quiere decir _____.
2. Algunos lamentan que _____ prohibición de las capeas.
3. Algunos toreros se convierten en _____.
4. En la capea se aprende _____.
5. Algunos temen que el espectáculo _____ adulterado.

C. *Escriba Ud. una oración original con cada una de las siguientes palabras:*

apartados   cantera
afeitado   ganadería
seguridad   ganadero

D. *Exprese Ud. oralmente su opinión acerca de las corridas de toros y despúes escríbala en un párrafo conciso.*

Nota Gramatical

Relative pronouns

Although relative pronouns are frequently omitted in English, they must be expressed in Spanish.

un hombre **que** conocía en Nueva York   a man I knew in New York

1. **Que** is the most frequently used relative pronoun. It is invariable. **Que** is used:

   a. as the subject or object of a verb to refer to a person, a place, or a thing.

El muchacho **que** acaba de llegar es mi sobrino.	The boy *who* just arrived is my nephew.
La muchacha **que** conocimos ayer es simpática.	The girl *whom* we met yesterday is charming.
Yo quería el vestido **que** compró María.	I wanted the dress *that* Mary bought.
Houston es una ciudad **que** me interesa mucho.	Houston is a city *that* interests me a great deal.

   b. after the prepositions **a, con, de, en** to refer to a place or a thing.

Ésta es la casa en **que** Ud. nació.	This is the house in *which* you were born.
Boston es la ciudad de **que** él habla más.	Boston is the city of *which* he speaks the most.

   Note that the preposition always precedes the relative pronoun in Spanish.

La clase **en que** estamos es grande.	The class *which* we are *in* is large.

2. **Quien** (pl. **quienes**) can only refer to persons. It is used: *(who, whom)*

   a. after a preposition.

El hombre <u>de</u> **quien** él habló es mi padre.	The man of *whom* he spoke is my father.
Los hombres <u>con</u> **quienes** vive Juan son de Nueva York.	The men with *whom* John lives are from New York.

   b. to introduce a non-restrictive (<u>non-essential</u>) clause. *(only way translates who)*

Esa muchacha, **<u>quien</u>** es una alumna <u>buena</u>, quiere ser maestra.	That girl, *who* is a good student, wants to be a teacher.

   c. to translate relative pronouns such as *he who, the one who, those who, the ones who,* and so on.

Quien estudia, aprende.	*The one who* studies, learns.
Quienes se esfuerzan tendrán éxito.	*Those who* exert themselves will be successful.

3. **El que, el cual** and their variants, which may refer to persons or things, are used:

    a. instead of **que** after prepositions other than **a, con, de,** and **en.**

La casa delante de **la que (la cual)** estacionamos el coche estaba abandonada.	The house in front of *which* we parked the car was abandoned.

    b. as an alternate to **quien, quienes** or **que** to introduce a non-restrictive clause.

Esa muchacha, **la que (la cual)** es una alumna buena, quiere ser maestra.	That girl, *who* is a good student, wants to be a teacher.

    c. for clarification when there is more than one possible antecedent.

Pienso darle este reloj al hijo de mi amiga, **el cual** vive en San Francisco. (se refiere al hijo)	I intend to give this watch to my friend's son, *who* lives in San Francisco.

4. **El que** and its variants are also used:

    a. to translate *the one which (that), the ones which (that).*

El que tiene Ud. es un libro nuevo.	*The one that* you have is a new book.
Estas blusas son bonitas, pero prefiero **las que** vimos ayer.	These blouses are pretty, but I prefer *the ones* we saw yesterday.

    b. as an alternate to **quien, quienes** to express *he who, the one who,* and so on.

El que estudia, aprende	*He who* studies, learns.
Los que se esfuerzan tendrán éxito.	*The ones who* exert themselves will be successful.

5. **Lo cual** is a neuter relative pronoun. It is used when the antecedent is a statement, a sentence, an idea, and so on.

Ellos comenzaron a gritar, **lo cual** asustó a los niños.	They began to shout, *which* frightened the children.

6. **Lo que** is used:

    a. as an alternate to **lo cual.**

Ellos comenzaron a gritar, **lo que** asustó a los niños.	They began to shout, *which* frightened the children.

    b. as a neuter relative pronoun translating *what* in the sense of *that which.*

Creo **lo que** ella me dijo.	I believe *what* she told me.
Eso es **lo que** queremos.	That is *what* we want.

7. **Cuanto** as a relative pronoun is variable. It is used to translate *all that*.

Entendí **cuanto** él dijo.	I understood *all that* he said.
Él necesitaba lápices, y le prestamos **cuantos** teníamos.	He needed pencils, and we lent him *all that* we had.
Querían flores, y les dimos **cuantas** había.	They wanted flowers, and we gave them *all that* there were.

8. **Cuyo** is variable. It is used to translate *whose*. (Do not confuse with the interrogative *whose?* = **¿De quién?**)

La muchacha, **cuya** madre es maestra, es maestra también.	The girl, *whose* mother is a teacher, is a teacher too.
Este novelista, **cuyo** estilo es muy claro, expresa unas ideas interesantes.	This novelist, *whose* style is very clear, expresses some interesting ideas.

EJERCICIO

Conteste Ud. en español según el modelo.

MODELO: ¿Le gusta la canción que están cantando?
    Yes, I like the one they are singing.
    Sí, me gusta la que están cantando.

1. ¿A cuál de las niñas llamabas?
    I was calling the one (who is) near the door.

2. ¿Quién es aquél?
    He is the one whom you saw before.

3. ¿Por qué me trajo Ud. a ver esta casa?
    Because it is the house in which you were born.

4. ¿Cuáles son los que necesitas?
    These are the ones I need.

5. ¿Qué piensas de aquel hombre?
    I think he is a man who works too much.

6. ¿Quiénes son ellos?
    They are the boys whom we met yesterday.

7. ¿Tienes bastante dinero?
    I have all that I need.

Lección 19   **239**

8. ¿A quién se los diste?
   To the one who helped me.

9. ¿Para quién es?
   For a friend who wants it.

10. ¿Qué es lo que le gusta?
    What I like is to play tennis.

11. ¿Entendiste lo que te dijo?
    I did not understand all he told me.

12. ¿Es algo que le interesa?
    Yes, it is something which interests him a lot.

ENTRADA A LA CORRIDA DE TOROS

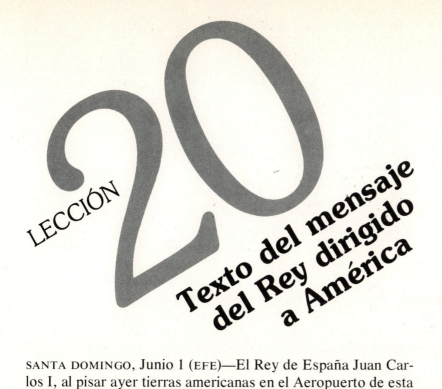

LECCIÓN 20

Texto del mensaje del Rey dirigido a América

SANTA DOMINGO, Junio 1 (EFE)—El Rey de España Juan Carlos I, al pisar ayer tierras americanas en el Aeropuerto de esta ciudad, dirigió un mensaje a toda América, al contestar el mensaje de bienvenida° del presidente Joaquín Balaguer, de República Dominicana.

    welcome

El texto del discurso de Juan Carlos de Borbón es el siguiente:

Señor Presidente:

En el momento de pisar el suelo de las Américas doy gracias a Dios por haberme deparado° la honra° de ser el primer Rey de España que cruza el Atlántico para visitarlas.

    given/the honor

Os traigo el saludo de los españoles. En vos saludo a la nación dominicana y en ella quiero saludar a todas las naciones de nuestra estirpe.

Volando sobre el Mar Caribe he recordado al descubridor, nuestro almirante° Cristóbal Colón, y con su recuerdo° he pensado de mis antepasados, los reyes de España que, aún sin conocerla,° amaron a América, la imaginaron y la cuidaron. Y con ambos recuerdos, he dirigido mi pensamiento y mi amor al pueblo español, a cuyo servicio estoy, que dejó la huella indeleble° de su esfuerzo, su fe y su cultura en el mapa entero de este Continente.

    admiral/su . . . the memory of him

    sin . . . without having seen it

    huella . . . indelible imprint

241

EL REY JUAN CARLOS I
DE ESPAÑA Y LA REINA SOFÍA

No podía ser de otro modo° mi entrada en América.   *de . . . any other way*
Santo Domingo es la cuna° de la civilización occidental del   *cradle*
Nuevo Mundo y, por serlo,° pisar la tierra americana, por vez   *por . . . because it is*
primera, en esta isla, es arrancar con buen pie° y empezar mi   *con . . . on the right foot*
visita por el bautismo. Era justo hacerlo, con la humildad y la
alegría de quien tiene la suerte de recrear° un nacimiento. En   *recreate*
muchas ocasiones se ha dicho que visitar América es revalidarse como español. Para volver a encontrar mis raíces° y   *roots*
entender, más ampliamente, la historia de mi patria, llevo a
cabo° esta peregrinación.   *llevo . . . I carry out*

La historia siempre es universal. La historia siempre
es futura. Las diferencias de intereses y criterios sobre el
quehacer° histórico, que afectan tanto a los pueblos como a   *task*
los hombres, sólo se pueden unificar en la esperanza. La esperanza común hace la historia, impulsa° su dinamismo y da   *impels, energizes*
sentido y unidad a los hechos.

Si queremos alentar° la esperanza—la de todos los   *to inspire*
hombres de la tierra, pero, también, la de todos los hombres
que hablan nuestra lengua—, será preciso actualizarla° en una   *to put it into effect*
tarea común, . . . que nos hace vivir muy de cerca sus pro-
blemas más acuciantes,° los que plantean su independencia   *urgent*
política y económica, su desarrollo, sus ansias° de una mayor   *yearning*
justicia social y sus ideales de libertad. . . .

En un inolvidable viaje juvenil tuve la suerte de conocer la ciudad de Santo Domingo. Al volver a mirarla desde
el aire quise verla reconociéndola y tuvieron que buscarla mis
ojos. Está rodeada por la promesa de las aguas y de los bos-

                 Lección 20

ques y está inundada° de luz. Al llegar he mirado la luz igual que si° la viese por vez primera. Era una luz briosa,° apremiante,° distinta. Era una luz de natalicio° que me ha hecho recordar lo que habéis sido y me ha hecho presentir° lo que seréis porque vosotros habéis sido, dentro del nuevo continente, los dadores° de luz.

flooded
igual . . . just as if/ vigorous
compelling/de . . . for a birthday
me . . . gave me a presentiment of
givers

En la Isla Española ocurrieron por primera vez cosas transcendentales en la historia del Nuevo Mundo. El primer diálogo entre descubridores y nativos, la primera misa,° el primer ayuntamiento,° la primera audiencia° y—en primacía disputada con las de México y de Lima—, la primera Universidad. La tierra en donde se enseñaron las primeras palabras castellanas° y en donde los españoles aprendimos las primeras palabras indígenas.

Mass
local government/court of justice

Castilian, Spanish

A este Santo Domingo, la Reina y yo queremos darle las gracias. Gracias por una fidelidad histórica que nos conmueve, y que alguna vez conoció amarguras° que venían de la propia España. Gracias por vuestra hospitalidad que nos llena de emoción.

bitterness

En vuestras manos dejo el mensaje de España a toda Hispanoamérica, un continente, sin leyenda dorada y sin leyenda negra, tal como es de verdad, con sus bondades y sus males, con su herencia española, con su horizonte cuajado° de dificultades pero también de certidumbres° de triunfo final.

crowded (lit., curdled)
certitude(s)

Con nuestra salutación optimista, nuestro agradecimiento profundo por haber hecho posible que España, hoy como ayer, se asome° a América por las puertas abiertas de vuestra generosa acogida.°

peek at
welcome, reception

Reproducido de *Diario Las Américas,* Miami, Florida, 2 de junio de 1976.

CUESTIONARIO

1. ¿Quién fue el primer rey de España que cruzó el Atlántico para visitar las Américas?   2. ¿A quiénes quiere saludar Juan Carlos I?   3. ¿Cuáles eran los pensamientos de Juan Carlos I al volar sobre el Mar Caribe?   4. Según Juan Carlos I, ¿qué es Santo Domingo?   5. ¿Por qué se puede decir que visitar América es revalidarse como español?   6. ¿Cómo se pueden unificar las diferencias sobre el quehacer histórico? ¿Por qué?   7. ¿Cómo se puede alentar la esperanza?   8. Según Juan Carlos I, ¿cómo es la luz de Santo Domingo?   9. ¿Qué es lo que el Rey deja en manos de los dominicanos?

EJERCICIOS

A. *Escoja Ud. la palabra o expresión equivalente.*

1. antepasado	a. sucedor	b. antecesor	(c.) contemporáneo
2. huella	(a.) marca	b. fantasma	c. fuga
3. indeleble	a. pasajero	(b.) permanente	c. efímero
4. cuna	(a.) origen	b. final	c. actualidad
5. arrancar	a. terminar	b. acabar	(c.) comenzar
6. peregrinación	(a.) viaje	b. parada	c. descanso
7. quehacer	a. ultraje	b. hambre	(c.) tarea
8. alentar	a. desanimar	(b.) estimular	c. aburrir
9. actualizar	a. efectuar	b. fracasar	c. perder
10. primacía	a. inferioridad	(b.) supremacía	c. subordinación
11. amargura	(a.) tristeza	b. felicidad	c. alegría
12. cuajado	a. vacío	b. perdido	(c.) lleno
13. certidumbre	(a.) certeza	b. indecisión	c. inseguridad

B. *Complete Ud. cada oración.*

1. El Rey de España contestó _____ del presidente dominicano.
2. Según el Rey será preciso que todos de habla española _____ en una tarea común.
3. En la Isla Española ocurrieron por primera vez las siguientes cosas transcendentales: _____.
4. El Rey y la Reina quieren que los dominicanos _____.

C. *Escriba Ud. una oración original con cada una de las siguientes palabras o expresiones:*

lleva a cabo	juvenil
muy cerca	vuelve a mirar
ansia	briosa
inolvidable	

D. *Exprese Ud. oralmente su opinion acerca de la contribución de los españoles a la cultura de las Américas y después escríbala en un párrafo conciso.*

Nota Gramatical

233-3055

Indefinite and Negative Expressions

Pronouns

INDEFINITE	NEGATIVE
algo *something, anything*	nada *nothing, (not) . . . anything*
alguien *someone, somebody,*	nadie *no one, nobody, (not) . . .*
anyone, anybody	*anyone/anybody*
todo el mundo *everybody, everyone*	
quienquiera, quienesquiera *whoever,*	
whomever	
un poco (de) *a little*	

Yo quiero **algo** de comer.	I want *something* to eat.
No tengo **nada** para ti.	I do *not* have *anything* for you.
Todo el mundo ha salido.	*Everybody* has gone.
Son simpáticos, **quienesquiera** que sean.	They are charming, *whoever* they are.
¿Tomó Ud. vino anoche? **Un poco.**	Did you drink any wine last night?
	A little.

Alguien and **nadie** refer only to persons; they require a personal **a** when they are used as direct objects.

¿Hay **alguien** en casa?	Is there *anyone* home?
Nadie ha llegado todavía.	*No one* has arrived yet.

Pronouns or Adjectives

INDEFINITE	NEGATIVE
alguno(s), alguna(s) *some(one),*	ninguno, ninguna *no, no one, none,*
any; (pl.) some	*(not) . . . any/anybody*
unos, unas *some, any*	
cualquier(a), cualesquier(as) *any,*	
anyone (at all)	
otro(s), otra(s) *another, other(s)*	
ambos, ambas *both*	
todo(s), toda(s) *everyone, every-*	
thing, all	
mucho(s), mucha(s) *much, many*	
poco(s), poca(s) *little, a little, a few*	
demasiado(s), demasiada(s) *too much,*	
too many	
tanto(s), tanta(s) *so much, so many*	

Unos llegaron temprano, **otros** llegaron tarde.	*Some* arrived early, *others* arrived late.
Me gustan **ambos** vestidos.	I like *both* dresses.
Todos están aquí.	*Everyone* is here.
Comimos **toda** la sopa.	We ate *all* the soup.
Ella tiene **mucho** dinero pero **poca** inteligencia.	She has *a lot of* money but *little* intelligence.
Me gustaría comprar ese disco, pero ya tengo **demasiados.**	I would like to buy that record, but I already have *too many*.
¡Nunca he visto **tantos** perros!	I've never seen *so many* dogs!

1. Unemphatic *some* or *any* is not expressed in Spanish.

¿Quieres pan?	Do you want (some) bread?

2. **Ningún** and **algún** are used before masculine singular nouns; **cualquier** is used before singular nouns of both genders.

No llegó **ningún** paquete.	*No* package arrived.
Llévate **cualquier** botella que quieras.	Take along *any* bottle you want.

3. **Ningunos(-as)** is used only before nouns such as **tijeras** and **pantalones** which are generally plural.

No voy a comprar **ningunas** tijeras.	I'm *not* going to buy *any* scissors.
BUT: No tiene **ningún** libro sobre la política.	He has *no* books on politics.

4. **Cualquiera(s)** are the only forms used as pronouns.

Escoge **cualquiera** que quieras.	Choose *any one* you want.

5. **Alguno** and **ninguno** can be used to refer to *someone* or *none* of a previously mentioned group.

¿Viste a **alguna** de tus amigas? No, no vi a **ninguna** (de ellas).	Did you see *any* of your friends? No, I didn't see *any* (of them).

Adverbs

INDEFINITE	NEGATIVE
siempre *always*	nunca jamás } *never, (not) . . . ever*
también *also, too*	tampoco *neither, (not/nor) . . . either*
algo *somewhat, rather*	nada *(not) at all*
tanto *so much*	
demasiado *too much*	
mucho *a lot*	
poco *a little*	

Siempre llegan tarde.	They *always* arrive late.
Ella habla francés **también.**	She speaks French, *too (also)*.
No me gusta esa película **tampoco.**	I don't like that movie *either*.
Estoy **algo** cansada hoy.	I'm *rather* tired today.
Este problema no es **nada** fácil.	This problem is *not at all* easy.
Él habla **demasiado.**	He talks *too much*.
Ella me quiere **mucho.**	She loves me *a lot*.

In a question, **jamás** means *ever* and it anticipates a negative answer; if the answer is not predictable, **alguna vez** is used.

¿Has oído **jamás** música tan bella?	Have you *ever* heard such beautiful music?
¿Has estado **alguna vez** en España?	Have you *ever* been in Spain?

Conjunctions

INDEFINITE	NEGATIVE
o *or*	ni *nor, (not) . . . or*
o . . . o *either . . . or*	ni . . . ni *neither . . .nor, (not) . . . either . . . or*
¿Quieres fruta **o** queso?	Do you want fruit *or* cheese?
No estudian **ni** practican.	They do not study *or* practice.
O comemos ahora, **o** no comemos.	*Either* we eat now *or* we don't eat.
Ni Juana **ni** Pepe pueden venir.	*Neither* Joan *nor* Joe can come.

EJERCICIO

Complete Ud. cada oración escogiendo la forma correcta entre paréntesis.

1. (Nada, Nadie) quiere ir con él.
2. No tengo (nada, nadie) que decir.
3. Creo que ellos quieren (algo, alguien).
4. A Anita le gustará (ninguna, cualquiera) que le mandes.
5. Muchas chicas vinieron, y él las saludo a (todos, todas).
6. (Quienquiera, Quienesquiera) que venga, va a divertirse.
7. (Quienquiera, Quienesquiera) que vengan, van a divertirse.
8. Me gustaría (cualquier, cualesquier) regalos que me den.
9. Me gustaría (cualquier, cualesquier) regalo que me den.
10. Le pidieron a ella tres cajas pero ella no les dio (ninguno, ninguna).
11. Ellos no juegan (mucho, muchos) al fútbol.
12. Rafael no tiene (ningún, ningunos) pantalones azules.
13. ¿Has visto (jamás, alguna vez) una joya tan preciosa?
14. No me gustan esos zapatos (también, tampoco).
15. No sabe hablar (o, ni) español (o, ni) portugués.

LECCIÓN 21

El viajero de la Rábida

Un día en el año 1485, un viajero cansado, acompañado de un niño, llamó a la puerta del monasterio de la Rábida. Al portero° que contestó su llamada le pidió un lugar para pasar la noche y un pedazo° de pan para calmar su hambre y la de su hijo. Después de haber descansado, el viajero le habló al prior del monasterio de unas ideas que tenía.

       —Me llamo Cristóbal Colón —comenzó el viajero. —Yo soy navegante y tengo un proyecto que, si se llega a realizar, revolucionará al mundo. Estoy seguro, y dispuesto° a demostrarlo, que se puede ir a las Indias navegando hacia el oeste.

       El prior comenzó a interesarse en el proyecto de Colón. Le preguntó si había expuesto sus ideas a alguien que pudiera ayudarle. Colón le contó de sus viajes a Génova,° a Venecia° y a Portugal, todos sin éxito. A quienes Colón les contaba su proyecto, lo tomaban por un loco, o por lo menos un visionario.

       Sin embargo, el prior, entusiasmado con el proyecto, le recomendó a Colón un magnífico marino,° Martín Alonso Pinzón, y un físico° de Palos. Estos dos hombres también se

doorkeeper
piece

disposed

Genoa
Venice

mariner
physicist

248

CRISTÓBAL COLÓN

emocionaron con el proyecto y Colón les prometió que si Dios le concediera° los recursos° para llevarlo a cabo, ellos serían sus compañeros de viaje. También el prior ofreció pedir el apoyo° de los reyes de España, porque todo el mundo conocía la magnanimidad de la reina Isabel la Católica.

      Pero Colón tuvo que esperar siete años para que se acabara la guerra contra los moros en Granada. Entonces consiguió° lo que él quería de los reyes de España.

      Así que el 3 de agosto de 1492, Colón y sus compañeros salieron del puerto de Palos con tres carabelas° para ver si sus sueños se convertirían en realidad. Se fueron por rumbos desconocidos esperando llegar a las Indias.

      Pero como es el hombre que propone y Dios El que dispone, Colón no llegó a las Indias porque Dios puso en su camino el Nuevo Mundo.

grant/resources

support

he obtained

caravels (ships)

CUESTIONARIO

1. ¿Quién acompañaba al viajero cansado?   2. ¿Dónde llamó el viajero?   3. ¿Qué le pidió al portero?   4. Después de haber descansado, ¿con quién habló el viajero?   5. ¿Qué idea quería demostrar el viajero?   6. ¿Qué éxito había tenido Colón en sus viajes a Génova, a Venecia y a Portugal?   7. ¿Qué hizo el prior?   8. ¿Qué promesa hizo Colón al marino y al físico?   9. ¿Por qué tuvo que esperar siete años?   10. ¿De dónde salieron Colón y sus compañeros?   11. ¿Adónde esperaban llegar?   12. ¿Por qué no llegaron adonde esperaban?

EJERCICIOS

A. *Escoja Ud. la palabra o expresión equivalente:*

1. viajero	a. parado	b. inmóvil	c. caminante
2. prior	a. superior	b. inferior	c. criado
3. navegante	a. terrateniente	b. marinero	c. soldado raso
4. dispuesto	a. preparado	b. sin ganas	c. desprevenido
5. expuesto	a. ocultado	b. negado	c. presentado
6. entusiasta	a. indiferente	b. admirador	c. desinteresado
7. recurso	a. medio	b. deficiencia	c. falta
8. apoyo	a. oposición	b. resistencia	c. ayuda
9. magnanimidad	a. intolerancia	b. generosidad	c. tacañería
10. rumbos	a. caminos	b. bailes	c. fiestas
11. proponer	a. premiar	b. recompensar	c. planear
12. disponer	a. decidir	b. fallar	c. usar

B. *Complete Ud. cada oración.*

1. Un viajero es un hombre que _____.
2. Cuando Colón llegó al monasterio _____.
3. Lo que hace un portero es _____.
4. El oficio de un prior es _____.
5. Colón les prometió _____.

C. *Escriba Ud. una oración original con cada una de las siguientes palabras o expresiones:*

físico	cansado	hambre	realiza
marino	descansado	proyecto	se da cuenta de
expone	pedazo		

D. *Exprese Ud. oralmente su opinión indicando por qué Ud. cree que Colón tuvo poco éxito en sus viajes a Génova, a Venecia y a Portugal. Después escriba Ud. su opinión en un párrafo conciso.*

El documento número «uno» de la historia de América

*José Rico
de Estasen*

*La Carta que escribió Cristóbal Colón al caballero valen-
ciano Luis de Santángel dándole cuenta del descubrimiento
del Nuevo Mundo.*

Descontados° los relatos de la Pasión y Muerte de Nuestro
Señor Jesucristo, que, con prosa metódica e inspiración suma,° redactaron° los Evangelistas San Juan, San Lucas,° San
Mateo° y San Marcos, en lo humano ningún documento
superó° en importancia a la carta que escribió Cristóbal Colón
dando cuenta° del descubrimiento de América.

 El epistolar° mensaje, considerado como el testimonio
notarial, el acta° de nacimiento del continente americano, fue
escrito por el descubridor en diversas etapas° que terminan el
15 de febrero de 1493, a bordo de la carabela «La Niña»—
tras haber encallado° la «Santa María»—a la vista de las
islas del Cabo Verde, que supuso las Canarias, desde donde
continuó la travesía° hasta Lisboa, donde recaló° el 4 de marzo
de aquel mismo año, pisando tierra firme tras su gran aventura
trasatlántica. . . .

Modelo de expresión

 La carta de Colón a Luis de Santángel constituye una
patente° de gratitud, la mayor prueba de reconocimiento que
podía dar a quien tiene ciega° fe—sólo superada° por la Reina
Católica—y tan abierta generosidad aportó° los medios

Not including

*the most sublime/compiled
Luke*
Matthew
has exceeded
an account
in the form of a letter
certificate
stages

*tras . . . after having run
aground*
crossing/sighted

expression
blind/surpassed
contributed

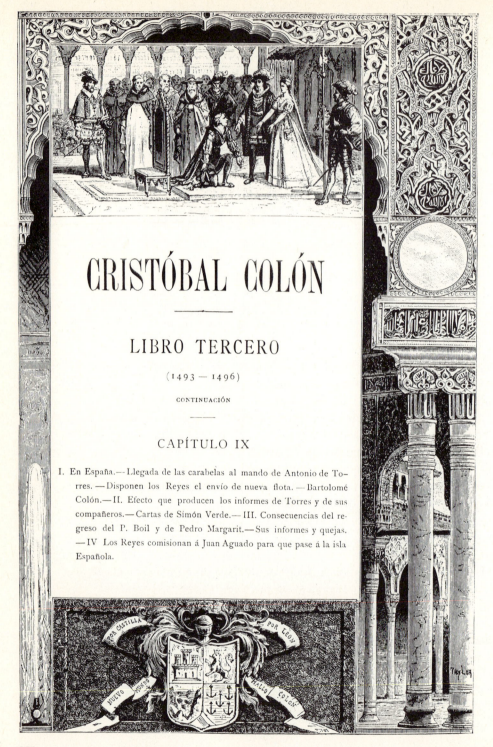

CRISTÓBAL COLÓN

LIBRO TERCERO

(1493 — 1496)

CONTINUACIÓN

CAPÍTULO IX

I. En España.—Llegada de las carabelas al mando de Antonio de Torres. — Disponen los Reyes el envío de nueva flota. — Bartolomé
Colón.— II. Efecto que producen los informes de Torres y de sus
compañeros.—Cartas de Simón Verde.— III. Consecuencias del regreso del P. Boil y de Pedro Margarit.—Sus informes y quejas.
—IV Los Reyes comisionan á Juan Aguado para que pase á la isla
Española.

necesarios para que el extranjero misterioso y docto° que había llegado a nuestro país, tras haber sido objeto de repudio° en varias Cortes europeas, pusiera de manifiesto,° en beneficio de España y de la Humanidad, su grandeza de espíritu, su fe, su voluntad diamantina,° todo el caudal° de sus excelsas° virtudes recompensadas por Dios con el alumbramiento° de un mundo.

learned, educated
rejection
pusiera ... made manifest

diamond-hard/wealth
sublime/illumination

Para dirigirse con aquella inspirada epístola a su favorecedor,° el genial navegante debió aprovechar los momentos de paz, de sosiego° interior, que alegraron su espíritu durante el accidentado° viaje de retorno a España. El tono es amable, de completa entrega° al que ha de leer cuanto él escriba, empleando para cada cosa la palabra adecuada, la frase justa, con lo que logra° interesar al lector desde el primer momento:

patron

tranquillity
troubled
surrender

succeeds in

"Señor, porque sé que habreis placer de la grand victoria que Nuestro Señor me ha dado en mi viage, vos escribo esta, por la cual sabreis como en (33) días pasé a las Indias, con la armada que los ILUSTRÍSIMOS REY E REINA ≪nuestros señores≫ me dieron donde yo fallé° muchas Islas pobladas con gente sin número, y dellas todas he tomado posesión por sus Altezas con pregón° y bandera° real extendida, y no me fue contradicho.°

= hallé

proclamation/flag
opposed

A la primera que yo fallé puse nombre San Salvador, a conmemoración de Su Alta Magestad, el cual° maravillosamente todo esto ha dado: los Indios la llaman Guanahani. A la segunda puse nombre la isla de Santa Maria de Concepción, á la tercera Fernandina; á la cuarta° Isabela: á la quinta° la isla Juana, é así á cada una nombre nuevo. . . .≫

who

fourth/fifth

A continuación hace un completo retrato,° una descripción nueva, expresiva, real, de los habitantes de las tierras descubiertas:

portrait

≪Las gentes desta° Isla y de todas las otras que he fallado y habido noticia, andan todos desnudos,° hombres y mugeres,° así como sus madres los paren°. . . . Ellos no tienen fierro° ni acero,° ni armas, ni son para ello;° no por que non sea gente bien dispuesta y de fermosa estatura, salvo que son muy temerosos° a maravilla°. . . . Verdad es que despues que se aseguran° y pierden este miedo, ellos son tan sin engaño° y tan liberales de lo que tienen, que no lo creería sino el que lo viese.° Ellos de cosa que tengan, pidiéndosela,° jamás dicen que no; antes, convidan la persona con ello y muestran tanto

desta = de esta
nude
= mujeres/give birth to
iron/steel/ni . . . they are not disposed to it

fearful/a . . . amazingly
se . . . are reassured/guile
no . . . no one would believe it unless he had seen it/if one asks him for it

amor que darían los corazones, y quier° sea cosa de valor, quier sea un poco precio, luego por cualquier cosica° de cualquier manera que sea que se les dé, por ello son contentos. . . .≫

Para ocuparse luego° de la necesidad en que se encuentran de ser instruídos en religión; de la fauna, de la flora, de la belleza, del clima de las islas vistas por él. Terminando con estas palabras encendidas° de amor y de fe, que sólo pudo concebir un hombre que en aquellos instantes, sintiéndose instrumento de la Providencia, era todo de Dios:

≪La Cristianidad debe tomar alegria y facer° grandes fiestas, y dar gracias solemnes por el tanto ensalzamiento° que habrán, entornándose° tantos pueblos a nuestra Sante Fé, y despues por los bienes temporales que no solamente á la España, mas todos los cristianos ternan° aquí refrigerio° y ganancia.° Esto según el fecho° así en breve, Fecha en la carabela, sobre la Isla De Canaria á 15 de Febrero Año 1493. Fará lo que mandareys,° EL ALMIRANTE.≫

La gloria de España

Fácil es imaginar el efecto que el mensaje colombiano° debió producir en el corazón del caballero° valenciano° Luis de Santángel, que lo recibió encontrándose en Barcelona formando parte del cortejo° de los Reyes Católicos. La carta, mientras el descubridor se trasladaba° desde Sevilla a la Ciudad Condal para dar cuenta° del resultado feliz de su viaje a los monarcas, con la autorización de éstos fue dada a la publicidad, impresa° en catalán° y en castellano, y pocas, semanas después, en Roma, en latín, informándose Europa y el mundo, por las sucesivas reediciones° que se hicieron de la versión latina, del trascendental Descubrimiento. . . .

Reproducido de *ABC*, Madrid, 12 de octubre de 1957.

CUESTIONARIO

1. ¿Dónde terminó Cristóbal Colón su epistolar mensaje? 2. ¿Cuándo llegó Cristóbal Colón a Europa? 3. ¿Qué constituye la carta de Colón a Luis de Santángel? 4. ¿Cómo es el tono de la carta? 5. Según la carta, ¿cuántos días viajó Cristóbal Colón para llegar a las Américas? 6. ¿Qué nombre puso Cristóbal Colón a la primera isla que halló? 7. ¿Qué

whether
little thing

Para . . . *Later he concerns himself*

burning, passionate

= *hacer*
praise
converting

= *tendrán*/*refreshment*
profit/ = *hecho*

= *mandareis*

of Columbus
gentleman/*of Valencia*

court, entourage
se . . . *was going*
dar . . . *to give an account*

printed/*Catalan, the language of Catalonia*

republications

trajes llevan los nativos?   8. ¿Qué armas tienen los nativos?   9. ¿Cómo son los nativos después de perder su miedo?   10. ¿Por qué debe estar agradecida la Cristiandad?   11. ¿Dónde estaba Luis de Santángel cuando recibió la carta?   12. ¿Qué hizo Luis de Santángel con la carta?

EJERCICIOS

A. *Escoja Ud. la palabra o expresión equivalente.*

1. relatos	a. vestidos	b. narraciones	c. camisas
2. sumo	a. poco	b. menor	c. supremo
3. redactar	a. escribir	b. hablar	c. charlar
4. dar cuenta	a. relatar	b. negar	c. prohibir
5. epistolar	a. en forma de carta	b. oral	c. hablado
6. acta de nacimiento	a. certificado de nacimiento	b. certificado de defuncíon	c. certificado de acciones
7. carabela	a. barco	b. avión	c. tren
8. travesía	a. viaje	b. parada	c. estancia
9. caballero	a. noble	b. ordinario	c. plebeyo
10. contraídas	a. perdidas	b. conseguidas	c. rechazadas
11. patente	a. evidente	b. inseguro	c. interesante
12. deuda	a. recibo	b. obligación	c. regalo
13. insigne	a. ignominioso	b. vil	c. ilustre
14. brotar	a. nacer	b. morir	c. acabar

B. *Complete Ud. cada oración.*

1. Cristóbal Colón escribió su carta para que _____.
2. La carta de Colón a Luis de Santángel constituye _____.
3. Colón puso nombre San Salvador a la primera isla que descubrió para _____.
4. Según la carta de Colón los nativos de las islas _____.

C. *Escriba Ud. una oración original con cada una de las siguientes palabras o expresiones:*

emparentado	sosiego
confianza	agobios económicos
desempeña	caudal
docto	cortejo

D. *Exprese Ud. oralmente su opinión acerca de la importancia de la carta que Cristóbal Colón escribió a Luis de Santángel y después escríbala en un párrafo conciso.*

Nota Gramatical

Comparison of Adjectives

1. COMPARISONS OF INEQUALITY

a. **Más** or **menos** is placed before the adjective to form the regular comparative.

bonito   *pretty*   importante   *important*
más bonito   *prettier*   menos importante   *less important*

b. **Que** is placed before the person or thing being compared to express *than*.

La primera lección es **más** interesante   The first lesson is *more* interesting
   que la segunda.   *than* the second.

c. Some adjectives have irregular comparatives:

bueno   mejor
malo   peor

Esta clase es **mejor** que ésa.   This class is *better* than that one.
Pedro es **peor** que su hermano.   Pedro is *worse* than his brother.

SIZE	DEGREE OR AGE
grande más grande	mayor
pequeño más pequeño	menor

Esta flor es **más grande** que la otra.   This flower is *larger* than the other
                                                  one.

Clara es **mayor** que Juanita.   Clara is *older* than Juanita.
La mamá es **más pequeña** que la hija.   The mother is *smaller* than the
                                                  daughter.

Ella es **menor** que yo.   She is *younger* than I am.

2. THE SUPERLATIVE

a. To indicate the superlative degree, **más** or **menos** is preceded by a definite article, which agrees in gender and number with the noun being compared. The group or situation from which the comparison is taken is preceded by **de** (*in, of*).

Catalina es **la más** inteligente.   Catherine is *the most* intelligent.
Este examen es **el menos** importante   This exam is *the least* important (one)
   del año.   of the year.

b. The absolute superlative expresses high degree rather than comparison. To form the absolute superlative, **-ísimo(s), -ísima(s)** is added to the root of the adjective.

malo   malísimo
bueno   buenísimo
fácil   facilísimo

Enrique es **malísimo**.	Enrique is *very bad*.
La tarea era **facilísima**.	The homework was *extremely easy*.

c. Note the following changes:

rico	riquísimo
largo	larguísimo
feroz	ferocísimo

d. The prefixes **re-**, **rete-**, and **requete-** are used with adjectives as intensifiers.

Tu prima es **rebonita**.	Your cousin is *awfully pretty*.
Esta novela es **retemaravillosa**.	This novel is *perfectly marvelous*.
Él es **requetesimpático**.	He is *supercharming*.

3. COMPARISONS OF EQUALITY

To express comparisons of equality, **tan** is placed before the adjective and **como** before the person or thing being compared.

Mi prima es **tan** linda **como** Carmen.	My cousin is *as* pretty *as* Carmen.
Estos libros son **tan** interesantes **como** aquéllos.	These books are *as* interesting *as* those.

grande

EJERCICIO

Complete Ud. cada grupo según el modelo.

MODELO: Los alumnos dicen que esta lección es difícil.
  Los alumnos dicen que esta lección es más difícil que la otra.
  Los alumnos dicen que esta lección es la más difícil de todas.
  Los alumnos dicen que esta lección es dificilísima.

1. Es verdad que ella es guapa.
   Es verdad que ella es _más guapa que_ su hermana.
   Es verdad que ella es _la más guapa de_ todas.
   Es verdad que ella es _guapísima_

2. Sabemos que ese joven es simpático.
   Sabemos que ese joven es _más que_ Jorge.
   Sabemos que ese joven es _el " de_ todos.
   Sabemos que ese joven es _simpatiquísimo_

3. Creo que Juanito es malo.
   Creo que Juanito es _más_ tú. _malo que peor que tú_
   Creo que Juanito es _el más_ todos. _peor de todos_
   Creo que Juanito es _malísimo_

LECCIÓN **22**

La alarmante contaminación que nos ahoga

Miguel Ángel
Asturias
Premio Nobel de
Literatura

Ayer, hoy, y mañana, siempre estará el hombre de la ciudad dispuesto a abandonarla. Ese hombre que buscó por todos los medios instalarse en la metrópoli luminosa, lujosa,° esplendorosa, llena de posibilidades. Que fue allí con la ilusión de ser feliz, de no mantenerse aislado,° de asistir a todo lo que la ciudad ofrece, más si es una gran ciudad. Ese hombre está ya de regreso.° Vacaciones, largas o cortas. Fines de semana.° Puentes.° Casa de campo o residencias secundarias.

  Una telilla° de gasolina, tanto absorber gasolina quemada,° en la garganta, en la glotis, en el galillo,° una sensación de ahogo° paulatino,° de sordera° por el ruido incesante, un desesperado mal olor de basuras° que se pudren,° de ese mundo de la suciedad° que se va acercando al centro de la ciudad, cada vez más descuidado° y ahora agravado con los pelos° y harapos° de los jóvenes, mares de podre° con espumas° de cabelleras° juveniles sueltas,° todo contribuye a que el citadino° busque liberarse huyendo° de lo que tanto amó, de lo que fue su ensoñación,° su conquista mejor.

  Pero, acaso, en este huir de los centros urbanos, terriblemente ruidosos, polucionados de gases venenosos,° de

luxurious

isolated

de . . . in retreat/
 Fines . . . Weekends
[Hacer] puente = to take
 an extended weekend
film (lit., cloth)
burned/gullet

choking/slow/deafness

garbage/se . . . is rotting
filth

uncared for
[long] hair/rags/putrid
 matter
foams/hair/loose
city-dweller/fleeing
the fulfillment of his
 fantasy

poisonous

258

aguas sometidas° a todas las artes de la química,° sin sabor° a agua, haya otro móvil,° exista otra razón: un adelantarse° a estar cerca de lo que puede desaparecer, cerca de la Madre Naturaleza.° Madre; sí; madre, y no por figura retórica barata,° sino porque ahora la sentimos así, la llamamos así desde lo más íntimo de nuestros corazones.

submitted/chemistry/flavor
cause/hastening (lit., getting ahead)

Nature
figura . . . cheap figure of speech

   Estar junto a ella, volver a su regazo,° vivo, verde, perfumado, silencioso, dulce, recordando, como ironía, que para un Oscar Wilde era lo más incómodo,° lo menos amable, así como para todos los de esas generaciones de salón exquisito, habitantes de ciudades que por no llegar a millones de habitantes vivían en escenarios de jardines, se permitían el lujo de «flanear»°, gozaban° de la casa individual, con pórtico y jardincillo al fondo, paseaban en los bosques urbanos con arboledas° y cascadas,° y no supieron de la asfixia de la aglomeración° y de la vida en apartamentos no más grandes que un sobre.°

lap

uncomfortable

promenading/enjoyed

groves/waterfalls

crowding

envelope

   Sí, es por instintiva adivinación° por lo que nos complace° ahora lo que antes nos parecía primitivo y salvaje, y lo que nos lleva a abandonar nuestras comodidades, el confort burgués,° y entregarnos a las molestias° del campo, a tendernos° en la hierba, a sufrir la enemiga de los insectos, a sentir que por momentos nos llega y nos quema el sol, o nos sacude° el viento o nos moja° la lluvia; sí, es por instintiva adivinación, decíamos, porque intuimos° que toda esta vida vegetal, que toda esta frescura° natural, que todo este mundo saludable está a punto de desaparecer, puede desaparecer, sí, como lo anuncian algunos sabios,° la tierra se enfría y tornamos a las edades glaciales.

understanding
pleases

bourgeois/inconveniences
lie down
buffets
wets
know intuitively
verdure (lit., coolness)

scholars, experts

   Hay un convencimiento° en nosotros, gente del siglo XX en vísperas° del bimilenario,° que todo esto puede acontecer, que no impunemente nos hemos lanzado a° liquidar nuestra atmósfera, a suprimir° el aire que da vida a las plantas, a los árboles, a las flores, las aves,° las mariposas. . . .

conviction
en . . . on the eve/year 2000
nos . . . we have rushed into
suppress
birds

   No es que queramos hacer el juego a los anunciadores de catástrofes por espíritu de «siniestrismo»,° como se dice ahora—hay toda una literatura del siniestro, hay todo un cine del siniestro, hay toda una mentalidad social, política y económica del siniestro—, no, lo que ocurre es que en ese afán° de todo el mundo por tornar a lo primitivo, a la tierra, cabe° considerar un preaviso° de lo que puede ocurrir mañana, caso de no estar° ocurriendo ya, cuando ríos, lagos y mares se

"disaster-ism"

eagerness
cabe . . . must be considered
premonition
caso . . . if not

encuentren alterados en su composición y sean más tumbas°   *tombs*
de peces que fuentes° de vida.   *sources*

  La vida vegetal puede desaparecer. Cincuenta mi-
llones de toneladas° suplementarias de las partículas suspen-   *[metric] tons*
didas en la atmósfera harán caer la temperatura de quince
grados° centígrados a cinco grados centígrados, según cál-   *degrees*

culos del físico° norteamericano doctor William E. Cobb, *physicist*
agregado° al Laboratorio de Física y Química de la Atmósfera, *member of the faculty*
en Norteamérica.

      Un gran peligro hubo en siglos pasados, explica el
doctor Cobb, cuando las erupciones de volcanes en la isla
Karacatoba,° entre Java y Sumatra, momento crucial para la *Krakatoa*
Tierra, para su atmósfera, para su vida vegetal, ya que el
volcán arrojó° ocho kilómetros cúbicos de fragmentos de roca, *threw up*
repartiendo° su polvareda° sobre 750.000 kilómetros cua- *scattering/dust*
drados,° y cubriendo el mar de una capa de piedra pómez. En *square area*
el espacio de algunos años se disipó° el peligro y la atmósfera *se . . . was dissipated*
adquirió° su equilibrio. *gained*

      Pero ahora, ¿qué ocurre? . . . Más de doscientos mi-
llones de automóviles ruedan° en los caminos del mundo, con- *roll*
sumiendo el oxígeno de que todavía se dispone,° doscientos *se . . . is available*
millones de vehículos que producen óxido de carbono° en *óxido . . . carbon monoxide*
proporciones catastróficas. Y si a esto añadimos° miles y *we add*
miles de aviones, miles y miles de fábricas, irá en aumento la
suspensión, en la atmósfera, de partículas de polvo que persis-
ten en ella, y que son las que inquietan a los sabios y a cuan-
tos° se preocupan por el devenir° de la vida en la Tierra. *those who/future*
Agreguemos este dato,° tomado de los cálculos° del doctor *datum, fact/calculations*
Cobb: para hacer mil kilómetros, un automóvil utiliza más
oxígeno que el que consume un hombre en un año.

      ¿Verdad que hay sobrada° razón para estar pegadito° a *abundant/close, attached*
ti, estos últimos tiempos de tu vida, Madre Naturaleza?

Reproducido de *ABC*, Madrid, 4 de noviembre de 1971.

CUESTIONARIO

1. ¿Por qué buscó el hombre instalarse en las ciudades? 2. ¿Cuáles son algunas cosas
contaminantes que contribuyen a que el citadino huya de la ciudad? 3. ¿Por qué se dice que
la Madre Naturaleza no es una figura retórica barata? 4. ¿Por qué se desea estar junto a la
naturaleza? 5. ¿Por qué complace ahora lo que antes parecía primitivo y salvaje? 6. ¿Qué convencimiento hay en la gente del siglo XX? 7. ¿Cuál es el preaviso de lo
que puede ocurrir mañana? 8. Según el doctor Cobb, ¿qué peligro hubo en siglos
pasados? 9. Pero ahora, ¿qué ocurre? 10. ¿Cuánto oxígeno utiliza un automóvil para
hacer mil kilómetros? 11. ¿Piensa Ud. que hay sobrada razón para estar pegado a la Madre
Naturaleza? ¿Por qué?

EJERCICIOS

A. *Escoja Ud. la palabra o expresión equivalente.*

1. instalarse	a. huirse	b. salir	c. establecerse
2. lujoso	a. pobre	b. rico	c. escaso
3. regreso	a. vuelta	b. abono	c. venta
4. telilla	a. luz	b. tierra	c. nube
5. sordera	a. oído	b. ruido	c. sordez
6. citadino	a. de la ciudad	b. campesino	c. montañés
7. arboleda	a. pasto	b. bosquecillo	c. dehesa
8. adivinación	a. dato específico	b. cifra	c. intuición
9. siniestro	a. malo	b. bueno	c. honesto
10. afán	a. falta de ganas	b. disgusto	c. deseo
11. cálculo	a. adivinador	b. cómputo	c. suposición
12. sobrado	a. más de lo necesario	b. poco	c. menos de lo necesario

B. *Complete Ud. cada oración.*

1. El hombre de la ciudad _____.
2. Las basuras tienen un mal olor porque _____.
3. Un citadino vive _____.
4. Algunos huyen de la ciudad porque _____.
5. Algunos quieren vivir en la ciudad porque _____.
6. La naturaleza atrae a algunos porque _____.

C. *Escriba Ud. una oración original con cada una de las siguientes palabras o expresiones:*

garganta	podrir
ahogo	cabelleras juveniles sueltas
basura	sabor
lujo	móvil
sacude	regazo
se enfría	piedra pómez
sabios	persiste

D. *Exprese Ud. su opinión acerca del afán por volver a lo primitivo y escríbala en un párrafo conciso.*

Nota Gramatical

Comparison of Adverbs

1. COMPARISONS OF INEQUALITY

   a. As with adjectives, the regular comparative of adverbs is formed by placing **más** or **menos** before the adverb. *Than* is expressed by **que**.

efectivamente	*effectively*
más efectivamente	*more effectively*
menos efectivamente	*less effectively*

Tú puedes escribir los ejercicios **más** fácilmente **que** los alumnos que no han estudiado.	You can write the exercises *more* easily *than* the students who haven't studied.
Ahora ella se viste **menos** elegantemente **que** antes.	Now she dresses *less* elegantly *than* before.

   b. Some adverbs have irregular comparatives:

bien	mejor
mucho	más
mal	peor
poco	menos

Pedro es **menos** capaz de hacer esta labor.	Peter is *less* capable of doing this work.
Juan la hace **mejor.**	John does it *better*.

2. THE SUPERLATIVE

   a. The superlative of adverbs is also formed by placing **más** or **menos** before the adverb. Normally, definite articles are not used, but a definite article precedes the superlative adverb when it modifies an adjective used absolutely.

De todas las estudiantes Elvira se viste **más** elegantemente.	Of all the students Elvira dresses *the most* elegantly.
De todos los jugadores Pedro es **el más** hábil.	Of all the players Pete is *the most* skillful.
De todas las bailarinas, Juana es **la más** graciosa.	Of all the dancers Jane is *the most* graceful.

   b. The neuter article **lo** is placed before a superlative adverb followed by a phrase expressing possibility.

Creo que Miguel hará la tarea **lo mejor** que él pueda.	I think that Mike will do the job *the best* that he can.

3. THE ABSOLUTE SUPERLATIVE

a. The absolute superlative of adverbs is formed by adding **-ísimo, -ísima** to the adverb.

pronto	*quickly, soon*	prontísimo	*very quickly, very soon*
cerca	*near*	cerquísima	*very near*

Note that the ending **-a** of **cerca** is carried over to the superlative ending **-ísima** and that **c** changes to **qu** before the letter **i**.

b. In the case of adverbs formed by adding **-mente** to the feminine form of an adjective, the superlative **-ísima** is inserted before **-mente.**

claramente	*clearly*	clarísimamente	*very clearly*

c. The effect of an absolute superlative may be obtained by placing **muy** before the adverb.

Él habla **muy claramente.**	He speaks *very clearly*.
Él habla **clarísimamente.**	He speaks *very clearly*.

Exception: **Muy** is not used before **mucho** because **mucho** can mean either *much (a lot)* or *very much.*

A ella le gusta estudiar **mucho.**	She likes to study *a lot (very much)*.

4. COMPARISONS OF EQUALITY

In equal comparisons **tan** precedes the adverb and **como** is placed before the second part of the comparison.

Yo puedo hacer eso **tan** fácilmente **como** Ud.	I can do that *as* easily as you.

EJERCICIOS

A. *Conteste Ud. según el modelo.*

MODELO: ¿Corre Juan tan rápido como Luis?
      Juan corre más rápido que Luis.

1. ¿Escribe María tan correctamente como Elisa? 2. ¿Estudia Pablo tan sinceramente como Álvaro? 3. ¿Trabaja Tomás tan vigorosamente como Pepe? 4. ¿Andas tan despacio como Elvira? 5. ¿Juegan Uds. tan vigorosamente como ellos?

B. *Cambie las oraciones según el modelo.*

MODELO: Pedro estudia mucho.
      Pedro estudia muchísimo.

lentísimamente

1. Mi amigo vive muy cerca de aquí. 2. El viejo anda muy lentamente. 3. La niña habla muy claramente. 3. Ella baila muy divinamente. 5. Mi amigo terminó su tarea muy pronto.

LECCIÓN 23

Urgencia de aprender a divertirse

Salvador
Martínez Cairo

Entre nosotros la idea del retiro° es demasiado nueva para que °retirement
haya arraigado° de manera profunda y nuestra gente no con- °taken root
cibe° plenamente la conveniencia ni la oportunidad de la °no . . . does not conceive
jubilación, aunque a lo largo° de las dos últimas décadas °a . . . in the course
muchos vengan ya disfrutando de este privilegio.

      Cada quien, según su temperamento, costumbres y
cultura, encuentra un sentido especial a ese paso ansiado,° °anxiety-filled
temido° y desconcertante, que los saca° del escenario agitado °fearful/removes
y turbulento del trabajo para colocarlos en el rincón° apacible° °corner (indoors)/peaceful
y sereno de un reposo holgado° y sin exigencias.° °comfortable/demands
                                              °retirement (lit., rest)

      Para unos, el descanso,° que usualmente es concedido °retirement (lit., rest)
al trasponer° la línea de los sesenta, resulta melancólico hasta °al . . . upon crossing
el punto de enfermar° de tristeza. °making (someone) ill

      Para otros representa un cargo° de conciencia porque °burden
se sienten aún demasiado fuertes y les duele desperdiciar° °lose
oportunidades de ganar° dinero. °earn

      Para muchos resulta humillante y bochornoso,° pues °embarrassing
no quieren pasar por inútiles; para la mayor parte se traduce
en aburrimiento.° °boredom

      Muy pocos saben encontrar en el retiro el supremo
encanto° que brinda° a todos: la satisfacción enloquecedora° °fascination/it offers/
                                           °dizzying (lit., maddening)

265

de la libertad, el derecho al fin conquistado de hacer lo que nos dé la gana° sin quedarnos° por eso sin comer.

Esta incomprensión de un bien tan patente,° proviene° a veces de la codicia° otras de la vanidad para la causa más frecuente y determinante, sobre todo en Monterrey es que la gente, demasiado absorbida por una actividad rabiosa,° no aprendió a divertirse ni se cree con derecho° a disfrutar de reposo.

*lo . . . whatever we like/
our being left
obvious/derives
greed*

furious

*se . . . believe they have
the right*

Por eso los jubilados buscan ávidamente alguna actividad remuneradora° y no aludimos a quienes lo hacen obligados° por la exigüidad° de una pensión insuficiente, sino a quienes siguen trabajando sin necesidad alguna, porque trabajar es la sola cosa que saben hacer y no practicarla° es dejar de vivir.

paying

lo . . . are forced to/ skimpiness

to do it

Como el retiro ya generalizándose por virtud de la Ley, porque las empresas ya se hacen cargo de su conveniencia° y porque la humanización del trabajo lo impone, convirtiéndolo en realidad próxima° para muchas personas, precisa meditar un poco sobre el asunto para llegar al convencimiento° de que representa un premio° y no un castigo;° precisando aprovechar° intensamente los años productivos para poderlo disfrutar sin estrecheces° cuando llegue la hora, sin prolongar un día más la dura fatiga, ya que también urge° aprovechar lo que nos reste de salud° y de fuerzas para gozar un poco.

se . . . understand its advantages

nearby, impending

conviction/prize/ punishment

take advantage of

restrictions

it is urgent

health

Asimismo,° se hace necesario proscribir el disparate° utilitario de que sólo cuentan las cosas productivas, aprendiendo a tomar sabor° y a gustar de aquellas frívolas, aparentemente inútiles, pero de extraordinario valor por lo que implican de ponderación° y armonía y aun por cultura,° pues ≪En la formación de todo espíritu, para que sea completa, han de entrar tanto los problemas de Euclides° como los cuentos de hadas≫.°

likewise/nonsense

tomar . . . to taste

balance/general knowledge

Euclid

cuentos . . . . fairy tales

La diversión sana no es sólo adorable futileza, sino equilibrio y necesidad.

Reproducido de *El Norte,* Monterrey, Nuevo León, México, 20 de mayo de 1976.

CUESTIONARIO

1. ¿Por qué no se concibe la conveniencia de la jubilación?   2. ¿Qué encuentra cada persona en la jubilación?   3. ¿Cómo resulta el descanso para algunas personas?   4. ¿Cuál es el supremo encanto que se encuentra en el retiro?   5. ¿De dónde proviene la incomprensión del bien en el retiro?   6. ¿Qué buscan los jubilados?   7. ¿Por qué es preciso meditar un poco sobre el asunto del retiro?   8. ¿Por qué se hace necesario proscribir el disparate utilitario de que sólo cuentan las cosas productivas?   9. ¿Qué se necesita en la formación de todo espíritu?   10. ¿Cómo es sana la diversión?

EJERCICIOS

A. *Escoja Ud. la palabra o expresión equivalente.*

1. retiro	a. aislamiento	b. tarea	c. trabajo
2. arraigar	a. desaparecer	b. echar raíces	c. huirse
3. década	a. cinco años	b. veinte años	c. diez años
4. colocar	a. quitar	b. poner	c. sacar
5. rincón	a. comida	b. bebida	c. lugar retirado
6. apacible	a. agradable	b. desconcertante	c. malo
7. encanto	a. fascinación	b. aburrimiento	c. fastidio
8. brindar	a. maltratar	b. saludar	c. maldecir
9. enloquecedor	a. hacer loco	b. hacer sano	c. hacer mejor
10. codicia	a. bondad	b. avidez	c. generosidad
11. vanidad	a. amor propio	b. humildad	c. reserva
12. rabioso	a. frenético	b. calmado	c. sereno
13. jubilado	a. retirado	b. trabajando	c. enojado
14. remunerador	a. proporciona dinero	b. sin dinero	c. sin valor
15. aludir	a. esconder	b. evitar	c. referir
16. exigüidad	a. escasez	b. exceso	c. demasía
17. futileza	a. futilidad	b. utilidad	c. ganancia

B. *Complete Ud. cada oración.*

1. Una persona puede aprender a divertirse con tal que _____.
2. Algunos no están contentos a menos que _____.
3. Muchos desean hacer lo que _____ la gana.
4. Algunas cosas aparentemente frívolas en verdad _____.
5. La jubilación es humillante para muchos porque _____.

C. *Escriba Ud. una oración original con cada una de las siguientes palabras o expresiones:*

a lo largo	nos hacemos cargo
sin necesidad	precisa meditar
dejan de trabajar	premio
virtud	estrechez
empresa	disparate

D. *Exprese Ud. oralmente sus ideas acerca de la urgencia de aprender a divertirse y después escríbalas en un párrafo conciso.*

Dormir

Escribe:
≪Tono≫

Hace unos días leí en una revista ilustrada un ≪Decálogo° del buen dormir≫, y aunque yo para dormir no necesito ni siquiera° acostarme,° la curiosidad me empujó° a leer el ≪Decálogo≫ y nunca lo hubiera hecho, porque he aquí algunas de las recomendaciones que el autor del ≪Decálogo≫ daba a los aquejados° de insomnio.

"Ten Commandments"

no . . . I scarcely need/ to lie down/impelled, pushed

afflicted

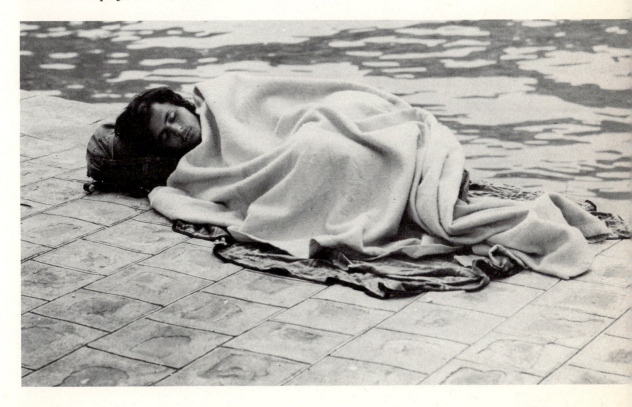

≪Vaciar el cerebro o, por lo menos, ocuparlo con pensamientos serenos.≫

≪Tomar antes de acostarse un vaso de leche, un jugo de fruta o una taza de manzanilla° caliente y azucarada.≫ *herbal tea*

≪Después de unos minutos de gimnasia, lavarse la cara con agua fría y los pies con agua caliente.≫

≪Poner la habitación a 18 grados.≫° *degrees (Centigrade)*

≪Abrir la ventana durante diez minutos con el fin de renovar° el aire y respirar unas bocanadas° de aire puro.≫ *freshen (lit., renew)/lungfuls (lit., mouthfuls)*

≪Dejar libre el intestino.≫

≪En caso de dormir en un lugar ruidoso,° taparse° los oídos° con tapones° de goma.≫° *noisy/plug* / *ears/plugs/rubber*

≪Dar un breve paseo al aire libre. . . .≫

Y otras recomendaciones que no reproduzco por no hacer interminable esta lista.

Pues bien: yo, que llevaba bastante más de medio siglo durmiendo como una apisonadora° averiada,° convencido de que para dormir lo único necesario es tener sueño, me pregunté alarmado: ≪¿Será posible que haya estado tanto tiempo durmiendo de mala manera?≫ Y, decidido a beneficiarme de dicho ≪Decálogo≫, puse manos a la obra.° *steamroller/broken down* / *task*

La primera dificultad que encontré fue la de vaciar el cerebro. ¿Cómo se vacían los cerebros? Tampoco podía llenarlo de pensamientos serenos, porque para ellos tenía que vaciarlo previamente.

Prescindí° de este consejo y decidí seguir adelante.° ¿Qué me convendría° más? ¿Tomar el vaso de leche, el jugo de fruta o la taza de manzanilla caliente y azucarada? En la duda, me tomé las tres cosas y por poco me ahogo.° Seguí con los consejos: después de unos minutos de gimnasia me lavé la cara con agua fría y los pies con agua caliente. Puse la habitación a 18 grados, cosa que me costó bastante trabajo. Luego, abrí la ventana durante diez minutos, por lo que los 18 grados se fueron a hacer gárgaras,° pero respiré profundamente, lo que me sirvió para empujar el zumo° de fruta, el vaso de leche y la taza de manzanilla. Volví a calentar° la habitación y me puse tapones de goma en los oídos. Me tapé, no demasiado, como manda el ≪Decálogo≫, y empecé a estornudar° como un sifón° averiado, por lo que los tapones de los oídos salieron° disparados° y ya no los volví a encontrar. *I gave up/seguir . . . to go ahead* / *would suit* / *por . . . I nearly drowned* / *a . . . down the drain (lit., gargling)* / *juice* / *to heat* / *sneeze* / *soda siphon* / *jumped out/violently (lit., thrown hard)*

De pronto recordé que también era necesario dar un breve paseo antes del sueño. Volví a vestirme y me dí el breve paseo. Esto me proporcionó° una tos° perruna° de ¡vaya usted con Dios!

earned/cough/terrible (lit., dog-like)

Me acosté nuevamente, pero en la habitación hacía un frío siberiano. Mi cerebro que, por lo visto, se había vaciado por su cuenta, empezó a llenarse de pensamientos ordinarios y estaba viendo que la cosa iba a terminar malamente.

Con todas estas cosas, el día estaba amaneciendo y recordé que a las nueve de la mañana tenía que hacer una diligencia° urgente y, ante este deber inaplazable,° me dirigí al teléfono, descolgué el auricular,° me lo apliqué al oído y . . . en esta posición me quedé dormido hasta las cinco de la tarde.

errand/deber . . . unpostponable duty

descolgué . . . took the receiver off the hook

Reproducido de *Semana*, Madrid, 13 de diciembre de 1975.

CUESTIONARIO

1. ¿Por qué leyó el autor el ≪Decálogo del buen dormir≫? Con respecto a las recomendaciones: 2. ¿Qué se debe hacer con el cerebro? 3. ¿Qué se debe tomar antes de acostarse? 4. ¿Qué se debe hacer después de la gimnasia? 5. ¿Cuál debe ser la temperatura del cuarto? 6. ¿Para qué se abre la ventana? 7. ¿Cómo se alivia de los ruidos? 8. ¿Dónde debe pasearse? 9. ¿Por qué no reproduce el autor más recomendaciones? Con respecto a lo que hizo el autor: 10. ¿Por qué puso manos a la obra? 11. ¿Cuál fue la primera dificultad que encontró? 12. ¿Qué tomó? 13. ¿Qué pasó con los tapones de los oídos? 14. ¿Cuál fue el resultado del breve paseo? 15. ¿Qué hizo con el teléfono?

EJERCICIOS

A. *Escoja Ud. la palabra o expresión equivalente.*

1. decálogo   a. los diez manda-   b. libro   c. sueño
                mientos
2. insomnio   a. dormir de   b. falta de sueño   c. dormilón
                sobra
3. manzanilla   a. té camomila   b. mantequilla   c. queso
4. azucarado   a. amargo   b. agrio   c. dulce
5. habitación   a. cuarto   b. jardín   c. garaje
6. taparse   a. sellar   b. abrir   c. descubrirse
7. al aire libre   a. adentro   b. afuera   c. arriba
8. averiado   a. descompuesto   b. compuesto   c. arreglado
9. prescindir   a. incluir   b. eliminar   c. preferir
10. convenir   a. ser oportuno   b. ser inapropiado   c. faltar
11. zumo   a. pastel   b. torta   c. jugo
12. diligencia   a. negocio   b. comida   c. silla

B. *Complete Ud. cada oración.*

1. La mejor manera de vaciar el cerebro es _____.
2. Si una persona no puede dormir porque hay ruidos, esa persona debe _____.
3. Algunos no creen que una persona _____ dormir bien solamente porque _____ un vaso de leche antes de acostarse.
4. Abrir una ventana sirve para _____.
5. Creo que si una persona _____ un paseo al aire libre, eso _____.

C. *Escriba Ud. una oración original con cada una de las siguientes palabras o expresiones:*

ni siquiera   tampoco
tapón de goma   por poco se ahogan
daré un breve paseo   estornuda
pusimos   siberiano
dicho libro   este deber inaplazable

D. *Exprese Ud. oralmente su idea acerca del mejor remedio para evitar el insomnio y después escríbala en un párrafo conciso.*

Nota Gramatical

Comparison of Nouns

1. COMPARISONS OF INEQUALITY

In unequal comparisons, **más** or **menos** is placed before the noun. *Than* is translated several ways:

a. **Que** is used when the second part of the comparison is a noun or pronoun.

Pancho tiene **más** plumas **que** Diego.   Pancho has *more* pens *than* Diego.
Yo como **menos** pan **que** Ud.   I eat *less* bread *than* you.

b. **De** is used when *than* is followed by a number or an expression of quantity. If the sentence is negative, **que** can be used with the meaning of *only*.

Perdimos más **de** siete.   We lost *more than* seven games.
Vendí **más de** la mitad de mis boletos.   I sold *more than* half of my tickets.
No tengo **más que** diez dólares.   I have *only* ten dollars.

c. **Del que, de la que, de los que, de las que** are used with comparisons of nouns if there is a conjugated verb in the subordinate clause.

Tenemos **más** sillas **de las que** necesitamos.   We have *more* chairs *than* we need.
Perdió **más** dinero **del que** ganó.   He lost *more* money *than* he earned.

d. **De lo que** is used if an entire idea is expressed in the main clause and there is a conjugated verb in the subordinate clause.

Ellas tiene **más** problemas **de lo que** Ud. piensa.   She has *more* problems *than* you think.

2. COMPARISONS OF EQUALITY

tanto(s), tanta(s) . . . como   *as much (many) . . . as*

Tanto agrees with the noun it refers to.

No tenemos muchas criadas, pero tenemos **tantas como** los García.   We haven't many maids, but we have *as many as* the Garcias.
Ellos tienen **tantas** primas **como** yo.   They have *as many* cousins *as* I.
Gano **tanto** (dinero) **como** él.   I earn *as much* (money) *as* he.

Lección 23   **273**

EJERCICIO

Conteste Ud. según el modelo.

MODELO: ¿Tiene Ud. menos libros que Elvira?
Tengo tantos libros como Elvira.

1. ¿Tiene Ud. menos camisas que Álvaro? 2. ¿Tiene Pablo menos dinero que Benito? 3. ¿Tienes menos cuadernos que Eloísa? 4. ¿Tienen Uds. menos árboles que las vecinas? 5. ¿Tiene la niña menos mantequilla que su mamá? 6. ¿Tiene Margarita menos faldas que Alicia? 7. ¿Tienes menos pan que Juana? 8. ¿Tiene Susana más leche que tú? 9. ¿Tiene la vecina más flores que ustedes? 10. ¿Tiene Federico más calcetines que Felipe?

ESPAÑA: LOS OLIVOS

LECCIÓN 24

La conquista de un elemento

Gustavo A. Reque

El hombre siempre ha desarrollado la civilización a través de la superficie° de los mares. Sin embargo, traspasar° la cristalina superficie del agua y permanecer cierto tiempo en su seno° ha representado durante milenios un veto° para la inquietud humana. A medida que° la técnica avanzaba, la necesidad de buceadores° especializados iba aumentando.° Efectivamente,° se han encontrado puertos construidos antes de Cristo, tan perfectos que difícilmente pueden concebirse sin la intervención de buceadores obreros.° Muchas de estas construcciones todavía siguen llenando de asombro° a los ingenieros actuales.

En el año 332 a. C.,° Alejandro Magno,° en su marcha hacia Egipto, sitió° durante varios meses la ciudad de Tiro,° situado en una isla considerada inexpugnable.° Alejandro mandó construir un puente de madera que amenazaba° la seguridad de la ciudad fenicia.° Los historiadores nos cuentan cómo unos buceadores de la ciudad colocaron sogas° bajo la superficie del agua, siendo éstas atadas° a los postes maestros.° Las cuerdas se deslizaron° hasta la ciudad desde donde tirando con gran fuerza lograron derribar° el puente, con lo

surface/to pass through

bosom/veto, prohibition
A . . . In proportion as
divers/iba . . . kept increasing
In fact

workmen

astonishment

a . . . = antes de Cristo/the Great
besieged/Tyre
impregnable
menaced
Phoenician
ropes
tied
postes . . . main supports/se . . . stretched
pull down

275

que la ciudad quedó salvada.° Ésta podría ser, quizá, la primera intervención bélica° practicada por buceadores.

A partir del siglo XVI, comienzan a aparecer las
≪campanas de buceo≫° que eran utilizadas para el rescate°
de barcos hundidos.° Se hacían descender grandes campanas
o toneles° pesadamente° lastrados.° Dentro iban uno o dos
≪buceadores≫. Alcanzando° el fondo estos individuos se
deslizaban° fuera de la campana, y aguantando° la respiración
realizaban cortas incursiones° atando° cabos° a los objetos
más valiosos que encontraban. Después regresaban dentro del
hábitat seco y una vez recuperado el aliento,° iniciaban otra
salida. De esta manera tan rudimentaria, el inglés William
Phips, entre los años 1680-87, consiguió rescatar en las islas
Bahamas, de un galeón español, un cargamento de oro y plata
valorado° en 300.000 libras esterlinas,° cifra astronómica para
aquellas épocas. Como consecuencia de este hallazgo,° Phips
entró a formar parte de la nobleza° y se le recuerda como
gobernador de Massachusetts.

Sin embargo, el mar no entrega ni sus secretos ni sus
tesoros con tanta facilidad. Desde el hallazgo descrito anteriormente hasta la actualidad,° pocos han sido los afor-
tunados° aventureros que se han enriquecido° por objetos
rescatados al mar. El motivo fundamental es la enorme dificultad que representa para el hombre la permanencia° bajo el
agua al estar sometido éste a todo tipo de agresiones que
atentan contra° su vida. Por ello, la civilización ha tenido que
esperar muchos años hasta que por fin, en el año 1837, el
ingeniero alemán° August Siebe fabricó° la primera escafan-
dra° individual con suministro° de aire continuo desde la
superficie. Con este invento° se abría una pequeña ventana a
los misterios del mundo subacuático.°

Pronto los buzos,° con sus grandes escafandras redon-
das y pesadas botas° de plomo,° comenzaron a caminar por los
fondos marinos de todo el mundo. Se llegaron a alcanzar profundidades de 40 metros y largas permanencias a esas cotas.°
Parecía que el mar estaba vencido° y que sería al fin
rápidamente dominado por el osado° ser humano. Pero qué
equivocados° estaban aquellos pioneros de las profundidades.
Comenzaron a reportarse accidentes gravísimos° que ocurrían
a los buzos durante e incluso° varios días después de la inmersión. Estos accidentes se manifestaban desde simples sen-
saciones de hormigueo° en la piel, lo que se llamó ≪las pul-

	saved
	in warfare
	campanas . . . diving bells/recovery
	barcos . . . sunken ships
	casks/heavily/weighted
	Upon reaching
	se . . . slid/holding
	trips/tying/ropes
	una . . . once they had caught their breath
	valued/libras . . . pounds sterling
	find
	nobility
	present time
	lucky/enriched
	staying
	atentan . . . threaten
	German/made
	diving suit/supply
	invention
	underwater
	divers
	boots/lead
	depths (lit., levels)
	conquered
	daring
	mistaken
	extremely serious
	including
	tickling

gas° del buzo≫, hasta parálisis completas de piernas y brazos   *fleas*
y, desafortunadamente, en muchos casos la muerte.

    Los males no provenían° de los peligros intrínsecos del   *come from*
mar; peces° peligrosos, caídas° a profundos acantilados° sub-   *fishes(es)/falls/precipices*
marinos, ni tampoco a fallos° de tipo técnico. El mal se   *failures*
presentaba dentro de los buzos. La conquista de un elemento
cobraba° sus primeras víctimas.   *claimed (lit., charged)*

    Se estudió durante mucho tiempo la causa de estos
accidentes sin éxito. En 1870, el fisiólogo° Robert Bert encon-   *physiologist*
tró por fin la razón. ≪A medida que el hombre se sumerge, la
presión del agua aumenta, y éste debe respirar aire a presión   *a . . . at the surrounding*
ambiente° para no experimentar° la compresión de la caja to-   *pressure/experience*
rácica.° El aire contiene una mezcla de gases siendo uno de   *caja . . . thoracic cage,*
ellos un gas inerte, es decir, que no interviene en los procesos   *ribcage*
metabólicos del organismo, el nitrógeno≫. Efectivamente, el
oxígeno es consumido por el metabolismo celular transfor-   *anhidrido . . . carbon*
mándose en calor y anhídrido carbónico° que es expulsado   *dioxide*
durante la respiración. El gas nitrógeno,° al no intervenir en el   *gas . . . nitrogen gas*

Lección 23   277

metabolismo celular no es consumido. Se descubrió que durante la permanencia en la profundidad, el cuerpo se iba saturando° de este gas, lo que quiere decir que el nitrógeno se disuelve en los tejidos.° Al iniciar el buzo el ascenso, este gas se manifiesta en forma de burbujas° en la sangre. Por el mismo principio aparecen burbujas de gas en una botella de agua carbonada° cuando abrimos el tapón.° Estas burbujas de gas nitrógeno pueden ocluir° arterias importantes del cerebro y de la médula espinal,° lo que irremisiblemente° conduce hacia la aparición de toda una sintomatología que empieza en la sensación de hormigueo anteriormente descrita, llegando hasta parálisis completas o, en los casos más graves, la muerte.

En el año 1925, el comandante Le Prieur de la Armada° francesa inventaba un aparato que permitía la permanencia en el seno del agua, ¡sin contacto directo con la superficie! El aparato consistía en una botella conteniendo aire a alta presión—lo cual permite almacenar° gran cantidad de aire en un espacio reducido. Este aire, por medio de una válvula° que se accionaba° a mano, iba suministrando constantemente aire puro al buceador. Más tarde, durante la segunda guerra mundial,° el actualmente famoso comandante Cousteau, en colaboración con el ingeniero Gagnan, perfeccionaron el invento de Le Prieur. El nuevo aparato regulaba automáticamente las necesidades respiratorias del buceador. Este «regulador» es desde entonces el aparato de uso convencional en el buceo° deportivo.

Aquellos pioneros de la inmersión con escafandra autónoma° comenzaron a sufrir todos los problemas y peligros que para la vida representaba sumergirse° en el agua. En el líquido elemento cambian toda una serie de constantes° «terrestres». Lastrándose° convenientemente° se puede alcanzar un grado de ingravidez° completa. Las distancias reales disminuyen° aparentemente° y los objetos aumentan de volumen.° Nuestros oídos son incapaces de captar° ningún sonido inteligible. El fenómeno de absorción hace tornarse todos los colores en verdes o azules. El frío, los animales peligrosos, las corrientes submarinas y toda una fenomenología adversa, hicieron al hombre desarrollar más su ingenio° e inventar procedimientos° que le permitieran estancias° más cómodas y con menos peligros.

Para vencer° el terrible accidente de las embolias° por nitrógeno, se descubrió que ascendiendo lentamente las ma-

se ... became saturated
se ... is dissolved in the tissues
bubbles

carbonated/lid

occlude, block

médula ... medulla oblongata/irrevocably

Army

store up

valve/se ... was operated

segunda ... World War II

diving

self-contained

submerging oneself

constants
By weighting oneself/ appropriately
weightlessness
diminish/to all appearances
volume, size/catching

ingenuity

procedures/sojourns

conquer/embolisms

nifestaciones posteriores° disminuían. Actualmente todos los buceadores deben conocer a la perfección las llamadas ≪tablas de descompresión≫,° esto es: según el tiempo de permanencia en la máxima profundidad, se requerirá o no° hacer determinadas paradas de descomposición° en diferentes niveles° de profundidad. El nitrógeno es también responsable de que cierto tipo de buceadores, al alcanzar cotas de alrededor de 40 metros de profundidad, pueden sentir súbitamente° (no en todas las ocasiones y variando de unos días a otros) una euforia que les puede hacer reaccionar de las maneras más irracionales; por ejemplo, quitarse la boquilla° y querer cantar. Este problema se conoce con el nombre de ≪borrachera de las profundidades≫.°

     Cuando un buceador comienza a sentir frío, sus reacciones cambian. El individuo puede llegar a mostrarse extremadamente agresivo e incluso tomar decisiones erróneas. Gracias a la aparición de los trajes de goma, neopreno,° el problema del frío ha sido relativamente solucionado.

     Sí, el mar, ese elemento madre, es hermoso. Sin embargo, dentro de esa dulce recreación° que invade nuestros sentidos, no debemos olvidar, que al igual que las altas cumbres° son imán° y posible peligro mortal para el alpinista,° las profundidades son imán y posible peligro mortal para el buceador, en tan sólo eso,° 10 metros de profundidad.

manifestaciones . . . *aftereffects*

tablas . . . *decompression tables*
se . . . *there will or won't be necessary*
determinadas . . . *set stops for decompression levels*

suddenly

mouthpiece
borrachera . . . *rapture (lit., drunkenness) of the depths*

neoprene

refreshment

peaks/a magnet/mountain-climber

en . . . *even at only*

Gustavo A. Reque, ≪Submarinismo≫, reproducido de *Deporte 2000,* número 83, Madrid, diciembre 1975.

CUESTIONARIO

1. ¿Cómo ha desarrollado el hombre la civilización? 2. ¿Qué ha representado el traspasar la superficie del agua y permanecer cierto tiempo en su seno? 3. ¿Por qué se asombran los ingenieros actuales de los puertos construidos antes de Cristo? 4. ¿Cómo salvaron los buceadores a la antigua ciudad de Tiro? 5. ¿Para qué se usaban las campanas de buceo? 6. ¿Qué fabricó Siebe, el ingeniero alemán? 7. ¿Qué comenzaron a hacer los buzos? 8. ¿Por qué estaban equivocados los pioneros de las profundidades? 9. ¿Por qué sufrían los buzos de burbujas en la sangre? 10. ¿Cuál es la importancia del invento del regulador? 11. En el elemento líquido, ¿cómo cambian algunas constantes terrestres? 12. ¿Para qué se usan las tablas de descompresión? 13. ¿Cuál es el efecto de la borrachera de las profundidades? 14. ¿Cómo ha sido relativamente solucionado el problema del frío? 15. ¿Por qué se comparan las profundidades del mar con las altas cumbres de las montañas?

EJERCICIOS

A. *Escoja Ud. la palabra o expresión equivalente.*

1. seno	a. pierna	b. tobillo	c. pecho
2. veto	a. obstáculo	b. ayuda	c. auxilio
3. buceador	a. alpinista	b. buzo	c. cazador
4. asombro	a. sorpresa	b. certeza	c. alegría
5. soga	a. poste	b. cuerda	c. puerto
6. rescate	a. escape	b. cárcel	c. encierro
7. cabo	a. cadena	b. superficie	c. fondo
8. entregar	a. quitar	b. llevar	c. dar
9. atentar	a. auxiliar	b. mirar	c. amenazar
10. escafandra	a. traje de buzo	b. barco	c. conquista
11. equivocado	a. erróneo	b. verdadero	c. correcto
12. hormigueo	a. cosquilleo	b. suave	c. liso

B. *Complete Ud. cada oración.*

1. Creo que la conquista de un elemento es _____.
2. Un veto es algo que _____.
3. Alejandro Magno mandó que _____ un puente.
4. La invención de la escafandra individual fue importante porque _____.
5. Los males que sufrían muchos buzos no provenían de _____ sino de _____.
6. A medida que un hombre _____ en el agua, la presión del agua _____.
7. El buzo debe respirar aire a presión ambiente para _____.
8. El aire contiene _____.
9. Se dice que el nitrógeno es un gas inerte porque _____.
10. Al iniciar el buzo el ascenso, el nitrógeno _____.
11. Burbujas de gas nitrógeno en la sangre pueden _____.
12. El aparato que inventó Le Prieur consistía en _____ lo cual permitía _____.
13. Cousteau y Gagnan perfeccionaron el invento de Le Prieur con un aparato que _____.

C. *Escriba Ud. una oración original con cada una de las siguientes palabras o expresiones:*

campanas de buceo	sonido
fisiólogo	embolia
burbujas	tablas de descompresión
agua carbonada	boquilla
ingravidez	imán

D. *Exprese Ud. oralmente su opinión acerca del valor de la exploración submarina y después escríbala en un párrafo conciso.*

Nota Gramatical

Se + indirect object for unplanned occurrences

The use of the reflexive substitute for the passive voice was studied in Lesson 12. In addition, the reflexive **se** can be used to relate an unplanned, unexpected, or accidental occurrence. In this reflexive construction, an indirect object pronoun is added to refer to the person(s) affected; the verb agrees in number with the noun being acted upon. Note the following examples, which contrast the active voice, the true passive, the reflexive passive, and the use of the passive for an accidental occurrence.

José rompió el vaso.	José broke the glass.
El vaso fue roto por José.	The glass was broken by José.
Se rompió el vaso.	The glass was (got) broken.
Se le rompió el vaso a José.	*The glass broke on José. (José broke the glass).*

Other examples:

Ella acabó el chocolate.	She finished the chocolate.
Se le acabó el chocolate a ella.	She ran out of chocolate.
Dejamos caer los cuadernos.	We dropped the workbooks.
Se nos cayeron los cuadernos.	*We dropped the workbooks.*

EJERCICIO

Cambie Ud. cada oración para expresar la misma idea usando se más un complemento indirecto (objeto indirecto).

MODELO: Perdí el libro.
      Se me perdió el libro.

1. Perdiste el libro de física. 2. Olvidamos las entradas. 3. La señora Gómez acabó la comida. 4. Pararon el coche. 5. Rompiste la máquina de escribir. 6. Olvidé las direcciones. 7. Gloria apagó las luces. 8. Él dejó caer las tijeras.

Repaso 4

A. *Llene Ud. el espacio en blanco con un pronombre relativo apropiado.*

1. Ése es el libro _____ yo hablaba.
2. La estudiante, _____ es su compañera de cuarto, vino con Margarita.
3. Quiero ver el sombrero _____ Ud. compró.
4. _____ trajo Ricardo es una pluma buena.
5. Anita no quiso ayudarnos, _____ me sorprendió muchísimo.
6. Esa joven, _____ hermana fue lastimada, fue al hospital a verla.
7. Yo no conozco a la mujer de _____ hablaba Pepe.
8. _____ nos gusta es ir al parque.
9. El estudiante con _____ habló la profesora es mi amigo.
10. La casa en _____ vives es muy grande.

B. *Llene Ud. el espacio en blanco con una expresión indefinida o negativa apropiada.*

1. Ella no pidió _____ de comer.
2. Su amiga sí pidió _____ de comer.
3. Yo no veo a _____ en la sala.
4. Yo sí veo a _____ en el comedor.
5. No podemos comprar esos libros porque tenemos muy _____ dinero.
6. Elena no quiere darme esa blusa porque ya tengo _____.
7. Pablo no me dio _____ mensaje.
8. Escoja Ud. _____ traje que le guste.
9. Esta tarea es _____ difícil.
10. La otra no es _____ fácil tampoco.

C. *Conteste Ud. las preguntas según los modelos.*

MODELOS: ¿Es Carmen más alta que Elena?
Sí, es la más alta de todas.

¿Es Ud. más grande que Jorge?
Sí, soy el más grande de todos.

1. ¿Es Linda más bonita que su hermana? 2. ¿Es Ud. más delgado que Pablo? 3. ¿Es Carmen mayor que Susana? 4. ¿Son Uds. más afortunados que sus vecinos? 5. ¿Es Catalina más inteligente que Clara? 6. ¿Eres más baja que Linda? 7. ¿Son ellos más ricos que Uds.? 8. ¿Es Ud. menor que su hermano? 9. ¿Es más interesante esta novela que aquélla? 10. ¿Es mejor esta falda que la mía?

D. *Conteste Ud. las preguntas según los modelos.*

MODELOS: ¿Trabaja bien Pepe?
   Trabaja mejor que los demás.
   ¿Corre rápidamente Pablo?
   Corre más rápidamente que los demás.

1. ¿Escribe elegantemente Susana?   2. ¿Habla mal ese niño?   3. ¿Estudia mucho tu amiga?   4. ¿Ensaya poco Ricardo?   5. ¿Baile divinamente Alicia?   6. ¿Se viste elegantemente Rosa?   7. ¿Se porta serenamente Miguel?   8. ¿Leen atentamente Elena y Carolina?   9. ¿Maneja cuidadosamente Benito?   10. ¿Trabaja vigorosamente Juana?

E. *Conteste Ud. las preguntas según el modelo.*

MODELO: ¿Tienes más camisas que Luis?
   Tengo tantas camisas como Luis.

1. ¿Tienes más plumas que Ana?   2. ¿Tiene Miguel más sombreros que Elena?   3. ¿Tiene Ud. más dinero que Elena?   4. ¿Tienen Uds. más flores que las vecinas?   5. ¿Tiene Elvira más vestidos que Ana?   6. ¿Tiene el niño más leche que la niña?   7. ¿Tiene la vecina más pan que Ud.?   8. ¿Tiene Carlos más lápices que Raúl?   9. ¿Tienes más manzanas que Julia?   10. ¿Tienen los vecinos más cuadros que Uds.?

F. *Complete Ud. las oraciones con los pronombres apropiados.*

MODELOS: Se _____ acabó a mí el dinero.
   Se me acabó a mí el dinero.
   Se _____ cayeron a nosotros los libros.
   Se nos cayeron a nosotros los libros.

1. Se _____ olvidó a mí la tarea.
2. Se _____ rompió a María el vestido.
3. Se _____ paró a nosotros el automóvil viejo.
4. Se _____ quitó a Esteban el dolor de cabeza.
5. Se _____ hace tarde a nosotros.
6. Se _____ ocurre a mí algo fantástico.
7. Se _____ acabó a ellos el dinero.
8. ¿Se _____ ocurre a ti algo fenomenal?
9. ¿Se _____ olvidó a Ud. el paraguas?
10. Se _____ cayeron a Miguel los vasos.
11. Se _____ rompieron a ellas los platos.
12. Se _____ perdió a Benito la navaja.

Appendices

APPENDIX

Agreement of Subjects and Verbs

THE COLLECTIVE NOUN

1. Generally the collective noun takes a singular verb, especially if the noun precedes the verb.

   La familia **está** muy bien.   The family *is* very well.

2. When the collective noun is followed by the preposition **de** and a plural noun, it takes a plural verb.

   Un grupo de muchachos **organizaron**   A group of boys *organized* the club.
   el club.

3. When **la mayoría, la mayor parte, la mitad, el resto** are followed by the expression **de ustedes, de ellos (ellas),** or by a plural noun, they take a plural verb. In any other case, the verb is in the singular.

   Tengo muchos alumnos, pero la mayoría   I have many students, but the majority
   de ellos **están** ausentes hoy.   of them *are* absent today.
   La mayoría **está** por ir en tren.   The majority *is* in favor of going
                                                by train.

4. If a plural predicate follows the collective noun, the verb is in the plural.

   El grupo **parecían** indios.   The group *looked like* Indians.

OTHER CONCEPTS OF AGREEMENT

1. Words or groups of words used with **o . . . o** take a singular verb.

   O mi madre o mi padre me **llamará**.   Either my mother or my father *will*
                                                call me.

2. If one part of the subject is singular and the other part is plural, the verb agrees with the closer part.

   Su radio o sus libros **serán** vendidos   His radio or his books *will be* sold
   por su padre.   by his father.
   Sus libros o su radio **será** vendido   His books or his radio *will be* sold
   por su padre.   by his father.

3. The parts of the subject connected by **ni . . . ni** take a singular verb if only one part is referred to.

> Ni Juan ni Carlos **puede** ser presidente.
>
> Neither John nor Charles *can* be president.

4. If the verb can refer to all parts of the subject, then the verb is in the plural.

> Ni Juan ni Carlos **pueden** hacerlo.
>
> Neither John or Charles *can* do it.

   a. If the subjects connected by **ni . . . ni** require different forms of the verb, it is necessary to express each verb (if the meaning requires a *singular* form).

> Ni tú **debes** ni él **debe** hacerlo.
>
> Neither you nor he *ought* to do it.

   b. The verb is used in the same way with subjects connected by **o . . . o.**

> O tú **debes** o él **debe** hacerlo, pero no ambos.
>
> Either you or he *ought* to do it but not both.

   c. When the verb is in the plural, it must be the form that includes all parts of the subject.

> Ni él ni yo **fuimos**.
>
> Neither he nor I *went*.

5. If the last subject refers to or summarizes the other subjects, the verb agrees with this last subject.

> El niño, la niña, la mujer, alguien **gritó**.
>
> The boy, the girl, the woman, someone *shouted*.

> Los niños, las niñas, las mujeres, todos **gritaron**.
>
> The boys, the girls, the women, all *shouted*.

6. If the parts of the subject are combined to express only one idea, then the verb is in the singular.

> La llegada y la salida del tren **causó** conmoción.
>
> The arrival and departure of the train *caused* confusion.

7. When the verb **ser** appears between the subject and the predicate, generally the verb agrees with the subject.

> Estas dos clases **son** un placer para mí.
>
> These two classes *are* a pleasure for me.

NOTE: If the subject is placed far from the verb and the predicate is plural, then the verb can be plural.

> El recuerdo más agradable que tengo de mi viaje **son** las semanas que pasé en España.
>
> The pleasantest memory that I have of my trip *are* the weeks that I spent in Spain.

8. Two or more neuter subjects require a singular verb.

> Lo que dijo y lo que hizo me **enfadó**.
>
> What he said and what he did *angered* me.

NOTE: The infinitive is considered neuter; for this reason, two or more infinitives require a singular verb.

> Me **gusta** acostarme tarde y levantarme tarde.
>
> I *like* to go to bed late and get up late.

Word Order

1. The most common order is: subject, negative word, indirect object, direct object, verb, modifiers.

   Yo no se los di hasta esta mañana.   I did not give them to him until this
                                          morning.

2. Another order is preferable:

   a. In dialogue.

       —Voy a casa—dijo Enrique.   "I am going home," said Henry.

   b. When the reflexive substitute for the passive voice is used.

       Se habla español aquí.   Spanish is spoken here.

   c. When the third person of the subjunctive is used to translate *let*.

       Que coman ellos ahora.   Let them eat now.

   d. To avoid placing the verb in a final position.

       Sonó el teléfono.   The telephone rang.

IN AN INTERROGATIVE SENTENCE

1. The subject generally follows the verb.

   ¿Dónde vive usted?   Where do you live?

2. The noun or the adjective can precede the subject.

   ¿Es profesora ella?   Is she a teacher?
   ¿Fue buena la película?   Was the movie good?

IN AN EXCLAMATORY SENTENCE

1. In an exclamatory sentence introduced by **qué** or **cuán** to translate *how,* the subject follows the verb.

   ¡Qué (cuán) amable es usted!   How nice you are!

2. In order to translate *what a* followed by an adjective and a noun, the indefinite article is omitted, **más** or **tan** precedes the adjective and the order is as follows:

   ¡Qué cuento más (tan) horrible fue ése!   What a horrible tale that was!

APPENDIX  B

Augmentatives and Diminutives

FORM

1. If the word ends in a consonant or in a stressed vowel, the augmentative or the diminutive is added to the complete word.

   la mujer   *the woman*   la mujercita   *the little woman*
   papá *papa*   papacito   *dear papa*

2. If the word ends in an unstressed vowel, that vowel is dropped before adding the ending.

   las cosas   *the things*   las cositas   *the little things*

   a. Note that **c** changes to **qu** and **g** changes to **gu** before **e** or **i**.

   chico   *little*   chiquito   *very little*
   amigo   *friend*   amiguito   *little friend*

   b. After the vowel is dropped, if the vowel of the word and the vowel of the ending are identical, then they merge into one.

   rancio   *rancid*   rancito   *a bit rancid*
   resquicio   *opportunity*   resquicito   *a small opportunity*

3. Different suffixes can be added to the noun, adjective, adverb, present participle, or past participle in order to give emphasis to these words and express size, contempt, a blow, mockery, or affection.

AUGMENTATIVES

The principal augmentative suffixes are **-ón, -azo, -acho, -ote** and their variations. They are used to describe:

1. Size.

el viento *the wind*	el ventarrón *the wind storm*
el libro *the book*	el librote *the big book*
la nube *the cloud*	el nubarrón *the big cloud*
la cuchara *the spoon*	el cucharón *the ladle*
la silla *the chair*	el sillón *the arm chair*

2. Contempt.

la gente *the people*	la gentuza *the rabble*

3. A blow (**-azo** and **-ada**).

la bala *the bullet*	el balazo *the gun shot*
el cañón *the cannon*	el cañonazo *the cannon shot*
el codo *the elbow*	el codazo *the blow with the elbow*

el garrote *the club*	el garrotazo *the blow with a club*
la lanza *the lance*	la lanzada *the lance thrust*
la mano *the hand*	el manotazo *the blow (cuff) with the hand*
el martillo *the hammer*	el martillazo *the hammer blow*
la palma *the palm*	la palmada *the pat*
la pata *the foot*	la patada *the kick*
la piedra *the rock or stone*	la pedrada *the blow with a rock or stone*
el puñal *the dagger*	la puñalada *the dagger thrust*
el puño *the fist*	el puñetazo *the blow with the fist*
la rodilla *the knee*	el rodillazo *the blow with the knee*

4. Other concepts.

el bueno *the good one*	el bonachón *the good natured one*
la soltera *the spinster*	la solterona *the old maid*

NOTE: At times the suffixes **-ón** and **-acho** are used together.

el hombrachón	*the nice, big man*

DIMINUTIVES

The most common diminutives are **-ito, -cito,** and **-ecito**. Other diminutives are: **-illo, -cillo, -ecillo, -uelo, -on, -ote, -cico, -ececito, -ececillo, -ececico**. They are used:

1. To express affection.

el pájaro *the bird*	el pajarito *the little bird*
el viejo *the old man*	el viejito o el viejecito *the little old man or the dear old man*
Carlos *Charles*	Carlitos *little Charles or Charlie*
Elena *Helen*	Elenita *little Helen*

2. To accentuate an idea.

poco *little*	poquito *very little*
lejos *far*	lejitos *quite far*
cerca *near*	cerquita *very near*
corriendo *running*	corriendito *running, running*

3. To lessen a size.

nube *cloud*	nubecilla *little cloud*
conejo *rabbit*	conejito o conejillo *little rabbit*
gorrión *sparrow*	gorrioncito *little sparrow*
pie *foot*	piececito, piececillo, piececico o piezuelo *little foot*
cuerpo *body*	cuerpecito *little body*
arroyo *stream*	arroyuelo *small stream*
isla *island*	islote *small island*

4. To express other concepts.

paño *cloth*	pañuelo *handkerchief*
calle *street*	callejón *alley*

APPENDIX C

Cardinal Numbers

uno, una	1	seis	6	once	11
dos	2	siete	7	doce	12
tres	3	ocho	8	trece	13
cuatro	4	nueve	9	catorce	14
cinco	5	diez	10	quince	15

diez y seis (dieciséis)	16	veinte	20
diez y siete (diecisiete)	17	veinte y uno (veintiuno)	21
diez y ocho (dieciocho)	18	treinta	30
diez y nueve (diecinueve)	19	treinta y uno	31

cuarenta	40	doscientos (-as)	200
cincuenta	50	trescientos (-as)	300
sesenta	60	cuatrocientos (-as)	400
setenta	70	quinientos (-as)	500
ochenta	80	seiscientos (-as)	600
noventa	90	setecientos (-as)	700
ciento (*cien* libros)	100	ochocientos (-as)	800
ciento uno	101	novecientos (-as)	900

mil	1000	un millón	1,000,000
dos mil	2000	dos millones	2,000,000
doscientos (-as) mil	200,000		

Ordinal Numbers

primero	1st	trigésimo	30th
segundo	2nd	cuadragésimo	40th
tercero	3rd	quincuagésimo	50th
cuarto	4th	sexagésimo	60th
quinto	5th	septuagésimo	70th
sexto	6th	octogésimo	80th
séptimo	7th	nonagésimo	90th
octavo	8th	centésimo	100th
noveno	9th	centésimo primo (primero)	101st
décimo	10th	centésimo segundo	102nd
undécimo	11th	ducentésimo	200th
duodécimo	12th	tricentésimo	300th
décimo tercio (tercero)	13th	cuadringentésimo	400th
décimo cuarto	14th	quingentésimo	500th
décimo quinto	15th	sexcentésimo	600th
décimo sexto	16th	septingentésimo	700th
décimo séptimo	17th	octingentésimo	800th
décimo octavo	18th	noningentésimo	900th
décimo nono	19th	milésimo	1,000th
vigésimo	20th	dos milésimo	2,000th
vigésimo primo (primero)	21st	doscientos milésimo	200,000th
vigésimo segundo	22nd	millonésimo	1,000,000th
vigésimo tercero	23rd	diez millonésimo	10,000,000th

APPENDIX D

Seasons

la primavera *spring*   el otoño *autumn*
el verano *summer*   el invierno *winter*

Months

enero *January*   julio *July*
febrero *February*   agosto *August*
marzo *March*   septiembre *September*
abril *April*   octubre *October*
mayo *May*   noviembre *November*
junio *June*   diciembre *December*

Days of the Week

el domingo *Sunday*   el miércoles *Wednesday*
el lunes *Monday*   el jueves *Thursday*
el martes *Tuesday*   el viernes *Friday*
          el sábado *Saturday*

Dates

¿Cuál es la fecha?   *What is the date?*
¿A cuántos estamos?   *What is the date?*
el primero de octubre de 1967   *October 1, 1967*
el doce de octubre de 1967   *October 12, 1967*

Expressions of Weather

¿Qué tiempo hace?	*How is the weather?*
Hace buen tiempo.	*The weather is good.*
Hace sol. Hay sol.	*It is sunny.*
Hace viento. Hay viento.	*It is windy.*
Llueve. Hay lluvia.	*It is raining.*
Llueve a cántaros.	*It is pouring down rain.*
Llovizna.	*It is drizzling.*
Hiela.	*It is freezing.*
Graniza.	*It is hailing.*
Nieva. Hay nieve.	*It is snowing.*
Relampaguea.	*It is lightning.*
Truena.	*It is thundering.*
Hay polvo.	*It is dusty.*
Hay humedad.	*It is humid.*
Hay neblina.	*It is foggy.*
Hay lodo.	*It is muddy.*
Hace fresco.	*It is cool.*
Hace frío.	*It is cold.*
Hace calor.	*It is hot.*

Expressions of Time

¿Qué hora es?	*What time is it?*
Es la una.	*It is one o'clock.*
Es la una y cuarto.	*It is one-fifteen.*
Era la una y media.	*It was one-thirty.*
Son las dos y diez.	*It is ten after two.*
Eran las cinco menos veinte.	*It was four-forty.*
Son las once en punto.	*It is eleven o'clock sharp.*
Son las seis de la mañana.	*It is six o'clock in the morning.*
Eran las cuatro y veinte de la tarde.	*It was four-twenty in the afternoon.*
Son las diez y cinco de la noche.	*It is five after ten P.M.*
de día	*by day*
de noche	*at night*
por la mañana	*in the morning*
Es mediodía.	*It is noon.*
Es medianoche.	*It is midnight.*
a eso de las nueve	*about nine*
Son las dos y pico.	*It is a little after two.*
Es temprano.	*It is early.*
Es tarde.	*It is late.*

APPENDIX E

Business Letter *(Carta comercial)*

Houston, Tejas, 17 de enero de 1977

Encabezamiento *Heading*	Sr. Carlos León Salinas 120 Nogalitos San Antonio, Tejas
Saludo *Salutation*	Distinguido señor:
Introducción *Introduction*	La presente tiene por objeto comunicarle que _____
	(Texto *Body*)
Despedida *Close*	Queda de usted Atto. S.S.
Firma *Signature*	Manuel Flores

SALUTATIONS

Distinguido señor:
Distinguidos señores:
Muy señor mío:
Muy señores míos:
Apreciable señor:
Apreciables señores:
Muy señor nuestro:
Muy señores nuestros:

INTRODUCTIONS

La presente tiene por objeto comunicarle(les) que _____
Tenemos el gusto de participar a usted que _____
Nos referimos a su carta del _____
En relación con las instrucciones de _____
Oportunamente recibimos su atento escrito _____
Hemos mandado a usted una carta con fecha _____
Me permito confirmar a usted mi carta del _____
No habiendo contestación a nuestra última del _____

COMPLIMENTARY CLOSES

Muy agradecido a su atención,	*Very grateful for your attention,*
Queda de usted affmo. s.s.	*I remain very truly yours,*
De Ud. (Uds.) atto. y s.s.	*Very truly yours,*
Queda de usted (ustedes) atto. s.s.	*I remain very truly yours,*

Note the abbreviations: atto. y s.s. (atento y seguro servidor), affmo. s.s. (afectísimo y seguro servidor).

Personal Letter (*Carta familiar*)

Laredo, Tejas, 1 de julio de 1977

Saludo   Mi querida hermana,

Introducción   Hoy he recibido tu carta y _____

(Texto)

Despedida   Recibe un abrazo afectuoso de tu hermano,

Firma   Pepe

SALUTATIONS

Querida hermana (madre, tía, etc.),
Querido hermano (padre, tío, etc.),
Querido amigo Jorge,
Queridos amigos,
Mi queridísimo (-a) esposo (esposa),
Amigo (amiga) mío (-a) muy estimado (-a),
Josefina mía queridísima,
Preciosa (-o) nieta (nieto, primo, etc.),
Respetable Sr. (Sra.),
Apreciable Sr. (Sra.),
Apreciado (-a) profesor (profesora),

INTRODUCTIONS

Hoy he recibido tu (su) carta de _____
Con alegría recibí tu (su) carta de _____
Como no has (ha) contestado a la mía del _____
Recibí noticias de que _____
Como te (le) prometí, te (le) mando estas líneas para _____
Te (le) anuncio mi llegada para el _____
La fecha de tu (su) cumpleaños me trae al recuerdo _____
Sus noticias hace más de un mes, estoy intranquilo por _____

COMPLIMENTARY CLOSES

Recibe un abrazo afectuoso de _____
Abrazos de _____
Recibe el inmenso cariño de _____
Un saludo cariñoso a los tuyos y un abrazo para ti de tu mejor
  amigo (amiga)

APPENDIX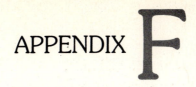

Simple Tenses of Regular Verbs

INFINITIVE

hablar	aprender	vivir

PRESENT PARTICIPLE

hablando	aprendiendo	viviendo

PAST PARTICIPLE

hablado	aprendido	vivido

INDICATIVE MOOD

PRESENT

hablo	aprendo	vivo
hablas	aprendes	vives
habla	aprende	vive
hablamos	aprendemos	vivimos
habláis	aprendéis	vivís
hablan	aprenden	viven

IMPERFECT

hablaba	aprendía	vivía
hablabas	aprendías	vivías
hablaba	aprendía	vivía
hablábamos	aprendíamos	vivíamos
hablabais	aprendíais	vivíais
hablaban	aprendían	vivían

PRETERITE

hablé	aprendí	viví
hablaste	aprendiste	viviste
habló	aprendió	vivió
hablamos	aprendimos	vivimos
hablasteis	aprendisteis	vivisteis
hablaron	aprendieron	vivieron

hablaré	aprenderé	viviré
hablarás	aprenderás	vivirás
hablará	aprenderá	vivirá
hablaremos	aprenderemos	viviremos
hablaréis	aprenderéis	viviréis
hablarán	aprenderán	vivirán

CONDITIONAL

hablaría	aprendería	viviría
hablarías	aprenderías	vivirías
hablaría	aprendería	viviría
hablaríamos	aprenderíamos	viviríamos
hablaríais	aprenderíais	viviríais
hablarían	aprenderían	vivirían

SUBJUNCTIVE MOOD

PRESENT

hable	aprenda	viva
hables	aprendas	vivas
hable	aprenda	viva
hablemos	aprendamos	vivamos
habléis	aprendáis	viváis
hablen	aprendan	vivan

IMPERFECT SUBJUNCTIVE (-ra form)

hablara	aprendiera	viviera
hablaras	aprendieras	vivieras
hablara	aprendiera	viviera
habláramos	aprendiéramos	viviéramos
hablarais	aprendierais	vivierais
hablaran	aprendieran	vivieran

IMPERFECT SUBJUNCTIVE (-se form)

hablase	aprendiese	viviese
hablases	aprendieses	vivieses
hablase	aprendiese	viviese
hablásemos	aprendiésemos	viviésemos
hablaseis	aprendieseis	vivieseis
hablasen	aprendiesen	viviesen

IMPERATIVE MOOD

habla tú	aprende tú	vive tú
hablad vosotros	aprended vosotros	vivid vosotros

Compound Tenses of Regular Verbs

haber hablado   haber aprendido   haber vivido

PERFECT PARTICIPLE

habiendo hablado   habiendo aprendido   habiendo vivido

INDICATIVE MOOD

PRESENT PERFECT

he hablado	he aprendido	he vivido
has hablado	has aprendido	has vivido
ha hablado	ha aprendido	ha vivido
hemos hablado	hemos aprendido	hemos vivido
habéis hablado	habéis aprendido	habéis vivido
han hablado	han aprendido	han vivido

PLUPERFECT

había hablado	había aprendido	había vivido
habías hablado	habías aprendido	habías vivido
había hablado	había aprendido	había vivido
habíamos hablado	habíamos aprendido	habíamos vivido
habíais hablado	habíais aprendido	habíais vivido
habían hablado	habían aprendido	habían vivido

PRETERITE PERFECT

hube hablado	hube aprendido	hube vivido
hubiste hablado	hubiste aprendido	hubiste vivido
hubo hablado	hubo aprendido	hubo vivido
hubimos hablado	hubimos aprendido	hubimos vivido
hubisteis hablado	hubisteis aprendido	hubisteis vivido
hubieron hablado	hubieron aprendido	hubieron vivido

FUTURE PERFECT

habré hablado	habré aprendido	habré vivido
habrás hablado	habrás aprendido	habrás vivido
habrá hablado	habrá aprendido	habrá vivido
habremos hablado	habremos aprendido	habremos vivido
habréis hablado	habréis aprendido	habréis vivido
habrán hablado	habrán aprendido	habrán vivido

CONDITIONAL PERFECT

habría hablado	habría aprendido	habría vivido
habrías hablado	habrías aprendido	habrías vivido
habría hablado	habría aprendido	habría vivido
habríamos hablado	habríamos aprendido	habríamos vivido
habríais hablado	habríais aprendido	habríais vivido
habrían hablado	habrían aprendido	habrían vivido

SUBJUNCTIVE MOOD

PRESENT PERFECT

haya hablado	haya aprendido	haya vivido
hayas hablado	hayas aprendido	hayas vivido
haya hablado	haya aprendido	haya vivido
hayamos hablado	hayamos aprendido	hayamos vivido
hayáis hablado	hayáis aprendido	hayáis vivido
hayan hablado	hayan aprendido	hayan vivido

PLUPERFECT (-ra form)

hubiera hablado	hubiera aprendido	hubiera vivido
hubieras hablado	hubieras aprendido	hubieras vivido
hubiera hablado	hubiera aprendido	hubiera vivido
hubiéramos hablado	hubiéramos aprendido	hubiéramos vivido
hubierais hablado	hubierais aprendido	hubierais vivido
hubieran hablado	hubieran aprendido	hubieran vivido

PLUPERFECT (-se form)

hubiese hablado	hubiese aprendido	hubiese vivido
hubieses hablado	hubieses aprendido	hubieses vivido
hubiese hablado	hubiese aprendido	hubiese vivido
hubiésemos hablado	hubiésemos aprendido	hubiésemos vivido
hubieseis hablado	hubieseis aprendido	hubieseis vivido
hubiesen hablado	hubiesen aprendido	hubiesen vivido

Stem-changing Verbs

CLASS I: -ar and -er

The vowel **e** of the stem changes to **ie** and the vowel **o** of the stem changes to **ue** when it is stressed; this occurs in all the singular forms and in the third person plural.

pensar

PRES. IND. pienso, piensas, piensa, pensamos, pensáis, piensan
PRES. SUBJ. piense, pienses, piense, pensemos, penséis, piensen
IMPERATIVE piensa tú, pensad vosotros

volver

PRES. IND. vuelvo, vuelves, vuelve, volvemos, volvéis, vuelven
PRES. SUBJ. vuelva, vuelvas, vuelva, volvamos, volváis, vuelvan
IMPERATIVE vuelve tú, volved vosotros

Other verbs with these changes are:

acertar	costar	llover	regar
acordar(se)	defender	manifestar	rogar
acostar(se)	demostrar	morder	segar
almorzar	descender	mostrar	sentar(se)
aprobar	despertar(se)	mover	soler
atravesar	devolver	negar	sonar
calentar	empezar	nevar	soñar
cerrar	encender	perder	temblar
cocer	encontrar	plegar	torcer
colgar	entender	probar	trocar
comenzar	envolver	quebrar	tropezar
confesar	forzar	recordar	volar
contar	helar		

NOTE: **Jugar** changes its root vowel from **u** to **ue**.

CLASS II VERBS: -ir

The root vowel **e** changes to **ie** and the root vowel **o** changes to **ue** when stressed. When the root vowel does not take the accent, **e** changes to **i** and **o** changes to **u** before an accentuated **a** or before **ie** and **ió**.

sentir

PRES. IND. siento, sientes, siente, sentimos, sentís, sienten
PRES. SUBJ. sienta, sientas, sienta, sintamos, sintáis, sientan
PRET. sentí, sentiste, sintió, sentimos, sentisteis, sintieron
IMP. SUBJ. (-RA) sintiera, sintieras, sintiera, sintiéramos, sintierais, sintieran
IMP. SUBJ. (-SE) sintiese, sintieses, sintiese, sintiésemos, sintieseis, sintiesen
IMPERATIVE siente tú, sentid vosotros
PRES. PART. sintiendo

dormir

PRES. IND. duermo, duermes, duerme, dormimos, dormís, duermen
PRES. SUBJ. duerma, duermas, duerma, durmamos, durmáis, duerman
PRET. dormí, dormiste, durmió, dormimos, dormisteis, durmieron
IMP. SUBJ. (-RA) durmiera, durmieras, durmiera, durmiéramos, durmierais, durmieran
IMP. SUBJ. (-SE) durmiese, durmieses, durmiese, durmiésemos, durmieseis, durmiesen

Other verbs with these changes are:

advertir	divertir(se)	morir(se)
arrepentirse	herir	preferir
consentir	hervir	referir
convertir	mentir	sugerir
discernir		

The root vowel **e** changes to **i** when it takes the accent; if it does not take the accent, it changes when it is followed by an accentuated **a, ie** or **ió**.

pedir

PRES. IND. pido, pides, pide, pedimos, pedís, piden
PRES. SUBJ. pida, pidas, pida, pidamos, pidáis, pidan
PRET. pedí, pediste, pidió, pedimos, pedisteis, pidieron
IMP. SUBJ. (-RA) pidiera, pidieras, pidiera, pidiéramos, pidierais, pidieran
IMP. SUBJ. (-SE) pidiese, pidieses, pidiese, pidiésemos, pidieseis, pidiesen
IMPERATIVE pide tú, pedid vosotros
PRES. PART. pidiendo

Other verbs with these changes are:

concebir	gemir	repetir
competir	impedir	seguir
conseguir	medir	servir
corregir	regir	elegir
despedir(se)	rendir(se)	vestir(se)

Orthographic-changing Verbs

1. Verbs that end in **-car** change **c** to **qu** before **e**.

tocar

PRET. toqué, tocaste, tocó, tocamos, tocasteis, tocaron
PRES. SUBJ. toque, toques, toque, toquemos, toquéis, toquen

Other verbs with these changes are:

acercarse	dedicar	sacar
atacar	evocar	secar
buscar	indicar	trocar
colocar	marcar	

2. Verbs that end in **-gar** change **g** to **gu** before **e**.

llegar

PRET. llegué, llegaste, llegó, llegamos, llegasteis, llegaron
PRES. SUBJ. llegue, llegues, llegue, lleguemos, lleguéis, lleguen

Other verbs with these changes are:

obligar	plegar	regar
pagar	negar	jugar

3. Verbs that end in **-guar** change **gu** to **gü** before **e**.

averiguar

    PRET. averigüé, averiguaste, averiguó, averiguamos, averiguasteis, averiguaron
    PRES. SUBJ. averigüe, averigües, averigüe, averigüemos, averigüéis, averigüen

Other verbs with these changes are:

    apaciguar   fraguar   menguar

4. Verbs that end in **-zar** change **z** to **c** before **e**.

gozar

    PRET. gocé, gozaste, gozó, gozamos, gozasteis, gozaron
    PRES. SUBJ. goce, goces, goce, gocemos, gocéis, gocen

Other verbs with these changes are:

alcanzar	empezar
avanzar	forzar
cazar	gozarse (de)
comenzar	rezar

5. Verbs that end in **-cer** or **-cir** which are preceded by a consonant change **c** to **z** before **o** or **a**.

vencer

    PRES. IND. venzo, vences, vence, vencemos, vencéis, vencen
    PRES. SUBJ. venza, venzas, venza, venzamos, venzáis, venzan

esparcir

    PRES. IND. esparzo, esparces, esparce, esparcimos, esparcís, esparcen
    PRES. SUBJ. esparza, esparzas, esparza, esparzamos, esparzáis, esparzan

Other verbs with these changes:

convencer	torcer
ejercer	uncir

6. Verbs that end in **-cer** or **-cir** which are preceded by a vowel change **c** to **zc** before **a** or **o**.
    EXCEPTIONS: merecer, remecer, cocer, escocer, recocer, hacer, yacer, decir.

conocer

    PRES. IND. conozco, conoces, conoce, conocemos, conocéis, conocen
    PRES. SUBJ. conozca, conozcas, conozca, conozcamos, conozcáis, conozcan

Other verbs with these changes are:

agradecer	enriquecer	ofrecer
aparecer	introducir	padecer
conducir	lucir	parecer
deducir	merecer	pertenecer
crecer	nacer	producir
enloquecerse	obedecer	reducir
enflaquecer(se)		

7. Verbs that end in **-ger** or **-gir** change **g** to **j** before **a** or **o.**

coger

PRES. IND. cojo, coges, coge, cogemos, cogéis, cogen
PRES. SUBJ. coja, cojas, coja, cojamos, cojáis, cojan

Other verbs with these changes are:

corregir	fingir
dirigir	proteger
elegir	recoger
escoger	regir

8. Verbs that end in **-guir** change **gu** to **g** before **a** or **o.**

seguir

PRES. IND. sigo, sigues, sigue, seguimos, seguís, siguen
PRES. SUBJ. siga, sigas, siga, sigamos sigáis, sigan

Other verbs with these changes are:

conseguir	distinguir	perseguir

9. Some verbs change unstressed **i** to **y** between vowels.

leer

PRET. leí, leíste, leyó, leímos, leísteis, leyeron
IMP. SUBJ. (-RA) leyera, leyeras, leyera, leyéramos, leyerais, leyeran
IMP. SUBJ. (-SE) leyese, leyeses, leyese, leyésemos, leyeseis, leyesen
PRES. PART. leyendo
PAST PART. leído

Other verbs with these changes are:

argüir (arguyó)	huir
caer(se)	oír
creer	

10. Some verbs that end in **-iar** or **-uar** (except for **-guar**) take a written accent on the weak vowel when it is stressed.

EXCEPTIONS: cambiar, estudiar, limpiar, principiar.

enviar

PRES. IND. envío, envías, envía, enviamos, enviáis, envían
PRES. SUBJ. envíe, envíes, envíe, enviemos, enviéis, envíen
IMPERATIVE envía tú, enviad vosotros

continuar

PRES. IND. continúo, continúas, continúa, continuamos, continuáis, continúan
PRES. SUBJ. continúe, continúes, continúe, continuemos, continuéis, continúen
IMPERATIVE continúa tú, continuad vosotros

Other similar verbs are:

acentuar	espiar
confiar	fiar
criar	telegrafiar
desviar	variar

11. Conjugation of verbs that end in **-eír**.

reír

PRES. IND. río, ríes, ríe, reímos, reís, ríen
PRES. SUBJ. ría, rías, ría, riamos, riáis, rían
PRET. reí, reíste, rió, reímos, reísteis, rieron
IMP. SUBJ. (-RA) riera, rieras, riera, riéramos, rierais, rieran
IMP. SUBJ. (-SE) riese, rieses, riese, riésemos, rieseis, riesen
IMPERATIVE ríe tú, reíd vosotros
PRES. PART. riendo
PAST PART. reído

Other verbs with these changes are:

freír   sonreír

12. Conjugation of verbs that end in **-uir** (except **-guir** and **-quir**).

construir

PRES. IND. construyo, construyes, construye, construimos, construís, construyen
PRES. SUBJ. construya, construyas, construya, construyamos, construyáis, construyan
PRET. construí, construiste, construyó, construimos, construisteis, construyeron
IMP. SUBJ. (-RA) construyera, construyeras, construyera, construyéramos, construyerais, construyeran
IMP. SUBJ. (-SE) construyese, construyeses, construyese, construyésemos, construyeseis, construyesen
IMPERATIVE construye tú, construid vosotros
PRES. PART. construyendo

Other verbs with these changes are:

arguir (arguyo, etc.)	distribuir
concluir	huir
contribuir	excluir
destruir	incluir

13. Verbs that have roots ending in **ll** or **ñ** drop the **i** of the diphthongs **ie** and **ió**.

bullir

PRET. bullí, builliste, bulló, bullimos, bullisteis, bulleron
IMP. SUBJ. (-RA) bullera, bulleras, bullera, bulléramos, bullerais, bulleran
IMP. SUBJ. (-SE) bullese, bulleses, bullese, bullésemos, bulleseis, bullesen
PRES. PART. bullendo

reñir (i)

PRET. reñí, reñiste, riñó, reñimos, reñisteis, riñeron
IMP. SUBJ. (-RA) riñera, riñeras, riñera, riñéramos, riñerais, riñeran
IMP. SUBJ. (-SE) riñese, riñeses, riñese, riñésemos, riñeseis, riñesen
PRES. PART. riñendo

Other verbs with these changes are:

bruñir	tañir
ceñir	teñir
gruñir	

Irregular Verbs

adquirir

PRES. IND. adquiero, adquieres, adquiere, adquirimos, adquirís, adquieren
PRES. SUBJ. adquiera, adquieras, adquiera, adquiramos, adquiráis, adquieran
IMPERATIVE adquiere tú, adquirid vosotros

Other verbs with these changes are:

inquirir, requerir.

andar

PRET. anduve, anduviste, anduvo, anduvimos, anduvisteis, anduvieron
IMP. SUBJ. (-RA) anduviera, anduvieras, anduviera, anduviéramos, anduvierais, anduvieran
IMP. SUBJ. (-SE) anduviese, anduvieses, anduviese, anduviésemos, anduvieseis, anduviesen

asir

PRES. IND. asgo, ases, ase, asimos, asís, asen
PRES. SUBJ. asga, asgas, asga, asgamos, asgáis, asgan

bendecir

PRES. IND. bendigo, bendices, bendice, bendecimos, bendecís, bendicen
PRES. SUBJ. bendiga, bendigas, bendiga, bendigamos, bendigáis, bendigan
PRET. bendije, bendijiste, bendijo, bendijimos, bendijisteis, bendijeron
FUT. bendeciré, bendecirás, bendecirá, bendeciremos, bendeciréis, bendecirán
COND. bendeciría, bendecirías, bendeciría, bendeciríamos, bendeciríais, bendecirían
IMP. SUBJ. (-RA) bendijera, bendijeras, bendijera, bendijéramos, bendijerais, bendijeran
IMP. SUBJ. (-SE) bendijese, bendijeses, bendijese, bendijésemos, bendijeseis, bendijesen
IMPERATIVE bendice tú, bendecid vosotros
PRES. PART. bendiciendo
PAST PART. bendecido or bendito *(adj.)*
(**Maldecir** is conjugated like **bendecir**.)

caber

PRES. IND. quepo, cabes, cabe, cabemos, cabéis, caben
PRES. SUBJ. quepa, quepas, quepa, quepamos, quepáis, quepan
FUT. cabré, cabrás, cabrá, cabremos, cabréis, cabrán
COND. cabría, cabrías, cabría, cabríamos, cabríais, cabrían
PRET. cupe, cupiste, cupo, cupimos, cupisteis, cupieron
IMP. SUBJ. (-RA) cupiera, cupieras, cupiera, cupiéramos, cupierais, cupieran
IMP. SUBJ. (-SE) cupiese, cupieses, cupiese, cupiésemos, cupieseis, cupiesen

caer

PRES. IND. caigo, caes, cae, caemos, caéis, caen
PRES. SUBJ. caiga, caigas, caiga, caigamos, caigáis, caigan
PRET. caí, caíste, cayó, caímos, caísteis, cayeron
IMP. SUBJ. (-RA) cayera, cayeras, cayera, cayéramos, cayerais, cayeran
IMP. SUBJ. (-SE) cayese, cayeses, cayese, cayésemos, cayeseis, cayesen
PRES. PART. cayendo
PAST PART. caído

cocer

PRES. IND. cuezo, cueces, cuece, cocemos, cocéis, cuecen
PRES. SUBJ. cueza, cuezas, cueza, cozamos, cozáis, cuezan
IMPERATIVE cuece tú, coced vosotros

conducir

PRES. IND. conduzco, conduces, conduce, conducimos, conducís, conducen
PRES. SUBJ. conduzca, conduzcas, conduzca, conduzcamos, conduzcáis, conduzcan
PRET. conduje, condujiste, condujo, condujimos, condujisteis, condujeron
IMP. SUBJ. (-RA) condujera, condujeras, condujera, condujéramos, condujerais, condujeran
IMP. SUBJ. (-SE) condujese, condujeses, condujese, condujésemos, condujeseis, condujesen

All verbs which end in **-ducir** are conjugated like **conducir**.

dar

PRES. IND. doy, das, da, damos, dais, dan
PRES. SUBJ. dé, des, dé, demos, deis, den
PRET. di, diste, dio, dimos, disteis, dieron
IMP. SUBJ. (-RA) diera, dieras, diera, diéramos, dierais, dieran
IMP. SUBJ. (-SE) diese, dieses, diese, diésemos, dieseis, diesen

decir

PRES. IND. digo, dices, dice, decimos, decís, dicen
PRES. SUBJ. diga, digas, diga, digamos, digáis, digan
FUT. diré, dirás, dirá, diremos, diréis, dirán
COND. diría, dirías, diría, diríamos, diríais, dirían
PRET. dije, dijiste, dijo, dijimos, dijisteis, dijeron
IMP. SUBJ. (-RA) dijera, dijeras, dijera, dijéramos, dijerais, dijeran
IMP. SUBJ. (-SE) dijese, dijeses, dijese, dijésemos, dijeseis, dijesen
IMPERATIVE di tú, decid vosotros
PRES. PART. diciendo
PAST PART. dicho

delinquir

PRES. IND. delinco, delinques, delinque, delinquimos, delinquís, delinquen
PRES. SUBJ. delinca, delincas, delinca, delincamos, delincáis, delincan
IMP. SUBJ. (-RA) delinquiera, delinquieras, delinquiera, delinquiéramos, delinquierais, delinquieran
IMP. SUBJ. (-SE) delinquiese, delinquieses, delinquiese, delinquiésemos, delinquieseis, delinquiesen

erguir

PRES. IND. yergo, yergues, yergue, erguimos, erguís, yerguen, *or* irgo, irgues, irgue, erguimos, erguís, irguen
PRES. SUBJ. yerga, yergas, yerga, irgamos, irgáis, yergan, *or* irga, irgas, irga, irgamos, irgáis, irgan
PRET. erguí, erguiste, irguió, erguimos, erguisteis, irguieron
IMP. SUBJ. (-RA) irguiera, irguieras, irguiera, irguiéramos, irguierais, irguieran
IMP. SUBJ. (-SE) irguiese, irguieses, irguiese, irguiésemos, irguieseis, irguiesen
IMPERATIVE yergue tú o irgue tú, erguid vosotros
PRES. PART. irguiendo

errar

PRES. IND. yerro, yerras, yerra, erramos, erráis, yerran
PRES. SUBJ. yerre, yerres, yerre, erremos, erréis, yerren

estar

PRES. IND. estoy, estás, está, estamos, estáis, están
PRES. SUBJ. esté, estés, esté, estemos, estéis, estén
PRET. estuve, estuviste, estuvo, estuvimos, estuvisteis, estuvieron
IMP. SUBJ. (-RA) estuviera, estuvieras, estuviera, estuviéramos, estuvierais, estuvieran
IMP. SUBJ. (-SE) estuviese, estuvieses, estuviese, estuviésemos, estuvieseis, estuviesen
IMPERATIVE está tú, estad vosotros

haber

PRES. IND. he, has, ha, hemos, habéis, han
PRES. SUBJ. haya, hayas, haya, hayamos, hayáis, hayan
FUT. habré, habrás, habrá, habremos, habréis, habran
COND. habría, habrías, habría, habríamos, habríais, habrían
PRET. hube, hubiste, hubo, hubimos, hubisteis, hubieron
IMP. SUBJ. (-RA) hubiera, hubieras, hubiera, hubiéramos, hubierais, hubieran
IMP. SUBJ. (-SE) hubiese, hubieses, hubiese, hubiésemos, hubieseis, hubiesen

hacer

PRES. IND. hago, haces, hace, hacemos, hacéis, hacen
PRES. SUBJ. haga, hagas, haga, hagamos, hagáis, hagan
FUT. haré, harás, hará, haremos, haréis, harán
COND. haría, harías, haría, haríamos, haríais, harían
PRET. hice, hiciste, hizo, hicimos, hicisteis, hicieron
IMP. SUBJ. (-RA) hiciera, hicieras, hiciera, hiciéramos, hicierais, hicieran
IMP. SUBJ. (-SE) hiciese, hicieses, hiciese, hiciésemos, hicieseis, hiciesen
IMPERATIVE haz tú, haced vosotros
PAST PART. hecho

ir

PRES. IND. voy vas, va, vamos, vais, van
PRES. SUBJ. vaya, vayas, vaya, vayamos, vayáis, vayan
IMP. IND. iba, ibas, iba, íbamos, ibais, iban
PRET. fui, fuiste, fue, fuimos, fuisteis, fueron
IMP. SUBJ. (-RA) fuera, fueras, fuera, fuéramos, fuerais, fueran
IMP. SUBJ. (-SE) fuese, fueses, fuese, fuésemos, fueseis, fuesen
IMPERATIVE ve tú, id vosotros
PRES. PART. yendo

jugar

PRES. IND. juego, juegas, juega, jugamos, jugáis, juegan
PRES. SUBJ. juegue, juegues, juegue, juguemos, juguéis, juegen
PRET. jugué, jugaste, jugó, jugamos, jugasteis, jugaron
IMP. SUBJ. (-RA) jugara, jugaras, jugara, jugáramos, jugarais, jugaran
IMP. SUBJ. (-SE) jugase, jugases, jugase, jugásemos, jugaseis, jugasen
IMPERATIVE juega tú, jugad vosotros

oír

PRES. IND. oigo, oyes, oye, oímos, oís, oyen
PRES. SUBJ. oiga, oigas, oiga, oigamos, oigáis, oigan
PRET. oí, oíste, oyó, oímos, oísteis, oyeron
IMP. SUBJ. (-RA) oyera, oyeras, oyera, oyéramos, oyerais, oyeran
IMP. SUBJ. (-SE) oyese, oyeses, oyese, oyésemos, oyeseis, oyesen
IMPERATIVE oye tú, oíd vosotros
PRES. PART. oyendo
PAST PART. oído

oler

PRES. IND. huelo, hueles, huele, olemos, oléis, huelen
PRES. SUBJ. huela, huelas, huela, olamos, oláis, huelan
PRET. olí, oliste, olió, olimos, olisteis, olieron
IMP. SUBJ. (-RA) oliera, olieras, oliera, oliéramos, olierais, olieran
IMP. SUBJ. (-SE) oliese, olieses, oliese, oliésemos, olieseis, oliesen
IMPERATIVE huele tú, oled vosotros

poder

PRES. IND. puedo, puedes, puede, podemos, podéis, pueden
PRES. SUBJ. pueda, puedas, pueda, podamos, podáis, puedan
FUT. podré, podrás, podrá, podremos, podréis, podrán
COND. podría, podrías, podría, podríamos, podríais, podrían
PRET. pude, pudiste, pudo, pudimos, pudisteis, pudieron
IMP. SUBJ. (-RA) pudiera, pudieras, pudiera, pudiéramos, pudierais, pudieran
IMP. SUBJ. (-SE) pudiese, pudieses, pudiese, pudiésemos, pudieseis, pudiesen
PRES. PART. pudiendo

poner

PRES. IND. pongo, pones, pone, ponemos, ponéis, ponen
PRES. SUBJ. ponga, pongas, ponga, pongamos, pongáis, pongan
FUT. pondré, pondrás, pondrá, pondremos, pondréis, pondrán
COND. pondría, pondrías, pondría, pondríamos, pondríais, pondrían
PRET. puse, pusiste, puso, pusimos, pusisteis, pusieron
IMP. SUBJ. (-RA) pusiera, pusieras, pusiera, pusiéramos, pusierais, pusieran
IMP. SUBJ. (-SE) pusiese, pusieses, pusiésemos, pusieseis, pusiesen
IMPERATIVE pon tú, poned vosotros
PAST PART. puesto

querer

PRES. IND. quiero, quieres, quiere, queremos, queréis, quieren
PRES. SUBJ. quiera, quieras, quiera, queramos, queráis, quieran
FUT. querré, querrás, querrá, querremos, querréis, querrán
COND. querría, querrías, querría, querríamos, querríais, querrían
PRET. quise, quisiste, quiso, quisimos, quisisteis, quisieron
IMP. SUBJ. (-RA) quisiera, quisieras, quisiera, quisiéramos, quisierais, quisieran
IMP. SUBJ. (-SE) quisiese, quisieses, quisiese, quisiésemos, quisieseis, quisiesen
IMPERATIVE quiere tú, quered vosotros

saber

PRES. IND. sé, sabes, sabe, sabemos, sabéis, saben
PRES. SUBJ. sepa, sepas, sepa, sepamos, sepáis, sepan
FUT. sabré, sabrás, sabrá, sabremos, sabréis, sabrán
COND. sabría, sabrías, sabría, sabríamos, sabríais, sabrían
PRET. supe, supiste, supo, supimos, supisteis, supieron
IMP. SUBJ. (-RA) supiera, supieras, supiera, supiéramos, supierais, supieran
IMP. SUBJ. (-SE) supiese, supieses, supiese, supiésemos, supieseis, supiesen

salir

PRES. IND. salgo, sales, sale, salimos, salís, salen
PRES. SUBJ. salga, salgas, salga, salgamos, salgáis, salgan
FUT. saldré, saldrás, saldrá, saldremos, saldréis, saldrán
COND. saldría, saldrías, saldría, saldríamos, saldríais, saldrían
IMPERATIVE sal tú, salid vosotros

ser

PRES. IND. soy, eres, es, somos, sois, son
PRES. SUBJ. sea, seas, sea, seamos, seáis, sean
IMP. IND. era, eras, era, éramos, erais, eran
PRET. fui, fuiste, fue, fuimos, fuisteis, fueron
IMP. SUBJ. (-RA) fuera, fueras, fuera, fuéramos, fuerais, fueran
IMP. SUBJ. (-SE) fuese, fueses, fuese, fuésemos, fueseis, fuesen
IMPERATIVE sé tu, sed vosotros

tener

PRES. IND. tengo, tienes, tiene, tenemos, tenéis, tienen
PRES. SUBJ. tenga, tengas, tenga, tengamos, tengáis, tengan
FUT. tendré, tendrás, tendrá, tendremos, tendréis, tendrán
COND. tendría, tendrías, tendría, tendríamos, tendríais, tendrían
PRET. tuve, tuviste, tuvo, tuvimos, tuvisteis, tuvieron
IMP. SUBJ. (-RA) tuviera, tuvieras, tuvierra, tuviéramos, tuvierais, tuvieran
IMP. SUBJ. (-SE) tuviese, tuvieses, tuviese, tuviésemos, tuvieseis, tuviesen
IMPERATIVE ten tú, tened vosotros

traer

PRES. IND. traigo, traes, trae, traemos, traéis, traen
PRES. SUBJ. traiga, traigas, traiga, traigamos, traigáis, traigan
PRET. traje, trajiste, trajo, trajimos, trajisteis, trajeron
IMP. SUBJ. (-RA) trajera, trajeras, trajera, trajéramos, trajerais, trajeran
IMP. SUBJ. (-SE) trajese, trajeses, trajese, trajésemos, trajeseis, trajesen
PRES. PART. trayendo
PAST PART. traído

valer

PRES. IND. valgo, vales, vale, valemos, valéis, valen
PRES. SUBJ. valga, valgas, valga, valgamos, valgáis, valgan
FUT. valdré, valdrás, valdrá, valdremos, valdréis, valdrán
COND. valdría, valdrías, valdría, valdríamos, valdríais, valdrían
IMPERATIVE val tú o vale tú, valed vosotros

venir

PRES. IND. vengo vienes, viene, venimos, venís, vienen
PRES. SUBJ. venga, vengas, venga, vengamos, vengáis, vengan
FUT. vendré, vendrás, vendrá, vendremos, vendréis, vendrán
COND. vendría, vendrías, vendría, vendríamos, vendríais, vendrían
PRET. vine, viniste, vino, vinimos, vinisteis, vinieron
IMP. SUBJ. (-RA) viniera, vinieras, viniera, viniéramos, vinierais, vinieran
IMP. SUBJ. (-SE) viniese, vinieses, viniese, viniésemos, vinieseis, viniesen
IMPERATIVE ven tú, venid vosotros
PRES. PART. viniendo

ver

PRES. IND. veo, ves, ve, vemos, veis, ven
PRES. SUBJ. vea, veas, vea, veamos, veáis, vean
IMP. IND. veía, veías, veía, veíamos, veíais, veían
PAST PART. visto

Vocabulario

This Spanish-English vocabulary includes all the words used in the text with the exception of close cognates, adverbs ending in **-mente** when the adjective is given, most past participles when the infinitive is given, personal pronouns, possessives, and categories of words which are found in the appendix. Gender is not indicated for masculine nouns ending in **-o** or feminine nouns ending in **-a**.

ABBREVIATIONS

adj.	adjective	*pl.*	plural
adv.	adverb	*p.p.*	past participle
conj.	conjunction	*prep.*	preposition
f.	feminine	*pron.*	pronoun
inf.	infinitive	*reflex.*	reflexive
intrans.	intransitive	*rel.*	relative
m.	masculine	*s.*	singular
n.	noun	*trans.*	transitive
Mex.	Mexico, Mexican	*v.*	verb

a to, at
a.C. = **antes de Jesucristo**
abajo below, downward
abalorio bead, bead necklace
abarrotado, -a crowded, completely filled
abarrotes *m. pl.* groceries
abastecer to supply, provide
abatir to knock down; to abolish
abeja bee
ablandar to soften, pacify
abogado lawyer
abolir to abolish
abombado, -a plastered
abono season ticket, payment
abrazado, -a embraced
abrazo embrace, hug
abrigo top coat, overcoat; sheltered place
abrir to open
absorción *f.* absorption

absorto, -a absorbed in thought
abstenerse to abstain
abuela grandmother; **abuelita** dear grandmother
abuelo grandfather; **abuelito** dear grandfather; **abuelos** grandparents
abulia lack of will power, lack of energy
abultado, -a bulky, protruding, swollen
abullar to enlarge
aburrido, -a boring, bored
acabar to finish; **acabar de** to have just
académico, -a *adj.* academic; *n.* academician
acampar to camp
acantilado, -a run aground
acariciar to caress
acarrear to transport, carry, cart

acaso *n.* chance; **por acaso** by chance; *adv.* perhaps
acatamiento observance, respect, reverence, compliance
accidentado, -a rough, troubled, difficult
acción *f.* action; share of stock (commercial)
accionar to propel, drive, put in motion
aceite *m.* oil
acentuar to accent
aceptación *f.* acceptance
acequia ditch, canal
acera sidewalk, pavement
acerca de about
acercarse (a) to approach, get near
acero steel; sword
acérrimo, -a tenacious, fanatic, all out, absolute, rabid
acertar (ie) to hit the mark, be right

acogida welcome, reception
acogimiento welcome
acometividad *f.* aggressiveness
acomodarse to adjust oneself, accommodate oneself
acompañar to accompany, go with
acondicionador del aire air conditioner
acondicionar to prepare, arrange, fix
acongojador, -ra *adj.* vexing, afflicting; *n.* vexer, oppressor
acongojar to vex, oppress, afflict, grieve
aconsejable advisable
aconsejar to advise
acontecer to happen, come about
acontecimiento event, happening
acordarse (ue) to remember
acortar to shorten, lessen, reduce, cut down
acostar (ue) to lie (someone) down; acostarse to lie down, go to bed
acostumbrarse to be accustomed
acre acrid, harsh, bitter
acrecimiento increase, growth
acribillar to riddle with holes
acta document, act, deed; *pl.* minutes of a meeting, certificate
actitud *f.* attitude
actividad *f.* activity
actriz *f.* actress
actuación *f.* performance, action, behavior
actual present, current
actualizar to put into effect, bring up to date
actuar to act, perform
acuciante urgent
acudir to rush; to go
acuerdo accord, agreement; de acuerdo (con) in agreement (with)
acumular to accumulate
acurrucarse to huddle, curl up
achihua sail
ad latere *(Latin)* to the side
adelantado in advance
adelantarse to advance
adelante forward
adelgazarse to become thin or slender
además besides, moreover
adentrar to search deeper into a subject, get into a subject
adentro inside, within
aderezo seasoning, flavoring, condiment, dressing
adherido, -a joined, glued, stuck
adherirse to stick to
adición *f.* addition

adivinación *f.* prophecy
adivinador, -ra *adj.* prophetic; *n.* prophesier
adivinar to guess
adivino soothsayer
adjetivo, -a *adj.* adjective, adjectival; *n. m.* adjective
administrador, -ra *adj.* administrating; *n.* administrator
admirado de amazed at
admirador, -ra *adj.* admiring; *n.* admirer
adobe *m.* sun-dried clay brick
adoctrinar to instruct, indoctrinate
adonde where; ¿adónde? where?
adormecer to put to sleep
adquirir (ie) to acquire
adrede on purpose, purposely
adueñarse to take possession
adular to flatter
adulterado, -a adulterated
advertencia caution, warning
advertir (ie) to notice, warn
aéreo, -a aerial, air
aeromoza airline stewardess
aeronáutica aeronautics
aeropuerto airport
afán *m.* eagerness, zeal, keen desire
afecto, -a *adj.* affectionate; *n. m.* emotion, feeling, affection, fondness
afectuoso, -a affectionate
afeitado shaving off the tips of the bull's horns
afeitarse to shave oneself
aferrarse (ie) to grasp, seize
aficionado, -a *adj.* fond of, having a liking for; *n.* fan, enthusiast
aficionarse to become fond of
afilado, -a sharp
aflojar to loosen
afortunado, -a fortunate
africanista *m. or f.* Africanist, student of African culture
afuera *adv.* outside; *n.* afueras suburbs
agarradero (agarradera) handle, holder
agitar to agitate, shake
aglomeración *f.* agglomeration, crowding, crowd
agobio burden, oppression
agonizar to be in agony
agotamiento exhaustion
agotarse to become exhausted
agradable agreeable
agradar to please, be agreeable to
agradecer to be grateful for
agradecimiento gratitude
agrado charm, pleasure

agravado, -a aggravated, made worse
agravante *adj.* aggravating; *n. f.* aggravation
agregado, -a *adj.* added; *n .m.* attaché
agregar to add
agreste wild, rough, uncultivated
agricultor farmer
agridulce bittersweet, sweet and sour
agrio, -a sour, acid
agua *f.* water
aguacate *m.* avocado
aguador, -ra *n. m. or f.* water seller
aguantar to put up with, endure
agudeza sharpness
agujero hole
ahí there
ahogarse to drown, suffocate
ahogo suffocation, drowning, choking
ahora now; ahora mismo right now; ahora . . . ahora now . . . now
ahorcar to execute by hanging
ahorrar to save
ahorro saving
ahuyentar to drive away
aire *m.* air; aire acondicionado air conditioning
aislado, -a isolated, secluded
aislamiento isolation
aislar to isolate
ajeno, -a belonging to another, foreign, strange
ajo garlic
ajustado, -a adjusted, fitted, tight
ajustar to fit, adjust, adapt
al *contraction of* a + el at the, to the; al (+ *inf.*) on, upon
alabanza praise
alabar to praise
alanceador, -ra *adj.* lancing, spearing, wounding; *n.m.* lancer
alargar to lengthen
alarmante alarming
alba dawn
albaceteño, -a *adj. and n.* (person) of or from the Spanish province of Albacete
alberca *f.* swimming pool (large municipal pool)
albergado, -a sheltered
albergue *m.* inn, hostel
alborada dawn
alboroto tumult, uproar, clamor, riot, disturbance
alcaide *m.* governor or warden of a castle, fortress or prison
alcalde *m.* mayor

alcanzar to achieve, attain, reach
alcázar *m.* fortress
alcoba bedroom
aldea village
aldeano villager
alegar to allege, contend, state, declare
alegrarse to be glad
alegre merry, glad
alegría joy, gladness, gaiety
alejarse to go away, depart
alemán German
Alemania Germany
alentar to encourage, inspire
alfiler *m.* pin
alfombra rug; **alfombra oriental** oriental rug
alga alga, seaweed
algo *pron.* something, anything; *adv.* somewhat, a little
algodón *m.* cotton
alguien someone, anyone
alguno, -a *adj.* some; *pron.* someone; **alguno que otro** some, a few
alhaja jewel, gem
aliento breath
aligerado, -a lightened, alleviated
alimentación *f.* feeding, food, nutrition
alimentar to feed, nourish
alimenticio, -a nutritional
alimento food
aliviar to alleviate, relieve; **aliviarse** to get better, recover
alma soul
almacén *m.* store
almacenar to store, accumulate, hoard
almenar *m.* fortification, cresset
almendra almond
almirante *m.* admiral
almohada pillow
almorzar (ue) to have lunch; *(Mex.)* to eat breakfast
almuerzo lunch; *(Mex.)* breakfast
alojamiento lodging
alojarse to take lodging
alpanisqui *(Indian)* bees
alpinista *m. or f.* mountain climber, alpinist
alquilar to rent
alquimia alchemy
alrededor de around
altamente highly
altavoz loudspeaker
alternar to interchange, alternate
alteza highness, height, elevation
altiplanicie *f.* high plateau
alto, -a tall
altura height, highland

aludir to allude, refer to
alumbramiento illumination, lighting
alumbrar to light, illuminate
alumna, alumno pupil
alzar to erect
allá, allí *adv.* there; **más allá** beyond
ama housekeeper
ama de casa lady of the house, housekeeper, head maid
amabilidad *f.* friendliness
amable nice
amado lover, beloved
amador lover
amanecer to dawn; *n. m.* the dawn
amansamiento taming, pacification
amante *n. m. or f.* lover; *adj.* loving, fond
amar to love
amargarse to become bitter
amargo, -a bitter
amargura bitterness
amarillo, -a yellow
amarrar to tie
ambiente *n. m.* environment; *adj.* surrounding
ambos both
amedrentar to frighten, scare
amenazante threatening
amenazar to threaten
amenidad *f.* pleasantness
ametralladora machine gun
amistad *f.* friendship
amistoso, -a friendly
amoldar to mold, fashion, fit, adapt
amor *m.* love; **amores** love affairs
amoroso, -a loving, affectionate
amparar to help
amplio ample, extensive, large
amueblar to furnish (a house, etc.)
anafre *m.* portable oven
analectas *pl.* anthology
analfabeto, -a *adj. and n.* illiterate
análogo, -a analogous, similar
anciano, -a *adj.* old; *n. m.* old man; *n. f.* old woman
anclado, -a anchored
ancho, -a *adj.* wide; *n. m.* width
anchura width
anchuroso, -a wide, extensive
andaluz Andalusian
andamio scaffolding
andanada covered grandstand (in bull ring)
andar to walk
aldino, -a Andean
anegado, -a overwhelmed, flooded
angosto, -a narrow
angostura narrowness
ángulo angle, corner

angustia anxiety
anhelante desiring
anhelar to desire
anhelo desire; **con anhelo** desirous
anhídrido carbónico carbon dioxide
anillo ring
animado, -a spirited
animarse to become spirited; to cheer up; to encourage
ánimo spirit, courage
anoche last night
anochecer to grow dark
anónimo, -a anonymous
ansia anxiety
ansiado, -a desired
ansiedad *f.* anxiety
antaño, -a of long ago
anteanoche night before last
anteayer day before yesterday
antecedente *adj.* antecedent, preceding; *n. m.* antecedent
antemano beforehand
anteojos *pl.* eyeglasses
antepasado, -a ancestor, forefather
anterior previous
anterioridad *f.* previousness, precedence, anteriority; **con anterioridad** beforehand
antes (de) before
anticipar to anticipate
antier = anteayer day before yesterday
antifaz *m.* mask
antigüedad *f.* antiquity
antiguo, -a old, old fashioned
antojarse to fancy, feel like, have a notion
antojo fancy, whim, notion
anunciador, -ra *adj.* announcing, advertising; *n.* announcer, advertiser
anunciar to announce
añadido addition
añadir to add
año year; **tener — años** to be — years old
añorar to long for
apacentar to graze, pasture (cattle, etc.)
apaciguar to appease
apagar to extinguish
aparato appliance; **aparato eléctrico** electrical appliance
aparatoso, -a showy, spectacular, ostentatious
aparecer to appear
aparición *f.* appearance
apartarse to go away
aparte de aside from, besides
apasionado, -a passionate

apatía apathy

apellido surname

apenas barely, hardly, scarcely

aperitivo, -a *adj.* appetizing; *n. m.* appetizer, aperitif

apestoso, -a stinking, foul-smelling

apetitoso, -a appetizing, tasty, delicious

apiadarse to have pity

apiñonado, -a *adj. and n.* dark-skinned (person)

apio celery

apisonadora steamroller

aplastado, -a flattened

aplicar to apply, put, place, employ; aplicarse to apply oneself

aplomo poise, self assurance

apolo Apollo (very handsome god of mythology)

aportación *f.* contribution

aportar to contribute

apoyabrazos *m. s.* arm rest

apoyar to support

apoyo help

apreciable esteemed, valued, apreciable

apreciar to appreciate, hold in esteem, value

apremiante urgent, pressing, compelling

aprender (a) to learn

apresuradamente hurriedly

apresurarse (a) to hurry

apretadamente tightly

apretar (ie) to squeeze

apretón *m.* grip, squeeze

apretón de manos Chicano handshake

aprisa swiftly, fast

aprobación *f.* approval

aprobado, -a approved, having passed an examination; salir aprobado en los exámenes to pass the examinations

aprobar (ue) to approve

apropiado, -a appropriate

aprovecharse de to take advantage of

aproximadamente approximately

aproximar(se) (a) to approximate, approach

apuesta wager, bet

apuntar to aim

apurado, -a pressured, in a hurry, in a bind

apurarse to hurry

apuro predicament, bind, fix

aquejado, -a afflicted

aquel, aquella, aquellos, aquellas that, those

aquél, aquélla, aquéllos, aquéllas that (one), those, the former

aquello that

aquí here; de aquí en adelante from now on

árabe *n.* Arab; *adj.* Arabic, Arabian

arar to plow

arauco referring to a group of Indians by that name

arbitrariamente arbitrarily

arbitrio discretion, free will

árbol *m.* tree

arboleda grove of trees; a pleasant, shady corner in the country or in a garden

arbusto shrub

arca chest

arcilloso, -a clayish

arco arch; arco iris rainbow

arder to burn, blaze

ardiente burning

ardilla squirrel

arduo, -a arduous, hard, strenuous, difficult

arena sand

argucia cunning, subtlety

argüir to argue

argumentado, -a argued, disputed

argumento argument, plot

aritméticamente arithmetically

arma weapon

armada fleet

armar to arm; armar tanto ruido to make so much noise

armonía harmony

armónicamente harmonically

aroma *m.* aroma, fragrance, scent

aromático, -a fragrant

arpa harp

arpón *m.* harpoon, spear

arqueólogo archaeologist

arquetipo archetype

arquitecto architect

arguitectónico, -a architectural

arraigar to fix, take root, become deeply rooted

arrancar to pull

arrastrar to drag

arreglado, -a fixed, arranged, orderly, tidy, neat, made attractive

arreglar to arrange, straighten up; arreglarse to fix up oneself

arrepentirse (ie) to repent, regret

arriba de above, over

arribar to reach the shore

arriesgarse to risk

arriscado, -a bold, proud

arrodillarse to kneel down

arrojar to cast, to throw

arroyo creek

arroz *m.* rice

arruga wrinkle

arrullo cooing (of doves)

arte *f.* art (one of the fine arts); *m.* art (talent, ability)

artesanía craftsmanship

artimaña trick, ruse; *(hunting)* snare, trap

arzobispo archbishop

as *m.* ace (in cards)

asado, -a *adj.* roasted; *n. m.* roast

asaltar to assault

asamblea assembly

asar to roast

ascender (ie) to ascend

ascenso ascent

asco disgust, nausea

asegurar to assure

asesorado, -a counseled, advised

aseverativo, -a affirming, affirmative

así so, thus, in this manner, in this way; así es que thus it is that; así es la situación that's the way the situation is

asiento seat, chair

asignatura assignment, subject, course

asimilar(se) to assimilate (oneself)

asimismo = así mismo likewise, also

asir to grasp, seize

asistente *adj.* attending; *n. m.* assistant

asistir (a) to attend

asociar to associate

asolar (ue) to lay waste, devastate, destroy

asombrarse to be surprised

asombro surprise

asombroso, -a astonishing, amazing

áspero, -a rugged

aspiradora vacuum cleaner

aspirante *m. or f.* aspirant, candidate

astado, -a *adj.* horned, having horns; *n. m.* bull

astucia astuteness

Asturias province in northern Spain

astuto astute, shrewd, cunning

asumido, -a assumed

asunto matter, subject, business, affair, topic

asustar to frighten

atacar to attack

atalaya look-out point

ataque *m.* attack

atar to tie, bind

atardecer to grow late, draw towards evening; *n. m.* late afternoon

atascado, -a stuck

ataúd *m.* coffin
ataviado, -a attired, dressed
atender (ie) to attend to, take care of, look after
atentar (ie): atentar contra to make an attack against
atento, -a attentive
aterrizar to land (airplane)
atestiguar to attest, testify
atisbo, glimpse, observation
atlante atlas
atleta *m. or f.* athlete
atónito, -a astonished
atraer to attract, lure, allure
atrás behind
atrase *m.* backwardness
através across
atravesar (ie) to cross
atreverse (a) to dare (to)
atribuir to attribute
atropellar to trample
atto. s. s. equivalent to "yours truly"
audacia audacity, daring, boldness
audiencia audience, tribunal
auditorio auditorium
augústeo, -a Augustan
aula classroom
aumentar to increase (*trans.*); aumentarse to increase (*intrans.*)
aumentativo, -a augmentative
aumento increase
aun even; aun cuando even if; aún still, yet
aunque although
áureo, -a gold, golden
auricular *m.* earpiece (of a telephone)
ausencia absence
ausente absent
austral western
autenticidad *f.* authenticity
autocar *m.* bus, coach, autocar
autóctono, -a native
automatizado, -a automated
autor *m.* author
autora *f.* authoress
autoridad *f.* authority
auxiliar *v.* to help, aid, assist; *adj.* auxiliary, helping; *n. m. or f.* auxiliary
auxilio help, aid, assistance, relief
avance *m.* advance
avanzado, -a advanced
avanzar to advance
avaro, -a *adj.* greedy, miserly; *n. m. or f.* miser
ave *f.* bird, fowl
avecindado, -a established, residing in

aventajar(se) to surpass, excel
aventurarse to venture forth, venture, take a risk
aventurero, -a *n. m. or f.* adventurer
avergonzar (üe) to shame; avergonzarse to become ashamed, be ashamed
averiado, -a broken down
averiguar to determine, find out, investigate
avidez *f.* greed
ávido, -a avid, greedy
avión *m.* (air)plane
avisar to warn, inform
aviso notice, warning
ayer yesterday
ayuda help
ayudante *m.* helper
ayudar (a) to help
ayuntamiento city council, reunion, meeting
azadón *m.* hoe
azafata airline stewardess
azagaya javelin, light spear
azar *m.* chance
azotar whip, lash, pound
azúcar *m.* sugar; caña de azúcar sugar cane
azucarado, -a sugared, sugary
azul blue
azulejo, -a *adj.* bluish; *n. m.* glazed tile

bahía bay, harbor
bailador *m.* dancer
bailar to dance
bailarín *m.* dancer
bailarina *f.* dancer
baile *m.* dance
bajá *m.* pasha
bajar to lower; bajarse to go down, get down
bajo, -a low, short (stature)
bala bullet, shot; bala de cañón cannon ball
balazo shot, bullet wound
balcón *m.* balcony
balde: de balde gratis; en balde in vain
baloncesto basketball
balsa a boat made of balsa wood, raft
banco bench, bank
bandada flock, covey (of birds)
bandera flag
banderilla barbed dart
bandolina hair pomade
banquero banker
bañar(se) to bathe (oneself)

baño bathroom
baqueta drum stick
baraja deck of cards
barato, -a cheap
barbacoa barbecue
barbaridad *f.* rudeness
barbudo thickly bearded
barcarola gondolier's song
barco ship
barquilla boat
barra bar, railing, counter
barrer to sweep
barril *m.* barrel
barrio district
barrita little strip
barro clay
bastante enough
bastar to be enough
basto club (card suit)
bastón *m.* cane
basura trash, garbage
basurero street sweeper
batalla battle
batido whipped cocktail, batter
batidor *m.* beater, mixer
bautismal baptismal
bautismo baptism
bautizar to baptize
bautizo baptism, christening, christening party
beber to drink
bebida drink
becerro calf
béisbol *m.* baseball
bejuco reed
Belén *m.* Bethlehem
bélico warlike
belleza beauty
bello, -a beautiful
bendecir to bless
bendición benediction, blessing
bendito, -a blessed
benefactor, -a *adj.* benevolent; *n.* benefactor
beneficencia charity
beneficiar to benefit, profit; beneficiarse to benefit by, profit by
beneficio benefit
beneficioso, -a beneficial
besar to kiss
bestia beast
Biblia Bible
biblioteca library
bicicleta bicycle
bien *adv.* well más bien rather; no bien no sooner, just as; *n. m.* good
bienestar *m.* well being
bienoliente sweet smelling, fragrant
bienvenida welcome

bienvenido, -a welcome
bigote *m*. mustache
bilbaíno, -a *adj. and n*. (person) from Bilbao, Spain
bilingüe bilingual
billete *m*. ticket
bimilenario, -a bimillenary (pertaining to two thousand)
bisabuelo great grandfather
bisiesto: año bisiesto leap year
bisonte *m*. bison
bisté *m*. beefsteak
bistec *m*. beefsteak
bisutería costume jewelry
blanco, -a *adj*. white; *n. m*. blank
blando, -a soft, tender
blandura softness, weakness
blusa blouse
boca mouth
bocacalle *f*. street intersection
bocadillo snack (food)
bocado mouthful, tidbit, morsel
bocanada mouthful
bochorno, -a embarrassing, suffocating, sultry
bocina horn; **tocar la bocina** to sound (blow) the horn of an automobile
boda wedding
bola ball; *in the cafés of Madrid, used to refer to a round nickelplated container where cleaning rags are kept.*
bolero shoe-shiine boy (*Mex.*)
boletín *m*. bulletin
boleto ticket
bolsa purse
bolsillo pocket
bomba bomb, pump
bombero fireman
bondad goodness, kindness, kindliness
bondadoso, -a kind
bonito, -a pretty
boquiabierto, -a openmouthed, gaping
boquilla mouthpiece
bordar to embroider
bordear to border
borincano, -a Puerto Rican
borrachera drunkenness; **borrachera de las profundidades** depth drunkenness
borracho, -a drunk
borrar to erase
borrascoso, -a stormy
borrico donkey, burro
bosque *m*. woods, forest
bosquejar to sketch
bota boot

botánico, -a *adj*. botanical; *n*. botanist
bote *m*. pot, jar; **bote de hojalata** can
botella bottle
botín *m*. booty, plunder, spoils of war
botón *m*. button, bud; **botón de muestra** sample, proof
bóveda dome
bovino, -a *adj*. bovine; *n. m*. **bovino de lidia** fighting bull
brasero brazier fire pan, hearth, fire place
braveza bravery
bravo brave, courageous, fierce; **¡bravo!** well done!
brazo arm
breve brief, short
brillar to shine
brillo shine, glitter
brincar to jump
brindar to offer; to drink a toast
brioso, -a spirited, vigorous
brisa breeze, lightwind
broche *m*. clasp, brooch
broma joke; **en broma** jokingly; **hacer broma** to joke
bronce *m*. bronze
brotar to come forth, gush
brujo witch, sorcerer
bruma fog, mist
bruñir to burnish
bruto, -a *adj*. stupid, brutish, ignorant; *n*. ignoramous
buceador, -ra *n*. diver
bueno, -a *adj*. good; **ser bueno** to be well, to taste good
buey *m*. ox
bulimia insatiable hunger
bullir to boil, bubble up
burbuja bubble
burgués, -esa middle-class, bourgeois
burlarse (de) to make fun of
burro donkey; **burrito** (*Mex.*) certain food
busca search
buscar to look for
búsqueda search, hunt
busto bust, bosom, breast
butaca arm-chair
buzo diver
buzón *m*. mailbox, letter box

caballero gentleman
caballo horse
cabaña cabin, cottage, hut
cabecera head, principal part
cabellera head of hair
cabello hair (human)

caber to fit (into)
cabeza head
cabida space, room, capacity
cabo cape (geographical), corporal (military), end; **al cabo** in the end
cabra goat; **cabra montés** mountain goat
cacahuate *m*. peanut
cacique *m*. chief, chieftain
cacharro ordinary crock, old piece of earthenware
cacho bit, piece, fragment
cada each
cadena chain
cadera hip
Cádiz a city in Spain
caer to fall; **ya caigo** I get it, I catch on
café *n. m*. coffee, cafe; *adj*. brown
cafetera coffee pot
caída fall
caja box
cajera woman cashier
calavera *m*. wild fellow; *f*. skull
calcetín *m*. sock, footwear; **calcetines** *pl*. socks
calculador, -ra *adj*. calculating; *n. m. or f*. calculator; *n. f*. computer, calculating machine
calcular to calculate
cálculo calculation, computation
calderilla coin
caldo soup
calefacción central heating
calentador *m*. heater
calentar(se) (ie) to warm
calidad *f*. quality, worth; **primera calidad** first rank
calificado, -a qualified, competent, proven, classified, rated
calificar to classify, rate, consider
calmarse to calm oneself, calm down
calor *m*. heat; **tener (mucho) calor** to be (very) hot or warm
calumniador *m*. slanderer
calumniar to slander
caluroso, -a warm, hot
calzoncillos *m. pl*. men's underwear
callar to keep silent (quiet), be silent (quiet)
calle *f*. street
callejero, -a pertaining to the street; **puesto callejero** street stand for selling things
cama bed
cámara camera; chamber, compartment, parlor, cabin or stateroom
camaradería comradeship

camarero *m.* waiter; **camarero mayor** chamberlain, steward (of a great house)
cambiar (de) to change, exchange
cambio *m.* change; **en cambio** on the other hand
caminante *adj.* walking, traveling; *n. m. or f.* walker
caminar to travel, walk
camino road
camioneta *f.* light truck, station wagon
camisa shirt
camiseta undershirt
campamento encampment, camp, camping
campana bell; **campana de buceo** diving bell
campaña campaign
campeonato championship
campesino peasant
campo field, country(side), camp, space
camposanto graveyard, cemetery
can *m.* dog
Canarias Canary Islands
canario, -a *adj.* Canarian, pertaining to Canary Islands; *n. m.* canary
canasta basket
canción *f.* song
candado padlock
canela cinnamon (spice)
cangrejo crab
canguro kangaroo
cano white-haired, greyhaired
canoa canoe
canonización *f.* canonization, declaration of sainthood
cansancio fatigue, weariness
cansar to tire; **cansarse** to become tired
cantábrico, -a Cantabrian, pertaining to the coast and regions of the North of Spain
cantante *m. or f.* singer
cantar to sing
cántaro pitcher
cantera pit, quarry
cantidad *f.* quantity
canto song
cantor *m.* singer
caña cane (reed); **caña de azúcar** sugar cane
cañón *f.* canyon; cannon
caos *m.* chaos, confusion, disorder
capa cape, coating, layer
capacidad *f.* capacity, capability
capaz capable
capea the challenging of the bull with a cape

capeo capework in bullfighting
capilla chapel; **capilla Sixtina** Sistine Chapel
capital *f.* capital (city); *m.* funds
capitalino, -a *adj.* of the capital; *n. m. or f.* inhabitant or native of the capital, a sophisticated person
capitolio capitol, elevated and majestic building
capricho whim, fancy, caprice, keen desire
caprichoso, -a capricious, stubborn
captación *f.* understanding, grasp, reception, hearing
captar to capture, grasp, hear, catch
cara face; **de cara a** facing
carabela caravel, a fast, light sailing ship used in the 16th century
caracol *m.* snail
carbón *m.* coal, charcoal; **carne al carbón** charcoal-broiled meat
carbonado, -a carbonated
carbonero, -a *adj.* pertaining to coal or charcoal; *n. m. or f.* one who makes or sells charcoal
carburante *m.* fuel
carecer to lack; **carecer de** to lack, be in need of
cargamento load, cargo
cargo task, duty
caricia caress
caridad *f.* charity (virtue, gift, alms)
cariño affection
cariñosamente affectionately
caritativo, -a charitable
Carlomagno Charlemagne
carne *f.* meat; **carne al carbón** charcoal-broiled meat; **carne al pastor** meat cooked on a rotisserie or over an open fire by any means
carnicería butcher shop
carnicero butcher
carnitas *f. pl.* meat
caro, -a expensive
carpintero carpenter
carrera career, race
carretera highway
carrocería body (of an automobile)
carta letter
cartaginés, -sa *adj. and n.* Carthaginian
cartagizar Carthaginize
Cartago Carthage
cartera wallet
cartero mailman
cartón *m.* cardboard, carton
casa house; **en casa** at home

casado, -a *adj.* married; *n.* **casada** married woman
casamiento marriage
casarse (con) to get married; marry (someone)
cascada cascade, waterfall
cáscara peel, shell, rind (of fruit)
casero homespun, simple
casi almost
caso case; **en caso de que** in case that
castellano, -a *adj.* of or pertaining to the Spanish province of Castile; *n.* native of Castile; *n. m.* Castilian (the standard form of the Spanish language)
castigar to punish
castillo castle
castizo, -a pure
casualidad *f.* coincidence, chance; **por casualidad** by coincidence, by chance
catalán, catalana *adj. and n.* Catalán, Catalonian; *n. m.* Catalan (language)
catarata waterfall
cátedra professorship, cathedra (episcopal dignity)
caudal *m.* wealth, fortune abundance
caudaloso, -a abundant, plentiful (a river, lake, waterfall); opulent, wealthy, rich
causa cause; **a causa de, por causa de** because of
cautivo captive
cavernícola cave-dwelling
caza game, hunting
cazador, -ra *adj.* hunting; *n. m. or f.* hunter
cazar to hunt game
cazuela crockery pot, casserole
cebolla onion
ceder to cede, yield to
cédula document; **real cédula** royal document
céfiro gentle breeze
cegar (ie) to blind
ceiba silk-cotton tree
célebre famous, celebrated, renowned
celebridad *f.* renown, fame, eminence
celo zeal; **celos** *pl.* jealousy; **tener celos** to be jealous
celoso, -a jealous
celta *adj.* Celtic; *n. m. and f.* Celt; *n. m.* Celt (language)
cena supper, dinner (evening meal)
cenar to dine, eat supper
cenicero ashtray
cenit *m.* zenith, peak

ceniza ash
cenote *m.* natural underground reservoir
censo census
censurar to censure, criticize, condemn
centavo cent; hundredth (fraction)
centenar *m.* one hundred; centenares hundreds
central *adj.* central; *n. f.* central office, headquarters
céntrico, -a central, centric
centro center; centro estudiantil student center
ceñir (i) to gird, circle, girdle
cera wax
cerca *adv.* near; *n. f.* fence; cerca de *prep.* near
cercado enclosure, fence
cercano, -a near
cerda bristle
cerdo pig
cerebro brain
cerradura lock
cerrar (ie) to close
cerro hill
certero accurate, sure, certain, well-informed
certeza certainty
certidumbre *f.* certainty
certificado certificate
cerúleo, -a azure, cerulean
Cervantes (1547-1616) author of *Don Quijote*
cesar (de) to cease
cesta, cesto basket
ciego, -a blind
cielo sky, heaven
ciencia science; ciencia política political science
cierto, -a certain, true
ciervo deer, stag
cifra number
cigarro cigarette
cima summit, top, peak
cimbra framework
cincelarse to engrave, chisel, carve, sculpt
cincuentavo fiftieth (fraction)
cine *m.* movies, movie house
cinegético, -a cynegetic, pertaining to hunting
cinta tape, ribbon, band
cintura waist
cinturón *m.* belt; cinturón de seguridad safety belt
circo circus
circular *adj.* circular; *n. f.* circular; *v.* to circulate
circundante surrounding

cirugía surgery
cirujano surgeon
circundar to surround
ciruela plum
césped *m.* lawn
cita date
citadino, -a a person who lives in a city
citado, -a cited
ciudad *f.* city
ciudadanía citizenship
ciudadano, -a *adj.* civic, of or pertaining to a city; *n. m. or f.* citizen
civilizador, -ra *adj.* civilizing; *n. m. or f.* civilizer
claridad *f.* clarity
claro, -a clear
clase *f.* class, kind
clasificar to classify
cláusula clause
clavar to stab
clave *f.* key (to a code, mystery, etc.), keystone
clavel *m.* carnation
clavo nail
clérigo clergyman
clima *m.* climate
cobardía *f.* cowardice
cobrado, -a collect, retrieved
cobrador *m.* collector
cobrar to charge (a fee)
cobre *m.* copper
cobrizo, -a copper-colored
cocer (ue) to cook
cocina kitchen
cocinar to cook
cocinero, -a *n.* cook
coco coconut
coctel *m.* cocktail
coche *m.* car
cochinita pibil roast pork
cochino, -a *adj.* filthy, dirty, slovenly, mean, stingy; *n. m. or f.* miser, tightwad; *n. m.* pig
codicia greed
codiciado, -a desired, longed for
codiciar to covet
coger to catch, grip, seize
cognado cognate
cognoscitivo cognitive, knowing
cogollo heart
cohete *m.* fire-cracker, rocket
col *f.* cabbage
cola tail; cola de caballo ponytail, horsetail
coladera sieve
colar (ue) to strain, filter, percolate
coleccionar to collect
cólera anger
colgado, -a hanging, hung

colgadura drapery
colgar (ue) to hang (up)
colina hill
colmillo tusk, fang
colocar to arrange, place
colombiano, -a Columbian
colonizador, ra *adj.* colonizing; *n. m. or f.* colonist, colonizer, settler
colono colonist
colorado, -a red
coloreado, -a colored, tinted
colorete *m.* rouge
comal *m.* flat clay dish
comandante *m.* commander
comarca district
combatir to battle, fight, combat
comedia play (theatrical)
comedor, -ra gluttonous, greedy; *n. m.* dining room
comentarista *m. or f.* commentator
comenzar a (ie) to start, begin (to)
comer to eat
comerciante *m.* merchant
comercio business, commerce
comestibles *m. pl.* groceries
cometa *f.* kite; *m.* comet
comida food, meal
comienzo beginning
comistrajo hodgepodge, mess
como as, like; como si as if
¿cómo? how?; ¿cómo no? certainly
comodidad *f.* comfort
cómodo, -a comfortable
comoquiera however
compañero, -a *n.* companion; compañero (-a) de cuarto roommate
compañía company; compañía de seguros insurance company
compartir to share, divide
compás *m.* beat, rhythm
competir (i) to compete
complemento complement, object (grammar)
cómplice *m. or f.* accomplice
componer to compose; to repair
compra purchase
comprar to buy
compras *f. pl.* purchases; ir de compras to go shopping
comprender to understand, comprehend
comprensión *f.* comprehension, understanding
comprometido, -a pledged, compromised
compuesto compound, composite; compound (grammar); *p. p.* of componer
computadora computer

computar to compute, count, calculate

cómputo calculation, computation

común common

comunicar to communicate

comunidad *f.* community group (of people)

con with; **con tal que** provided that

concebir (i) to conceive

conceder to concede, grant

concesivo, -a concessive, of concession

concienzudamente conscientiously

concierto concert

concilio council

concluir to conclude

concordancia agreement, concord

concordar (ue) to agree

concreto, -a concrete, specific; *n. m.* concrete

concurso contest, crowd, assembly

concha shell

condado county

conde *m.* count

condenar to condemn

condesa countess

condición *f.* condition; **a condición** on condition that

condimento condiment, seasoning

conducir to drive (a car); to conduct

conectado, -a connected

conejo rabbit

confeccionar to prepare (food)

conferencia lecture, conference

confesar (ie) to confess

confianza confidence, trust

confiar to trust

configurar to form, shape

conflictivo, -a conflicting

conformidad *f.* conformity

confundir (se) to confuse (become confused); to mingle; **confundiéndose entre la muchedumbre** mixing in with the crowd

confuso, -a confused

congregarse to gather, congregate

conjugar to conjugate

conjunto whole, entirety, ensemble, group

conmover (ue) to touch, move

conocedor, -ra *adj.* knowing, expert; *n. m. or f.* expert, connoisseur

conocer to know

conocimiento knowledge

conquista conquest

conquistador *m.* conqueror

conquistar to conquer

consabido, -a aforesaid

consagrarse to become famous or renowned

cosecha crop, harvest

conseguir (i) to obtain

consejero, -a *m. or f.* counselor, adviser

consejo advice, counsel, council; **consejo de Indias** Council of the Indies, in charge of Spain's possessions abroad

consentimiento consent

consentir en (ie) to consent

conservador, -ra *adj. and n.* conservative

considerado, -a considerate

consignar to consign, state, set or write down

consiguiente consequent; **por consiguiente** consequently

consistente consistent, consequent, corresponding

consistir en to consist of

consolidar to consolidate

conspiración *f.* conspiracy

conspirarse to conspire, plot

constante constant, continual; **dinero constante** ready money

construir to build, construct

consuetudinario, -a customary

consumición *f.* consumption

consumidor, -ra *adj.* consuming; *n. m. or f.* consumer

consumo consumption

contabilidad *f.* accounting

contar (ue) to count; to relate (a story)

contemplar to contemplate

contemporáneo, -a *adj. and n.* contemporary

contener(se) to contain (oneself), hold (oneself) in check

contenido content

contentarse to be content, be pleased

contento, -a happy, contented

contestación *f.* answer, contention

contestar to answer

contienda battle, contest, struggle

continuación *f.* continuation; **a continuación** following, next

continuidad *f.* continuity

continuo, -a continuous

contorno contour, outline

contra *prep.* against; *n. f.* opposition; **en contra de** in opposition to, against

contraatacar to counterattack

contradicho, -a opposed, contradicted

contraer to contract, acquire

contrafuerte *f.* ridge, spur

contrahacer to falsify

contrapartida counter entry, cross entry

contraponer to contrast, oppose

contrariamente on the contrary, contrary to

contrario, -a opposite; **al contrario** on the other hand, just the opposite

contrastante contrasting

contrato contract

contribuir to contribute

convencer to convince

convencimiento *m.* conviction

convenir to be advisable, to suit the purpose; **convenir en** to agree to

convertir(se) (ie) to change (oneself); to convert (become converted)

convidado, -a invited; *n.* guest

convidar to invite

convivir to live together

coordinar to coordinate

copa cup; *pl.* hearts (card suit)

coquinario cookery

corazón *m.* heart

corbata necktie

corchete *m.* tie clasp

cordialidad *f.* cordiality; **con cordialidad** cordially, warmly

cordillera mountain range, cordillera

cordobés, cordobesa *adj. and n.* Cordoban, (person) from Córdoba in Southern Spain

cordón *m.* cord

cornada thrust with a bull's horn

cornamenta horns (of animals)

coro chorus

corona crown

coronar to crown

correa de ventilador fan belt

corredor *m.* corridor; runner

corregir (i) to correct

correo post office, mail

correr to run

corresponder to correspond; to respond

correspondiente corresponding

corresponsal *m. or f.* correspondent

corrida bullfight, race, run, sprint, a certain type of dance

corriente *adj.* running (water), commonplace, usual, cheap, ordinary; *n. f.* current (water, electricity)

corroborar to corroborate, support

corsario, -a *m. or f.* corsair, privateer

cortador, -ra *adj.* cutting; *n. m. or f.* cutter

cortadora mower

cortalápices m. pencil sharpener

cortar to cut

corte f. court, courtship; m. cut, cutting

cortejar to court

cortejo entourage, court

cortés courteous, polite

cortesanía courtesy, politeness, gallantry

cortesía courtesy

cortina curtain

corto, -a short, brief

cosa thing

cosecha crop, harvest

coser to sew

cosmología cosmology, metaphysical study of the formation of the universe

cosmos m. cosmos, universe, world

coso arena (for bullfighting or other public festivals)

cosquilleo tingling, tickling, prickling

costa coast

costado side

costar (ue) to cost

costilla rib

costoso, -a costly, expensive

costumbre f. custom; de costumbre as usual

costurera dressmaker

cota elevation, depth

cotidianamente daily

creador, -ra adj. creative; n. m. or f. creator

crear to create

crecer to grow

creciente growing

credibilidad f. credibility

crédito credit, credence

creencia belief

creer to think, believe

creíble credible

crepé m. wig, toupee

creyente adj. believing; n. m. or f. believer

cría rearing, raising; cría de ganado cattle raising

criada maid, servant

criado man servant

criar to rear, raise

criba sieve

crimen m. crime

criollo, -a adj. and n. creole (American born of European parents)

crisol m crucible

Cristóbal Colón Christopher Columbus

cristofué m. tyrant; flycatcher (bird)

croissant French crescent roll

cromatismo chromatism, coloration

cromo chrome

crónica chronicle, history

cronista m. or f. writer

croqueta croquette, fritter

crucero railroad crossing

crueldad f. cruelty

crujido m. creak, crackle, rustle

cruz f. cross

cruzar to cross

cuaderno m. workbook, notebook

cuadra block

cuadrito square

cuadrado n. and adj. square

cuadrilla a bullfighter's group of assistants

cuadro picture, square

cuajar to jell, solidify

cual, cuales who, which; ¿cuál? ¿cuáles? which?, what?

cualidad (calidad) f. quality

cualquiera whatever, whichever; pl. cualesquiera

cuán how

cuando when; para cuando by the time (that); aun cuando even though; ¿cuándo? when?

cuandoquiera whenever

cuanto, -a as much, as many as; ¿cuánto? how much?, how many?

cuarcita quartzite

cuarentavo fortieth (fraction)

cuarto room

cuaternaria fourth era

cubierto, -a (p. p. of cubrir)

cubito cube

cubrir to cover

cucaracha cockroach

cuchara spoon

cucharilla spoon

cuchillada stab (with knife, sword, etc.)

cuchillo knife

cuenta account, bill

cuentecilla bead

cuento story, short story

cuerda cord

cuerito skin

cuerno horn

cuero skin, hide, leather

cuerpo body

cuesta slope

cueva cave

cuguardo cougar

cuidado care; tener cuidado to be careful

cuidadoso, -a careful

cuidar to take care of

culebra snake

culinario culinary, pertaining to cooking or cuisine

culminante culminating

culpa blame, fault; echar la culpa to blame; tener la culpa to be to blame; por culpa de because of

culpable adj. guilty; n. m. or f. guilty one, culprit

culpar (de) to blame

cultivar to cultivate

cultivo cultivation

culto, -a adj. educated, cultured; n. m. cult

cum grano salis (Latin) with a grain of salt

cumbre f. summit

cumpleaños m. birthday

cumplir to fulfill, to comply with, to perform

cuna cradle

cuñado brother-in-law

cuota quota, share, fee, subscription, payment, dues

cupo quota, share, tax rate

cura m. priest; f. cure

curandero, -a m. or f. witch doctor, quack

curia curia (Roman senate house, senate)

curiosidad f. curiosity

cursilería f. cheapness, vulgarity, flashiness

curso course

cúspide f. peak

custodiado, -a taken care of

cutis m. skin, complexion

cuyo, -a whose

chabacanería cheapness, shoddiness, lack of taste

chambelán m. chamberlain, royal attendant

chancla slipper

chaqueta jacket

charco pool, pond

charlar to chat

chato, -a flat; n. flat-nosed person

cheque m. check

chequear to check

chicano, -a Mexican American

chico, -a adj. small; n. boy or girl

chile m. chile, pepper

chillar to screech (imitation of bird sounds)

chimenea chimney

chino, -a adj. and n. Chinese (person)

chisme m. gossip

chispa spark

chiste *m.* joke, amusing incident or remark
chocar to clash, collide
choclo ear of corn
chofer *m.* chauffer
chompa jumper, pullover, jersey
chongo curl
choque *m.* collision; **dar un choque** to have a collision
chorrear to drip, trickle, gush, spurt, spout
chullo odd, single item of a pair
choza hut

d.C. = después de Jesucristo
dado given; *n. pl.* dice; **dado que** granted that, provided that
dador, -ra *adj.* giving; *n. m. or f.* giver, bearer (of a letter, gift, message)
dama lady; queen (in cards)
damasco damask (textile)
danzarín, -na *m. or f.* dancer
dañar to harm
daño harm; **hacer daño** to harm
danza dance
dar to give; **dar a** to open onto, face; **dar una vuelta** to take a ride or a stroll; **dar vuelta** to turn; **darse cuenta de** to realize; **darle a uno vergüenza** to be ashamed
datar (de) to date (from)
datos *m.* data, information
de of, from; by
debajo under, underneath; **debajo de** under, beneath
deber ought to, should; to owe
débil weak
debilidad *f.* weakness
debilitado, -a weakened
decaer to decay, weaken, decline
decálogo Decalogue, the Ten Commandments
decepcionante disappointing, disillusioning, disenchanting
decidir to decide; **decidirse (a)** to make up one's mind (to)
decir to say, tell
declamar to declaim, recite
declarante *adj.* declaring; *n.* witness, one who makes a statement
declinación *f.* decline
decorar to decorate
decrecer to decrease
decreto decree
dedicar (se) to dedicate (oneself)
dedo finger
defender (ie) to defend
defensa bumper; defense

defensor, -ra *adj.* defending; *n.* defender
definidor, -ra *adj.* defining; *n.* **definitor** (member of the governing council), **definer**
definitivo, -a definite, final; **en definitiva** then, so, finally
defunción *f.* death
degradante degrading, humiliating
dehesa pasture land, grazing ground
deidad *f.* deity
dejar to let, allow; to leave *(trans.);*
déjate de tonterías stop the foolishness
delantal *m.* apron
delante before, in front, ahead; **delante de** in front of
delectación *f.* delight, pleasure
delegado delegate
deleitar to delight
deleitoso, -a delightful
deletrear to spell
delgado, -a slender, thin
delicado-, -a exquisite, delicate, gentle
delicia delight, pleasure
delinquir to transgress, commit an offense or crime
delirar to be delirious
delito crime, transgression
demás: lo demás the rest; **los demás** the others
demasía excess
demasiado *adv.* too, too much; *adj.* **demasiado, -a** too much, *pl.* too many
democratizar to make democratic, democratize
demorar to delay
demostrar (ue) to demonstrate
denominar to name, indicate, designate
denotar to denote, indicate
dentro inside; **por dentro** inside; **dentro de** inside, within; **dentro de poco** presently
deparar to supply, provide, present, furnish
depender (de) to depend
dependienta *f.* clerk
dependiente *m.* clerk
deporte *m.* sport
deportista *m. and f.* sportsman, sportswoman
deportivo, -a *adj.* sporting; *n. m.* sports
derecha right; **a la derecha** to the right
derecho right; **tener el derecho (de)** to have the right (to)

derramar to shed; to pour out
derredor *m.* periphery
derribar to knock down, tear down, demolish
derrota defeat
derrotar to defeat
derrumbamiento collapse
desabroso, -a unsavory
desacato disrespect, irreverence
desafiante challenging
desafortunado, -a unfortunate
desagradable unpleasant
desalentado, -a dispirited, disheartened, discouraged; out of breath
desaliento discouragement, weakness
desamparado, -a abandoned
desanimar to discourage; **desanimarse** to become disheartened
desaparecer to disappear
desaparición *f.* disappearance
desaprobar (ue) to disapprove
desarrollar to develop, promote
desarrollo development
desastre *m.* disaster
desatracar to push off, move off, move away
desayunarse (con) to breakfast (on)
desayuno breakfast
desbaratado, -a wrecked, wasted
desbordar to overflow
descansar to rest
descarado, -a insolent, shameless, impudent, brazen
descartarse to discard, eliminate, put aside
descendencia origin, ancestry, lineage
descender (ie) to descend, go down
descendiente *adj.* descending; *n.* descendant
descolgar (ue) to take down
descolorido, -a discolored
descompuesto, -a out of order
desconcertante disconcerting
desconocer to be ignorant of, not to know
desconfiar (de) to distrust
desconocido, -a unknown
desconocimiento ignorance
desconsiderado, -a *adj.* inconsiderate; *n.* inconsiderate person
desconsolar (ue) to dishearten
desconsuelo grief, distress, sorrow
descontado, -a discounted
descontento, -a unhappy, discontented
descornado, -a dehorned

descortés impolite, discourteous, rude

describir to describe

descrito, -a described

descuartizado, -a cut into quarters, divided into pieces, carved, cut up

descubridor, -ra *adj.* discovering; *n.* discoverer, finder

descubrimiento discovery

descubrir to discover

descubierto, -a discovered

descuidado, -a neglected

descuido carelessness

desde *adv.* since, from **desde que** since

desdén *m.* disdain

desdentado, -a toothless

desdeñar to treat disdainfully, scorn

desdichado, -a unfortunate

desdoblamiento unfolding, spreading out, exposition, explanation

desear to desire, want

desechar to reject

desembarcar to disembark, to unload; **desembarcando en las plazas** going into the plazas

desempeñar to fulfill, carry out

desenlace *m.* conclusion, outcome, result, end (of a play)

desentonar to say things out of place; to sing or play out of tune; to talk disrespectfully

desentrañar to get to the bottom of; to disembowel

deseo desire

desesperado, -a exasperated, infuriated

desgaire *m.* carelessness; **al desgaire** carelessly

desgracia misfortune; **por desgracia** unfortunately

desgraciado, -a unfortunate

deshacer to undo

deshojado, -a leafless

deshojar to strip a tree of its leaves, strip a flower of its petals

deshonrar to dishonor

deshumanizado, -a dehumanized

desierto, -a *adj.* deserted, uninhabited; *n. m.* desert

desigualdad *f.* inequality

desinencia grammatical ending, declension

desinteresado, -a disinterested

desligado, -a separated

desligar to unfasten, untie, undo; to free (from)

deslinde *m.* boundary

desliz *m.* false step

deslizarse to glide, slide, slip

deslumbrante brilliant, dazzling

deslustrado, -a tarnished, dim

desmenuzar to shred, flake, crumble

desmoronamiento crumbling, breakdown, decay

desmoronar to crumble

desnudo, -a bare, naked

desolado, -a desolate

desorden *m.* disorder, disarray

despacio slowly

despachar to send away

desparramar to scatter

despectivo, -a derogatory

despedida departure; closing (of a letter)

despedir (i) to dismiss; **despedirse** to say goodbye; **despedirse (de)** to take leave (of)

despegar to separate, unglue; to take off (airplane)

despegue *m.* take-off (airplane)

despeinar to disarrange the hair

despensa pantry

desperdiciar to waste, squander

despersonalizado, -a depersonalized

despertar (ie) to awaken *(trans.)*; **despertarse** to wake up (oneself)

desplazar to displace, move, shift

despliegue *m.* unfolding, display

desplomar to collapse

despojarse to strip, divest oneself; to give up

despojo stripping, robbing, plundering; plunder, spoils

despreciar to scorn, despise; **despreciarse** to condemn oneself

desprevenido, -a unprepared

después afterwards; **después de** after; **después de que** after

destacado, -a outstanding

desterrado, -a exiled

destierro exile

destino destination, destiny

destreza skill

destruir to destroy

desunirse to become separated

desvaído, -a dull (color)

desvarío delirium, madness

desvelado, -a tired from lack of sleep, sleepless

desventaja disadvantage

desventura misfortune, bad luck

desviación *f.* swerve, deviation

desviar to swerve; to deflect, ward off

desvirtuado changed, weakened, lessened

detalle *m.* detail

detener to stop

determinación *f.* decision; **tomar una determinación** to make a decision

determinado, -a determined; definite, specific; bold, resolute

determinante determining

detrás behind, after; **detrás de** behind

deuda debt

devenir to happen, come about; *m.* future

devolver (ue) to return *(trans.)*

devorar to devour

día *m.* day; **todos los días** every day

diablado,, -a deviled

diablo devil

diamante *m.* diamond

diamantino, -a diamondlike, hard, unbreakable

diámetro diameter

diariamente daily

diario daily

dibujar to sketch, draw

dibujo *m.* drawing, sketch

dictado *n.* dictation, dictate; *adj.* dictated

dictadura dictatorship

dicha happiness

dicho saying, declaration, statement; *p. p. of* **decir**

diente *m.* tooth

difamar to defame, slander

diferenciar to differentiate; to differ, be different

diferir (ie) to defer, delay, postpone, put off; to differ, be different

difícil difficult

dificultad *f.* difficulty

dificultosamente with difficulty

difundir to spread, disseminate

difunto, -a *adj.* dead; *n.* dead person

dignidad *f.* dignity

digno, -a worthy, dignified, deserving

dilatar to expand, widen, enlarge

diligencia diligence; task, job

diminuto, -a small, diminutive

dinero money; **dinero en efectivo** cash

dionisíaco, -a pertaining to Dionysius or Bacchus

dios *m* god

diosa goddess

diputado deputy

dirección *f.* direction; address; management

dirigir to direct; **dirigirse (a)** to address

discernir (ie) to discern

discípulo disciple
disco record
discurrir to ramble, roam
discurso speech, discourse
discutir to discuss
diseñar to design
diseño design
diserto, -a eloquent, fluent
disfraz *m.* disguise, costume, mask
disfrazado, -a disguised, masked
disfrutar (de) to enjoy
disgustar to displease, annoy
disgusto displeasure
disgustoso, -a unpleasant
disimular to pretend; to disguise
disipar to scatter, dissipate
disolver (ue) to dissolve
disparar to fire, shoot; to hurl
disparate *m.* nonsense, foolish remark
dispensa exemption, excuse, pardon
dispépsico (dispéptico) dyspeptic (having bad indigestion)
disperso, -a dispersed, spread out
disponer to order; to dispose, have at one's disposal; disponerse a to prepare to, get ready to
dispositivo device, mechanism
distinguir to distinguish
distinto, -a distinct, different
distraído, -a distracted
distribuir to distribute
distrito district
disyuntivo disjunctive
diván *m.* divan, low couch
divertido, -a amusing, funny
divertimiento amusement, diversion
divertir (ie) to amuse; divertirse to enjoy oneself
divinidad *f.* divinity
divisa currency
divisar to make out (to see)
doble double
docena dozen
docto, -a learned, erudite, expert
doctorado *m.* doctorate, Ph.D.
dolencia ache, pain; illness, disease
doler (ue) to hurt; doler *m.* pain, sorrow
doloroso, -a sorrowful
doma taming, control; repression (of possessions, etc.)
domado, -a tamed
domicilio domicile, residence, home, house
dominación *f.* domination, dominion
dominante dominating
dominar to dominate

dominicano, -a *adj. and n.* Dominican, native of the Dominican Republic
dominico, -a *adj. and n.* Dominican, of the Dominican religious order
dominio dominion, power
don *m.* gift (talent)
Don Juan: un Don Juan a woman chaser
donativo gift, donation
doncella maiden, damsel
donde where; hasta donde as far as, up to the point that
¿dónde? where?; ¿por dónde? in what direction?
dondequiera wherever; anywhere
dorado, -a golden
dormilón, -na *adj.* sleepy, sleepy-headed; *n.* sleepy-head
dormir (ue) to sleep
dosis *f.* dose, amount, portion
dotar to endow
dote *m.* gift, talent
dramaturgo dramatist
dubitativo, -a expressing doubt
duda doubt
dudar to doubt
dudoso, -a doubtful
duelo duel; sorrow
dueña owner, proprietress, landlady
dueño owner, proprietor, landlord
dulce *adj.* sweet; dulces *n. m. pl.* candy
duradero, -a long-lasting
durante during
durar to last
durativo, -a lasting
duro, -a hard

e and
eclipsar to eclipse, overshadow, outshine
ecólogo ecologist
ecuóreo, -a pertaining to the sea
echador *m.* server, thrower
echar to throw; to put in; echar a andar el carro to start the car; echar al correo to mail; echar a perder to ruin, spoil; echar de menos to miss; echar la culpa to blame; echar raíces to take root
echarse to lie down; echarse a + *inf.* to begin, to burst out
Edad Media *f.* the Middle Ages
edad *f.* age
edificar to build
edificio building
educado, -a educated

educativo, -a educational
educar to educate
efectivamente in effect, actually, really, indeed, in fact
efectivo, -a effective; dinero en efectivo in cash
efecto effect; en efecto indeed, as a matter of fact
efectuar to carry out, effect
eficaz efficient, effective
efímero, -a shortlived
egoísmo egoism, selfishness
ejecutar to execute, perform, carry out
ejecutoria final judgment
ejemplar *n. m.* specimen, copy sample; *adj.* exemplary
ejemplificar to exemplify, illustrate
ejemplo example; por ejemplo for example
ejercer to exercise
ejercicio exercise, use
ejercitar to exercise, practice
ejército army
elaborar to make, to elaborate
elegir (i) to choose, select, elect
elemento element, ingredient
elevar to raise, lift, raise oneself
eligibilidad *f.* eligibility
eliminar to eliminate
embajador ambassador
embarcadero pier
embargo: sin embargo nevertheless
embestir to attack
emblema *m.* emblem, symbol
embolar to cap the bull's horns with wooden balls (as a protection)
embolia clot, embolism
emocionado, -a emotional
emocionante touching, moving
emocionarse to become emotional
empacho indigestion
empalagar to bore, irritate, tire
empalar to impale, persist, indulge in one's whim
empanizado, -a covered with breadcrumbs, pancaked
empañado, -a blurred
emparentado, -a related by marriage
empedrado, -a rocky
empeñar to begin; to pawn; to compel, oblige
empeño determination
emperador emperor
emperatriz empress
empezar a (ie) to begin
empleado, -a *adj.* employed; *n.* employee, attendant
emplear to employ, use
empleo employment, job

empobrecido, -a impoverished

emprendedor m. enterpriser, an enterprising person

emprender to undertake

empresa enterprise, undertaking; firm, business

empresario contractor, manager, impresario, promoter

empréstito loan

empujar to push

empuñar to grasp, clutch

en on, in, at

enamorado, -a in love

enamorarse (de) to fall in love (with)

enarbolar to raise, hoist

encabezamiento heading (of a letter)

encadenado, -a linked

encadenamiento chaining, linking

encallado, -a run aground, foundered

encaminar to walk, proceed on a road or path, go to

encanecer to age, grow grey-haired

encantador, -ra charming

encantar to charm, enchant, fascinate

encanto enchantment

encarcelar to imprison

encargar to entrust; encargarse de to take charge of

encariñarse (con) to become fond of

encarnar to personify, embody

encender (ie) to light

encendido, -a burning

encerrar (ie) to enclose

encierro retreat

encima on top

encinta pregnant

encomendar (ie) to commit to one's care

encontrar (ue) to meet, encounter, find

encubrir to conceal

encuentro encounter

encuesta survey, inquiry, poll (of public opinion)

endemoniado, -a devilish, possessed

enemigo enemy

énfasis m. and f. emphasis

enfatizar to emphasize

enfermarse to become sick

enfermedad f. sickness

enfermera nurse

enfermo, -a sick

enflaquecer (se) to become (get) thin

enfrentarse to confront

enfrente de in front of

enfriamiento refrigeration, cooling, chill

enfriarse to become cold

enfurecerse to become furious

engañar to trick; engañarse to deceive oneself

engaño trick, deception

engordar to get fat; to make fat

engrandecerse to become large

enguesar to thicken, broaden

engullir to gulp down, gobble (food)

enigma m. riddle, puzzle, enigma

enjambre m. swarm, crowd, multitude

enlace m. linking

enlatado, -a canned

enlatar to can

enlazar to link, join, connect; to lasso

enloquecedor, -ra maddening

enloquecerse to go crazy

enmascar to mask

enmienda correction

enojar to anger; enojarse to become angry

enojo anger

enorgullecerse to be proud, become proud

enorme enormous

enredar to ensnare, entangle; enredarse to become involved

enriquecerse to become rich

enrojecerse to blush, turn red

enrollar to wrap, roll up, form into a roll, wind, coil

ensalada salad

ensalzamiento praise

ensayar to practice, rehearse, train

ensayo essay

enseñanza instruction, teaching

enseñar to teach, show

ensoñación f. dream

ensuciador, -ra adj. dirtying; n. dirtier

ensuciar to dirty, make dirty

ente m. being, entity

entendedor, -ra adj. understanding; n. one who understands; A buen entendedor pocas palabras. A word to the wise is sufficient.

entender (ie) to understand

enterar (ie) to inform; enterarse de to find out about, be informed of

entereza firmness, fortitude, uprightness

entero, -a entire, whole

enterrar (ie) to bury

entidad f. entity

entierro burial

entiesar to stiffen, make stiff

entonar to sing

entonces then

entornar to half close; to tilt to, turn to

entrada entrance, admission ticket

entrañar to contain

entrañas pl. entrails, innards, insides

entrar (en) to enter

entre between, among

entrecortado, -a intermittent, with a broken voice

entrecruce m. intercross

entrega surrender, delivery, handing over

entregar to turn in, hand over

entremetimiento interference, meddling

entrenador m. coach (of a team of athletes)

entrenamiento training

entrenar to train

entretejido, -a interwoven

entretener to amuse, entertain

entretenimiento entertainment

entrever to surmise, catch a glimpse of, see vaguely

entrevista interview

entrevistar to interview

entristecerse to become sad

entroncar to connect, link up

entumecerse to become numb

entusiasmar to make enthusiastic; entusiasmarse to become enthusiastic

enumerado, -a enumerated

envejecer to grow older

enverdecerse to become green

envergadura breadth, wingspan

enviar to send

envidia envy

envío sending, shipment

enviudar to become a widow

envolver (ue) to envelop, wrap

envuelto, -a wrapped

epístola letter, epistle

epistolar epistolary, of or pertaining to letter-writing

epopeya epic poem

equilibrar to balance

equilibrio balance, equilibrium; en equilibrio balanced

equipado, -a equipped

equipaje m. equipment, luggage, baggage

equipo team, equipment

equivocar (se) to mistake, be mistaken

erguir to raise, straighten up

erigir to erect, build

ermita hermitage

ermitaño hermit

errante wandering
errar to err, make a mistake
erudito, -a *adj.* learned, scholarly, cultured; *n.* scholar
esa that; ésa that, that one; esas, ésas those
escafandra diver's suit
escalada scaling, climbing
escalera stairway, ladder
escalinata steps, stairway
escalonado, -a arranged at regular intervals
escaparate *m.* showcase, shop window
escaparse to flee, escape, run away
escape: a escape at breakneck speed
escasear to give sparingly or reluctantly, reduce, decrease; to be sparing, be scarce
escaso, -a scarce
escayola stucco, plaster
escenario setting, stage scenery
esclarecimiento explanation, clarification
esclavitud *f.* slavery
esclavizar to enslave
esclavo, -a *adj.* enslaved; *n.* slave
escoba broom
escoger to choose, select
escolar *adj.* scholastic; *n.* scholar
escombro rubble, debris
esconder to hide; esconderse to hide oneself
escorial *m.* dumping place for slag from a mine, slag heap
escribano notary, court clerk, clerk
escribir to write
escrito (*p. p. of* escribir) written
escritor writer, author
escritorio desk
escritura writing
escuadra group of assistants of the bullfighter
escuchar to listen (to)
escudero, -a *adj.* of or pertaining to a squire or page; *n. m.* squire, shield bearer
escudriñar to scrutinize, examine, investigate
escuela school
escultura sculpture
escurrir to trickle
ese that; ése that one; esos, ésos those
esfera clock dial, sphere
esforzado, -a forceful, spirited vigorous
esforzarse (ue) to exert oneself
esfuerzo effort
eslabón *m.* link

eso that; por eso therefore; a eso de approximately; en eso just then
espacio space, interval
espada *f.* spade (in card suit), sword; *m.* bullfighter
espalda back
espantar to frighten; espantarse to become frightened
espanto fright
espantoso, -a frightening, astounding, amazing
esparcimiento scattering, spreading
esparcir to scatter
especia spice
especializarse to specialize
especie *f.* species, kind, class, sort
espécimen *m.* sample, specimen
espectáculo spectacle, sight, show, performance, exhibition, scandal
espejo mirror
esperanza hope
esperanzador, -ra hopeful
esperar to wait (for), to expect, to hope; es de esperar it is to be hoped
espeso, -a thick
espía *m. or f.* spy
espina thorn
espinazo backbone
espiral *adj.* spiral, winding; *n. f.* spiral
espíritu *m.* spirit
esplendoroso, -a radiant, magnificent
espontaneidad *f.* spontaneity
esposa wife
esposo husband
espuma foam
esqueleto skeleton
esquema *m.* plan, outline, sketch, diagram
esquematismo schematism, diagrams, sketches
esquiar to ski
esta this; ésta this one; estas, éstas these
estabilidad *f.* stability
establecer to establish
establecimiento *m.* establishment
estación *f.* season, station; estación de servicio service station
estacionado, -a parked
estacionar to park
estadística *f.* statistics
estadio stadium; estadio cubierto domed stadium
estado state, condition, status
Estados Unidos United States
estadounidense pertaining to the United States

estallar to break out, explode
estallido outburst, explosion
estampado, -a embossed, stamped
estancia cattle ranch; stay, sojourn
estanque *m.* pond, pool
estante *m.* shelf
estar to be; estar para to be about to
estatal of or pertaining to the state
estático, -a static, still; ecstatic
estatura stature, height (of a person)
este this; éste this one; estos, éstos these
esterlina sterling (pound), sterling (silver)
estético, -a aesthetic, artistic
estimar to esteem
estimulante stimulating
estimular to stimulate, encourage
estirpe *f.* stock, family, lineage, ancestry
esto this
estómago stomach
estoquear to stab with a sword or rapier
estornudar to sneeze
estrambótico, -a eccentric, bizarre, outlandish
estrechar la mano to shake hands
estrechez *f.* narrowness; intimacy, closeness
estrella star
estremecer to shake, tremble, quiver
estrépito clamor, din, noise
estrujar to squeeze, press, wring
estudiante *m. or f.* student
estudiantil student
estudiar to study
estudio study
estufa stove
estupendo, -a stupendous, wonderful, great
etapa stage, step, era, epoch
eternamente eternally
eterno eternal
etimologista *m. or f.* etymologist (one versed in the origin or derivation of a word)
etiqueta label, tag, etiquette; traje de etiqueta evening dress, formal dress
euforia euphoria, sense of well-being
europeo, -a European
evadir to evade, escape from
Evangelio gospel
evitar to avoid
evocar to evoke, recall
evolucionar to evolve, develop
exagerado, -a exaggerated

exaltado, -a exalted
examen m. examination
excavado, -a excavated
excluir to exclude
exhaustivo, -a exhaustive, exhausting
exhortante exciting
exhorto letters rogatory
exigencia demand
exigente demanding
exigir to demand
exigüidad f. meagerness, scantiness
existente existing
éxito success; tener éxito to be successful
expatriarse to go into exile, leave one's country
experimentación f. experiment, experimentation
experimentar to experiment, undergo
explicación f. explanation
explicativo, -a explanatory
explicar to explain
explorador m. explorer
explotar to exploit
expoliación f. pillaging, plundering
exponente adj. explanatory; n. exponent
exponer to expound
exposición f. exposition (expounding of ideas; interpretation)
expulsar to expel
extenso, -a extensive, broad
extinguido, -a extinct, extinguished
extinguir to extinguish
extra adj. extra; n. m. extra (gratuity)
extranjerismo foreignism
extranjero, -a adj. foreign n. stranger, foreigner
extrañar to surprise; to find strange
extraño, -a strange
extremadamente extremely, exceedingly
extremo, -a adj. extreme; n. m. extremity
extremoso, -a extreme, excessive
exuberante exuberant, overabundant

fabada bean, bean soup
fábrica factory
fabricar to manufacture, make, fabricate
fácil easy, likely
facilidad f. fluency, facility
facilitar to expedite, facilitate
factura invoice

facundo, -a fluent, eloquent
fachalina sash, scarf
faena task, job
faja sash, belt
falda skirt; minifalda miniskirt
falsete m. small door; plug, spigot; falsetto (voice); wire gate in a wire fence
falta lack, fault
faltar to lack, need; to fail
faltriquera pocket, handbag
fallar to fail
fallecer to die
fama fame, reputation
fanatismo fanaticism
fango mud, mire, slush, silt, slime
fangoso, -a muddy, miry, slushy
fantasma m. ghost, phantom; f. scarecrow
farmacia pharmacy
farol m. lantern
fascinar to fascinate
fastidio annoyance, bother
fatiga fatigue
fatigarse to become tired
favor m. favor; a favor de in favor of; por favor please; favor de please
favorecedor, -ra adj. becoming, enhancing; n. favorer, helper
favorecer to favor
faz f. face
fe f. faith
fealdad f. ugliness
fecha date
felicidad f. happiness
felicitación f. congratulation
felicitar to congratulate
feliz happy
femenino, -a feminine
fenicio, a adj. or n. Phoenician
feo, -a ugly
feria fair; (Mex.) change, loose money
feroz ferocious
ferrocarril m. railway, railroad
fervor m. zeal, eagerness, fervor, ardor, violent heat
fervoroso, -a fervent, earnest, enthusiastic
festejar to fete, entertain, feast, celebrate, court, woo
festejo public festivity, entertainment, banquet, feast
festividad f. festivity
fibra fiber
ficha index card; chip (used in games)
fidelidad f. faithfulness
fideo noodles, vermicelli

fiebre f. fever
fiel faithful
fiera wild beast
fiereza fierceness
fierro iron
fiesta party; fiesta de gala formal party
fijar to fix; fijarse (en) to notice, pay attention
fijo, -a fixed, set
fila row, rank, file
filete m. filet
filiación f. affiliation
filo cutting edge of a knife; sin filo dull; con mucho filo sharp
filoso, -a sharp (cutting edge)
filósofo philosopher
fin m. end; al fin at last, finally; en fin, por fin finally; a fin que so that; a fines de at the end of a period of time
finca farm
fingir to pretend
finura fineness, excellence, courtesy
firma signature
firmar to sign
firme firm, steady, stable
firmesa firmness
físico, -a adj. physical; n. m. physicist, physique, appearance, look
fisonómico, -a physical
flaco, -a thin, skinny
flanear to loaf around, wander around
Flandes Flanders
flaqueza thinness, weakness (moral)
flauta flute
flecha arrow
flojo, -a lazy, loose
flor f. flower
florecer to flourish, bloom
florero flower pot, vase
flotante floating
flote m. floating
fluido, -a adj. fluid; n. m. liquid
foco light bulb
fogón m. cooking stove, kitchen range, hearth
folleto pamphlet
fomentar to foment, arouse, excite
formidable enormous, formidable, great
fondo bottom, background, fund (money); en el fondo in substance
forastero, -a adj. foreign; n. foreigner, stranger
forjar to forge, shape, form
formular to formulate
fortaleza fortress

forzar (ue) to force

forzosamente unavoidably, inevitably, forcibly, by force

fosa hole, grave; fosa de la nariz nostril

fósforo match

fósil adj. fossil, old; n. m. fossil

foso pit, hole, space, moat

frac m. dress coat

fracasar to fail, be unsuccessful

fracaso failure

fraguar to forge

fraile m. friar, monk, priest, cleric

frailejón m. petaled flower

francés, -sa adj. French, n. m. Frenchman, French language; n. f. French woman

francesada French invasion of Spain in 1808; a typically French act or remark

frase f. sentence, phrase

fray friar (used with a name)

frecuencia frequence; con frecuencia frequently

fregadero kitchen sink

fregar (ie) to scrub, mop

freír to fry

frenar to restrain, curb, brake, apply the brakes to

frenesí m. frenzy, rapture, delirious excitement

frenético, -a frantic, frenetic

freno brake; bridle

frente m. front; f. forehead; frente a facing

fresa strawberry

frescura freshness, luxuriant foliage

fresco, -a adj. cool, fresh; fresco n. m. coolness

frialdad f. coldness

frijol m. (dry) bean (Mex.)

frío, -a adj. cold; n. m. cold; tener (mucho) frío to be (very) cold; hacer frío to be cold weather

friolera trifle, trinket, bauble

frito (p. p. of freír) fried

frondoso, -a leafy

frontera frontier

fronterizo, -a frontier, border; fronterizo a facing, opposite

frotar to rub

fructificar to bear fruit, be fruitful, be productive

frustrado, -a disappointed, frustrated

fuego fire

fuente f. tray, fountain, source

fuera de outside of

fuerte adj. strong; n. m. fort, strong point

fuerza force, strength

fugarse to flee, run away, escape

fugitivo, -a adj. fleeting; n. fugitive

fulano, fulano de tal so-and-so, John Doe

fulgir to flash, sparkle, glitter

fumar to smoke; fumar en pipa to smoke a pipe

fumigar to fumigate

funcíon f. show, affair, performance

funcionar to function, act

funcionario public official

funda pillowcase, slip, cover, case

fundador, -ra adj. founding; n. founder

fundamento foundation, basis

fundar to found

fundir to fuse

furibundo, -a furious

furor m. furor, rage

furtivamente secretly, stealthily

fusil m. gun

fútbol m. football, soccer

futbolista m. football player

futileza futility

futilidad f. futility

gafas f. pl. spectacles, (eye)glasses

gala festive dress, elegance, charm, grace

galán m. handsome man, suitor, gallant

galantemente gallantly, courteously

galantería gallantry

Galdós Spanish novelist (1843-1920)

Galicia province in northwest Spain

galillo gullet

gallardo, -a elegant, graceful, charming, self-assured, gallant, valiant, spirited, noble, brave

gallina chicken (hen)

gallo rooster

gana desire; tener ganas de to feel like, be eager to; de buena gana willingly; de mala gana unwillingly; con ganas eagerly

ganadería cattle ranch, cattle, livestock, cattle raising

ganadero, -a adj. cattle; n. cattle dealer, cattle breeder

ganado livestock, cattle

ganancia profit, gain

ganar to win, earn, gain

gancho hook

garaje m. garage

garfío hook, grappling iron

garganta throat

gárgara gargle; hacer gárgaras to gargle

gasolinera gas station

gastar to spend

gasto expense

gastrónomo gastronome, one who enjoys good eating

gatas: a gatas on all fours

gato cat

gavilán m. hawk

gaviota seagull

gemir (i) to groan

generalizarse to become general

género gender

genesíaco, -a genetic

genial brilliant, inspired, pleasant, agreeable

generalidad f. peculiarity

genio genius, temper, temperament

Génova Genoa

gente f. people

gentil graceful, elegant

geógrafo geographer

gerente m. manager

germen m. germ, origin

germinar to germinate, sprout

gigante m. giant

gigantesco, -a gigantic, huge

gimnasia gymnastics

gimnasio gymnasium

gira whirl, excursion, trip

gitano, -a adj. and n. gypsy

glosador, -ra adj. glossing, n. commentator, glosser

glotis f. glottis (opening at the upper part of the larynx)

gobernación f. government

gobernador m. governor

gobernante adj. governing, ruling; n. ruler

gobernar (ie) to govern

gobierno government

goce m. enjoyment, pleasure, benefit

godo, -a adj. Gothic; n. Goth

golfo m. gulf, bay

golosineo nibble

golpe m. blow

golpear to hit; m. hitting, beating

goma rubber

gordo, -a fat

gorra, gorro cap

gota drop

gótico, -a Gothic

gozar (de) to enjoy

gozo enjoyment

grabadora tape recorder

grabar to record, engrave

gracia grace

gracias pl. thanks

grácil fine, slender, thin

gracioso, -a attractive, charming

grado grade, rank, degree

graduado, -a, *adj.* graduated; *n.* graduate

graduarse to graduate

grama grass

gramática grammar

gramíneo, -a grassy

Granada a city in Spain

granate *m.* garnet, garnet (color)

grande (gran) big, large, great; **así de grande** this big

grandioso, -a grandiose, magnificent, grand, splendid

granizar to hail

granizo hail

grano grain

grasa grease, fat

grato, -a pleasant

gratular to congratulate

grave serious, grave

griego, -a Greek

gringo, -a *adj.* foreign; *n.* foreigner

gris grey

grisáceo, -a greyish

gritar to shout

grito shout

grosero, -a rude, vulgar

grueso, -a thick

gruñir to grunt, growl

gruta cave

guadalupano, -a referring to Guadalupe

guajolote *m.* turkey (*Mex.*)

guante *m.* glove

guantera glove compartment of a car

guapo, -a *adj.* handsome; *n.* good-looking person

guaraní member of the Guaraní Indian tribe of Paraguay

guardar to guard, look after, keep; *n. m.* saving, preserving, keeping

guardia *f.* guard (body of guards); den; *m.* guardsman

guardián, -na *n.* caretaker, warden, watchman or watchwoman

guarecerse to take refuge or shelter, to hide

guatemalteco, -a *adj. and n.* Guatemalan

gubernamental governmental

gubernativo, -a governmental

güeldo shrimp used as bait

guerra war

guerrero warrior

guerrilla military band of fighters

guerrillero guerrilla (fighter, partisan)

guía *m. or f.* guide

guión *f.* dash, hyphen

güira calabash tree, calabash (fruit of the calabash tree)

guisa manner, fashion

guisante *m.* pea

guisar to cook

gula gluttony

gustante pleasing savory, tasty

gustar to be pleasing, like; **gustarle a uno** to like

gusto pleasure, taste, **estar a gusto** to be content, happy

gustosamente acceptably

gustoso, -a pleasing, tasty, savory, pleasant

haber to have (as auxiliary verb); **haber de** to have to

hábil skillful, capable

habilidad *f.* ability, capacity, skill

habitación *f.* dwelling place, lodging room

habitante *m.* inhabitant

habitar to inhabit, live (reside) in, dwell

hábitat (habitat) *m.* habitat, environment

hablador, -a *adj.* talkative; *n.* talker

hablar to talk, speak

hacer to do, make

hacia toward, towards

hacienda country estate, farm, ranch

hacha torch, axe

hada fairy; **cuento de hadas** fairytale

halagar to flatter, treat affectionately, show one's affection for, please, delight

halar to pull

hallazgo find, discovery

hambre *f.* hunger; **tener (mucha) hambre** to be (very) hungry;

hambriento, -a hungry, famished

hamburguesa hamburger

harapo rag, tatter

harina flour

hasta until; **hasta la fecha** to date, until now

hay there is, there are

hazaña deed

hecho, -a *adj.* done, made; *n. m.* deed, act; *p. p. of* **hacer**

heladería ice cream parlor

helado, -a *adj.* frozen; *n. m.* ice cream, sherbet, popsicle

helar (ie) to freeze

hembra female

hendidura crack, split

herboso, -a grassy

heredar to inherit

heredero, -a *adj.* inheriting; *n.* heir

hereje *m. or f.* heretic

herejía heresy, insult, misbelief

herencia inheritance

herido, -a injured, wounded

herir (ie) to wound

hermana sister

hermano brother

hermoso, -a beautiful

hermosura beauty

herramienta tool

hervir (ie) to boil

hervor *m.* restlessness, vigor, boiling

Hespérides *f. pl.* nymphs, daughters of Atlas, who guarded the garden of the golden apples

hidalgo nobleman

hielo ice

hierba weed, grass, herb

hierro iron

higo fig

hija daughter

hijo son

hilar to spin

hilo thread, wire

hipocondría hypochondria, morbid depression of mind or spirits

hispanidad *f.* Spanish spirit, Spanishness, Spanish world, cultural community of Spanish-speaking nations

hispanoparlante *adj. and n.* Spanish-speaking (person)

historiador *m.* historian

hitleriano, -a pertaining to Hitler

hogar *m.* hearth

hoja leaf; page (of a book), sheet (of paper)

hojalata tin, tinplate

hojear to leaf through (a book)

holandés, -sa *adj.* Dutch (language); *n.* Dutchman, Dutch woman

holgado, -a comfortable, leisurely

holgazán, -a lazy

hombre *m.* man

hombro shoulder

homenaje *m.* homage

homo sapiens (Latin) man

hondo, -a deep

hondura depth

honor *m.* honor, fame, glory

honra honor

honradez *f.* honesty

honrado, -a honest

honrar to honor

hora hour; **¿qué hora es?** what time is it?

horario, -a *adj.* hourly; *n. m.* hour hand

horca gallows
horizonte *m.* horizon
hormigueo tingling
horrendo, -a horrible, awful
hospedaje *m.* lodging
hospedarse to take lodging
hospitalidad *f.* hospitality
hostia wafer, biscuit, Eucharistic bread wafer
hoy today; **hoy en día** these days
huarache *m.* Mexican sandal (*sometimes used sarcastically to refer to native food of Mexico*)
"huayno" native tune
hueco hole, hollow
huella trace, mark, footprint, track, imprint
huérfano orphan
huerta orchard, garden
huerto fruit or vegetable garden, orchard
hueso bone
huésped *m.* guest, lodger
huevo egg; **huevo crudo** raw egg
huir to flee
hule *m.* rubber
humanidad *f.* humanity
humeante steaming, smoking
humedad *f.* humidity, dampness
húmedo, -a humid, damp
humilde humble
humillante humiliating
humo smoke
hundir(se) to sink
hurtadillas: a hurtadillas stealthily

ibérico, -a Iberian
ida departure; **ida y vuelta** round trip
identidad *f.* identity
identificar to identify; **identificarse** to identify oneself
idioma *m.* language
idolatrar to idolize
ídolo idol, image, false deity
iglesia church
ignominioso, -a ignominious, disgraceful
ignorar to be ignorant of, not to know
ignoro, -a ignorant, unlearned
igual equal, same
iletrado, -a *adj.* illiterate, uncultured; *n.* an illiterate, an ignorant person
iluminar to illuminate, light up
ilustrado, -a enlightened, learned
ilustre illustrious, distinguished
imagen *f.* image

imaginar(se) to imagine
imán *m.* magnet, charm, attraction
impar *adj.* unmatched, odd, uneven; *n. m.* odd or uneven number
impedimento impediment, obstacle
impedir (i) to prevent
impensado, -a unforeseen
imperfecto, -a *adj.* imperfect; *n. m.* imperfect (tense)
imperio empire
imperioso, -a urgent, imperative, domineering
impermeable *m.* raincoat
implantar to implant, introduce, establish
implicar to imply
imponente imposing, grandiose
imponer to impose
importar to matter, be important, concern; to import
impotente impotent, powerless
imprenta printing plant, printing (art of printing books, etc.)
imprescindible essential, indispensable, imperative
impresionante impressive
impresionar to impress
impreso (*p. p. of* **imprimir**) printed
imprimir to print
improvisar to improvise, devise
impuesto, -a imposed
impulsar to impel, force, drive
impunemente with impunity
inacariciable uncaressable
inacentuado, -a unaccented
inadecuado, -a inadequate
inalcanzable unreachable, unattainable
inamovible unremovable, undetachable, immovable
inapetente having no appetite
inaplazable unpostponable, undeferable
inapropiado, -a inappropriate
inaudito, -a extraordinary
incapaz incapable
incendio fire
incesante unceasing, continual
incitación *f.* incitement
inclinar to incline, bow
incluir to include
incluso *adv.* even, including
incompatibilidad *f.* incompatibility
inconfundible unmistakable
incrédulo, -a incredulous
increíble incredible
incubadora incubator
indagación *f.* investigation, inquiry, examination

indeciso, -a hesitant
indecoroso, -a immodest, improper
indefinido, -a indefinite
indeleble indelible, unerasable
indeterminado, -a indefinite
indicar to indicate
índice *adj.* index; *n. m.* index, indication; **dedo índice** index finger
indígena *n. m. or f.* native; *adj.* indigenous, native
indigenista dealing with or writing about natives
indignado, -a indignant, outraged
indigno, -a unworthy
indio Indian
indumentaria garment
inédito, -a unpublished
inepto, -a inept, incompetent
inercia inertia, inertness
inesperado, -a unexpected, unforeseen
inexplicable unexplainable
inexpugnable impregnable
infamar to defame
infanta royal princess
infante *m.* infantryman; any son of a king of Spain except the oldest
infelicidad *f.* unhappiness
infeliz unhappy
infiel *adj.* unfaithful; *n. m. or f.* infidel
infierno hell
infinitamente forever, infinitely
inflamado, -a inflamed
influir to influence
infortunado, -a unlucky, unfortunate
infundir to instill, inspire with
infuso, -a (*p. p. of* **infundir**)
ingeniarse to devise, think up
ingeniería engineering
ingeniero engineer
Inglaterra England
inglés, -a *adj.* English; *n.* English person, English language
ingrato, -a ungrateful
ingravidez *f.* lightness
ingreso income, entrance
iniciar to initiate, begin
inigualable not able to be equaled
iniquidad *f.* iniquity, wickedness
injuria offense, injury, wrong
inmaculado, -a immaculate
inmensidad *f.* immensity
inmortalizar to immortalize; **inmortalizarse** to become immortal
inmóvil immobile
innegable undeniable
innúmero, -a innumerable

inolvidable unforgettable
inoportuno, -a inopportune, untimely
inquietar to disturb, perturb, worry, trouble
inquietud *f.* uneasiness, restlessness
inquirir (ie) to inquire
inscrito, -a inscribed
inseguridad *f.* insecurity
inseguro, -a unsure
inserto, -a inserted
insigne famous, distinguished
insipidez *f.* insipidity, insipidness
insistir (en) to insist (on)
insólito, -a unusual, strange, uncommon
insomnio insomnia, sleeplessness
insondable unfathomable
insospechado, -a unsuspected
instalar to install, establish
instante *m.* instant, moment
instaurar to establish
instintivo, -a instinctive
instruir to instruct
integrado, -a integrated
íntegramente entirely, completely
integridad *f.* integrity
íntegro, -a integral
intensidad *f.* intensity
intentar to attempt, try, endeavor
interés *m.* interest
interesante interesting
interesar to interest
interglaciar interglacial
interlingua an artificially constructed language designed to be universal
internar to penetrate, go into
interpelante *adj.* questioning; *n. m. or f.* questioner
interpolado, -a interpolated
interponerse to interpose, put or bring between
interpretado, -a interpreted
intérprete *m. and f.* interpreter, translator
interpuesto, -a interposed, intervening
interrogación *f.* interrogation, question
interrogar to question, interrogate
interrumpir to interrupt
intervenir to intervene
intimidad *f.* intimacy
íntimo, -a intimate
intranquilo, -a restless
intrépido, -a bold, daring
intrínseco intrinsic
intuir to guess or perceive intuitively, sense

inundación *f.* flood
inundado, -a inundated, flooded
inútil useless
inventar to invent, discover
invento invention, discovery
invernal wintry
investigador, -ra *adj.* investigating; *n.* investigator, researcher
invocar to invoke
ir (a) to go; **irse** to go away
ira anger, wrath
irremisiblemente irremissibly
irresponsabilidad *f.* irresponsibility
irreverencia *f.* irreverence, disrespect
isla island
Islandia Iceland
Islas Baleáricas Balearic Islands, off the eastern coast of Spain in the Mediterranean
itinerario, -a *adj.* itinerary; *n. m.* itinerary, time table, route
izquierdo, -a *adj.* left, left-handed; *n.* left-handed person; **a la izquierda** to the left, on the left

jabalí *m.* boar, wild pig
jamás never
jamón *m.* ham
jarana dance, spree, party, binge
jardín *m.* garden
jardinero gardener
jazmín *m.* jasmine
jefa female leader or chief
jefatura leadership
jefe *m.* leader, chief
jerez *m.* sherry (wine)
jersey *m.* sweater, jersey
jinete *m.* horseman, rider
jocosidad *f.* joviality
jornada journey
jota the letter "j"; name of a Spanish dance
Jove *m.* Jove, Jupiter
joven *n. m. and f.* youth; *adj.* young
jovialidad *f.* joviality, merriment, gaiety
joya jewel
joyero jeweller
jubilación *f.* retirement
jubilado, -a retired
júbilo jubilation, joy
judío, -a *adj.* Jewish: *n. m.* Jew: *n. f.* Jewess
juego *m.* game; set (of dishes, furniture, etc.)
juez *m.* judge
jugador *m.* player
jugar (ue) to play (a game)

jugo juice
juguete *m.* toy
juguetear to play, romp, frisk, gambol, frolic
juicio judgment, mind
juliana soup made with finely chopped vegetables; **a la juliana** finely chopped
junco rush, bulrush
Juno *f.* Roman goddess of marriage
junta meeting
juntar(se) to join
junto adjoining; **juntos** together
jura oath, oath of allegiance, act of swearing or administering an oath of allegiance
jurar to swear
justificar to justify
justificativo, -a justifying
juvenil juvenile, youthful
juventud *f.* youth
juzgar to judge

kantismo Kantism (pertaining to Kant)
kilo kilo (metric weight) 2.2 pounds
kilovatio kilowatt
kiosko newsstand
krausismo Krausism (German)

labio lip
labrado, -a wrought
labrador *m.* laborer, farm-hand
labriego farm-hand
laca lacquer
lacandón *m.* member of an Indian tribe of Mexico
lado side; **por todos lados** on every side, on all sides
ladrador, -ra *adj.* barking; *n.* barker
ladrillo brick
ladrón *m.* robber
lago lake
lágrima tear(drop)
lamentar to lament, regret
lamer to lick
lámina thin sheet
laminado, -a rolled, laminated
lámpara lamp; **lámpara de rayos** sun lamp
lana wool
langosta lobster
lanza lance
lanzamiento launching
lanzar to fling, throw
lápiz *m.* pencil
largamente *adv.* at length, for a long time

largo, -a *adj.* long; **largo rato** a long time

larguillo, -a long

lascivo, -a lascivious, lustful

lasquear to sliver

lástima shame, pity; **¡Qué lástima!** what a shame (pity)!

lastimar to injure; **lastimarse** to get hurt

lastimero sad

lastrar to ballast, weight down

lata can; **una lata** a nuisance

latente latent, hidden, concealed

latir to throb, beat

latón *m.* brass

lavaplatos *m. s.* dishwasher; **lavaplatos automático** automatic dishwasher

lavar to wash

lazo loop, lasso, lariat

leal loyal

lector, -ra *n. m. or f.* reader

leche *f.* milk

lechero milkman

lechuga lettuce

leer to read

legítimo, -a legitimate

legumbre *f.* vegetable

lejanía distance, remoteness

lejano, -a distant, far away

lejos *adv.* far, far away

lengua language, tongue

lenguaje *m.* language

lentejuela spangle

lentitud *f.* slowness

lento, -a slow

leña wood (for a fire)

leñador *m.* woodcutter

león *m.* lion

leona lioness

letra letter (of the alphabet)

letrada lawyer's wife

letrero sign

levantarse to get up

levantino, -a *adj.* Levantine; *n. m., f.* inhabitant of the Levant, inhabitant of the Mediterranean coast of Spain

leve light, trivial, unimportant, slight

ley *f.* law

leyenda legend

liberar to free

libertad *f.* liberty

libertador, -ra *adj.* liberating; *n.* liberator

libertar to free

libra pound

librar to free, liberate; **librarse** to free oneself

libre free

librería bookstore

Lic. = **licenciado, -a** *adj.* licensed; *n.* lawyer

lícito, -a licit, lawful, just

lidia fight, contest, battle, bullfight

lidiar to fight, struggle, fight a bull

liebre *f.* jack rabbit, hare

lienzo canvas, linen, painting

liga league, alliance

ligar to tie, bind, link, join

ligereza lightness

ligero, -a light, swift

Lillo, Baldomero (1867-1923) Chilean author

limón *m.* lemon

limonada lemonade

limosna alms

limpiador, -ra *n. m. or f.* cleaner

limpiar to clean

limpio, -a clean

linaje *m.* lineage, ancestry

linde *m. or f.* boundary, limit; landmark, road sign

lindo, -a pretty; **de lo lindo** very much

línea line

linterna lantern, lamp (electric), torch, flashlight

liquidar to liquidate

lira lyre (musical instrument); lire (Italian monetary unit)

lírica lyric poetry

Lisboa Lisbon

liso, -a smooth, even

listo, -a: **estar listo** to be ready; **ser listo** to be clever or alert

liviano, -a light (weight)

lo que *neuter rel. pron.* what, that which

lobo wolf

local *adj.* local; *n. m.* place, site, locale

localizar to locate, find

loco, -a *adj.* crazy; *n.* crazy person

locura madness, insanity, folly, absurdity

locutor, -a *n. m. and f.* announcer (radio, television, etc.)

lodo mud

lograr to achieve, get, acquire

logro achievement, gain

loma hill

lombriz *f.* earthworm

lomo back, hill, ridge

loro parrot

loza porcelain, crockery, earthenware, chinaware

lucentino, -a *adj.* pertaining to Lucena; *n.* person from Lucena

lúcido, -a lucid, clear

lucir to display, show, exhibit, illuminate, shine

lucha fight

luchar to fight, struggle

luego *adv.* then

lugar *m.* place; **tener lugar** to take place; **en lugar de** instead of, in place of

lúgubre gloomy

lujo luxury

lujoso, -a luxurious, costly

lujuria lust

lumbre *f.* fire

luminoso, -a luminous, bright

luna moon

lunar *adj.* lunar, of the moon; *n. m.* mole (spot on human skin)

luto mourning, grief

luz *f.* light

llaga wound, sore, ulcer

llama llama (animal)

llamada call

llamado *m.* call, appeal

llamar (a) to call; **llamarse** to be named, be called

llano, -a level, flat, simple, plain, straightforward

llanta tire; **llanta de banda blanca** white sidewall tire

llanto weeping

llanura plain, prairie

llar *m.* range, hearth; *f. pl.* **llares** pothangers, pothooks (in a fire place)

llave *f.* key

llegada arrival

llegar to arrive; **llegar a ser** to become

llenar to fill

lleno, -a full

llevar to take, carry

llorar to weep

llover (ue) to rain

lloviznar to drizzle

lluvia rain

lluvioso, -a rainy, wet

maciso, -a strong, solid

madera wood

madrileño inhabitant of Madrid

madrugada dawn

madrugador, -ra *adj.* early rising; *n.* early riser

madurarse to become mature, ripen

maduro, -a ripe, mature

maestro, -a *adj.* master, main, principal; *n.* teacher, expert
magdeleniense (magdaleniense) Magdalenian
magistrado magistrate, judge
magnanimidad *f.* magnanimity, generosity
magnífico, -a *adj.* magnificent, great, grand
magno, -a great, outstanding
mahonés, -a *adj.* of or from Mahon, in the Balearic Islands off the coast of Spain; *n. m. or f.* native or inhabitant of Mahon; *n. f.* mayonnaise (sauce)
maíz *m.* corn
majestad *f.* majesty
majestuoso, -a majestic
mal *adv.* badly, wrong; *n. m.* harm
malconstruido, -a badly constructed
maldad *f.* wickedness
maldecir to curse
maldito, -a wicked
malestar *m.* malaise, uneasiness
maleta suitcase
maleza undergrowth, bramble
malgastar to waste
malignamente maliciously
malo, -a bad; **ser malo** to be bad; **estar malo** to be ill
malquerer to dislike, hate
maltratar to abuse, spoil
mambí, mambisa Cuban patriot or rebel during the Spanish domination of Cuba
mampulorio religious ceremony and dance
manada herd, flock, drove, pack
manchar to stain
mandado errand
mandamiento commandment
mandar to send; to order, command
mandatario leader; **primer mandatario** head of the government
mandato order, command
manejar to drive a car; to manage
manera manner, way; **de esa manera** in that way; **de manera que** so that
manga sleeve; a chute leading to a corral; **manga de agua** downpour, cloudburst
mango mango (fruit, tree); handle
manguera garden hose
manía mania, craze, whim, fad, habit
manicomio insane asylum, madhouse
manifestar (ie) to express, say, declare; to manifest

manifiesto, -a manifest, evident, obvious
maniobra maneuver, stratagem
manipular to manipulate
manjar *m.* food
mano *f.* hand
manso, -a tame
manta blanket
manteca lard
mantener to maintain
mantequilla butter
manto mantle, cloak
manzana apple
manzanilla camomile tea; manzanilla (pale dry sherry)
manzano apple tree
mañana *adv.* tomorrow; **mañana** *n.* morning; **muy de mañana** very early in the morning; **pasado mañana** day after tomorrow
mañanero, -a morning, early-rising
mapa *m.* map
maquillaje *m.* make up, cosmetics
máquina machine; **máquina de coser** sewing machine; **máquina de escribir** typewriter
maquinal mechanical, pertaining to a machine
mar *m.* sea
marañón *m.* cashew
maravilla marvel, wonder
maravilloso, -a marvelous
marca make, brand (of a manufactured item)
marcar to mark; to dial (telephone); **marcar el pelo** to set the hair
marcha march; **en marcha** on the march
marchito, -a withered
marearse to be seasick or nauseated
marfil *m.* ivory
marido husband
marinero sailor
mariposa butterfly
marmitón *m.* kitchen boy, scullion
mármol *m.* marble
marqués *m.* marquis
marquesa marchioness
marrón maroon, brown
Marte Mars, Roman god of war
martillo hammer
mártir *m. or f.* martyr
martirio martyrdom
mas but
más more; (with numbers) plus; **más bien** rather
masa dough, mass
mascar to chew
máscara mask
masificado, -a made into a mass

masticar to chew
mata plant
matador, -ra *adj.* killing; *n.* killer; matador (bullfighter)
matar to kill
matemáticas *pl.* mathematics
matemático *adj.* mathematical; *n. m.* mathematician
materia matter, material, substance
material *n. m.* material, ingredient; *adj.* material, substantial
matrícula enrollment, registration (in a school)
matricular(se) to register, matriculate
matrimonio marriage, matrimony, married couple
mausoleo mausoleum
máxime chiefly, particularly, principally
máximo maximum
mayab *m.* Yucatán
mayance Mayan
mayonesa mayonnaise
mayor bigger, greater, biggest, greatest, older, oldest
mayoría majority
mayúsculo, -a *adj.* large, big, important; *n. f.* capital letter (of the alphabet)
mazorca ear of corn
mecer to rock
media stocking
mediano, -a medium, average
medianoche *f.* midnight
mediante *adv.* by means of; *adj.* intervening
médico doctor
medida measurement; **estar a la medida** to be on the measurement, mark; **a medida que** at the same time as
mediecito sock
medio means; middle; environment; **por medio de** by means of; **medio, -a** *adj.* half
mediodía *m.* noon
medir (i) to measure
meditar to meditate
médula espinal spinal cord
mejilla cheek
mejor better; best; **mejor dicho** rather
mejoramiento betterment
mejorar to better
memorioso, -a having a good memory
mendigo beggar
menester *m.* necessity, need; **ser menester** to be necessary

menor smaller, lesser, younger, smallest, least, youngest

menos *adj.* fewer; *adv.* less, least; (with numbers) minus; **por lo menos** at least

menoscabo deterioration, diminution; loss; **en menoscabo de** to the detriment of

mensaje *m.* message

mensajero messenger

mensual monthly

mentalidad *f.* mentality

mente *f.* mind

mentir (ie) to lie (tell a lie)

menudo minute, small; **a menudo** often, frequently

mercado market; **supermercado** supermarket

mercancía merchandise, goods, wares

mercante *m.* dealer, trader, merchant

mercantil mercantile, commercial

merced *f.* grace, favor

merecer to deserve

merienda snack

meritorio, -a meritorious, worthy, deserving

merluza hake (fish)

mero, -a mere, pure, simple

mes *m.* month

mesa table; **mesa de coctel** cocktail table

mesón *m.* inn

mestizo person of mixed blood (European and Indian)

meta goal

meter to put, thrust, place; **meterse** to put oneself

metódico, -a methodical

método method

metro meter

metrópoli metropolis, capital, mother country

mezcla mixture

mezclar to mix

mezcolanza mixture

miedo fear; **tener miedo** to be afraid; **de miedo que** for fear that, lest

miel *f.* honey

miembro member

mientras while; **mientras tanto** meanwhile

mies *f.* wheat, crop, harvest time

miguelete *m.* member of the Basque mountain militia; a mountain fusilier in Catalonia

milagro miracle

milagroso, -a miraculous

milenio millennium (a thousand years)

militar *adj.* military; *n. m.* soldier, military man

milla mile

millar *m.* thousand

mimado, -a spoiled, pampered

Minerva Roman goddess of knowledge

minifalda miniskirt

ministro minister; **ministro de hacienda** secretary of the treasury

minucioso, -a meticulous, thorough, detailed

minúsculo, -a *adj.* very small, minute; *n. f.* small letter (not capital)

minuta menu, bill of fare

minutero minute hand (of a watch or clock)

mirada look, glance

miraje *m.* mirage

mirar to look, look at

misa mass

misericordia mercy, compassion

mísero, -a unfortunate, wretched, miserly, stingy

mismo, -a *adj.* same; **lo mismo** the same (thing); **mismo** *adv.* right; **ahora mismo** right now; **a sí mismo** at (to) oneself

mistificado, -a defrauded, tricked, deceived

mitológico, -a mythological

mitad *f.* half

mitin *m.* meeting

mocetón strong lad

mocho, -a blunt, flat, without a point, cropped, shorn

moda fashion; **de (la) moda** fashionable

moderado, -a conservative

moderar to restrain, control, regulate, moderate

modernidad *f.* modernness, modernity

modesto, -a modest, unassuming

modificante modifying

modificar to modify

modificativo, -a modifying

modismo idiom

modista *m. or f.* dressmaker

modo way, manner; mood (grammatical); **de este modo** in this way; **de modo** so that

mojar to moisten; **mojarse** to get wet

molcajete *m.* mortar (in which food items are ground in Mexico)

moldeable moldable, pliable

moldear to mold

mole *adj.* soft; *n. f.* mass, lump; *n. m.* sauce (Mex.)

moler (ue) to grind

molestar to molest, bother (someone)

molestia annoyance

molesto, -a troubled, bothered

molido grind

molusco mollusk

molleja gizzard

momentáneo, -a momentary, temporary

momia mummy

monarca *m.* monarch

monarquía monarchy

monárquico, -a monarchical, monarchic

monja nun

monje monk

mono, -a *adj.* nice, cute; *n. m.* monkey

monstruo monster

montacarga *m.* freight lift, elevator

montaña mountain

montañoso, -a mountainous

montar to mount; **montarse** to set up, mount; **montarse en el taxi** to get into the taxi

monte *m.* mountain, mount, hill, woodland; game of cards, stack of cards

montero hunter

montés, -sa mountain

montón *m.* pile, stack

morador *m.* dweller

moral *adj.* moral; *n. f.* morals, ethics, morality, morale

moraleja moral lesson or observation

morar to dwell, live

morder (ue) to bite

moreno, -a dark, brunette

morería women of Moorish realm

morir(se) (ue) to die

moro, -a *adj.* Moorish; *n.* Moor

mortal mortal, subject to death

mosca fly

mostrador *m.* counter

mostrar (ue) to show

mover (ue) to move

móvil mobile

movimiento movement

mozo, -a *adj.* young; *n.* youth

mozzeta (short cape worn by the pope, cardinals, bishops, etc.)

muceta hood (worn by certain academics)

muchedumbre *f.* multitude, crowd

mucho, -a *adj.* much, very much, a lot of; *pl.* many; *adv.* very much

mudarse to move
mudo, -a dumb, silent, mute
mueblería furniture store
muebles m. pl. furniture
mueca grimace
muelle n. m. pier, wharf, dock; adj. soft, tender
muerte f. death
muerto (p. p. of morir) dead
muestra sample, proof
mugir to bellow
mujer woman, wife
mujeril womanly
muleta, muletilla crutch
multifacético, -a many-sided
multiplicar to multiply
muñeca doll, wrist
muñeco de paja strawman
mural: pintura mural painting on a wall, mural
muralla wall
murmullo murmur
murria sadness, dejection, the blues
museo museum
músico musician
musulmán, -na Moslem
mutuo, -a mutual
muy very

nacarado, -a made of (or with) mother-of-pearl
nacatamal m. pork tamale
nacer to be born
naciente nascent, growing
nacimiento birth
nacionalidad f. nationality
nada nothing, not anything; not at all, not a bit; nada fácil not at all easy, not a bit easy
nadar to swim
nadie no one, nobody
náhuatl adj. Nahuatl; n. m. Nahuatl language
naipe m. playing card
nana grandmother, granny, nurse
nao f. ship (archaic)
naranja orange
naranjo orange tree
nariz f. nose
natación f. swimming
natalicio, -a adj. natal; n. m. birthday
natural adj. natural; native (of a country or region); n. native
naturaleza nature
navaja pocket-knife, razor
navegante adj. navigating; n. m. or f. navigator

navegar to navigate
Navidad f. Christmas
neblado, -a foggy
neblina fog
necesidad f. necessity
necesitar to need
necio, -a foolish, stupid
néctar m. nectar, any delicious drink
negación f. negation, denial
negar (ie) to deny
negociante m. merchant
negociar to negotiate
negocio business
negro, -a black
nenepile m. a precocious child
neopitagórico, -a neopythagorean
neopreno neoprene, synthetic rubber
nerviosidad f. nervousness
netamente genuinely, purely
neutro, -a neuter, neutral
nevado, -a adj. snow-covered, snowy; n. f. nevada snowfall
nevar (ie) to snow
ni neither; ni. . .ni neither. . .nor
nicho niche
nido nest
niebla mist
nieto grandson; pl. grandsons, grandchildren
nieve f. snow
ninguno, -a adj. no, not any, not one; pron. none, not any
niño, -a n. child
niquelado, -a nickel-plated
nítido, -a clear, bright, sharp
nivel m. level
nixtamal m. corn especially processed for making tortillas
noble adj. noble, n. nobleman
nobleza nobility
noche f. night
nogada nut and spice sauce
nómada adj. nomadic; n. nomad
nomás only
nombrar to name, nominate
nombre m. name, noun
nopal m. cactus (prickly pear)
norma norm, standard, rule, regulation
norte m. north
nota note, grade
notar to notice
noticia notice; noticias news
notificar to notify
novedad f. novelty
noventavo ninetieth (fraction)
novillada fight with young bulls, drove of young cattle

novio, -a n. sweetheart
nube f. cloud
nublado, -a clouded
nudo knot
nuera daughter-in-law
nuevamente again, newly, recently
nuevas pl. news
nuevo, -a new; de nuevo again
numérico, -a numerical
número number
nunca never
nutriólogo nutritionist

oaxaqueño, -a inhabitant of Oaxaca
obedecer to obey
obispado bishopric
obispo bishop
objetivo objective
objeto object
obligado supplier
obligar to oblige, compel
obra work; obra maestra masterpiece
obrador, -ra adj. working; n. worker
obrar to work, build
obrero worker
obscuridad f. obscurity
obsequiar to give, donate
obstante: no obstante nevertheless; no obstante que not withstanding that
obtener to obtain
occidental western
ocio idleness, leisure, spare time
ociosamente idly
ocluir to occlude, obstruct
ocre m. ocher
ocultar(se) to hide
oculto, -a hidden, secret
ocurrido: lo ocurrido that which (what) happened
ocurrir to occur
ochentavo eightieth (fraction)
odiar to hate
odiatacos taco hater(s)
oeste m. west; al oeste to (in) the west
oferta offer
oficiante adj. officiating; n. m. officiating priest
oficiar to communicate officially or in writing; to officiate
oficina office
oficinesco, -a pertaining to an office
oficio occupation, job, work, craft, trade
ofrecer to offer; ¿Se le ofrece otra cosa? Do you need anything else?

ofrenda offering
ofuscar to dazzle, blind
oído ear (inner ear), hearing
oidor, -ra *adj.* hearing, listening; *n.*
   m. or f. hearer; *n. m.* judge
oír to hear
¡ojalá! I hope so; ojalá que I hope
   that, I wish that
ojera circle around the eye
ojo eye
ola wave
oler to smell; oler a to smell of
olimpíada Olympiad, Olympic
   games
Olimpo Olympus; Monte Olimpo
   Mount Olympus
olor *m.* odor, smell
oloroso, -a odorous, fragrant
olvidar(se) to forget
olla pot, kettle
onda wave
ondear to ripple
onzavo eleventh (fraction)
opacar to cloud, darken
opinar to express an opinion, to
   hold or have an opinion
oponer(se) (a) to oppose
oportunidad *f.* opportunity
oportuno, -a timely, opportune
oprimir to oppress
opuesto (*p. p. of* oponer) opposite
oración *f.* sentence, oration
orar to pray
orbe *m.* orb, globe, world
orbis Christendom, the Christian
   world
orden *f.* order (religious), command; *m.* arrangement (order)
ordenar to order
oreja ear
orgullo pride
orgulloso, -a proud
oriental *adj.* oriental, eastern; *n.*
   oriental
origen *m.* origin
originado, -a originated
originario, -a originating, descendant, native
orilla shore
ornado, -a ornamented
oro gold; diamond (card suit)
osadía boldness
osado, -a daring
oscilar to oscillate
oscurecido, -a obscure, clouded,
   darkened, tarnished
oscuro, -a dark
oso bear
otorgar to grant
otro, -a other, another

oveja female sheep
ovidiano, -a Ovidian
oxidadora oxidizer

pactar to contract
padecer to suffer, tolerate, put up
   with
padre father; *pl.* fathers, parents
pagano, -a *adj. or n.* pagan, heathen
pagar to pay
página page
país *m.* country
paisaje *m.* landscape
paja straw
pájaro *m.* bird
pala shovel
palabra word
palabrería chatter, talk, empty talk,
   wordiness
palaciego, -a of or pertaining to a
   palace or court, palatial, splendid
paladar *m.* palate, taste
paladear to savor, relish, taste
palentino, -a *adj. or n.* (person)
   from Palencia, Spain
palidecer to turn pale
pálido, -a pale
palillo toothpick
platillo dish
Palma, Ricardo (1833-1910) Peru-
   vian author
palma palm, palm tree
palmar *adj.* pertaining to palms; *n.*
   m. palm grove
palmera palm tree
palo stick
paloma dove
palomitas popcorn
palpar to feel, touch
pan *m.* bread; loaf of bread
panadería bakery
panadero baker
pantalón *m.* trouser; *pl.* trousers,
   pants
pantorrilla calf (of the leg)
paño cloth
pañuelo handkerchief
papa potato
Papa Pope
Papado papacy
papaloquelite *m.* vegetable taco
papel *m.* paper; role (in a play or
   situation)
paquete *m.* package
par *m.* pair
para for, to, in order to; para con
   towards; para que so that
parabrisas *m.* windshield
paracaídas *m.* parachute

parada stop, halt
paradisíaco, -a paradisiacal
parado, -a stopped, erect, standing
paradójico, -a paradoxical
paraguas *m. s. and pl.* umbrella
paraíso paradise
paraje *m.* place, spot
páramo moor, heath, high barren
   plateau
parar(se) to stop (oneself)
pardo, -a dark, brown
parecer to seem; *n. m.* opinion,
   view; parecerse (a) to resemble
parecido, -a similar
pared *f.* wall
pareja couple
parejo, -a equal, even, similar
pariente *m.* relative
parir to give birth
parisiense *adj. or n.* Parisian
parlanchín, -a talkative (person)
parque *m.* park; parque zoológico
   zoo
párrafo paragraph
parrilla grill
participar to participate
participio participle
particular *adj.* particular, special,
   extraordinary; *n. m.* individual,
   subject, item, matter
partidario partisan, supporter
partido game, match; party (political)
partir to leave
parvo, -a small, little
pasado, -a last, passed
pasajero passenger
pasar to happen, pass; ¿qué pasa?
   what is the matter?
pase *m.* pass
pasearse to stroll
paso pace
pastar to graze
pastel *m.* pie, pastry; pastel (color)
pastilla lozenge, tablet
pasto fodder, pasture
pastor shepherd
pata paw
patata potato
patente *adj.* patent, clear, evident,
   manifest, obvious; *n. f.* patent,
   letters patent
paternidad *f.* paternity
patilla sideburn
patinaje *m.* skating
patinar to skate
pato duck
patria fatherland
patrón patron, boss; patrona patroness

patronal pertaining to a patron saint; pertaining to employers

paulatino, -a slow, gradual

pauta guide, rule

pavo turkey; **pavo del monte** wild turkey

pavor *m.* fear

pavoroso, -a fearful, dreadful, awful

paz *f.* peace

pecado sin

peculiaridad *f.* peculiarity

pecho breast, chest, bosom

pechuga breast

pedante *adj.* pedantic; *n. m.* pedant, school master

pedantería pedantry, flaunted erudition

pedazo piece

pedernal *m.* flint, hardness

pedido request, petition, order

pedir (i) to ask for, request

pegadito close

pegar to hit; to stick, paste

peinado hair-do, hair style

peinadora hairdresser

peinar(se) to comb

peine *m.* comb

pelear to fight

película film, movie

peligro danger

peligroso, -a dangerous

pelo hair

pelota ball

pelotero ball player

peluche *m.* plush textile

peluquera beautician

pena trouble, sorrow

penado, -a painful, sorrowful

pendiente *m.* earring; *f.* slope

peneque *adj.* drunk; *n. m.* cheese taco

penetrar to penetrate, enter

pensamiento thought

pensar (ie) to think, plan

pensativo, -a pensive

peña rock

peñasco crag, large rock

peñon *m.* large rock, boulder

peón *m.* laborer, worker; foot soldier; pedestrian

peor worse, worst

pequeño, -a small

percibir to perceive

perder (ie) to lose; **perder cuidado** to not worry

pérdida loss, waste

perdiz *f.* partridge

perdonar to pardon

perdurable lasting, long-lasting, everlasting

perdurar to last, last a long time

peregrinación *f.* pilgrimage

peregrino pilgrim

perejil *m.* parsley

perenne perennial, perpetual

perentorio, -a peremptory, decisive, urgent, pressing

pereza laziness

perezoso, -a lazy

perfeccionar to perfect

perfilar to outline

perforar to perforate

perigordiense Perigordian

periódico newspaper

periodista *m. or f.* journalist

peripecia sudden change of fortune

perjudicial harmful, prejudicial

perla pearl

permanecer to remain

permanencia stay, sojourn; permanence, permanency

permiso permission

pero but

perplejo, -a perplexed

perro dog

perruno, -a of or pertaining to dogs, canine

perseguir (i) to pursue

Pérsico, -a Persian

persistir (en) to persist

personaje *m.* personage, character (theater, literature)

personal *adj.* personal; *n. m.* personnel, staff

personalidad *f.* personality

personificar to personify

pertenecer to pertain, belong

perteneciente pertaining

perturbación *f.* agitation, perturbation, disturbance

perturbado, -a disturbed

perviviente animated, living

pervivir to live

pesado, -a heavy

pesar to weigh; **a pesar de** in spite of

pesca fishing

pescado fish (after being caught)

pescador, -ra *adj.* fishing; *n.* fisherman, fisherwoman

pescar to fish, catch

pescuezo neck

peseta monetary unit of Spain

pez *m.* fish (before being caught)

pezuña hoof

pica pike, lance (of the picador in bullfighting)

picadito chop

picado finamente minced

picador *m.* one who sticks the bull with a lance in bullfighting

picante highly seasoned, very hot, biting, stinging

picar to pick, harass; **picarse** to be offended; **picarse el mar** for the sea to become choppy

pícaro rascal

pico peak

picoteo pecking

pictórico, -a pictorial

pie *m.* foot; **pie de la letra** to the letter

piedra rock, stone

piel *f.* skin

pierna leg

pieza piece (of game, music, jewelry, furniture, art)

pila baptismal font; **nombre de pila** first name

píldora pill

pimiento pepper

pino pine, pine tree

pinta spot, mark

pintar paint

pintor, -ra painter

pintoresco, -a picturesque

pintura painting, paint

pirata *adj.* piratical; *n. m.* pirate, cruel person

piratería piracy

pisar to tread, step

piscina swimming pool (small or private pool)

pisco grape brandy

piso floor; story of a building, apartment

pisotear to trample

pista track, trail, road, runway

pitagórico Pythagorean

pitancero distributor of food, dole or alms; steward

pizarra blackboard

placentero, -a pleasant, agreeable

placer, *m.* pleasure

plagiar to plagiarize, copy

plancha iron

planchar to iron

planear to plan

planetario *adj.* planetary; *n.* planetarium

plano, -a flat

planta plant; sole

plantear to outline, set forth, establish

plasticidad *f.* plasticity

plástico, -a *adj.* plastic, soft, pliable; *n. m.* plastic (material); *n. f.* art of modeling in clay or other pliable material

plata silver

plátano banana

plática conversation, chat, talk

platicar to talk, chat

platillo dish

plato plate, dish

platón *m.* platter

playa beach

plaza town square

plazo payment; term; **a plazos** on time payment

plegar (ie) to fold

pleito dispute

pleno, -a full

plomo lead

pluma pen, feather

pluscuamperfecto pluperfect

población *f.* population, town

poblado *adj.* inhabited; *n. m.* settlement, town, village, inhabited place

poblador, -ra *adj.* founding, setting, establishing; *n.* inhabitant, settler, founder

poblano from the city of Puebla, Mexico

poblar to populate, colonize

pobre *adj.* poor; *n.* poor person

poco, -a *adj. and pron.* little; *pl.* few; *adv.* little; *n. m.* a little, small amount; **por poco** almost; **a poco** presently; **poco a poco** little by little

poder (ue) to be able; *n. m.* power; **a todo poder** with all one's might

poderoso, -a powerful

podre *f.* putrid matter, pus

podrido, -a (pudrido, -a) rotten

poetisa woman poet

poetizado, -a poeticized, made poetic

poetizar to write poetry, make poetic

policía *m.* policeman; *f.* police force

policromado, -a many-colored

política politics

político, -a *adj.* political; *n.* politician

polizonte *m.* policeman

Polonia Poland

polucionado, -a polluted

polvareda cloud of dust

polvo dust

pólvora gunpowder

pollo chicken, poultry

pómez (pomez) *f.* pumice stone

pómulo cheekbone

poncho poncho, cape, cloak

ponderación *f.* deliberation

poner to put; **ponerse** to put on; to become; **ponerse en marcha** to start marching, start out; **ponerse**

el sol the sun sets; **ponerse a** to start to, begin to

popa stern, poop

popularizar to popularize, make popular; **popularizarse** to become popular

poquito a little bit (amount); **un poquito de dinero** a little money

por for, by, along, through, because of; (with numbers) multiplied by; **por eso** therefore

¿por qué? why?

porcelana porcelain

porfía persistence, stubbornness, challenge, dispute

porfirista supporter of Porfirio Díaz

porque because

porqué *m.* reason, motive

porquería junk, trifle, rubbish, worthless thing

portacartas *m.* mailbag

portador, -ra *adj.* bearing, carrying; *n.* bearer

portal *m.* porch, vestibule

portarse to act

porte *m.* transport charge, transporting; **a porte pagado** prepaid

portento wonder, marvel

portero porter, doorkeeper

pórtico porch, arcade

porvenir *m.* future

poseer to possess, own

posesivo, -a *adj.* possessive; *n. m.* (grammatical) possessive

posibilidad *f.* possibility

poste *m.* post, pole

posterior *adj.* posterior, back, rear, later, subsequent

postre *m.* dessert

postrero, -a last, hindermost

postulado axiom, basic principle, postulate

potencia power, strength, force

potestad *f.* power, authority

pozo well, hole

practicar to practice

práctico, -a practical

pradera meadow

preaviso prewarning

preceptor, -ra preceptor, teacher

preciar to value

precio price

precipitar to precipitate

precisar to specify

preciso, -a necessary; exact, precise

precortesiano, -a referring to something before the time of Cortés' arrival in Mexico

precoz precocious

predecir to predict

predicado predicate

predicar to preach

predilección *f.* preference

predilecto, -a favorite

prefabricado, -a prefabricated

preferir (ie) to prefer

prefijo prefix

pregón *m.* call, proclamation

pregonar to cry, to proclaim

pregunta question

preguntar to ask

preguntón, -a inquisitive

preliminar *adj.* preliminary; *n. m.* preliminary, preparation

preludio prelude, introduction

premiar to reward

premio prize, reward, award

prenda garment, article of clothing; jewel, token

prender to seize, grasp; **prender fuego** to set fire

prensa press

preocupación *f.* preoccupation, concern, worry, anxiety

preocupado, -a worried, concerned

preocuparse (con, de, por) to worry about

preparar to prepare

preparativo preparation

presa dam; prey, catch

prescindir to do without, dispense with

presencia appearance, presence

presenciar to witness, be present

presentar to present; **presentarse** to present oneself

presente *n. m.* present; *adj.* present, current, actual, instant, face to face; **tener presente** to bear in mind

presentir (ie) to predict, have a presentiment of

presidir to preside, preside over, govern

presión *f.* pressure

presionar to press

preso, -a imprisoned

prestar to lend; **prestarse** to lend itself, oneself; **prestar atención** to pay attention

prestigioso, -a prestigious, famous, renowned

pretender to try to, endeavor, seek

pretendiente *m.* suitor

pretérito preterite, past

prevenir to make ready, foresee, prevent, warn, caution

prever to foresee, anticipate

previo, -a previous

previsto, -a foreseen

primacía primacy, supremacy
primo, -a cousin
primordial fundamental
principal *adj.* principal; *n. m.* chief, head, director, principal
príncipe *m.* prince
principiante, -ta beginner, apprentice
principio beginning
prior curate, prior (ecclesiastical)
prisa haste; **de prisa** in a hurry, with haste; **darse prisa** to hurry; **tener prisa** to be in a hurry
prisión *f.* imprisonment, prison
privado, -a private
probabilidad *f.* probability
probar (ue) to try, test, taste, prove
problema *m.* problem
procedente de proceeding from
procedimiento procedure, process
proclamar to proclaim, declare, acclaim
procurar to try, endeavor, seek
prodigio wonder, marvel
proeza prowess, exploit, feat
profecía prophecy
profesor, -ra professor, teacher
profeta *m.* prophet
profetisa prophetess
profundamente deeply, profoundly
profundidad *f.* depth
profundo, -a profound, deep
programa *m.* program
prohibir to prohibit
prójimo fellow man
proliferar to multiply, proliferate
prolongar to prolong, continue
promedio average
promesa promise
prometer to promise
promover to provoke, encourage, promote
promulgar to promulgate
pronombre *m.* pronoun
pronosticar to foretell
pronto quickly, soon; **tan pronto como** as soon as; **de pronto** suddenly; **por lo pronto** for the present
pronunciar to pronounce; **pronunciar un discurso** to give a speech
propiedad *f.* ownership, proprietorship, property, attribute, quality
propina tip (gratuity)
propio, -a own
proponer to propose; **proponerse** to propose, suggest, present
proporcionar to supply
propósito purpose

proscribir to denounce, banish, outlaw
proseguir (i) to pursue, continue, follow, prosecute, proceed
prosperidad *f.* prosperity
próspero, -a prosperous
protector, -ra *adj.* protective, protecting; *n. m.* protector, defender, patron; *n. f.* protectress, patroness
proteger to protect
provecho benefit, good, advantage
provechoso, -a profitable, beneficial, advantageous
proveer to provide
providencial providential, fortunate
provinciano, -a *adj.* provincial, countrified; *n.* provincial
provisto (*p. p.* of **proveer**) provided, supplied
provocar to provoke
proximidad *f.* proximity
próximo, -a next
proyección *f.* projection
proyectar to project
proyectil *m.* projectile, missile
proyecto project, plan
prueba proof, test
psicópata *m.* or *f.* psychopath
psiquiatra *m.* or *f.* psychiatrist
publicar to publish
publicidad *f.* publicity
puchero stew
pudrir to rot, decay
pueblo town, people
puente *m.* and *f.* bridge
puerco pig
pueril puerile, childish
puerta door, gate
puerto port
puertorriqueño, -a *adj.* or *n.* Puerto Rican
pues well, certainly, indeed
puesto office (position, job); stand, booth; **puesto que** since, due to the fact that; *p. p.* of **poner**
pugna fight, struggle
pulga flea
pulgar *m.* thumb, shoot (on a vine)
pulque *m.* fermented juice of the maguey plant
pulsera bracelet
puna bleak, desolate plateau
punta point, tip, prong, extremity
puntillas: de puntillas on tiptoe
punto point, dot; **punto y coma** semi-colon; **punto de vista** point of view
puñado handful, fistful
puñal *m.* dagger

puñalada stab
pupila pupil
pureza purity, pureness
purificar to purify
puro, -a *adj.* pure; *n. m.* cigar
purpurina bronze or white metal powder to impart a gold or silver finish

que *rel. pron.* that, which, who, whom; *conj.* that
¿qué? what?
quebrada ravine
quechquémetl *m.* wrap similar to a poncho
quedar to remain, be left, be located, fit; **quedarse** to remain, stay, keep
quehacer *m.* chore, task; **quehaceres domésticos** housework, housekeeping chores
quejarse to complain
quemar to burn
querencia favorite spot of the bull in the bull ring, haunt, lair, fondness
querer (ie) to want, wish, love
querido, -a dear
querubín *m.* cherubim
queso cheese
quien who, whom
¿quién? who?
quienquiera whoever, whomever
química chemistry
quiniela a game in which someone bets against the banker
quitador, -ra *adj.* removing; *n.* remover
quitar(se) to take away, take off; **quitar el polvo** to dust
quizás (quizá) perhaps

rabioso, -a furious, angry
rabo tail
ración *f.* ration, allowance
radial radial, pertaining to radio
radical *n. m.* radical; *adj.* radical, original, primitive
radio *m.* radio set; *f.* radio (the communication)
raído, -a frayed, threadbare
raíz *f.* root
rajado, -a sliced, split, cracked
rajatabla: a rajatabla at any cost
rallador *m.* grater
rallar to grate
rama branch
rana frog
rancio, -a rancid

rango rank, class, order
rapacidad *f.* rapacity, seizing what is desired
rapidez *f.* rapidity
raro, -a strange, rare; **rara vez** seldom
rasgo trace
rasguñar to scratch
raso satin
rastro trace, sign
rata rat
rato a while; **largo rato** a long time; **un rato** a short time, a while; **ratito** a little while
rayo ray, beam, flash of lightning, thunderbolt
raza race
razón *f.* reason; **tener razón** to be right
razonamiento reasoning
reaccionar to react
real royal, splendid, magnificent
realidad *f.* reality
realizar to realize, achieve
realmente really
rebajamiento reduction, debasement, humiliation
rebanada slice
rebaño flock
rebelde *n. m.* rebel; *adj.* rebellious
rebeldía rebelliousness, stubbornness
rebozado, -a dipped in batter or egg before cooking; wrapped, muffled
recado message
recalar to sight land
recámara bedroom
recelo fear, distrust, suspicion
receta recipe, prescription
recetar to prescribe
recetario recipe book, prescription book
recibir to receive
recibo receipt
reciente (recién) recent
recipiente *n. m.* receptacle, container, vessel; *adj.* receiving
recobrar to recover
recoger to gather, pick up
recomendable recommendable, advisable
recomendar (ie) to recommend
recompensar to compensate, reward
reconocer recognize
reconocimiento recognition
reconquista reconquest
reconquistar to reconquer
recordar (ue) to remember, remind, recall

recorrer to traverse
recortar to cut, clip
recreacíon *f.* recreation, entertainment, amusement
recrear to recreate
recreo recreation
recto, -a straight
recuerdo memory; **recuerdos** regards, greetings
recuperar to recuperate
recurrir to resort to, appeal to, have recourse to
recurso recourse, resource
rechazar to reject, repulse
red *m.* net
redacción *f.* editorial staff, editing
redactar to edit
redactor, -ra editor, writer, member of an editorial staff
redentor *m.* redeemer
redondo, -a round
reedición *f.* reissue
reemplazar to replace
reencauchado, -a retreaded
referente referring, relating
referir (ie) to refer
refinamiento refinement, refining
refinar to refine, polish, perfect
refleja reflection, meditation
reflejar to reflect
reflejo, -a *adj.* reflected, reflex (physiological); *n. m.* reflection, glare, image
reflexionar to reflect
refrán *m.* proverb, saying
refrescar to refresh
refresco refreshment, snack, soft or cold drink
refrigerio comfort, consolation, refreshment
refugiado, -a refugee
regadera shower, sprinkler
regalar to give
regalo gift
regar (ie) to water, irrigate
regatear to bargain, haggle
regazo lap
régimen *m.* regime; **a régimen** on a diet
regir (i) to rule, govern
registro register, record
regla rule
regocijar to delight, to rejoice
regocijo joy, cheer, rejoicing
regresar to return
regreso return
regular to regulate
rehacer to redo, remake
rehusar to refuse
reina queen

reinado reign
reinar to reign
reino kingdom
reír(se) (i) to laugh; **reírse de** to laugh at
reiterar to reiterate, repeat
reja grating, iron grill
rejuvenecer to rejuvenate
rejuvenecimiento rejuvenation
relación *f.* relation, report
relacionado, -a related
relamerse to lick one's lips or one's chops
relámpago streak of lightning
relampaguear to flash (lighting)
relieve *m.* relief; **poner en relieve** to emphasize, bring out
relincho neigh (of a horse), shout of joy
reloj *m.* watch, clock
relucir to shine, glisten, glitter
relleno, -a stuffed
remansarse to stop, to slow up or to eddy (water)
remediar to remedy
remedio remedy, cure
remembranza remembrance
remo oar
remolacha beet
remite *m.* return address
remontarse to go back (to some date in the past); to rise, soar
remunerador, -ra remunerating
renacer to be born again
rencor *m.* rancor, ill will, animosity, grudge
rendimiento yield, output, production, performance
rendir (i) to pay homage; **rendirse** to surrender
renovable renewable
renovar (ue) to renew
renunciar to renounce
reñir (i) to quarrel
reo *n. m. and f.* criminal
repartir to distribute, apportion, divide
repaso review
repente *m.* sudden movement; **de repente** suddenly
repentinamente suddenly
repercutir to reverberate
repetidamente repeatedly
repetir (i) to repeat
repintado, -a extremely painted
repiqueteo tapping, ringing of bells
replegarse to fall back
replicar to reply, answer
reporte *m.* report, news, information

reposo repose, rest
representante *m. or f.* representative
representar to represent, perform
repudiar to repudiate
repudio repudiation
requerimiento request, requirement
requerir (ie) to require
requisito requirement
res *f.* head of cattle, animal, beast; **carne de res** beef; **lengua de res** beef tongue
resaltar to stand out, be prominent
resbalar to slip, slide, skid
rescatar to rescue
rescate *m.* rescue
reseñar to describe briefly, sketch, outline
reserva reserve, reservation
reservado, -a reserved, discreet
resfriado, -a *adj.* chilled; *n. m.* cold
resfriarse to catch cold
resfrío cold
residencia residence, abode, home
residuos *pl.* remains, residue
resignadamente resignedly
resignar(se) to resign (oneself)
resina resin, rosin
resistente resisting, resistant, strong, tough
resolver (ue) to solve, resolve
resonancia resonance, importance, renown
respecto respect, relation; **al respecto** about the matter, in regard to the matter; **con respecto a, respecto de** with regard to
respetar to respect
respeto respect, esteem
respetuoso, -a respectful
respirar to breathe
resplandecer to shine
resplandeciente shining
responder to reply, respond, answer
responsabilidad *f.* responsibility
responsabilizarse to take the responsibility, make oneself responsible
respuesta reply
restar to take away, subtract, remain, be left
restirado, -a long and low, retired, remote
resto remainder, balance
restorán *m.* restaurant
restos remains, ruins
resucitar to bring back to life, revive, resuscitate
resuelto (*p. p. of* **resolver**) solved, resolved

resultado result
resumen *m.* resumé, summary
resumir to summarize
resurgimiento resurgence
resurgir to resurge, appear again
retaguardia rear; **retaguardia estatal** state backing
retirarse to withdraw
retiro retirement
reto challenge, dare, threat
retorcido, -a twisted
retórico, -a rhetorical
retorno return
retrato picture, portrait
retroceder to go back, go backwards
retroceso retrocession
reunión *f.* meeting
reunirse to gather, meet
revalidarse to confirm oneself, revalidate oneself
revelar to reveal
reverencioso, -a reverent
revés *m.* reverse, wrong side; **al revés** upside down, wrong side out, backward
revisar to revise, examine, inspect, check, audit
revista magazine
revivir to relive, revive, come back to life
revolucionar to revolutionize
revolver (ue) to turn, revolve
rey *m.* king; **los Reyes Católicos** the Catholic Sovereigns (Isabel and Ferdinand)
rezago remainder
rezar to pray
rezo prayer
riachuelo little stream
ribera shore
rico, -a *adj.* rich; *n.* a rich person
ridículo, -a ridiculous
rigor *m.* rigor, harshness, severity
rijo lust
rima rhyme
rimador, -ra rhymester
rinoceronte *m.* rhinoceros
riña quarrel, fight
riñón *m.* kidney
río river
riqueza wealth, riches
risa laughter
rítmico, -a rhythmic
ritmo rhythm
rito rite, ceremony
rivalidad *f.* rivalry
robar to steal
robo theft, robbery, burglary
roca rock

rociar to sprinkle, spray; to fall (dew)
rocoso, -a rocky, stony
rodar (ue) to roll
rodear to encircle; **rodear(se)** to surround (oneself)
rodilla knee; **de rodillas** on one's knees; **rodilla de limpieza** cleaning rag
rodillo roller
rogar (ue) to beg
rogo (poetic) pyre, fire
roído, -a gnawed, corroded; miserly, poor
rojo, -a red
rompecabezas *m.* puzzle
romper to tear, break
ron *m.* rum
ropa clothing
ropaje *m.* clothing, garments, wearing apparel
rosal *m.* rosebush
roto, -a (*p. p. of* **romper**) broken
rostro face
rótulo label, title
rozar to rub, touch lightly
rubí *m.* ruby
rubicundo, -a reddish, rosy
rubio, -a blonde
ruborizarse to blush
rueda wheel
ruedecitas *pl.* little wheels
ruedo arena, bullring; turn, revolution
ruego request
ruga wrinkle
rugir to roar
ruido noise
ruidoso, -a noisy
ruín vile, mean, low
rumbo route, direction; **rumbo a** in the direction of
rupestre rupestrian, inscribed on rocks, composed of rocks
ruso, -a Russian
rusticidad *f.* rusticity, rudeness, clumsiness
ruta route

sabana savannah, wide treeless plain
sábana bed sheet
sabatinos pertaining to Saturday
saber to know, know how; to taste; *n. m.* knowledge
sabiamente wisely
sabiduría wisdom
sabio wise man
sabor *m.* taste, flavor

saboreador, -ra taster
saboreante savory, tasty, good tasting
saborear to savor, taste; to flavor, season, give flavor to
sabroso, -a tasty
sacar to take out; **sacar título** to get a degree
sacate *m.* grass
sacerdote *m.* priest
saco coat, jacket; sack
sacralidad *f.* sacredness
sacrificar to sacrifice
sacro, -a sacred
sagrado, -a sacred
sal *f.* salt
sala room, living room; **sala de conferencias** auditorium, conference room
salida departure, exit; **sin salida** without an exit; **salida de teatro** evening wrap
saliente projecting
salina salt mine, salt pit
salir to leave, go out of; **salir aprobado en los exámenes** to pass the examinations; **salir bien** to come out all right; **salir mal** to turn out badly
salmonete *m.* red mullet
salobre salty
salón de belleza beauty shop
salpicar to sprinkle
salsa sauce
salsucha sauce
saltamontes *m. s. and pl.* grasshopper
saltar to leap, jump
salto jump, leap
salud *f.* health
saludable healthful
saludar to greet
saludo salute, greeting
salutación *f.* greeting, salutation
salvaje *adj.* wild; *n.* savage
salvar to save
salvo, -a *adj.* saved, excepted, omitted; *prep.* except; **salvo que** *conj.* except that
san (apocopation of **santo**) saint
sancionar to sanction
sangre *f.* blood
sano well, healthy
Santiago St. James
santo, -a *adj.* holy, saintly; *n.* saint; **Santos Patronos** Patron Saints
santuario sanctuary
saraguato a species of monkey
sarape *m. (Mex.)* heavy shawl or blanket

sartén *f.* frying pan
sastre *m.* tailor
satisfacer to satisfy
satisfecho (*p. p. of* **satisfacer**) satisfied
saturar to saturate
sea que it may be that; **no sea que** lest that
secadora de pelo *f.* hair dryer
secar to dry
seco, -a dry
secundario, -a secondary
sed *f.* thirst; **tener (mucha) sed** to be (very) thirsty
seda silk
segar (ie) to mow, reap
seguidamente successively, consecutively, immediately
seguido, -a consecutive, continued; **muy seguido** quite frequently
seguimiento chase
seguir (i) to follow, continue; **seguir cursos** to take courses
según according to
seguridad *f.* safety, security
seguro, -a sure
seleccionar to select
selva jungle, forest, woods
selvático, -a of the jungle, of the woods, sylvan, rustic, wild
sellar to seal, stamp
sello stamp, seal
semana week
semanario, -a weekly
sembrar (ie) to sow, seed, plant
semejante similar
semejanza likeness
semilla seed
semioculto, -a half hidden
sempiterno, -a eternal, everlasting
senador *m.* senator
sencillo, -a simple, plain, unadorned, natural, unaffected, candid
senda path, trail
senectud *f.* old age
seno breast, bosom
sensato, -a sensible, prudent, judicious
sensibilidad *f.* sensitivity, sensibility
sentador, -ra becoming, well-fitting
sentar (ie) to seat; to suit, fit, become
sentarse a (ie) to sit down
sentido, -a *adj.* deeply felt; *n. m.* sense, meaning
sentimiento sentiment, feeling
sentir (ie) to feel, *n. m.* feeling
seña sign, signal (*motion*)
señal *f.* sign, signal

señalar to indicate, point out
seo *f.* church steeple
separar to separate; **separarse** to separate oneself
sequía drought
ser to be
serafín *m.* seraphim
serenidad *f.* serenity
serie series
serio, -a serious; **poco serio** unreliable
serpiente *f.* serpent
serrucho saw
servilleta napkin
servir (i) to serve
sesentavo sixtieth (fraction)
seso brain
setentavo seventieth (fraction)
sevillano, -a Sevillian
si if
sibarita *adj. m. or f.* sensuous, given to pleasure
siempre always
sierpe *f.* serpent
sierra mountain range, saw (tool)
siesta afternoon nap or rest
sifón *m.* siphon
siglo century
significación *f.* significance, importance, meaning
significado significance
significar to signify, indicate
significativo, -a significant
signo sign, mark, flourish
siguiente next, following
sílaba syllable
silencioso, -a silent, still, noiseless, quiet
silueta silhouette, outline, profile
silla chair
símil *adj.* similar; *n. m.* resemblance
similaridad *f.* similarity
simpatía sympathy
simpático, -a nice
simplicidad *f.* simplicity
simplificar to simplify
simultáneamente simultaneously
sin, sin que without
sin embargo nevertheless, however
sinceridad *f.* sincerity
sine qua non (*Latin*) absolutely necessary, essential
siniestrismo sinisterness
siniestro sinister, evil, wicked
sino, sino que but (rather)
sinsabor *m.* insipidness, tasteless, trouble, sorrow
síntoma *m.* symptom

siquiera at least; **ni siquiera** not even

sirvienta *f.* servant

sirviente *n. m.* servant; *adj.* serving

sistema *m.* system

sitio site, siege

situado, -a situated

so under

sobaco armpit

soberano *n. and adj.* sovereign

soberbio, -a proud, haughty, arrogant

sobrado, -a more than enough

sobrar to exceed, surpass, be left over, be more than enough

sobre *prep.* about, concerning; over, above; on, upon; *n. m.* envelope

sobreentender (ie) to understand something implied

sobrellevar to bear, endure

sobrenombre *m.* nickname

sobresaliente outstanding

sobresalir to excel, stand out

sobretodo *n.* overcoat; *adv.* especially

sobrevenir to happen, take place

sobrevivir to survive

sobrino nephew

socarrón, -ona cunning, crafty

sociedad *f.* society

socio member

sofá *m.* sofa

soga rope

sol *m.* sun

solamente only

soldado soldier; **soldado raso** private

soledad *f.* solitude

soler (ue) to be accustomed to

solicitar to request, solicit, petition, ask for, seek

solidaridad *f.* solidarity

solidez *f.* solidity, strength, stability

solo, -a alone, single, only, sole; **a solas** in solitude

sólo *adv.* only

soltar (ue) to loosen, let go, set free

soltero, -a *n. and adj.* single, single person

solucionar to solve

sombra shadow, shade

sombrero hat

someter to subject

sometimiento submission

sonar (ue) to sound

sonido sound

sonoro, -a sonorous

sonreír to smile

sonrisa smile

sonrojo blush

soñar (con) (ue) to dream; **soñar con la idea** to think up the idea

sopa soup

sopor *m.* lethargy, drowsiness

sor sister (religious, used with a name)

sorbete *m.* sherbet

sordera (sordez) deafness

sorprendente surprising; **sorprendente siniestro** sinister surprise

sorprender to surprise

sorpresa surprise; **de sorpresa** as a surprise

sortear to fight cleverly, dodge, avoid, elude, evade

sosiego calm, tranquility, quiet

sospechar to suspect

sospechoso, -a suspicious

sostén *m.* support, prop

sostener to support

sota jack or knave (in cards)

soviético, -a pertaining to the Soviet Union

suave soft, gentle

suavidad *f.* smoothness, softness, mildness

subacuático, -a underwater

súbdito, -a *adj.* subject (to authority); *n.* subject (citizen)

subir to go up; to get on (a train, bus, etc.)

súbito *adj.* sudden, unexpected; *adv.* suddenly

subsanar to excuse, correct, mend, repair

subsistir to subsist, live

suceder to succeed, follow, happen

suceso event, happening

sucesor, -ra *adj.* succeeding; *n.* successor

suciedad *f.* dirtiness

sucio, -a dirty

sucursal *adj.* subsidiary, branch; *n. m.* branch office or store

Sudamérica South America

suegro father-in-law

sueldo salary, wages

suelo floor, ground, soil

suelto, -a *adj.* loose, free; *p. p.* of **soltar**

sueño sleep, dream; **tener sueño** to be sleepy

suerte *f.* luck; **tener suerte** to be lucky

sufijo suffix

sufridor, -ra *adj.* suffering; *n.* sufferer

sufrimiento suffering

sufrir to suffer; **sufrir el (un) examen** to take the (an) examination

sugerir (ie) to suggest

sujetar to subject

sujeto *n. m.* subject; *adj.* subject to

sumar to sum up, add up (numbers)

sumergir to submerge

sumido, -a submerged, sunken

suministrar to supply, provide, furnish

suministro supply

sumisión *f.* submission, obedience

sumo, -a greatest, very great, utmost

suntuoso, -a sumptuous, magnificent, splendid

superar to surpass

superficie *f.* surface

supermercado supermarket

suplicar to beg, supplicate, implore

suponer to suppose, presume

supravaloración *f.* supervaluation

suprimir to suppress

supuesto, -a supposed; **por supuesto** naturally, certainly

sur *m.* south

surgir to appear, arise, spring, flow, spout

suroeste *m.* southwest

surtir to supply, stock, furnish, provide

susceptible susceptible, sensitive

suspirar to sigh

suspiro sigh

sustantivo (substantivo) noun

sustento sustenance, food

sustituir to substitute

susto scare, fright

sutil subtle

tabla board; table

tablero de instrumentos dashboard of an automobile

tablita con ruedas skate board

tacañería stinginess

tacaño, -a stingy

tácitamente tacitly

taciturno, -a taciturn, reserved, melancholy

taco folded corn tortilla with meat or other ingredients inside

taconazo a blow with the heel

tacha defect, flaw

tahur *m.* gambler; *adj.* given to gambling

tajo cut

tal such, such a; **tal vez** perhaps; **con tal que** provided that

talar ankle-length

talentoso, -a talented, clever

talón *m.* heel

talonario de cheques check book

talle *m.* shape, form, figure, waist; (dressmaking) fit, adjustment

taller *m.* shop, workshop

tamaño size

también also, too

tambor *m.* drum

tamiz *m.* sifter, sieve

tapar to plug, stop up, cover

tampoco neither, nor. . .either

tan so, as; **tan. . .como** as. . .as

tanto, -a *adj. & pron.* so much; *pl.* so many, as many; *adv.* so, so much, as much, thus, so hard, so long, so often, in such a manner, to such a degree or extent; **estar al tanto** to be informed on, up to date on

tañer to play an instrument

tapón *m.* stopper, cork

taquería taco stand

taquero, -a taco seller

tardanza delay

tardar (en) to be late, delay

tarde *adv.* late; *n. f.* afternoon, evening

tarea task, chore

tarjeta card; **tarjeta de crédito** credit card

taurino, -a of or about bulls, bullfighting

taurómaco, -a *adj.* pertaining to bullfighting; *n.* expert in the art of bullfighting

tauromaquia the art of bullfighting

taza cup

té *m.* tea

teatro theater; **salida de teatro** evening wrap

técnica technique

técnicamente technically

techo roof

tejado roof

tejano Texan

Tejas Texas

tejer to weave

tejesmaneje (tejemaneje) *m.* scheming, underhand, maneuvering, knack, skill

tejido tissue (of the body), fabric, weave, texture

tela cloth

televisión *f.* television (the transmission, not the set)

televisor *m.* television set

telilla film

tema *m.* theme

temblar (ie) to tremble

temer to fear

temeroso, -a timid

temible frightening

temor *m.* fear, dread

tempestad *f.* storm, tempest

templo temple

temporada season

temporal temporal, worldly, secular

temporalismo temporality; properties, goods, and revenues of an ecclesiastical entity

temprano early

tenacidad *f.* tenacity

tenazmente tenaciously

tender (ie) to lay out, stretch out

tendido spreading out, extending

tenedor *m.* fork

tener to have, to hold; **tener que** to have to

tentación *f.* temptation

tentadero corral where young fighting bulls are tested

tentador, -a alluring, tempting

tenue delicate, soft, dim, faint

teñir (i) to dye

teórico, -a theoretical

tepachería place where tepache (a beverage made from pulque, water, pineapple and cloves) is sold

tercio third (fraction)

terciopelo velvet

terminar to finish

ternera veal

ternura tenderness

terrateniente landowner, landholder

terreno land, terrain

terrestre terrestrial, earthly

terrón *m.* lump

tersura smoothness

tertulia social gathering for conversation or entertainment

tesis *f.* thesis

tesorería treasury

tesorero treasurer

tesoro treasure

testamento testament, will

testigo *m. and f.* witness

tez *f.* skin

tía aunt

tiempo weather, time

tienda store; tent

tienta probe; **a tientas** gropingly; **andar a tientas** to fumble

tierra earth

tieso, -a stiff, rigid

tijera scissor; *pl.* scissors

tilma cloak worn by the Indians of Mexico

timbre *m.* call-bell, stamp

tinta ink, tint, hue

tío uncle

tirar to throw, throw away, pull

tirita shred

tisú *m.* tissue

titular to entitle, title, name (a book, etc.); *adj.* titular, nominal

título title, degree, headline, caption; **título particular** private or individual opinion

tiza chalk

toalla towel

tobillo ankle

tocadiscos *m.* record player

tocante a regarding

tocar to touch; to play (a musical instrument); **el examen de la química que nos toca sufrir** the chemistry examination we are to take

todavía yet, still, even

todo, -a all; **todos** all, everybody; **tener de todo** to have everything

todopoderoso, -a all powerful

toledano native of Toledo

toma taking, receiving, capture, seizure

tomar to take, to drink; **tomarle a uno el pelo** to tease someone

tomo volume

tonel *m.* cask, barrel

tonelada ton

tontería, tonterías foolishness, nonsense

tonto, -a foolish

toque *m.* touch

torácico, -a thoracic, pertaining to the thorax (part of the body in which the heart, lungs and esophagus are situated)

torcer (ue) to twist

toreo bullfighting

torero, -a *adj.* pertaining to bullfighting; *n.* bullfighter; **a la torera** in a bullfighting style

tormenta storm

tormentoso, -a stormy, turbulent

tornar to turn, restore; **tornarse** to become

torneo tournament

toro bull

torpe clumsy, awkward, dimwitted

torre *f.* tower

torreón *m.* fortified tower

torta torte, cake

tortilla corn cake (*Mex.*)

tortillero, -a tortilla maker

tortuoso, -a winding

torturar to torture, torment

tos *f.* cough; **tos perruna** dog cough

tosco, -a rough

tostadora toaster

tostar to burn, scorch

total: **en total** in all
totalidad *f.* totality
totora cattail, bulrush
totoral *m.* patch of cattails or bulrushes
trabajador *n.* worker; *adj.* industrious
trabajar to work
trabajo work
traducción *f.* translation
traer to bring
tragantón, -ona *adj.* gluttonous; *n.* glutton
tragantúa gluttony
tragar to swallow
trago drink
traición *f.* treason
traje *m.* suit
tramitado, -a negotiated
tranquilidad *f.* tranquility
transcendental far-reaching, transcendal
transcurrir to pass, go by; to elapse
transferir (ie) to transfer, move, convey
transparente transparent, clear, obvious
transporte *m.* transportation
trapío spirit, daring (said of a bull)
trapo rag
tras after, behind
trascendente transcendent, of great importance
trascendia importance, consequence
trasladar to move, change residence
traspasar to pierce; to pass through
tratar to treat, deal with; **tratar (de)** to try to
trastornar to turn topsy-turvy, derange
trastorno disturbance, upset
tratadista *m. or f.* writer of a treatise
tratado treatise, treaty
tratamiento treatment
trato treatment, dealing
través *m.* slant, slope, traverse; **de través, a (al) través** across, through
travesía voyage, crossing
travieso, -a mischievous
trayecto way, road, journey, distance, stretch (traveled)
trébol *m.* clover
trecho distance, interval; **a trechos** at intervals; **de trecho a (en) trecho** from time to time, from place to place

tregua truce, recess
treintavo thirtieth (fraction)
trementina turpentine
trenzado, -a braided
trepar(se) to climb
tribu *f.* tribe
trigo wheat
tripasai intestine
triste sad
tristeza sadness
triunfante triumphant
triunfo trump (in cards), triumph
trocar (ue) to exchange
tromba water spout
trompa snout; horn (musical)
trompeta *f.* trumpet, bugle; *m.* trumpeter, bugler
trompo top (plaything)
tronar (ue) to thunder
tronco trunk (of a tree or animal)
trono throne
tropa troop
tropezar (ie) to stumble
trozo piece
truco trick
trueno thunderclap
turbante *n. m.* turban; *adj.* disturbing
tumbo tumble
Tumkul *m.* a sacred drum
turbar to disturb, upset, worry, trouble

u or (*before a word beginning with* o *or* ho)
ubérrimo, -a very abundant
ubicación *f.* location
ubicar to locate, place
ufano, -a proud, conceited
último, -a last
ultraje *m.* outrage, affront, insult
ultramar *m.* overseas, overseas country, ultramarine (color)
umbral *m.* threshold
único, -a only; **lo único** the only thing
unidad *f.* unity
unificador, -ra unifying
unificante unifying
unir to unite
univocamente univocally
untado, -a smeared, covered (with)
uña fingernail
uro name of certain Indians who live on an island in Lake Titicaca
usanza fashion, custom, manner, practice, usage
utensilio utensil, tool, implement
útil *adj.* useful; *n. m.* utensil, tool

utilidad *f.* utility
uvero, -a *adj.* grape; *n. m.* sea grape

vaca cow
vacación *f.*, vacaciones *f. pl.* vacation
vacada herd of cows
vaciar to empty
vacilar to vacillate, hesitate
vacío, -a empty
vacuno, -a bovine
vagabundear to roam, loaf, loiter
vajillero china closet
vago, -a vague
vagón de carga *m.* freight car
valer to be worth; **valer la pena** to be worthwhile; **vale más** it is better (best); **¡Válgame!** My goodness!
valeroso, -a courageous, valiant, valuable, efficient, effective, powerful, strong, active
valiente brave, courageous
valioso, -a valuable
valor *m.* courage, valor, value, worth, merit
valorado, -a valued, appraised
válvula valve
valladar *m.* obstacle, enclosure
valle *m.* valley
vanidad *f.* vanity
vanidoso, -a vain, conceited
vano vain, futile
vapor *m.* steamship, vapor
vaquero cowboy
variar to vary
variedad *f.* variety
varios, -as several, various
varita wand, staff, rod
varón male
vasallo vassal, subject
vascongado, -a *adj.* Basque (of northern Spain); *n. m.* Basque (language)
vasija vessel, receptacle, bowl, container
vaso glass
vate *m.* bard, poet
vecindad *f.* neighborhood
vecino, -a *adj.* next; *n.* neighbor
vegetal *adj. and n. m.* vegetable
vehículo vehicle
veintavo twentieth (fraction)
veintena score (twenty)
vejez *f.* old age
vela candle, sail
velado, -a veiled, hidden, dull, blurred
velocidad *f.* speed; **a toda velocidad** at full speed

velorio wake, vigil

venado deer

vencer to conquer, defeat

vendedor, -ra seller

vender to sell

Venecia Venice

veneno poison

venenoso, -a poisonous

venerar to worship, venerate

venezolano, -a *adj. or n.* Venezuelan

venganza revenge

vengar to revenge, avenge; **vengarse (de)** to avenge oneself (of)

venir (a) to come

venta roadside inn; sale, selling

ventaja advantage

ventajoso, -a advantageous

ventana window

venturoso, -a lucky, fortunate, successful

ver to see; **a ver** let's see

veraneo summer vacation

veras *f.* truth, reality; **de veras** truly, really

verdad *f.* truth; **en verdad** truly, actually; **¿verdad?** right?

verdadero, -a true

verde green; **ser verde** to be green (color); **estar verde** to be green (unripe)

verdolaga purslane (a plant)

verdoso, -a greenish, verdant

vergüenza shame; **tener vergüenza** to be ashamed

verificar to verify; **verificarse** to take place; be verified

Verónica pass in bullfighting (receiving the charge of the bull with cape extended between both hands)

verso line (of a poem)

verter (ie) to pour, to empty

vertiente *adj.* flowing; *n. m. or f.* slope; *n. f.* spring

vestido dress

vestir (i) to dress; **vestirse** to dress oneself

veto prohibition, veto

vetustez *f.* old age

vez *f.* time; **a veces** at times; **de vez en cuando** from time to time; **a su vez** in one's turn; **en vez de** instead of; **de una vez** at one time; **a la vez** at the same time

vía street, thoroughfare

viajar to travel

viaje *m.* trip

viajero traveller

víbora snake

vibrante vibrating

vibrar to vibrate

vicetiple *m. or f.* soprano

vicuña vicuña (animal)

vida life; **en mi vida** never in my life

vidrio glass

viejo, -a old

viento wind

vigilar to watch, watch over

vigorizado, -a invigorated

vil vile, base, despicable, infamous

villa town, villa

villancico Christmas carol

vinagre *m.* vinegar

vinagreta vinaigrette sauce

viña vineyard

vino wine

viola violet; viola

violar to violate, rape, ravish

violentar to force, violate

virgen virgin, primitive, chaste, new, pure

virreinato viceroyalty

virrey viceroy

virtud *f.* virtue

virtuoso, -a *adj.* virtuous; *n.* virtuoso, virtuous person

vícera innards, viscera

visitante *m.* visitor

vislumbrar to see vaguely, catch a glimpse of; to conjecture, surmise, imagine

víspera eve before a special day

vista sight, vision, view

vitalidad *f.* vitality

vitrina glass showcase, shop window

visto (*p. p. of* **ver**) seen; **por lo visto** apparently

viuda widow; **viudo** widower

vivienda dwelling place, housing

vivir to live

vivo: ser vivo to be clever; **estar vivo** to be alive; *adj.* alive

vizcaíno, -a *adj. or n.* Basque

vocal *f.* vowel; *adj.* vocal, oral

volador, -a flying

volante *adj.* flying; *n. m.* steering wheel, flywheel

volar (ue) to fly

volátil volatile, fickle, flighty

volcán *m.* volcano

voluntad *f.* will

voltear to reverse

volteriano pertaining to Voltaire

volver (ue) to return (intrans.); **volver a** + *inf.* to do again; **volverse loco** to become mad (crazy)

votivo, -a votive, given by vow or in devotion

voto vote, vow, ballot, opinion

voz *f.* voice

vuelo *n.* flight, flare (of a skirt or cape)

vuelta *n.* turn; **dar vuelta** to turn; **estar dando vuelta** to be turning; **dar una vuelta** to take a stroll or a ride; **estar de vuelta** to be back

vuelto *p. p. of* **volver**

vulgaridad *f.* vulgarity

vulnerar to harm, injure, damage

y and; (with numbers) plus

ya already, now; **ya no** no longer; **ya caigo** I get it (I catch on)

yacer to lie, be lying down

yacimiento (yacimento) deposit (geological)

yanqui Yankee

yantar *m.* food

yate *m.* yacht

yegua mare

yema yolk (of an egg)

yerba grass, herb, weed

yermo, -a barren

yerno son-in-law

yerto, -a stiff, rigid

yeso plaster

yodo iodine

yucateco, -a *adj. or n.* (person) of or from Yacatan

yugo yoke

yunque *m.* anvil

yute *m.* jute

zacate *m.* grass, hay, fodder

zafir (zafiro) sapphire

zambullir(se) to duck in the water, dive, plunge

zanahoria carrot

zapateado Spanish dance step

zapato shoe

zaragatona medicinal drink

zarpar to weigh anchor, set sail, set out

zoquete *m.* chunk, block

zorro fox

zueco wooden shoe

zumo juice

zutano, -a so-and-so

Index

negative expressions 245-247

nouns: comparisons—equality 273, inequality 273; plural 17-18

numbers 291-292

ojalá 82

para 214

participles: past 32; present 31

passive voice 173-175

perfect tenses: formation of 32

pluperfect: indicative 49; subjunctive 98

poder: use in the preterit tense 46; use in the imperfect subjunctive 96

por 219-220; **por** + adjective + **que** 135; **por** + adverb + **que** 154

possessives: adjectives 19, 20; pronouns 21

prepositions: compound 226; simple 226

present perfect tense: indicative 33; subjunctive 84

present tense: indicative 29; progressive 31; stem-changing verbs 30; subjunctive 80-81

preterit perfect tense: formation 50; uses 50

preterit tense: conjugation 44; uses 45, 48; progressive 49; verbs with special meanings 46

pronouns: demonstrative 23; direct object 5-6; indefinite 245-246; indirect object 7; interrogative 25-26; negative 245-246; neuter demonstrative 24; object of preposition 4; personal 9; possessive 21; reciprocal 8-9; reflexive 8; relative 237-239; subject 2

querer: use in the preterit tense 46; use in the imperfect subjunctive 96

quizá, quizás: use with the subjunctive 84

reflexive: pronouns 8; use to express passive voice 174; use to express reciprocity 8-9; use to express unplanned occurrences 281

saber: general uses 37, 38; use in the preterit tense 46

seasons of the year 293

ser 34-35

subjunctive: present 80-81; present perfect 84; present progressive 83; imperfect 95-97; pluperfect 98; after expressions of doubt and denial 120-121; after indefinite expressions 136; after verbs of commanding 112; in adjective clauses 133; in adverbial clauses 151-153, 163; in noun clauses 94, 97; in *if*-clauses 164-165; sequence of tenses 94; with **creer** and **pensar** 122; with other verbs 113; with impersonal expressions 110, 111; with superlatives 134

superlative: absolute 256-257, 264; adjective 256-257; adverb 263; with subjunctive 134

tal vez: use with subjunctive 84

tener: use in preterit tense 46

time: expressions of 294

verb tables 297-312

weather: expressions of 294

word stress 17

ILLUSTRATION CREDITS